◆浙江理工大学人文社科学术著作出版资金资助项目（2018年度）

◆国家自然基金青年项目（71603240；71303219）

◆教育部人文社科基金青年项目（16YJC790008）

中国制造业出口品内涵深化的机理研究

——基于出口产品质量和出口技术复杂度的双重视角

刘　慧　陈晓华　著

ZHEJIANG UNIVERSITY PRESS
浙江大学出版社

前　言

加快转变对外经济发展方式、推动外向型经济增长质量提升和积极探索科学发展之路是当前中国发展外向型经济的重大战略思路（李扬，张晓晶，2015；洪银兴，2013），也是中国经济在新一轮国际发展中，保持健康持续增长的战略选择。实践证明，提升与优化制造业出口品内涵是中国经济成功实现上述战略思路的关键所在（杨高举，黄先海，2013），而制造业出口品内涵提升的本质与核心内容是：快速提升制造业出口产品的质量，缩小与生产技术领先国（企业）的技术差距，甚至从质量“追随者”转变为“领导者”（洪银兴，2013；杨高举，黄先海，2013）。这也表明，中国以往依赖的“高投入高增长”的增长方式和依赖低技术含量、低附加值产品的出口增长方式已经难以支撑起中国经济的可持续增长，这也使得制造业出口产品质量成为当前政府和学界关注的重要问题之一。

有鉴于此，本书以科学揭示制造业出口品内涵演进的机理与经济效应为主要目的，在借鉴和完善已有研究的基础上，从跨国和省级双层面刻画制造业出口品内涵，并梳理出中国省级层面制造业出口品内涵的国际地位，进而借助科学的计量方法，从跨国和省级双维度对制造业出口品内涵演进的机理和经济效应进行实证分析，还首次分析了制造业出口品内涵赶超的经济效应。得到的结论主要有以下几点。

第一，近几年，中国制造业出口产品质量及其国际地位均呈现出一定的上升趋势，东部地区制造业出口产品质量明显好于中西部地区，呈现出“东如欧美、西如非洲”的二元结构。此外，中国制造业出口产品质量具有显著的“质高价低”特征，即中国的制造业源源不断地给国外消费者提供一些“质量补贴”，这不仅使得中国制造业企业获利能力相对有限，还使得中国制造业出口产品质量的改进能力受限，不利于自身产业的做大做强。

第二，制造业产品质量升级的机制是一个多因素耦合的复杂系统，但整体而言，经济增长和人力资本积累是一国制造业出口产品质量升级的主要动力，并且发展中经济体和发达经济体制造业出口产品质量的演进机制存在一定的差异，中国东部地区和中西部地区制造业出口产品质量的演进机理也不尽相同。

第三，空间型贸易地理优势并不会对制造业出口产品质量升级产生正效应，而契约型贸易地理优势则能有效地促进一国制造业出口产品质量升级。空间地理优势对制造业出口产品质量升级无明显正效应，甚至出现负效应的根本原因在于“华盛顿苹果效应”。中国当前推进“自贸区”建设，实现与其他国家和地区之间更“亲密”的贸易，不仅有助于制造业扭转外需疲软的现状，还有助于制造业出口产品质量升级，可谓“一举两得”。

第四，人口老龄化会倒逼我国制造业出口产品质量升级，少年儿童抚养比上升会对我国制造业出口产品质量升级产生一定的负向冲击。老年人在技能积累和劳动熟练程度方面明显优于青年劳动力，老年人口增加在某种程度上可以理解为高技能熟练劳动力总量的增大，进而使得老年抚养比上升对制造业出口产品质量升级表现出一定的倒逼效应；而少年儿童抚养比上升一定会推动非熟练劳动力供给量的增加，从而放缓劳动密集型企业向资本密集型企业转型的步伐，最终对制造业出口产品质量上升产生一定的消极影响。

第五，制造业出口产品质量演进对一国（经济体）的出口、进口、经济增长、FDI（Foreign Direct Investment，外商直接投资）和技术创新效果（专利数）均具有显著的正向效应。中国省级层面的实证结果还表明，制造业出口产品质量升级不利于劳动收入占比的提升，为此，快速提升制造业出口产品质量和实施收入倍增计划之间可能会存在一定的“冲突”关系，处理好二者的关系对中国未来经济发展方式和人民生活水平的共同优化具有重要的意义。

第六，中国执行制造业出口产品质量赶超策略的省份多为东部省份，执行适度的赶超策略才能促进中国经济增长“量”和“质”（能源效率）的同步递增，过度赶超则会对中国经济增长的“量”和“质”产生不利影响。Stolper-Samuelson 定理在我国并不适用，中国企业可能存在“产品质量革新惰性”。最后企业家精神在制造业出口产品质量升级和赶超过程中发挥着至关重要的作用。

第七，大力提升出口品国内附加值率（Domestic Valne Added Rate，下文简称 DVAR）可能会对制造业出口技术结构的优化产生不良冲击。为此，当前提升制造业出口品 DVAR 和优化出口技术结构的双重目标之间可能存在“潜在冲突”，而“潜在冲突”出现的关键诱因是国内中间品和零部件的技术含量偏低。这与我国当前供给侧改革战略中的补短板战略存在一定的偏离。

第八，生产性服务业融入制造业生产环节时，兼备“量增”和“质升”两种功能，其对制造业出口技术复杂度升级具有显著的促进作用，但中国生产性服务资源的利用效率并不高。多数生产性服务业的“质升”功能具有一定的最优融合环节，最优融合环节多位于各国生产性服务业融入制造业上游度的“中值”区域，然而令人遗憾的是：中国生产性服务业融入制造业生产环节时，具有较为显著的上游环节偏好，中国多数生产性服务业的上游度不仅在所有样本国中属于最高，而且部分生产性服务业（如内陆运输服务业）的上游度甚至超出了正效应区间。为此，中国的生产性服务业存在资源利用效率较低的情况。

第九，城市化对不同要素密集型制造业出口技术复杂度的影响存在较大差异。对于资本密集型制造业而言，城市化水平与其之间呈倒U形曲线关系；对于劳动密集型制造业而言，城市化水平与其之间存在负向关系。资本以及劳动密集偏向型产业的出口技术复杂度升级均能显著地增加熟练劳动力的相对需求以及工资收入，从而使得制造业熟练与非熟练劳动力的相对工资差距有所扩大。

第十，中国制造业出口技术复杂度深化会对资本回报率产生显著的抑制效应，这一抑制效应甚至超过了资本深化给资本回报率带来的负向影响。出口技术复杂度赶超对能源效率的作用机制与技术复杂度升级对能源效率的作用机制并不相同。发展中国家是否执行出口技术复杂度赶超战略与经济发展水平之间并无显著的相关关系，“资源诅咒”效应是发展中国家执行制造业出口技术复杂度赶超战略的重要“绊脚石”。

基于上述研究过程与结论，本书提出了相应的政策启示，如加大对高质量产业（产品）的投资力度，加强高素质人才的培养和引进力度，提高FDI的流入质量，适当引导国内外资本流向中西部地区；优化中国产品的进出口模式，注重和鼓励质量递增型出口和出口产品质量提升型中间品进口；进一步提升技术创新的软硬件环境，健全科学技术市场的运行机制，为制造业出口产品质量升级构建科技型“硬实力”；培育和优化中国制造业出口的国际市场势力，以适当提高产品的出口价格，进而改变“高质低价”的被动局面，以为中国制造业出口产品质量持续升级提供更多的利润型动力；构建更为完善的“东中西部产能对接平台”和“东中西研发协作平台”，加快中西部地区出口产品质量的升级与赶超步伐；进一步发挥自由贸易区和“一带一路”的带动功能，不断获得“契约型地理优势”，为出口产品质量升级和赶超不断注入“制度型推动力”；培育企业家拼搏精神，提升企业家进行产品质量革新的主动性，逐步消除“质量革新惰性”；鼓励制造企业实施“弯道超车”战略，以传统产业的优势为对接跳板，蛙跳介入新兴产业，打造新兴产业出口产品质量演进的“先发优势”；积极鼓励生产性服务业将对制造业生产环节的支持逐步从上游偏好向中游偏好转移，使其不断接近最优值，以提高生产性服务业支持制造业出口内涵深化发展的效率；适度加大中高技术制造业出口品内涵的赶超幅度，以在消除过低技术赶超“洼地”的基础上，最大化地发挥出口技术复杂度赶超的“补短板”功能。最后本书还提出了未来研究可进一步优化的方向。

目　　录

第一章 绪 论

第一节 选题的背景与意义

改革开放以来，得益于“对内改革”和“对外开放”政策的成功运用，中国经济得到了前所未有的发展（陈晓华，刘慧，2015a），国民总收入从1980年的4587.60亿元上升到了2015年的68.64万亿元，并于2010年超越日本，成为仅次于美国的世界第二大经济体，出口总额也从1980年的271.2亿元上升到了2015年的14.12万亿元，成为世界第一大出口国。出口与经济的快速增长不仅缔造了西方经济学界（如Rodrik，2006；Schott，2008）所津津乐道的“增长奇迹”（陈晓华，刘慧，2015b），还使得中国成为名副其实的制造业大国和“世界工厂”，也使得中国在全球经济中发挥的作用日益突出。然而金融危机过后，强劲的外需和快速的经济增长似乎与中国“渐行渐远”，以经济增速放缓为特征的新常态成了中国经济一个重要现状和新的议题，外需疲软也似乎成为笼罩在中国经济头上挥之不去的“阴云”（陈晓华，刘慧，2015c），其中经济增长速度已经从早期的10%左右（2006年和2007年GDP的增速分别达到了12.7%和14.2%）下降到了2014年的7.3%和2015年的6.9%，跌破了中国政府长期“坚守”的8%。出口方面，2015年出口总额下降了1.9%，进出口总额下降了7.1%，2015年3月和4月的出口额同比下降14.6%和6.2%。

外需的持续疲软使得越来越多的学者意识到：出口产品的“质”远比出口产品的“量”重要。因为有了“质”才会慢慢形成品牌（如日本和德国），进而最终促进量的增长，若仅仅有“量”而无“质”，则最终“量”可能因成本上升等因素转移到其他国家(如当前的中国[①])。此外相对于出口总量和出口增长率而言,产品质量指标对掌握一国产品(或出口产品)的国际竞争力和产业的国际分工地位更有优势,为此,出口产品质量成为当前学界研究各国对外经济转型升级的一个重要切入点,这也使得出口品内涵成为学界研究的热点。早期研究多采用产品的单位价值(unit price)等同产品质量的方式进行分析(如 Flam & Helpman,1987),而这一测度方法受到的争议较大,因此,早期关于出口品内涵的研究并不多见。大量的研究则是出现在 Schott(2004)、Hallak & Sivadasan(2009)和 Khandelwal(2010)等人构建了新型测度方法之后,其与以 Hausmann 等(2007)、Rodrik(2006)和 Schott(2008)为代表构建的技术复杂度的研究共同组成了出口产品"内涵"的两个重要解析指标。

出口产品质量和出口技术复杂度研究领域大量而深入的已有研究为本书的撰写提供了丰富的资料支持和方法上的指导。系统归纳有关出口产品质量的研究,可以发现其具有如下缺憾:首先,由于数据的缺乏,已有研究多采用两类数据分析中国出口产品质量,一类是将中国海关数据和中国工业企业数据库进行对接(如 Fan et al.,2015;施炳展,2013);另一类是基于跨国层面进出口统计数据库(如 WIT 和 NBER 数据库),以中国整体层面的 HS(Harmonized System)编码出口数据进行研究。第一类方法容易造成大量的数据流失,难以全面刻画省级层面出口产品质量的演进机理和影响因素;第二类方法虽能测度出中国整体层面的出口产品质量,却无法获得省级层面的产品质量信息。为此,目前尚无学者从中国各省实际出口数据层面研究中国省级区域制造业的出口产品质量。其次,虽然经济运行的实践经验表明,出口产品质量升级可能会对经济增长、出口和收入分配等经济因素产生影响,但现有研究多关注出口产品质量升级的影响因素,鲜有学者深入分析出口产品质量升级的反向经济效应,也无学者基于中国省级视角研究制造业出口产品质量升级的经济效应,更无学者深入分析制造业出口产品质量赶超行为的经济影响。最后作为后发型大国,中国东西部的出口和经济发展水平存在显著的"二元经济结构",而这种二元结构可能会使得中国不同区域的制造业出口产品质量升级机理和影响效应存在一定的差异,然而已有研究多基于跨国层面或特定国层面研究出口产品质量,鲜有学者基于中国内部省级区域层面关注中国出口产品质量升级机制。为此,很难获悉

---

① 改革开放初期,中国以劳动力成本优势嵌入全球价值链的低端环节(张杰等,2008;黄先海等,2010),中国借助廉价的劳动力,迅速将低质量的产品销往全世界,而最近一轮的劳动力价格上涨使得部分订单逐渐转向东南亚,使得中国出现了出口呈现下降的被动局面。

中国东西部制造业出口产品质量演进机理的差异。对出口技术复杂度的研究仍存在以下几点不足：一是省级区域层面对出口技术复杂度的研究相对缺乏，已有研究多集中于跨国对比层面，跨国层面的研究结论对于存在明显"二元经济结构"特征的中国而言，其参考价值相对有限；二是对演进机制与效应的研究虽有一些文献涉足，但对出口技术复杂度赶超的研究相对匮乏，而这一领域的研究对于处在赶超关键期的中国而言，具有较强的迫切性。

有鉴于此，科学度量中国省级层面制造业出口品内涵，深入分析制造业出口品内涵升级的经济效应及中国省级层面出口品内涵升级机制的特点成为该领域学界研究的发展方向。为此，本书在借鉴和完善前人研究的基础上，从出口产品质量和出口技术复杂度双维度深入分析出口品内涵升级的机制与经济效应。具有如下意义：

理论意义：首先，中国是一个典型的二元结构经济体，东部和中西部的发展具有极大的不平衡性，如东部的出口额占全国整体层面出口额的80%以上（姚洋，张晔，2008），东部的经济发展水平明显优于中西部地区。为此，东中西部省份制造业出口品内涵可能存在一定的差异，基于整体层面或出口数据流失（如海关数据和工业企业数据对接）视角的研究均无法获得中国省级层面出口品内涵变迁的真实规律，而本书的研究既为该领域的理论发展提供了更贴近中国特征的经验证据，也弥补了中国省级层面制造业出口品内涵升级动因与效应研究不足的缺憾。其次，本研究从跨国和省级双维层面较为系统地分析了制造业出口品内涵升级的经济效应，不仅拓展了出口产品质量和出口技术复杂度研究领域的"研究范围"，更为该领域的理论发展提供了跨国和省际双维层面的经验证据。最后，本书构建了衡量制造业出口产品质量和出口技术复杂度赶超的科学的和综合的测度方法，为该领域的实证研究和理论发展提供了一个全新的分析工具。

实践意义：首先，无论从企业、产业还是国家层面来看，制造业出口品内涵提升都是企业转型升级不容忽视的重要内容，制造业出口品内涵提升的意义重大，从企业层面而言，可以塑造品牌声誉、树立企业形象、提升竞争力；从产业层面来讲，可以促进产业转型升级、推动产业持续健康发展；从国家层面来讲，可以促进经济增长方式转变、提升对外贸易质量、拓展贸易发展空间。为此，对制造业出口品内涵升级内在机理与外在影响的研究满足了当前经济发展方式转型的迫切需求。其次，本书以省际和跨国制造业出口品内涵为研究对象，研究其升级机理和经济效应，进而揭示出口品内涵变迁的一般规律，为中国制定转变对外经济发展方式和推动对外经济由数量规模型向质量效益型转变的政策提供科学的经验依据。最后，基于升级机理、经济效应和中国案例分析的基本结论，本书提出了中国制造业企业出口品内涵快速提升的政策启示，既能为中国解决出口品内涵不足、竞争力弱和获利能力有限等问题提供新的思路，也能为中国制造业走出"低质量困境"指明方向，助力中国从制造业大国向制造业强国转变。

第二节 主要的研究方法

研究方法选择的恰当与否决定研究的成败，只有采用了合理的研究方法才能保证研究结论的可靠性。对出口品内涵的研究最早源于西方经济学界，近几年在中国得到了较为快速的发展。为此，本研究既要传承海内外（特别是海外）已有研究的基本方法和思路，也要考虑中国经济当前发展实际，更要考虑中国出口品内涵变迁可能存在的一些特殊机制，以期更全面科学地揭示制造业出口品内涵升级的内在机理与外在影响。因而本书主要采用以下几种研究方法进行分析，以提高研究结果的科学性和可靠性。

一是借助多种实证分析方法揭示省际和跨国层面的实际规律。本书基于国内外已有研究，通过修正和完善已有研究方法，测度出了跨国和省际制造业出口产品质量和出口技术复杂度，进而运用多种计量方法对制造业出口品内涵升级的内在机理和外在影响进行实证分析。实证分析过程中采用的计量分析方法主要有：(1)包含工具变量的面板数据两阶段最小二乘估计法(2SLS)，如制造业出口产品质量升级的动因分析，中国出口产品质量升级的出口效应和收入分配效应分析。(2)动态面板数据的系统 GMM(广义矩)估计，如借鉴 Roodman(2006)等的研究，采用了系统 GMM 估计，揭示了中国省级层面出口产品质量和出口技术复杂度升级的影响效应。(3)面板数据 DOLS(动态最小二乘法)，如考虑到选取跨国层面控制变量时，出现了大量的缺失值，在分析跨国层面出口产品质量升级的经济效应时，采用了 Kao & Chiang(2000)提出的面板数据 DOLS 估计法，并根据数据的样本容量，在不同章节的实证分析中将 DOLS 的滞后和超前期数设置成不同的值。(4)工具变量法，如在实证研究中，为克服变量间可能的内生性引致型估计偏误，笔者借鉴邱斌等(2014)的研究，以存在内生性风险变量的一阶滞后项作为工具变量，进行系统 GMM 和 2SLS 估计，以提高估计结果的可靠性。(5)门槛效应估计法，如在对制造业出口产品质量赶超和出口技术复杂度赶超经济效应的分析中，采用了双重和单重门槛效应模型进行实证估计。

二是动态分析和静态分析相结合的方法。静态分析能够有效地察觉在既定外部条件下，各因素在某一个时间点的具体特征，而动态分析则能在考虑时间轴的情况下，察觉各因素波动下的宏微观经济特征。两种方法在研究经济现象时各具优势，为此，笔者采用动态分析和静态分析相结合的方法。如省级和跨国层面制造业出口产品质量和出口技术复杂度的特征事实分析(测度结果分析),部分年份的特征事实描述,本书采用相对静态分析,而分析出口产品质量和出口技术复杂度升级的内在机理与外在动因时,则采用动态分析法(如动态面板数据等)进行实证揭示,以期获得更为科学、可靠和准确的研究结论。

三是对比分析法。如本书首次采用跨国和省级同标准出口统计数据(同为 HS 编码)分析跨国和省级层面制造业出口产品质量,为此,能够有效地揭示我国各省级区域制造业出口产品质量的国际地位。本书借助对比分析法,对中国省级区域出口产品质量与 169 个经济体的出口产品质量进行细致的分析,并对比跨国和省级层面出口产品质量升级机制的差异。此外本书还对比分析了中国东中西部区域出口产品质量和出口技术复杂度升级机制的差异、跨国层面出口技术复杂度演进机制的差异。

第三节 研究的思路与内容

本书以系统分析出口品内涵(出口产品质量和出口技术复杂度)的已有研究为切入点,在细致刻画出中国省级层面制造业出口产品质量与出口技术复杂度国际地位的基础上,借助科学的计量方法,从跨国和省级双维度对制造业出口品内涵演进的机理和经济效应进行实证分析,此外,本书还首次分析了制造业出口品内涵赶超的经济效应,以期达到以下目标:一是揭示制造业出口品内涵演进的内在机制与动因;二是揭示出口产品内涵升级的经济效应;三是揭示中国省级区域层面制造业出口品内涵赶超的经济效应;四是基于跨国和中国省级层面的实证结果,为出口品内涵变迁领域的理论完善提供全新的经验证据,也为政府政策设计和企业经营决策提供强有力的参考。基于以上研究思路和内容,本书一共分为八章,具体内容安排如下:

第一章是绪论。该章主要介绍本书的选题背景与意义、主要的研究方法、研究思路、研究内容和可能的创新点。

第二章是相关文献回顾。该章主要是回顾和梳理出口产品质量研究的脉络和已有研究的可改进之处。第一节主要梳理了出口产品质量的已有研究,如主流测度方法、演进的理论基础和国内外最新研究等;第二节主要梳理了出口技术复杂度方面的已有研究,如常用的测度方法、演进机制、动态效应、异常性赶超的成因等。在每一节的结尾部分我们还进一步归纳了已有研究的不足和可能改进的方向。

第三章是制造业出口产品质量的测度与分析:基于跨国省级双维度。该章首次运用"同方法、同数据标准"的形式测度出跨国(169 个经济体)和中国省级(31 个省区市)制造业出口产品质量,并首次刻画出了中国省级层面制造业出口产品质量的国际地位。得到的结论主要有:发达经济体的制造业出口产品质量明显高于发展中经济体,发展中经济体一直致力于制造业出口产品质量的赶超;近些年中国制造业出口产品质量得到了一定幅度的提升,高质量产品出口区域形成了较为显著的“协同共进”机制;中国省级区域制造业出口产品质量不仅呈现出“东如欧美、西如非洲”的二元结构特征,还具有“质高价低”特征;中国制造业在高质量产品出口领域的质量提升遭遇到了比较大的“阻力”,出口产品质量的提升效果不尽人意。

第四章是制造业出口产品质量演进的机理分析:来自跨国省级双维度的经验证据。该章首先在融合 Anderson 等(1992)、Verhoogen(2007)和 Khandelwal(2010)等人的研究的基础上,形成了制造业出口产品质量演进机理的理论分析框架(系统),进而基于理论分析框架,从跨国、中国省级和产品等三个层面对制造业出口产品质量演进的机理进行了实证分析。得到的基本结论主要有:一是制造业出口产品质量升级机理是一个多因素耦合的复杂系统,且发达经济体和发展中经济体制造业出口产品质量的升级机制存在一定的差异;二是跨国层面和中国省级层面的实证结果均证实经济增长有助于制造业出口产品质量升级,不仅如此,物质资本、人力资本、创新能力提升和外商直接投资等有助于经济增长的因素也同时有助于制造业出口产品质量升级;三是进出口因素有利于发展中经济体制造业出口产品质量升级,而对发达经济体的作用力并不显著,中国对外贸易依存度的估计结果显示,中国的出口对制造业出口产品质量的作用力具有与发达国家相似的特征;四是异质性贸易地理优势对制造业出口产品质量的作用机制存在较大的差异,人口老龄化会倒逼我国制造业出口产品质量升级;五是发达经济体产品出口持续时间对出口产品质量的作用,表现为“高质稳进”型正效应,而对于发展中经济体而言,过长的持续出口则意味着产品质量的“低端锁定”和“低端下滑”,即“持续出口型”多样化战略对于发达经济体而言是一项“好”战略;六是出口过度依赖传统优势产品和“质量革新惰性”是近几年中国出口产品质量下降的重要原因;七是出口价格已经成为出口产品质量提升的核心影响因素,执行出口技术复杂度赶超战略有利于发展中经济体出口产品质量升级。

第五章是制造业出口技术复杂度升级的机制分析。本章从跨国和省级区域双层面揭示制造业出口技术复杂度升级的机制,此外,本部分还重点刻画出口品 DVAR、生产性服务业融入制造业环节偏好和城市化等因素对制造业出口技术复杂度升级的作用机理。得到的结论主要有:一是大力提升出口品 DVAR 可能会对制造业出口技术结构产生不良冲击,为此,当前提升制造业出口品 DVAR 和出口技术结构的双重目标可能存在“潜在冲突”，而“潜在冲突”出现的关键诱因是国内中间品和零部件技术含量偏低；二是生产性服务业融入制造业生产环节时，兼备“量增”和“质升”（推动出口技术复杂度升级）两种功能，多数生产性服务业的“质升”功能具有一定的最优融合环节，最优融合环节多位于各国生产性服务业融入制造业上游度的“中值”区域，然而中国生产性服务业融入制造业生产环节时，具有较为显著的上游环节偏好，中国多数生产性服务业的上游度不仅在所有样本国中属于最高，部分生产性服务业（如内陆运输服务业）的上游度甚至超出了正效应区间，为此，中国生产性服务资源的利用效率并不高；三是城市化对不同要素密集型制造业出口技术复杂度的影响也不同，对于资本密集型制造业出口技术复杂度而言，城市化水平与其之间呈倒 U 形曲线关系；对于劳动密集型制造业出口技术复杂度而言，城市化水平与其之间存在负向关系。

第六章是制造业出口产品质量升级的经济效应分析。该章在构建制造业出口产品质量升级经济效应实证模型的基础上，基于前文运用需求函数残差法所得出口产品质量均值前 100 的经济体的相关经济变量，运用 DOLS 模型深入分析制造业出口产品质量升级对经济增长、出口、进口、FDI 和专利申请量等经济因素的影响，并分析其动态影响效果；另一方面基于省级制造业出口产品质量的测度结果（需求函数残差法），深入分析制造业出口产品质量升级的收入分配和出口效应。得到的结论主要有：首先，制造业出口产品质量升级能够有效地促进一国经济增长、出口增长、进口增长、FDI 流入量增长和创新能力提升，但制造业出口产品质量升级对创新能力提升的作用力相对较小，且制造业出口产品质量演进对上述经济变量的动态影响效应存在一定的差异；其次，中国东部省份制造业出口产品质量升级不会给劳动收入占比带来不良冲击，而中西部省份制造业出口产品质量升级则会降低劳动收入占比；最后，虽然出口规模扩大未能促进中国制造业出口产品质量升级，但出口产品质量升级能有效地促进出口规模的扩大。

第七章是制造业出口技术复杂度升级的经济效应分析。本部分系统分析出口技术复杂度升级对工资差距、能源效率和资本回报率等经济变量的作用机制，以刻画出出口技术复杂度升级的经济效应。得到的结论主要有：一是资本和劳动密集偏向型产业的出口技术复杂度升级均能显著地增加熟练劳动力的相对需求以及工资收入，从而使得制造业熟练与非熟练劳动力的相对工资差距有所扩大；二是制造业出口技术结构演进对能源效率具有显著影响，但在不同阶段对能源效率的作用方向并不同，两者之间存在 N 型关系。不同地区不同要素密集型制造业出口技术结构演进对能源效率的作用力大小也各不相同；三是中国制造业出口技术复杂度深化会对资本回报率产生显著的抑制效应，这一抑制效应甚至超过了资本深化给资本回报率带来的负向影响，中国制造业外力依赖型技术赶超引致的“上游核心环节”高购买成本和逆比较优势技术赶超引致的低销售价格是上述现象出现的主要诱因。

第八章是中国制造业出口品内涵赶超的经济效应研究。本部分基于前文省级区域制造业出口品内涵的测度结果，在构建制造业出口品内涵赶超测度方法的基础上，运用门槛效应模型深入分析出口品内涵赶超的经济效应。得到的结论主要有：一是制造业出口产品质量的适度赶超不仅有利于中国经济的增长，还有利于经济增长质量的改善（能源效率提升），而过度赶超则会对经济增长的数量和质量产生不利影响；二是出口技术复杂度赶超对能源效率的作用机制与技术复杂度升级对能源效率的作用机制并不相同。已有研究多表明：一国技术复杂度的升级能有效地促进能源效率改进，出口技术复杂度适度赶超能够有效地改进一国的能源效率，过度赶超和过低赶超均不利于一国能源效率的改进；三是发展中国家是否执行出口技术复杂度赶超战略与经济发展水平之间并无显著的相关关系，制造业出口技术复杂度赶超对制造型中间品的作用力呈现U形，过高和过低的赶超均会加剧制造型中间品的进口依赖，只有适度的赶超才能缓解制造型中间品的进口依赖。

第九章是结论与启示。该章基于前文的研究过程和研究内容，归纳和概括本书的主要研究结论，进而提出相应的政策启示和建议，最后进一步指出未来研究的改进方向。

第四节　可能的创新点

本书在前人的研究基础之上，测度出了省级和跨国层面制造业出口品内涵，从升级的内在机理和外在影响视角分析了省级和跨国层面制造业出口品内涵变迁的规律，并揭示了出口品内涵赶超的经济效应。为此，本书可能的创新点体现在以下几个方面。

一是首次在考虑“二元结构”的基础上，从省级层面研究了中国制造业出口品内涵升级的内在机理，实现了“国内外实证结果的可对比”。本书采用了省级区域HS编码出口数据，测度了中国省级区域的出口品内涵，并进行实证分析，不仅弥补了以往海关数据与企业数据对接的“数据大量流失”和国别层面HS编码出口数据“无法探究中国省级区域出口品内涵”的缺憾，而且揭示了中国省级层面制造业出口品内涵升级机理与跨国层面的差异，也为中国制定转变经济发展方式和快速提升经济增长质量等方面的政策提供了参考，还为该领域的理论发展提供了具有“二元结构”特征的经验证据。

二是全面系统地分析了制造业出口品内涵升级的经济效应，并首次系统深入地分析了出口品内涵升级对不同经济因素的动态影响趋势。与以往“零星”研究出口品内涵升级影响效应不同的是，本书借助 DOLS 估计法、系统 GMM 估计和 2SLS 等计量方法，从跨国和中国省级区域双层面，不仅系统深入地分析了出口品内涵升级对经济增长、进出口、FDI 和专利申请量及劳动收入分配等因素的影响（其中劳动收入分配仅为中国层面的经验证据），还借助 DOLS 估计法和跨国层面数据，从动态时间上揭示了出口品内涵升级的动态影响效应。既将出口品内涵领域的研究从“影响因素”领域拓展到了“动态影响效应”领域，也为该领域的理论发展和政策制定提供了有“动态趋势”特征的经验证据。

三是首次揭示了出口品内涵赶超的经济效应。加快实现我国制造业出口品内涵升级，甚至赶超发达经济体是我国实现对外经济发展方式转变和经济增长质量提升的必由之路，为此，大量中国企业执行了以“内涵快速提升”为目标的出口品内涵赶超策略，这势必对我国的经济增长、出口等因素产生一定的影响。然而目前并无学者深入分析制造业出口品内涵赶超的影响效应，本研究运用面板数据和门槛效应模型，从非线性视角首次揭示了出口品内涵赶超的经济效应，并首次发现了“过度赶超”不利于经济的增长，只有适度的赶超才能促进经济快速增长的研究结论。这一研究也首次将出口品内涵的研究延伸到赶超领域，另外本书所构建的制造业出口品内涵赶超的测度方法也为本领域未来研究提供了一个全新的分析工具。

四是以充实的数据和系统的方法测度了中国省级层面和跨国层面的出口品内涵，首次刻画出了中国省级区域出口品内涵的国际地位。发现了中国制造业出口产品质量“东如欧美、西如非洲”的特征，并借助多种统计手段，理清了中国省级和跨国层面出口品内涵的静态事实特征，揭示了中国制造业出口品内涵的辐射效应（空间自相关性）和分布趋势，在很大程度上提高了国内外学术界对中国制造业出口品内涵认知的透彻度和清晰度。

第二章　相关文献回顾

中国制造业的发展经验表明：出口品"量"的扩张容易受到要素成本上升、政策优惠减少和跨国公司战略决策等因素的冲击，只有出口品"质"的提升才能使中国在国际经济发展中掌握主动。为此，出口品的"质"迅速成为当前经济学界研究的热点。整体而言，学界对出口品"质"的研究主要有以下两大类。

第一类是出口技术复杂度(export sophistication)。出口技术复杂度的概念最早由 Hausmann & Rodrik(2003)提出，其认为各国企业在国际贸易和世界市场中的自我探索行为(self-discovery)会使得世界贸易形成如下格局：高收入经济体生产和销售高技术含量(质量)产品，低收入经济体则出口技术含量较低的劳动密集型产品(黄先海等，2010；陈晓华等，2011；刘慧等，2015)，Hausmann & Rodrik(2003)、Hausmann 等(2007)、Rodrik(2006)和 Schott(2008)将高收入和低收入经济体出口品的上述差异定义为出口技术复杂度的差异，并构建了相应的测度方法，对各国的出口品技术复杂度进行了测度。目前常见的测度方法主要有两类：一类是基于 RCA 指数和人均 GDP 的测度方法，如 Hausmann 等(2007)、Rodrik(2006)、Jarreau & Poncet (2012)、Poncet & Waldemar (2013)、王永进等(2010)、戴翔和金碚(2014)、邱斌等(2012)以及刘慧等(2015)均采用了此类测度方法；第二类则是基于出口相似法则的估计法，如 Schott(2008)、Lall 等(2006)及陈晓华和刘慧(2015b)等均采用了此类方法。两种测度方法得出的出口技术复杂度研究结果均表明：出口技术复杂度升级有助于经济增长和出口扩张，即出口内涵的提升有助于一国经济和出口的增长，随着世界经济的发展，世界各国的出口技术复杂度呈现出显著的提升趋势，且中国和印度的出口技术复杂度提升尤为明显(如 Rodrik，2006；Schott，2008)。

第二类则是出口产品质量。对出口产品质量的研究最早可以追溯到 Flam & Helpman(1987)和 Grossman & Helpman(1991)等的研究，其认为高收入国家的技术水平和生产能力相对较高，其可以生产和出口更多的高质量产品，而低收入国家在高质量产品方面并不具备显著的比较优势，为此，低收入国家的出口依赖于低质量产品（Hummels & Klenow，2005）。[①] Schott（2004）在研究产品内和产品间分工时，从企业异质性层面也给出了类似的观点，其认为高生产率（high productivity）企业也偏向于进行质量竞争（compete on quality），高生产率的企业倾向于生产高质量、高价格的产品，而低生产率的企业则倾向于生产低质量的产品。这一观点既符合 Melitz（2003）和 Melitz & Ottaviano（2008）关于异质性企业生产率和质量的观点，也符合 Grossman & Helpman（1991）关于质量阶梯的阐述。李坤望等（2014）认为产品质量或品质（quality）是指产品满足潜在要求（或需求）和规定的特性综合，是使用价值的具体体现，其还认为产品质量所表达的是产品“优劣”的信息；李坤望等（2014）和施炳展等（2013）认为：虽然产品质量和技术复杂度同属产品的“质”，均能在一定程度上刻画产品的品质内涵，但产品质量描述的是产品内（within-product）的垂直差异，而技术复杂度则强调的是不同产品间（across-product）的复杂度或技术含量差异。值得一提的是，虽然李坤望等（2014）和施炳展等（2013）均认为出口产品质量和出口技术复杂度并不相同，但出口技术复杂度和出口产品质量拥有非常类似的假设，即高收入经济体出口高技术复杂度和高质量的产品，低收入经济体出口低技术复杂度和低质量的产品（如 Hausmann & Rodrik，2003；Hausmann et al.，2007；Rodrik，2006；Schott，2008；Flam & Helpman，1987；Grossman & Helpman，1991；Schott，2004），为此，部分学者认为出口产品质量和出口技术复杂度在一定程度上可以等同，如于津平等（2014）将出口技术复杂度等同于出口产品质量，采用 Hausmann 等（2007）和 Rodrik（2006）[②]的方法，测度了出口产品质量，并深入分析了实际汇率和出口规模对出口产品质量的影响机理。

综上可知，作为出口品“质”的两个重要研究方向，出口技术复杂度和出口产品质量既存在一定的相似之处（如高收入经济体出口高技术复杂度和高质量的产品），也有一定的差异（出口产品质量衡量的是产品内部的差异，出口技术复杂度衡量的是出口产品间的差异）。但是由于对出口技术复杂度的研究均基于宏观经济层面，且都假设高收入国家出口品的技术复杂度高于低收入国家，这在很大程度上降低了低收入国家高技术水平产品的技

① 这一观点与出口技术复杂度研究领域学者关于出口技术复杂度与收入水平关系的阐述可谓异曲同工。

② Hausmann 等（2007）和 Rodrik（2006）的测度方法是衡量出口技术复杂度的主流方法，为此，于津平等（2014）的研究实际上是将出口技术复杂度等同于出口产品质量。

术复杂度，提升了高收入国家低技术水平产品的技术复杂度（刘慧等，2014a），而对出口产品质量的研究多基于产品或企业微观层面，其直接测度出口产品的质量，受到的有偏干扰相对较少。整体而言，出口产品质量和出口技术复杂度在研究出口品内涵领域各有千秋，为此二者成为近些年国际贸易领域的新的研究热点。

第一节　出口产品质量的文献回顾

一、出口产品质量测度方法的评述

虽然出口产品质量研究受到的关注越来越多，然而由于出口产品质量不同于产品数量和种类，其具有很高的不可观察性，目前尚未形成统一的衡量出口产品质量的指标，学者们采用的指标也各不相同。其衡量指标体系的构建，也一直是困扰该领域研究学者的难题（Kugler & Verhoogen，2009；刘伟丽，2011；张杰等，2014）。数据统计口径上的不统一和方法的差异，也制约着该领域实证研究的开展。现有文献对出口产品质量的衡量主要根据一些间接指标进行（Kugler & Verhoogen，2009；王永进，施炳展，2014；李坤望等，2014；苏理梅等，2016）。综合现有关于出口产品质量研究的文献，出口产品质量测度指标大致可分为以下几类。

（一）以单位价格指标近似替代产品质量

采用价格或单位价值代表制造业产品质量是该领域研究最常用的做法（Fontagné et al. ，2008），因为产品质量无法被直接观测到，很难通过客观的指标进行衡量，而且从直观的角度来看，产品的质量优劣和价格高低确实存在正向的相关关系（Ellingsen，1997）。采用单位价格指标代表产品质量不仅方便、直观，而且能在微观层次体现产品质量的差异，因此被很多学者广泛采用。例如，Schott（2004）、Manova & Zhang（2009）、Fontagné 等（2008）、殷德生（2011）和李坤望等（2014）将出口产品的平均单位价值作为出口产品平均质量的衡量指标，其计算公式如下：

$$\lambda_{jt}=\frac{V_{jt}}{Q_{jt}} \tag{2.1}$$

其中，t 代表时期，j 代表出口目的国，λ_{jt} 代表 t 期出口到 j 国的产品平均质量，V_{jt} 代表 t 期出口到 j 国的产品总价值量，Q_{jt} 代表 t 期出口到 j 国的产品总数量。

但由于不同种类间的产品其单位价格差异很大，以产品单位价格代表产品质量的方法不一定适用于分析不同种类产品的质量。为了消除不同种类产品间的异质性，韩会朝和徐康宁（2014）还构建了相对产品质量指标，即以某一产品的实际价格除以该产品出口到全球市场的平均价格，从而得出一个相对值，以此作为该出口产品的质量水平。具体计算指标如下：

$$\lambda_{kj} = \frac{p_{kj}}{\sum_{J} p_{kj} q_{kj} / \sum_{J} q_{kj}} \tag{2.2}$$

其中，λ_{kj} 为向 j 国出口的产品 k 的质量，p_{kj} 为 k 产品在 j 国的实际价格，q_{kj} 为 k 产品在 j 国的销售数量，J 为 k 产品出口到全球市场的国家合集。如果该产品的质量水平高于同种类产品出口到国际市场的平均质量水平，则该指标值会大于 1；反之，如果该产品的质量水平低于同种类产品出口到国际市场的平均质量水平，则该指标值会小于 1。这一方法将产品质量表示为相对指标，因而便于对不同种类产品进行比较。

单位价格法衡量出口产品质量的优势在于：一是其测度过程简单直观，所涉及的数据变量较少，数据相对容易获得（刘慧，2014）；二是采用函数法进行测度时，测度过程难免受到“内生性”困扰（张杰等，2014；刘慧，2013a），而单位价格测度法仅需获得出口数量和总额，无须其他变量，有效地规避了“内生性”的困扰。为此，该测度方法备受学界欢迎。然而该测度方法也存在一定的“瑕疵”和不足，如 Hallak & Schott（2008）指出出口品的单价不仅仅包含了产品质量因素，还包含了汇率偏差（misalignments）和生产成本差异等因素；Hummels & Skiba（2004）指出同样的产品，也会由于出口距离的远近而产生价格差异，如出口到较远国家的运输成本（transport cost）将大于出口到较近国家。Fontagné 等（2008）则认为当产品的数量和种类足够多时，产品价格能在很大程度上刻画出产品的质量，生产成本和运输成本等因素的影响将变得相对较小，为此，其认为采用单位价格法衡量出口产品质量是相对科学有效的。

（二）由价格指数分解出产品质量指数

用价格代表产品质量的方法尽管直观、方便，但从经济实践来看，质量以外的很多因素也可能影响产品价格，例如生产成本的差异、消费者的偏好等。考虑到导致产品价格差异的因素既有质量又有质量以外的因素，Hallak & Schott（2008）使用贸易差额信息得出一种测度产品质量的方法，该方法将一国出口产品价格分解为质量因素和剔除质量因素后的“纯净”价格两部分，其理论模型的主要构建过程如下。

首先，构造一个双层效用函数，以此来代表消费者对产品多样化的偏好。假定一共有 K 个国家（用下标 k 表示），一国内部有 S 个部门（用下标 s 表示），部门内有 Z_s 种产品（用下标 z 表示）。出口产品价格体现在产品的类别层面，贸易收支则体现在部门层面，据此可以估测质量。接下来的理论框架主要集中于部门 s，假设效用函数如下：

$$U = \prod_{s=1}^{S} U_s^{b_s} \tag{2.3}$$

$$u_s = \left[\sum_{k=1}^{K} \sum_{z=1}^{Z_s} (\xi_z \lambda_s^k x_z^k)^{\frac{\sigma_s - 1}{\sigma_s}} n_z^k \right]^{\frac{\sigma_s}{\sigma_s - 1}} \tag{2.4}$$

其中，$\sigma_s > 1$，n_z^k 代表国家 k 所生产的产品 z 具有水平差异的种类数，x_z^k 代表每一种类产品的消费数量，σ_s 代表不同产品种类间的替代弹性，b_s 代表 k 国 s 部门的支出占所有部门支出的比例，ξ_z 代表产品的核心变量，λ_s^k 代表产品的质量(除了产品价格及 ξ_z 之外的产品属性)。ξ_z 与产品有关，即不同国家的同一种产品具有相同的 ξ_z 值。λ_s^k 则与国家和部门有关，即一个国家及部门的产品具有相同的 λ_s^k 值。λ_s^k 既包含了商品的有形因素(如耐用性)也包含了无形因素(如广告对产品形象的塑造)。上述假设可以用如下的公式表示：

假设 1：$\xi_z^k = \xi_z$，$\forall k = 1, 2, \cdots, K$

假设 2：$\lambda_z^k = \lambda_s^k$，$\forall z = 1, 2, \cdots, Z_s$

令 p_z^k 代表国家 k 所生产的产品 z 的出口价格，则可定义该产品的纯净价格 $\tilde{p}_z^k$ 为：

$$\tilde{p}_z^k = p_z^k / (\xi_z \lambda_z^k) \tag{2.5}$$

纯净价格即经质量调整后的价格。其次，对国家 k 部门 s 生产的产品价格进行加权平均，求得产业层面的价格：

$$P_s^k \equiv \left[\sum_z \bar{n}_z \xi_z^{\sigma_s - 1} (p_z^k)^{1-\sigma_s} \right]^{\frac{1}{1-\sigma_s}}, \bar{n}_z = \frac{1}{k} \sum_k \frac{n_z^k}{\frac{1}{Z_s} \sum_z n_z^k} \tag{2.6}$$

其中，P_s^k 代表国家 k 的部门 s 中的全部产品 z 的加权平均价格，其权重用产品 z 的全球平均种类数 $\bar{n}_z$ 和消费者对产品 z 的需求变量 $\xi_z^{\sigma_s - 1}$ 共同反映。由式(2.6)可以看出，一国提供的差异化产品的种类越多，或者需求变量值越大，消费者就越愿意为产品 z 支付更高的价格。因此可以定义国家 k 和 k' 间的“非纯净”价格指数(impure price index, IPI)，“非纯净”价格即包含质量因素的价格。

$$P_s^{kk'} = P_s^k / P_s^{k'} \tag{2.7}$$

由式(2.7)可知 IPI 指数的特点：(1)可传递性。任选一个第三国 o 作为基准国，都可以求得纯净价格指数：$P_s^{kk'} = P_s^{ko} / P_s^{k'o}$。(2)不可观测性。因为该指数包含了各国出口产品的种类数量等不可观测的信息。Hallak & Schott (2008)定义质量指数：$\lambda_s^{kk'} = \lambda_s^k / \lambda_s^{k'}$，该指数代表了两国 s 部门的质量水平比率。并定义纯净价格指数(pure price index,PPI):$\widetilde{P}_s^{kk'}=\widetilde{P}_s^k/\widetilde{P}_s^{k'}$,该指数代表了两国总的纯净价格之比。其中,$\widetilde{P}_s^k \equiv \Big[\sum_z \bar{n}_z(\tilde{p}_z^k)^{1-\sigma_s}\Big]^{\frac{1}{1-\sigma_s}}$。

非纯净价格指数可以表示为质量指数和纯净价格指数的乘积:$P_s^{kk'}=\lambda_s^{kk'}\widetilde{P}_s^{kk'}$。相应的定义质量指数如下:

$$\lambda_s^{kk'}=P_s^{kk'}/\widetilde{P}_s^{kk'} \tag{2.8}$$

尽管 λ_s^{ko} 和$\widetilde{P}_s^{ko}$ 都是不可直接观测到的,但通过 P_s^{ko} 估计值以及一国 s 部门贸易净额的信息,可以间接获得该值。虽然非纯净价格指数(IPI)无法被直接观测到,但可以通过帕氏指数和拉氏指数对其进行界定,具体方法如下:

$$\ln H_s^{kk'}\leqslant \ln P_s^{kk'}\leqslant \ln L_s^{kk'} \tag{2.9}$$

纯净价格指数可以通过推导如下公式得出,一国 k 与世界各国在部门 s 内的净贸易额 T_s^k,可以表示为其在该部门内支出的比例,用公式表示如下:

$$\frac{T_s^k}{b_s E^k}=\Big(\sum_z \frac{n_z^k}{E^k}(\tilde{p}_z^k)^{1-\sigma_s}\Big)\exp(\tau_s^k)-1 \tag{2.10}$$

其中,$\tau_s^k=\ln\Big(\sum_{k'}E^{k'}(\frac{\tau_s^{kk'}}{G_s^{k'}})^{1-\sigma_s}\Big)$,表示所有国家两两之间的双边贸易成本。$T_s^k$ 表示 k 国 s 部门的净贸易额。T^k 表示 k 国总贸易净额。E^k 为国家 k 的总支出,等于总收入 Y^k 减去总贸易净额 T^k。$\tau_s^{kk'}$ 表示由国家 k 向国家k'出口产品所产生的冰山成本。$G_s^{k'}$ 代表进口国k'的 s 部门产品的消费价格加总。该式表明一国的净贸易额可以表示为纯净价格、产品种类、总支出以及双边贸易成本的函数。在此基础上,还需要利用估计所得的非纯净价格指数(IPI),进一步减少上式中的不可观测变量。

定义国家 k 所生产的 z 产品的种类数超过平均水平的部分为$\tilde{n}_z^k=\frac{n_z^k}{\bar{n}_s^k}-\bar{n}_z$,其中 $\sum_z \tilde{n}_z^k=0$, $\forall k=1,2,\cdots,K$,则$\tilde{n}_z^k$ 和纯净价格之间的相关性可以表示如下:

$$\text{cov}=[\tilde{n}_z^k,(\tilde{p}_z^k/\widetilde{P}_s^k)^{1-\sigma_s}]=\varphi_s+\mu_s^k \tag{2.11}$$

假定产品种类和纯净价格之间存在负相关关系,则在部门层面可以提出如下假设:

假设 3:$\bar{n}_s^k/Y^k=(\widetilde{P}_s^k)^{-\eta^s}$, $\forall k=1,2,\cdots,K,\eta_s\geqslant 0$

其中,η_s 为价格弹性,特殊情况下,当 $\eta_s=0$ 时,部门 s 的平均产品种类数占收入之比为常数。一般情况下,随着纯净价格的上升,产品种类数会相应地减少。基于假设 3,国家 k 在部门 s 的净贸易额可以用如下的关于$\widetilde{P}_s^k$ 的线性函数表示:

$$\frac{T_s^k - b_s T^k}{E^k} = \Upsilon_s + \gamma_s \ln \widetilde{P}_s^k + b_s \tau_s^k + \gamma_s \kappa_{st}^{ki} + \iota_s^k \quad (2.12)$$

其中，$\Upsilon_s = b_s Z_s \varphi_s$，$\gamma_s = b_s(1-\sigma_s-\eta_s) < 0$，$\iota_s^k = b_s Z_s \mu_s^k$

假设选择 i 为基准国，根据式(2.10)，纯净价格可以表示如下：

$$\ln \widetilde{P}_s^{ki} = \ln P_s^{ki} - \ln\lambda_s^{ki} \quad (2.13)$$

将式(2.13)代入(2.12)并且两边同时减去 $b_s\tau_{st}^k$，经整理后可得：

$$\frac{T_s^k - b_s T^k}{E^k} - b_s \tau_{st}^k = \Upsilon_s + \gamma_s \ln \hat{P}_{st}^{ki} - \gamma_s \ln\lambda_{st}^{ki} + \gamma_s \kappa_{st}^{ki} + \iota_s^k \quad (2.14)$$

为避免式(2.14)可能存在的变量内生性问题，将产品质量指数设置成随着时间呈线性变化的趋势项，其表达式如下：

$$\ln\lambda_{st}^{ki} = \alpha_{0s}^{ki} + \alpha_{1s}^{ki} t + \varepsilon_{st}^{ki} \quad (2.15)$$

将式(2.15)代入(2.14)，可得如下等式：

$$\widetilde{T}_{st}^k = \Upsilon_s + \gamma_s \ln P_{st}^{ki} - \zeta_{0s}^{ki} - \zeta_{1s}^{ki} t + \upsilon_{st}^{ki} \quad (2.16)$$

其中，$\widetilde{T}_{st}^k = \frac{T_s^k - b_s T^h}{E^k} - b_s \tau_{st}^k$，$\zeta_{0s}^{ki} = \gamma_s \alpha_{0s}^{ki}$，$\zeta_{1s}^{ki} = \gamma_s \alpha_{1s}^{ki}$ 分别表示固定效应和时间趋势，$\upsilon_{st}^{ki} = \gamma_s(\kappa_{st}^{ki} - \varepsilon_{st}^{ki}) + \iota_s^k$ 表示残差项。

采用两阶段最小二乘法对式(2.16)进行估计，可得 k 国相对于基准国 i 的质量指数为：

$$\ln\lambda_{st}^{ki} = -\left(\frac{\hat{\zeta}_{0s}^{ki} + \hat{\zeta}_{1s}^{ki}}{\hat{\gamma}_s}\right) \quad (2.17)$$

值得注意的是，上式所表示的出口产品质量是一个相对值，其大小取决于基准国的选择。虽然 Hallak & Schott(2008)构建的出口产品质量指数能相对有效地从价格中分解出质量指数，但由于测度过程过于复杂，且测度时所涉及的变量相对较多，对测度所需的数据要求较高，为此，借鉴 Hallak & Schott(2008)的方法进行出口产品质量研究的文献相对较少。目前仅有李小平等(2015)、王涛生(2013)和王明益(2013)运用该方法进行分析，如李小平等(2015)借鉴该方法测度了 1997—2013 年 47 个经济体的出口产品质量，从出口产品质量视角分析各国从中国增加进口的原因，并深入分析了典型行业出口质量升级对出口量的影响机制。但是 Hallak & Schott(2008)的研究打破了单位价格等价于产品质量的假定(施炳展，曾祥菲，2015)，在一定程度上为学界开启了探讨与研究产品质量测度工具的新篇章。

(三)以需求函数的残差项表示产品质量

需求函数残差法主要的思路是将产品质量视为价格因素之外(假设价格相同)影响产品需求的残差因素，并适当控制其他可能影响产品质量的因素，以降低单价法给产品质量测度带来的不利影响(Khandelwal et al.，

2013；Martin & Mejean，2014)，如 Gervais(2015)将质量定义拓宽为使消费者愿意支付购买产品的任何有形及无形特征。消费者在选择购买某件产品前通常会考虑它的性价比，如果两家企业所销售的产品价格相同，但最终的市场份额不同，那一定是因为它们生产的产品质量不同。相对来说，销售数量更大的那家企业其生产的产品质量会更高(Gervais，2015；Khandelwal et al.，2013；Martin & Mejean，2014)。因此，可以将需求函数的残差项作为产品质量的估计值。此处以 Piveteau & Smagghue(2015)基于企业层面的残差法进行简单说明，其基本推导过程和原理如下。

Piveteau & Smagghue(2015)假设消费者所购买的产品数量(varieties)由嵌套 CES 函数(nested CES)加总而成，其假设代表性消费者的偏好如下：

$$\begin{cases} \widetilde{X}_{m,t(q)} = \left[\int\limits_{\Omega_{m,t(q)}} x_{v,t}^{\frac{\sigma-1}{\sigma}} \mathrm{d}v \right]^{\frac{\sigma}{\sigma-1}} \\ X_{m,t} = \left[\int (q\widetilde{X}_{m,t(q)})^{\frac{\rho-1}{\rho}} \mathrm{d}q \right]^{\frac{\rho}{\rho-1}} \end{cases} \tag{2.18}$$

其中，t 为时间，进一步假设在市场 m 中，消费者效用函数最大化条件下，第 v 种产品的需求函数如下：

$$r_{v,t} = p_{v,t}^{*\,1-\sigma} q_{v,t}^{\rho-1} \widetilde{P}_{m,t}(q_{v,t})^{\sigma-\rho} P_{m,t}^{\rho-1} E_{m,t} \tag{2.19}$$

其中，$r_{v,t}$ 为第 v 种产品的销量，$p_{v,t}^{*}$ 为市场 m 中第 v 类产品的价格，假设其等于 CIF(到岸价格)，$\widetilde{P}_{m,t}(q_{v,t})$ 表示质量为 q 的产品的价格指数，$E_{m,t}$ 为消费者的总支出，$P_{m,t}$ 为总价格指数。假设从出口国 H 进口相关产品时，所有的企业均需支出"冰山成本"，此时产品价格可以表示为：

$$p_{v,t}^{*} = e_{m,t}^{-1} \tau_{pdt} p_{fpdt} \tag{2.20}$$

其中，e_{mt} 为出口国和进口国的直接名义汇率，τ_{pdt} 为冰山成本(τ_{pdt} 大于等于 1)，p_{fpdt} 为出口国 FOB 价格，对式(2.19)取对数，并将式(2.20)代入可得：

$$\log r_{v,t} = (1-\sigma)\log p_{v,t} + \lambda_{v,t} + \mu_{m,t} \tag{2.21}$$

其中，$\lambda_{v,t} = (\rho-1)\log q_{v,t} + (\sigma-\rho)\log \widetilde{P}_{m,t}(q_{v,t})$，

$$\mu_{m,t} = (1-\sigma)\log\left(\frac{\tau_{Hdt}}{e_{Hdt}}\right) + (\rho-1)\log P_{m,t} + \log E_{m,t}$$

根据 Piveteau & Smagghue(2015)和黄先海等(2015)的研究可知，式(2.21)中的 $\lambda_{v,t}$ 即为出口产品质量，为此，Piveteau & Smagghue(2015)和黄先海等(2015)将出口产品质量定义为：

$$\lambda_{v,t} = \log r_{v,t} - (1-\sigma')\log p_{v,t} - \mu_{m,t} \tag{2.22}$$

需求函数残差法有效地克服了生产成本和运输成本等因素给产品质量测度过程带来的有偏影响，使得测度结果更为科学可靠(钟建军，2014)，因此，备受学界欢迎。如施炳展和曾祥菲(2015)在采用需求函数残差法测度

了中国企业进口产品质量后，发现中国企业的进口品质量高于出口品质量，二者具有正向相关关系；钟建军（2016）则在适当修正施炳展和曾祥菲（2015）研究的基础上，测度了企业中间品的进口质量，并分析了中间品进口质量对中国企业生产率的影响，研究发现“学习效应”在中国是成立的；黄先海等（2015）基于 Piveteau & Smagghue（2015）的研究，在运用需求函数残差法测度制造业出口产品质量后发现：金融危机使得中国整体出口产品质量呈现出 S 型波动。

（四）基于嵌套 logit 模型的产品质量测度法

嵌套 logit 法本质上也是为了弥补单位价格法在衡量产品质量中的缺陷，该方法由 Khandelwal（2010）提出。Khandelwal（2010）举例说明了产品的价格高并不必然意味着其质量高，例如美国从马来西亚进口牛仔裤的价格是 146 美元，从葡萄牙进口牛仔裤的价格是 371 美元，但这并不意味着葡萄牙的产品质量是马来西亚的两倍多，因为马来西亚的人均工资是 3100 美元，而葡萄牙的人均工资是 5700 美元。所以产品单位价值的差异代表的是要素价格差异，而非质量差异。正因如此，美国从马来西亚进口牛仔裤的数量是从葡萄牙进口数量的 10 倍。因此，其认为用价格代表产品质量的做法并不成立，并且在市场价格一定的情况下，产品市场份额越大意味着其质量越高，因此可以采用单位价值和数量信息来共同表示产品质量（刘伟丽，陈勇，2012；施炳展等，2013）。具体推导采用了嵌套 Logit 模型的方法。

选择美国为进口国，假设 n 代表消费者，k 表示产品的出口国，z 表示产品，kz 则代表 k 国出口的 z 产品种类，t 代表时间。在一个产业内部，消费者偏好函数可以表示如下：

$$V_{nkzt} = \lambda_{1,kz} + \lambda_{2,t} + \lambda_{3,kzt} - \alpha p_{kzt} + \sum_{k=1}^{K} \mu_{nzt} d_{kz} + (1-\sigma)\varepsilon_{nkzt} \quad (2.23)$$

其中，$\lambda_{1,kz} + \lambda_{2,t} + \lambda_{3,kzt}$ 表示 k 国出口的 z 产品的质量，该数值对于不同的消费者来说是不变的（该变量无下标 n）。这一质量表达式可以分解为三部分：$\lambda_{1,kz}$ 表示不随时间变化而因种类不同的产品特征，$\lambda_{2,t}$ 表示不因种类不同但随时间变化的产品特征，$\lambda_{3,kzt}$ 表示除了上述特征之外的其他产品特征。p_{kzt} 代表 k 国出口的 z 产品的价格。$\sum_{k=1}^{K} \mu_{nzt}$ 表示消费者对 z 国出口的所有产品 k 的评价总和。d_{kz} 为哑变量，如果 k 国出口了产品 z，则其取值为 1。假定 ε_{nkzt} 服从 I 型极值分布，该项可以解释消费者为何会购买价格高但质量低的产品。定义外部产品为由美国消费者消费，且在美国生产的产品，则外部产品的效用函数表示如下：

$$u_{n0t} = \lambda_{1,0} + \lambda_{2,t} + \lambda_{3,0t} - \alpha p_{0t} + \mu_{n0t} + (1-\sigma)\varepsilon_{n0t} \quad (2.24)$$

假设外部产品的效用均值标准化值为 0,外部产品市场份额为 s_{0t},则可以计算总的行业产出:$MKT_t = \sum^{kz\neq 0} q_{kzt}/(1-s_{0t})$,其中 q_{kzt} 表示产品 kz 的进口数量。进口产品市场份额表示为:$s_{kzt}=q_{kzt}/MKT_t$。如果 $V_{nkzt}>V_{nk'z't}$,则消费者会选择产品 kz。根据 Berry(1994)的研究,需求曲线可以表示如下:

$$\ln(s_{kzt})-\ln(s_{0t})=\lambda_{1,kz}+\lambda_{2,t}+\alpha p_{kzt}+\sigma\ln(ns_{kzt})+\lambda_{3,kzt} \tag{2.25}$$

其中,s_{kzt} 代表 t 时间 k 国进口的产品 z 的总市场份额,ns_{kzt} 代表产品 z 嵌入式的市场份额,通过将从 k 国进口的 z 产品种类数量和 k 国出口的产品种类的数量进行嵌入式计算可得。Khandelwal(2010)指出由于不同国家出口的产品存在水平差异,所以应该加入变量来控制不同国家出口产品的水平种类差异,该控制变量可以选择反映出口国经济规模的变量(gdp),或者人口数量(pop)。如果选择经济规模(gdp)作为控制变量,则上述方程变为:

$$\ln(s_{kzt})-\ln(s_{0t})=\lambda_{1,kz}+\lambda_{2,t}+\alpha p_{kzt}+\sigma\ln(ns_{kzt})+\lambda_{3,kzt} \tag{2.26}$$

$$\ln(s_{kzt})-\ln(s_{0t})=\lambda_{1,kz}+\lambda_{2,t}+\alpha p_{kzt}+\sigma\ln(ns_{kzt})+\gamma\ln gdp_{kt}+\lambda_{3,kzt} \tag{2.27}$$

此时,t 时间 k 国出口的 z 产品的质量可以表示如下:

$$\lambda_{kzt}\equiv\hat{\lambda}_{1,kz}+\hat{\lambda}_{2,t}+\hat{\lambda}_{3,kzt} \tag{2.28}$$

由式(2.27)可以看出,产品质量是指在控制出口者规模和价格之后,其在进口方的相对市场份额。因此,如果产品的价格提高但市场份额并未因此减少,则说明该产品的质量提高。嵌套 logit 的测度方法因其同时包含单价和数量信息,在很大程度上克服了单纯采用单价进行研究的弊端,为此,该方法成为学界测度出口产品质量的一项重要工具,如刘伟丽和陈勇(2012)、施炳展等(2013)、王明益(2014)、孙林等(2014)与张一博和祝树金(2014)等均采用该类方法进行测度。

(五)基于复杂度法则测度出口品质量

源于出口产品技术复杂度和出口产品质量在宏观假设上的相同性,于津平等(2014)采用了 Hausmann 等(2007)和 Rodrik(2006)提出的出口技术复杂度法,测度了各国的出口产品质量,具体方法如下:

$$\begin{aligned} PRODY_i &= \frac{x_{i1}/\sum x_{k1}}{\sum(x_{im}/\sum x_{km})}Y_1+\frac{x_{i2}/\sum x_{k2}}{\sum(x_{im}/\sum x_{km})}Y_2+\cdots+\frac{x_{in}/\sum x_{kn}}{\sum(x_{im}/\sum x_{km})}Y_n \\ &= \sum_{c=1}^{n}\frac{x_{ic}/\sum x_{kc}}{\sum(x_{im}/\sum x_{km})}Y_c \end{aligned} \tag{2.29}$$

其中,$PRODY_i$ 为出口产品质量,x 为 c 国 i 产业的出口额,Y 为人均 GDP,m 表示出口产品的种类数,Y 前的式子为核算出口产品质量的权重,其与

RCA(显示性比较优势)指数相似。在测度出产品层面的出口产品质量后，将产品层面加总到产业层面，则可得产业层面的平均出口产品质量，方法如下：

$$PRODYI_n = \frac{x_{1n}}{\sum x_{in}} PRODY_1 + \frac{x_{2n}}{\sum x_{in}} PRODY_2 + \cdots + \frac{x_{mn}}{\sum x_{in}} PRODY_m = \sum_{i=1}^{m} \frac{x_{in}}{\sum x_{in}} PRODY_i \tag{2.30}$$

其中，$PRODYI_n$ 是 n 国产业层面的出口产品质量，权重为商品 i 的出口在该产业总出口中的比例，进一步将产业层面的出口质量加总到国家层面，可得一国的出口品平均质量，方法如下：

$$PRODYT_n = \frac{x_{1n}}{\sum x_{jn}} PRODYI_1 + \frac{x_{2n}}{\sum x_{jn}} PRODYI_2 + \cdots + \frac{x_{mn}}{\sum x_{jn}} PRODYI_m = \sum_{j=1}^{m} \frac{x_{jn}}{\sum x_{jn}} PRODYI_j \tag{2.31}$$

其中，j 是 HS 编码大类出口产品种类数。虽然运用基于出口技术复杂度的方法测度出口产品质量源于 Hausmann 等(2007)、Rodrik(2006)、Flam & Helpman(1987)、Grossman & Helpman(1991)和 Schott(2004)关于出口技术复杂度和出口产品质量的基本内涵的表述和假设，有比较优势理论作为理论基础，但由于出口产品质量和出口技术复杂度在研究体系和研究方法上的差异，基于复杂度法则来测度出口产品质量的研究相对较少。

二、出口产品质量演进的理论研究综述

长期以来，出口产品质量一直是学界关注的热点问题，虽然产品质量领域并未形成单独的理论体系，但通过对已有研究和相关理论的梳理，可以归纳出产品质量变迁的基本理论依据和相关理论研究。为此，本部分从供给和需求视角分析出口产品质量形成和变迁的理论依据，进而刻画出产品质量变迁的基本理论脉络。

(一)基于产品供给视角的理论研究

对出口产品质量的研究最早源于新贸易理论，新贸易理论首次引入了差异化产品(产品质量不同)的概念，将产品的水平差异视为产业内贸易出现的本质原因，南北贸易理论则进一步强调了产品差异化的作用。作为南北贸易理论的一个重要特征，产品差异具体可以分为水平差异(产品种类的差异)和垂直差异(产品质量的差异)。基于产品供给视角的理论研究以 Flam & Helpman(1987)和 Grossman & Helpman(1991)等学者为代表，核

心的理论依据主要有两个。

一是比较优势理论。Flam & Helpman(1987)在研究南北贸易时认为北方的收入水平较高,南方的收入水平较低,北方更有优势生产和出口高质量的产品。为此,其基于比较优势视角假设北方生产和出口高质量产品,南方生产和出口低质量产品,Flam & Helpman(1987)还构建了南北模型论证了上述观点的准确性。Flam & Helpman(1987)基于比较优势理论做出的这一假设被后续学者如 Grossman & Helpman(1991)、Falvey(1992)、Berry(1994)、Schott(2004)和 Fontagné 等(2008)所沿用,如 Falvey(1992)结合要素禀赋理论,对质量差异产品之间的贸易现象进行了解释,其认为资本要素充裕的国家主要出口质量相对较高的资本密集型产品,同时又进口质量相对较低的劳动密集型产品(从低收入、资本稀缺国家进口);Schott(2004)还将 Flam & Helpman(1987)基于比较优势做出的假设延伸到企业异质性层面,认为高生产率的企业将生产和出口高质量的产品,而低生产率的企业将生产和出口低质量的产品。

新新贸易理论则将 Schott(2004)的这一假设发扬壮大,认为从事国际化生产及销售的企业往往是那些具有较高生产率、较大规模、较强竞争力和产品质量较高的企业(Helpman, Melitz & Yeaple,2004;Eaton,Kramarz & Kortum,2004;Jensen,Bernard,Redding,2007)。如 Baldwin & Harrigan(2011)将产品质量因素引入 Melitz(2003)模型,研究发现最有竞争力的企业往往是那些生产高质量产品的企业,并且生产高质量产品的企业要承担更高的企业异质性成本(heterogeneous cost),而生产率优势越明显的企业,越有能力承担这一高成本,汤二子和孙振(2012)甚至指出,企业异质性理论无法解释企业一些有悖传统理论的行为(即非自我选择行为)的根本原因在于未能纳入产品质量因素;Crinò & Epifani(2012)通过融合 Verhoogen(2007)和 Eaton 等(2011)的研究,将产品质量异质性纳入 Melitz(2003)模型进行理论分析后发现,高质量产品生产企业更能克服高收入国家的高进入门槛,进而将高质量的产品出口到更高收入的经济体中去。

出口产品质量的理论研究中,基于比较优势理论的观点与对出口技术复杂度的研究可谓"异曲同工",如 Hausmann & Rodrik(2003)、Rodrik(2006)、Hausmann 等(2007)和 Schott(2008)均假设富国(高收入国家)往往生产和出口高技术复杂度产品,穷国(低收入国家)往往生产和出口低技术复杂度产品;Hausmann & Klinger(2006)的假设则是基于比较优势理论做出的,契合了出口技术复杂度和出口产品质量的共同假设。其指出,富国不仅每单位劳动力的产出大于穷国,还生产一些更具挑战性(more challenging)的高端产品(高质量和高技术复杂度)。比较有意思的是,虽然比较优势理论构成了出口技术复杂度和出口产品质量共同的理论基础，但出口技术复杂度领域的学者 Hausmann & Rodrik(2003)、Rodrik(2006)、Hausmann 等(2007)和 Schott(2008)基于比较优势理论构建了较多的测度工具，而出口产品质量领域的学者，并未从该理论视角提出相应的测度方法。

二是技术差距理论。该理论认为技术也是一种生产要素，学界普遍认为该理论是比较优势理论的一种延伸(寇宗来，2009)。由于各国技术水平不一样，技术领先的国家会具备技术上的比较优势，会成为新产品的创新国和高质量产品的出口国；技术水平较落后的国家则不具备技术优势，在产品的生产上成为模仿国和低质量产品的出口国，从而在创新国和模仿国之间形成了技术差距，工业化国家之间的工业品贸易在很大程度上是因为技术差距的存在而产生的(Grossman & Helpman，1991)。在创新国和模仿国之间存在模仿时滞，创新国首先开发出一种新产品，在模仿国掌握该技术之前，创新国可以向模仿国出口这种技术和质量领先的产品，并在一定时期内技术创新国能够较为稳定地保有技术差距的比较优势(Dinopoulos & Segerstrom，1999)。随着专利权的转让、技术合作、对外投资或国际贸易的发展，该创新技术会慢慢被模仿国所掌握，模仿国会利用其劳动力成本优势自行生产该产品，并减少该产品的进口。技术差距逐渐消失，原来的创新国会逐渐失去该产品的出口市场，以该技术差距为基础的国际贸易也随之消失。正是由于这种机制的存在，技术差距论成了解释技术落后国产品技术与质量升级的一项重要理论基础(Grossman & Helpman，1991；Dinopoulos & Segerstrom，1999；唐海燕，殷德生，2006；寇宗来，2009；王明益，2013)。

技术差距论认为推动发展中国家(技术落后国)产品质量升级的一个重要媒介是高质量产品国与低质量产品国间的贸易[也有学者称之为自由贸易，如 Dinopoulos & Segerstrom(1999)，严谨起见，笔者在此处称之为贸易]，贸易会引致高技术传播和国际技术转移，从而推动发展中国家出口产品质量升级。如 Dinopoulos & Segerstrom(1999)指出贸易自由化会增加发展中国家的研发投资，进而加快其技术进步速度，最终推动发展中国家出口产品质量升级；Spulber(2008)认为国际贸易引致的技术转移可以通过"最好的技术被选择"和"研发经验池的积累"等方式推动一国出口产品质量的升级；殷德生等(2011)将国际贸易、产品质量升级和企业异质性纳入同一理论分析框架进行分析后发现，贸易开放不仅通过贸易成本下降推动了产品质量升级，还给中间产品部门带来了技术溢出效应和规模经济效应，从而刺激了发展中经济体的技术模仿和发达经济体的技术创新，进而推动发达经济体和发展中经济体制造业出口产品质量共同升级。其研究还发现发达经济体的产品质量升级具有技术创新偏向性，而发展中经济体的产品质量升级具有资本品偏向性；巫强和刘志彪（2007）从进口国质量管制视角分析了贸易与出口产品质量之间的关系，指出进口国的产品质量管制可以刺激出口国企业的创新行为，促使其加快产品创新，实现产品质量升级和向产业链上游提升，最终使得出口国通过自主创新获得动态竞争优势。

技术差距论不仅从技术转移视角较好地解释了发展中国家出口产品质量快速升级的机制，还发现了技术转移机制引致的技术落后国模仿行为会倒逼技术领先国进行技术创新，进而推动技术领先国和技术落后国出口产品质量的共同升级（如 Dinopoulos & Segerstrom，1999；殷德生等，2011）。但早期研究美中不足的是，较多文献专注于国际贸易形式的国际技术传播（如 Dinopoulos & Segerstrom，1999； Spulber，2008；殷德生等，2011），而鲜有涉及外商直接投资形式的国际技术转移。为此，部分学者开始尝试从 FDI 视角研究技术差距对技术落后国出口品质量升级的影响，如 Xu&Lu（2009）研究认为中国出口产品质量在短期内快速提升的主要动力是 FDI，特别是来自 OECD 成员国的 FDI；王明益（2013）基于技术差距论视角分析了 FDI 对中国出口产品质量的作用机制，研究发现：内外资技术差距对中国出口产品质量升级的作用机制呈现倒 U 形，即过高和过低的技术差距均无助于中国出口产品质量的升级，只有合适的技术差距才能有效地促进我国出口产品质量升级，可见在借助技术差距来促进中国技术产业出口产品质量升级时，还应充分考虑技术差距的“差距度”和适应性，不应盲目引进过高的国际技术；王华等（2010）从国际技术转移的三种实现方式入手，分析了外商直接投资、国际贸易和技术引进对技术进步的影响，研究结果显示：国际贸易和国际技术引进对中国企业自主创新能力的促进作用明显大于外商直接投资，即技术差距促进中国企业出口产品质量升级的主要媒介为国际贸易和技术引进。

（二）基于产品需求视角的理论研究

基于需求视角揭示出口产品质量变迁的理论研究源于 Linder（1961）提出的相似需求理论，该理论认为各国对进口产品质量的需求，会随着各国人均收入水平的提升而提升，即高收入经济体偏向于进口高质量的产品，低收入经济体则偏向于进口低质量的产品（王明益，2014）。该理论可以将出口产品质量升级的动力归结为两个方面：一是原进口国的收入增长。当进口国收入增长时，其会对高质量的产品提出更大的需求，进而倒逼出口国提高出口产品质量，以赢得国际市场；二是出口国出口品的地理广化。黄先海和周俊子（2011）指出一国出口扩张的主要方式有三种，即出口品边际深化（出口更多的原产品）、出口品边际广化（出口更多种类的产品）和出口品地理广化(将产品出口到更多的国家)三类。出口国在实施出口品地理广化策略后,当新增进口国为高收入经济体时,则会提高一国高质量产品出口的比重,进而推动该国出口品平均质量的提升(Bohman & Nilsson,2007),当新增进口国为低收入经济体时,则会提高一国中低质量产品出口的比重,进而降低该国出口品的平均质量。

相似需求理论的提出为新贸易理论之后的研究者们提供了一个从需求方面研究出口产品质量和国际贸易模式的全新视角,此后大量的文献致力于延续、深化和检验 Linder 理论在解释出口产品质量变迁中的适用性①,如 Murphy 等(1991)构建的理论模型表明:收入水平越高的经济体越有能力购买高质量的产品,同时也越有能力生产高质量的产品,进而导致高质量产品往往被出口到高收入经济体;Hallak(2006)则构建了一个以产品质量为核心变量的理论模型,分别从需求和供给两个层面进行分析,并提出了著名的扇形林德假说,即其认为出口产品质量变迁的林德理论在部门层面更为有效,并使用 1995 年 60 个国家的双边贸易横截面数据对林德尔(Linder)理论进行了验证,实证结果证实了理论预测:富国会从高质量产品生产国进口更多的产品。Hanson(2007)从相似需求视角对出口产品内涵的变迁进行分析后认为:发达经济体间贸易品的平均技术内涵(质量)远高于发达经济体和发展中经济体间的贸易品。而这一现象出现的本质原因是:发达经济体间拥有相似的收入水平和相似的高技术、高质量产品需求,而发展中经济体则因收入水平较低,拥有相对低端(低技术、低质量)的产品需求。此外,Falvey(1981)、Falvey & Kierzkowski(1987)及 Flam & Helpman(1987)基于出口产品质量进行的理论研究,虽然更多地源于比较优势理论,但从其假设和论证过程中均能找寻到相似需求理论的"影子",为此,相似需求理论在揭示出口产品质量变迁领域与比较优势理论存在一定的契合点。

国内也有部分学者尝试从需求视角验证相似需求理论在出口产品质量变迁机理中的科学性和解释力。如文洋(2011)同样采用非参数核密度估计法,分析了中国与出口目的国的收入分配重叠对其出口贸易的影响,并采用内部收入分配来反映需求结构,研究结果显示。两国需求结构重叠越大,中国对其出口越多,此外对同质产品与差异产品分别进行检验,发现需求结构的重叠对质量存在差异的产品的影响大于质量无差异产品;陈晓华、沈成燕(2015)的研究表明,出口深化仅能在短期内促进出口产品质量升级,旧产品出口持续时间过长将会对出口产品质量升级产生阻碍效果,为此,其认为出

① 这类研究通常以人均收入来表示需求,以各国人均收入之差来反映收入相似性,并大都采用了引力模型进行理论推导和实证检验(Arad & Hirsch,1981)。

口产品到更多新的、高收入国家(即出口地理广化)是实现出口产品质量升级的重要途径;亢梅玲和和坤林(2014)基于中国1995—2009年制造业对180国的出口数据,在运用事后反推法测度出中国出口品质量后发现,中国出口品质量呈现出缓慢提升的特征,且出口产品质量和出口目标国(进口国)的经济水平密切正相关,证实了相似需求理论中的越是高收入经济体的进口品质量越高的理论观点。

值得一提的是,出口产品质量是近些年学界重点关注的热点问题,除了前文所提及的比较优势理论、技术差距理论和相似需求理论,关于出口产品质量变迁的理论分析还有企业异质性理论(如 Baldwin & Harrigan,2011;Gervais,2013;Kugler & Verhoogen,2011;Crozet et al.,2012)①和垂直专业化分工理论(如 Falvey & Kierzkowski,1987;Hummels & Klenow,2005)等。但企业异质性理论和垂直专业化分工理论关于出口产品质量变迁的假设前提和基本观点与本书所重点阐述的三大理论观点存在较多的契合点和重叠点,为此,本书不再一一赘述。此外随着该领域研究的进一步深入,解释出口产品质量变迁的理论也势必会不断地优化,也会出现新的理论分析框架。

三、出口产品质量演进的实证研究

出口产品质量的早期研究多以理论分析(如 Linder, 1961;Flam & Helpman,1987;Falvey & Kierzkowski,1987;Grossman & Helpman,1991;Berry,1994;Khandelwal,2010;Baldwin & Harrigan,2011;Crozet et al.,2012)和相对静态的测度与对比分析(如 Schott,2004; Hallak,2006;Khandelwal,2010; Manova & Zhang,2011; 李坤望等,2014;刘伟丽,陈勇,2012;施炳展等,2013)为主,在测度方法相对成熟以后,出口产品质量演进机理的实证分析逐渐成为这一领域的主流研究方向。本部分的主要目的是综合梳理出口产品质量演进机理的国内外已有实证研究,以探索现有实证研究的不足,为后文实证研究的顺利展开奠定基础。

(一)出口产品质量演进的国外研究综述

出口产品质量的研究始于20世纪60年代的西方经济学界,在五十多年的发展中,经历了理论分析、测度方法的争议和实证分析三个阶段,目前的研究已经步入了相对成熟的实证分析阶段,综合梳理国外的已有研究,可以

① 该领域的理论主要通过将产品质量变量纳入 Melitz(2003)的企业异质性理论模型而得,研究多发现纳入产品质量变量后,企业异质性理论在解释力和科学性方面均有很大程度的提升(汤二子,孙振,2012)。

发现其实证分析主要分为以下三个方面。

一是分析国内因素对出口产品质量演进的影响机制。国内因素是一国出口产品质量演进的关键所在，为此，西方经济学界对出口产品质量演进的国内动因进行了大量的研究。如 Gervais(2015)研究发现在市场条件一定的情况下，生产商的特征是产品质量变迁的重要决定因素；Hallak & Sivadasan(2009)认为企业的生产率和高质量产品的生产能力是构成企业异质性的两个重要来源，而高质量产品的生产能力则取决于生产企业的内生因素(要素禀赋)；Martin & Rios(2002)的实证研究表明：一国的知识水平与劳动力素质(即劳动力要素禀赋)会影响其产品质量的高低，人力资源较缺乏以及研发支出较少的国家，其生产的产品质量水平往往较低。Johnson(2012)的实证研究表明：一国收入水平与该国的出口产品质量成正比，并且出口产品质量会随着收入水平的增长而提升。Crinò & Epifani(2012)基于意大利企业的实证结果表明：R&D 投入与企业出口产品质量呈现显著的正相关关系，R&D 投入强度越大的企业，其出口到低收入水平国家的数额占其总出口额的份额越少。Fontagné 等(2008)从宏观层面较为全面地分析了国内因素对出口产品质量演进的作用机理，其研究发现出口国经济发展水平、地理优势(与主要进口国的距离)、国际分工位置及语言(与高质量产品生产国语言是否相同)等均会对出口产品质量演进产生显著的影响。也有学者认为政府的决策偏好(如 Motta et al.，1997；Zhou et al.，2002；Moraga et al.，2005)、国内产业结构(Chiang， et al，1988)及企业对技术模仿和技术创新的偏好(如 Glass & Saggi，2002，2007)等因素会对一国出口产品质量演进产生显著的影响。

二是分析国际因素对出口产品质量演进的影响机制。高生产率的企业生产高质量的产品，并制定更高的价格(Johnson，2008)。Oladi 等(2006)从企业异质性视角研究了跨国公司产品质量提升的溢出效应，指出当地企业会因外资企业的质量竞争行为而提升其产品质量水平。从企业层面研究产品质量的决定因素，是近期新新贸易理论研究的主要方向之一。Melitz 异质性企业贸易模型主要强调了企业生产效率的异质性，随着近期新新贸易理论的发展，越来越多的文献将企业异质性的研究扩展到更多的维度，从而提出了企业产品质量异质性模型(Hallak，2006；Hallak & Sivadasan，2009；汤二子，孙振，2012)，进而从企业异质性层面研究国际与国内因素对出口产品质量演进的影响。Hallak(2006)强调了进口国经济发展水平对出口国出口产品质量的影响，并证实了富裕国家对高质量产品有更大的进口需求。Brambilla 等(2012)考察了出口、出口目的地和企业的技能运用之间的联系，梳理出其背后的两种机制：首先，向高收入国家出口高质量产品将有助于技术密集型产品的质量升级(Verhoongen,2008);其次,出口行为需要技能劳动力为其提供各种服务活动,如配送、运输和广告(Matsuyama,2007)。Brambilla 等(2012)的研究还表明,出口本身并不会导致质量升级与技术升级,只有向高收入国家出口高质量产品才会有助于产品进行质量升级与技术升级。Martin(2012)采用法国的出口数据进行分析,结果显示出口距离越远,出口价格(不包含运输成本)会越高,出口国与目的国的距离会对出口产品质量产生显著的正向影响。Amiti & Khandelwal(2013)则研究了进口国关税与出口产品质量升级之间的关系,研究发现对于世界高端产品来说,低关税会促进出口产品质量升级,但对于非高端产品来说,低关税不利于出口产品质量升级。

三是分析出口产品质量演进的经济效应。综合梳理出口产品质量领域的国外研究,笔者发现已有研究主要集中于剖析出口产品质量变迁的国内外影响因素,出口产品质量演进经济效应方面的实证研究相对稀缺,现有的研究主要涉及出口产品质量演进与企业出口决策(Crozet et al., 2007; Kugler & Verhoogen, 2008)、员工工资(Verhoogen, 2007; Harrison & Hanson,1999;Bernard & Jensen,1997)和经济增长[①](Funke & Ruhwedel , 2001;Hummels & Klenow,2005;Cadot et al.,2011)等因素之间相关性的实证分析,研究多发现:出口产品质量升级有利于提高企业的出口概率,提高劳动力工资和促进经济增长。

(二)出口产品质量演进的国内研究综述

出口产品质量的国内研究始于 21 世纪初,源于学界关于出口品“质”的探讨,与出口技术复杂度的研究几乎同时出现,但因出口产品质量测度产品的“质”时多采用微观企业数据或产品数据,为此,所得结论更受学界青睐,这也使得出口产品质量成为国内学界在研究出口品“质”领域主要深耕的方向。综合出口产品质量领域的国内研究,笔者以为已有研究可以归结为以下两个方面。

一是中国出口产品质量是“提升”还是“降低”之争。了解和测度中国出口产品质量的现状,是研究中国出口产品质量问题的基础。然而学界关于中国出口产品质量的测度结果存在两种截然相反的结论:一是认为近些年中国出口产品质量呈现下降趋势,如李坤望等(2014)借鉴 Fontagné 等(2008)的研究,结合中国海关 2000—2006 年 HS8 分位数据,运用单位价值

① 学界普遍认为,出口产品质量对经济增长的影响的研究是对出口的边际广化(extensive margin)和边际深化(intensive margin)的延伸,并对出口二元边际起到了有效的补充作用,这在很大程度上得益于 Hummels & Klenow(2005)提出的质量边际。

法测度了中国整体层面的出口产品质量，研究发现在2000—2006年间，中国出口产品的平均质量持续下滑①，其认为这一现象出现的原因是：大量低品质出口产品进入了出口市场。施炳展等(2013)基于Feenstra整理的美国1995—2006年进口数据，运用Khandelwal(2010)构建的嵌套Logit方法测度了中国出口产品质量后发现，中国出口产品质量呈现下降趋势。另一种观点则认为中国出口品质量呈现出一定的上升趋势，如李小平等(2015)的研究认为中国出口产品质量的发展趋势因行业不同而存在差异，但中国出口产品质量提升是各国从中国进口占比提升的重要原因；孙林等(2014)基于2001—2010年中国出口到美国市场的数据，借助嵌套logit模型进行测度后发现，中国出口产品质量呈现上升趋势，且整体质量高于世界平均水平；Gao等(2015)和殷德生(2011)的测度结果表明，入世以来中国出口品质量呈现加速升级的趋势。值得一提的是，施炳展和邵文波(2014)运用单价法对中国制造业出口产品质量进行再次测度时，也得到了中国制造业出口产品质量有所提升的结论。也有研究得到了第三种观点，如张杰等(2014)测算了2000—2006年间中国出口产品质量的变化趋势，发现其整体呈U形变化特征。

二是中国出口产品质量演进的影响因素。实现出口产品质量由低到高转变，是中国"追赶"甚至"赶超"发达国家的必经之路，为此，国内学者对出口产品质量演进的影响因素进行了大量而深入的研究。如张杰等(2014)基于中国工业企业数据和海关数据，借助需求结构模型和多重工具变量从企业异质性层面分析了中国出口产品质量变迁的机理；王明益(2014)基于改进的嵌套Logit方法，运用中国出口到美国的HS 10分位产品数据，测度了中国出口产品质量，并从微观层面考察了中国出口质量的决定因素；殷德生等(2011)构建了国际贸易、企业异质性与产品质量升级的基本理论框架，从理论和实证相结合的视角，细致地检验了中国出口产品质量提升的决定因素与变动趋势；李坤望和王有鑫(2013)以及王明益(2013)考察了FDI对产品质量升级的影响；苏理梅等(2016)和汪建新(2014)分析了贸易自由化对出口产品质量的影响；韩会朝和徐康宁(2014)则分析了出口国经济发展水平和市场规模对出口产品质量的影响；李坤望等(2014)从市场进入视角分析了中国出口产品质量变迁的机制；陈晓华、沈成燕(2015)分析了出口持续

① 李坤望等(2014)研究发现，中国出口产品质量出现持续下降的原因还在于，其直接采用单价法来衡量出口产品质量，而改革开放以来中国出口规模的扩大和规模经济的形成使得生产率得到了较为显著的提升，生产率的上升很大程度上降低了产品的平均成本，进而使得单位价格呈现出一定的下降趋势。

时间对出口产品质量的影响；施炳展和邵文波(2014)采用产品层面回归反推法，测算了中国企业出口产品质量，并从供给和需求两个层面考察了中国企业产品质量提升的动力机制；王永进和施炳展(2014)构建了理论模型阐述上游垄断对产品质量的影响，并采用回归反推法测算了中国企业的产品质量，进而实证分析了上游垄断对下游企业产品质量升级的影响，研究发现由市场竞争导致的垄断显著促进了下游企业产品质量的升级。

值得一提的是，随着国外学者对出口产品质量研究的深入，近年来，中国学者也开始尝试研究出口产品质量升级的经济效应，如李小平等(2015)在深入分析出口产品质量升级对出口量的影响后认为，“质”增是中国出口“量”增的重要原因，并认为中国外贸从规模扩张型向质量效益提高型转变具有一定的必要性和可行性；钟建军(2016)基于中国工业企业数据库和海关数据库进行实证分析后认为：高质量的中间品进口有助于提升企业的全要素生产率。王涛生(2013)基于2006—2011年SITC出口数据，在测度出中国出口品产品质量的基础上，就出口产品质量升级对中国出口竞争优势的影响进行了实证分析。

第二节　出口技术复杂度的文献回顾

早期学界对出口贸易的研究大多集中在出口产品数量上，但近年来以中国和印度为代表的发展中国家出口结构发生了“异常”转变，使得对出口贸易的关注点逐渐转移到了出口品的质量和技术含量方面。特别是在Hausmnn等(2003)提出出口技术复杂度概念至今短短的十多年间，出口技术复杂度已经作为分析出口技术含量、出口技术结构以及发展中国家出口竞争力的新型研究方法被广泛运用于出口领域的研究。为对该领域的研究文献进行全面梳理和分析，本书根据研究发展过程，首先对出口技术复杂度测度方法进行归类，然后分别从出口技术复杂度演进机制、出口技术复杂度升级的动态效应和中国出口技术复杂度异常性赶超成因三个方面，对国内外有关方面文献进行回顾与评述，并基于已有研究成果揭示未来该领域进一步深入研究的方向，以期为完善和拓展该领域研究提供有益的参考。

一、出口技术复杂度测度方法的评述

迄今为止，学界并未形成出口技术复杂度的统一定义，对其内涵的界定也存在一定的差异。如Hausmann等(2003，2005)以比较优势理论为基础，提出出口技术复杂度的概念，认为出口技术复杂度是用来反映经济体或产业出口商品中所包含技术水平和出口生产率的综合指标，经济体或产业出

口技术复杂度越高,其出口产品的技术含量越高,出口生产率整体水平也越高;Lall 等(2006)则认为出口技术复杂度不仅包含一国出口技术方面特征,更是产品差异性、产品分散化、资源可利用性以及其他各因素的综合体现,反映了出口国在出口市场上的综合竞争力,因而出口技术复杂度越高的国家,其相对应的国际竞争力越强;Rodrik(2006)根据 Hausmann 等(2005)的研究,从产业层面对出口技术复杂度进行定义,认为产业技术复杂度是出口产业中高端产品或高复杂度产品所占比重,因而出口技术复杂度不仅在一定程度上反映了出口商品的技术水平,还从产业层面体现了出口国在国际分工中所处的分工地位,即一国出口技术复杂度越高,在全球生产分工中越处于优势地位;Xu Bin(2010)认为 Hausmann 等(2005)和 Rodrik(2006)在对出口技术复杂度进行定义时虽然提及产品间质量差异,但未考虑到同一产品由于质量差异,在不同国家表现出不同的单位价值和价格,因而 Xu Bin 将出口产品质量纳入出口技术复杂度内涵中,将其扩展到产品内出口技术复杂度,认为高技术复杂度出口品与低技术复杂度出口品相比,不仅技术含量更高,而且质量水平也更高;陈晓华等(2011)认为出口技术复杂度刻画的是根据高中低技术水平进行划分的产品组合在出口中所占比重,一国或产业出口技术复杂度越高,则该国或该产业的高技术水平产品比例越大,中低技术水平产品的比例相对于低技术复杂度国家或产业要低,反映了一国的整体出口技术结构。

综合已有研究,笔者以为出口技术复杂度包含宏观和微观两个层面的内涵:宏观层面的出口技术复杂度与经济体的产业结构有关,经济体的高技术产业占工业的比重越高,则其出口技术复杂度越高,因而从宏观层面刻画了产品技术复杂度应重视经济体高技术产业的规模和产能;微观层面的出口技术复杂度则与企业异质性及产品异质性有关,经济体拥有的高技术复杂度企业越多,其出口技术复杂度越高;出口产品中高技术复杂度产品的比例越高,其出口技术复杂度也越高。为此,出口技术复杂度最重要的内涵和功能在于:衡量经济体高技术复杂度企业、产业和产品在其整体产业中的比重,进而体现出该经济体在国际分工中的地位和水平,从而在一定程度上刻画出该经济体的经济发展方式。

Hausmnn 等(2003)提出出口技术复杂度概念之初,学者们基于不同的理论基础构建了多样化的测度方法,并不断对前人构建的测度方法进行修正和完善,其中较为典型的方法有三类:基于市场份额的测度方法、基于 RCA 指数法的测度方法和基于相似程度的测度方法。

(一)基于市场份额的测度方法

基于市场份额的测度方法以一国特定产品或产业的出口额与世界市场

上其出口总额之比作为衡量依据，即将各国出口产品或产业在国际出口市场上所占市场份额作为各国人均 GDP 加权平均的权重，进而得到各产品或产业的出口技术复杂度。国际贸易理论认为，高收入国家的出口品要比低收入国家的出口品拥有更高的技术含量。因而以国际市场份额作为权重时，如果在占有国际市场份额较多的国家中，高收入国家占比越多，则该产品（产业）的出口技术复杂度越高。关志雄采用市场份额测度方法构建了技术附加值指标（TV），此后 Lall 等（2006）在考察 1999—2000 年亚洲各国和地区产业出口技术复杂度水平时，也采用了基于市场份额的方法测度了亚洲各国不同产业的出口技术复杂度水平。该测度方法虽然简单可行，但随着研究的深入，人们发现该方法存在不小的缺陷，如以出口商品在国际出口市场上所占市场份额作为国内人均收入的权重，可能会低估出口量较小但在某些产品上具有比较优势的小国的权重。

（二）基于 RCA 指数法的测度方法

RCA 指数法即显示性比较优势指数法，该方法以比较优势理论为基础，对市场份额测度法的权重部分进行修正，将各国出口品的显性比较优势指数作为权重对收入水平进行加总，进而获得不同产品（国家）的出口技术复杂度。Hausmann 等最早提出基于 RCA 指数法的出口技术复杂度测度方法，并用该方法测度了各国的出口技术复杂度水平。此后一段时期不少学者在 Hausmann 等（2005）方法的基础上，对所研究对象的出口技术复杂度进行测度或根据实际测度需要进行修正。如 Michele 等（2007）在探讨意大利在参与国际贸易进程中凸显的异常性专业化分工模式产生的原因时，采用 Hausmann 等（2005）构建的方法对 1980－2006 年间其国内的出口技术复杂度进行测度，并分析意大利国内异常性专业化分工模式与其出口技术复杂度之间的内在关系。Xu 等（2009）为分析中国出口技术复杂度异常性的原因，对 Hausmann 等（2005）构建的出口技术复杂度测度方法基于中国出口现实情况进行了质量和收入方面的修正，并根据修正后的方法测度了 1998—2005 年间中国各省的出口技术复杂度。RCA 指数法不仅能够赋予小国足够的权重，还能用于跨国及一国不同区域间的比较研究。但是由于该测度方法中包含了经济发展水平，各国国内不同区域间的出口和收入分布可能存在较大差异，因而该方法在衡量具体国家出口技术复杂度时，无法刻画出国家区域异质性造成的差异。

（三）基于相似程度的测度方法

该方法主要是根据一国与选定的参照国（高技术复杂度国家）出口产品（结构）的重叠或相似程度来测度该国出口技术复杂度高低，测度时不包含经济发展水平，在一定程度上对 RCA 指数法存在的缺陷进行了修正。根据该方法构建的出口技术复杂度测度指标主要有出口相似性指数、出口非相似性指数和出口结构差异度指数。如 Schott（2008）构建了出口相似度指标（export similarity index，ESI），并首次采用此方法测度了中国与亚洲各国、拉丁美洲国家以及 OECD 国家的出口重叠程度，发现中国与 OECD 国家的出口重叠部分越来越多且程度越来越深。此后陈晓华等（2013）通过修正 Schott（2008）构建的出口技术复杂度测度方法，分析了国际分散化生产对中国出口技术复杂度的影响。同一时期，也有学者基于相似程度法则构建了非相似性指数和出口技术结构差异度指标。如 Wang 等（2010）构建了出口非相似性指数（或出口差异指数），对不同经济体的出口结构非相似度进行了测度，该指标与出口相似度指标测度结果相反，主要是通过测度其出口差距大小来反映出口技术复杂度的提升程度。文东伟（2012）则借鉴 Lall 在 2000 年研究时采用的产品分类方法及 OECD2008 版的产业层次归类方式，在 SITC（国际贸易标准分类）三位码数据水平下，根据 1995—2006 年年间 OECD 双边贸易数据构建了出口技术结构差异度指标（export dissimilarity index，EDI），将中国与世界其他主要国家和地区的制造业出口技术复杂度进行比较，发现中国的出口贸易技术复杂度与发达经济体差距较大，而与亚洲新兴工业经济体更为相似。

以上 3 种方法从不同方面对出口技术复杂度进行了测度，已有文献也大多基于某一类测度方法进行研究，因而得出的结果也会有所不同。虽然这几种方法在跨国层面上对出口技术复杂度进行测度时不会有太大的误差，且核算过程较为简洁，但随着该领域研究的深入和统计数据的完善，上述 3 种测度方法共有的不足也逐渐显现。首先，发展中经济体进口中间品在此经济体内组装加工后再出口的加工贸易模式，造成发展中经济体出口中加工贸易占比明显比发达经济体高，已有的测度方法都无法剔除发展中经济体测度结果中可能存在的“统计假象”；其次，目前的测度方法多基于宏观产业层面，缺乏微观企业层面的测度方法，高技术复杂度企业实际上是一国出口技术复杂度的微观核心，微观企业层面测度方法的缺失也使得该领域的微观企业研究相对较少；最后，已有的测度方法均基于 Hausmann 等（2003，2005）关于经济发展水平与技术复杂度关系的假设，该假设容易提高发达经济体低技术企业产品的技术复杂度水平，降低欠发达经济体高技术复杂度企业产品的技术复杂度水平。为此，如何构建更符合各国实际情况的出口技术复杂度测度指标，将成为对该领域做进一步研究时首先需要解决的问题。

二、出口技术复杂度演进机制的研究综述

一国出口技术复杂度的深化不仅象征着国内生产率的提高，还意味着其出口品国际竞争力的增强。而一国出口技术复杂度的变迁是在各种因素共同影响之下形成的，因此，在出口技术复杂度测度指标日趋多样化后，对一国出口技术复杂度演进动因的研究也随之涌现，国内外学者试图从不同角度揭示一国出口技术复杂度升级的内在机制，代表性观点主要有以下几类。

（一）经济增长推动型

Hausmann 等（2003）以及 Lall 等（2006）认为经济增长对出口技术复杂度升级具有促进作用，主要是因为经济发展水平越高的国家，投资于高生产率、高技术含量以及高附加值的高技术产业的能力越强，使得高技术产业能够得到发展，其产品在出口品中的占比能够得到提升，进而提高本国出口技术复杂度。Hallak 等（2011）在 Hausmann 等（2003）的研究基础上，提出经济增长对出口技术复杂度提升的另外一条作用路径，即一国的经济增长能促使企业向生产技术含量更高以及获利能力更强的高附加值出口产品转变，并减少低质量和低技术含量的低技术复杂度产品的出口份额，进而提高出口国出口技术复杂度。近年来还有部分学者从需求偏好角度分析经济增长产生作用的方式，即随着一国收入水平的提升，其消费对象将会偏向技术复杂度更高的产品，因而出口国为满足国内外消费者日益提升的"技术复杂度"偏好，将不断提高本国生产及出口产品的技术复杂度。经济增长通过以上几种途径对出口技术复杂度升级产生的正向推动作用已经被学界所认可，但是由于各个国家的经济发展状况和地理条件不同，经济增长对不同国家出口技术复杂度升级的作用力大小以及作用力区间可能并不相同。因此，进一步揭示经济增长对不同经济体出口技术复杂度作用力差异产生的动因，将对各国构建经济增长与出口技术复杂度的良性互动机制提供更有益的参考。

（二）出口增长推动型

出口增长主要有出口量增长和出口种类增长两类。传统研究认为，出口量增长一般会使得出口企业的盈利额增加，企业将更有能力购进新型的技术设备并对出口产品进行技术改进，提高产品质量和技术含量，从而推动出口技术复杂度提升。黄先海等（2010）将包括 52 个经济体的数据样本按照发达经济体与发展中经济体进行分类，并在 Hausmann 模型的基础上构建了出口技术复杂度动态演进的面板数据模型，以及针对异常出口技术复杂

度进行检验的固定效应哑变量面板模型。分析结果发现，对发达经济体而言，经济增长是其出口技术复杂度演进的主要动力，而发展中经济体出口技术复杂度升级的主要推动力却是出口增长。但仅仅依靠出口量的增长来促进出口技术复杂度升级可能会带来负向效应，因为一方面不断增加的出口将会给出口商带来持续的利润，使得出口商满足于现状，创新动力减弱，进而不利于出口技术复杂度升级，而另一方面过量增长会使得出口产品价格下跌，容易出现“悲惨增长”，即量增利跌，最终可能会降低企业投资和出口的积极性，不利于改善出口，甚至会降低出口技术复杂度。出口种类增长即出口产品更加多样化，这不仅在新产品的生产和出口过程中使得“出口中学”得以持续，Hausmann 等(2003)还研究发现新产品研发有利于企业在自我探索过程中实现“成本发现”，从而提高出口产品技术复杂度。而 Klinger 等(2006)认为由于产品异质性的存在，出口数量和出口种类的增长发生在不同产品上时，对出口技术复杂度带来的影响可能并不相同。因为如果出口数量和种类增长发生在高技术产品上，则会促进该国出口技术复杂度提升；相反，如果始终发生在低技术产品上，则不仅不会提升其出口技术复杂度，反而可能会产生抑制作用。可见，盲目扩大数量和种类的方式不一定能促进产品出口技术复杂度的提升，只有品质和数量齐升，才能确保出口增长对出口技术复杂度升级具有推动效应。因此，如果一国仅扩大出口数量和种类，可能不利于其出口技术复杂度的提升，其应在深入分析本国情况的基础上，根据自身比较优势对出口进行合理规划。

（三）FDI 推动型

FDI 流入对一国出口技术复杂度提升具有重要影响。Xu 等(2009)指出 FDI 厂商的技术水平一般比东道国厂商更高(特别是来自发达经济体的 FDI)，FDI 厂商生产出口的产品会直接提高东道国出口技术复杂度水平，而在对面板数据采用包含产业固定效应和时间固定效应的回归方程进行研究时，实证结果也发现中国产业出口复杂度与来自 OECD 国家外资中外商独资企业所占份额显著正相关。Gorg 等(2004)以及 Assche 等(2010)则从技术溢出角度分析了 FDI 对东道国出口技术复杂度升级的作用路径，其认为 FDI 厂商进入带来的技术溢出效应能有效提高东道国出口技术复杂度，但其提高幅度受东道国技术吸收能力的影响。此外 Harding 等(2009)指出 FDI 介入会加剧东道国出口市场竞争的激烈程度。因而为避免在出口市场中失去原有的份额，本土企业会通过技术引进或技术革新等方式提升自身产品的竞争力，从而促使本土企业的出口技术复杂度也得以提升。虽然有关 FDI 对出口技术复杂度提升的正向促进效应的实证研究较少，且大多集中在一国出口技术复杂度升级过程中 FDI 产生的作用方面，但根据现有 FDI 与东道国之间关系的研究不难发现，多数学者认为 FDI 的进入在一定程度上会促进东道国的市场发展和技术进步，因而其对一国出口技术复杂度提升具有正向推动作用也为学者所认可，但 FDI 对东道国出口技术复杂度升级的推动作用是否因国家异质性的存在而具有差异，有待将来进一步深入探析。

（四）进口推动型

进口不仅是国家间技术扩散的重要途径，也是一国出口技术复杂度提升的重要推动力之一。关于进口对一国出口技术复杂度升级的作用路径，Aristei 等（2013）认为由于企业进出口商品都会存在沉没成本，通过进口能够帮助生产率较高的进口企业获得更多的信息和技术，更容易参与出口市场，减少沉没成本，进而促进更多生产率更高的进口企业参与出口，最终促进出口技术复杂度提升，并且 Aristei 等通过构建包含进口与出口的二元概率模型，采用 27 个东欧和中亚国家的企业层面数据，对其 2002—2008 年间进出口之间的关系进行分析，发现进口与出口之间存在双向正向关系，进口也在一定程度上能够促进出口技术复杂度提升。而多数学者如 Amiti 等（2007）、Xu 等（2009）以及 Wang 等（2010）认为，随着国际分散化生产的扩散和国际分工的深入，进口有助于一国从国外获得加工贸易所需的生产设备和高端中间品，进而有助于本国最终出口品出口技术复杂度提升。进口中间贸易品在本国组装加工后再出口的方式，虽然能在短时间内使一国出口技术复杂度实现跨越式升级，但容易使本国出口技术复杂度升级对国外企业的依赖程度加深，进而使得本国制造业出口技术复杂度升级与赶超步伐受制于外部力量。但也有学者如 Caselli 等（2001）认为这一过程也有可能提高进口国国内企业的技术模仿和技术创新能力，进而更有助于进口国实现出口技术复杂度跨越式提升。因而进口对出口技术复杂度升级来说可能是一把有利有弊的“双刃剑”，各国尤其是发展中国家如果能够根据国内生产出口现状合理利用进口这一途径，实现出口技术复杂度真实而又快速的升级，必将为发展中国家执行赶超政策助力。

（五）国内研发推动型

国内研发被陈晓华等（2011）和关志雄（2002）视为一国出口技术复杂度升级的关键因素。研发是一国获得“原创型”技术的主要手段，也是使一国出口技术复杂度成功赶超其他国家的重要媒介。研发有助于企业攻克核心技术，获得核心生产技术或核心部件的生产能力，因而国内研发是一国制造业获取国际竞争优势的关键手段。Hausmann 等（2003）指出国内技术研发能力与一国的经济发展水平密切相关，经济发展水平越高的经济体，其研发能力越强，从而使得该经济体具有较高的出口技术复杂度；Caselli 等（2001）

认为发达国家出口技术复杂度的升级主要得益于其自主研发能力的提升，而发展中经济体的出口技术复杂度升级则可能源于自主创新式研发和模仿创新式研发，为此，发展中经济体的出口技术复杂度演进往往具有后发优势。

近年来，也有学者从其他视角分析出口技术复杂度升级的动因，如Manova(2013)将金融要素加入类似 Melitz(2008)的模型中，结果表明融资约束不仅不利于企业发展，还会阻碍企业进入出口市场，降低出口企业的出口规模，而金融发展则能有效地抵消上述不利影响，进而推动一国出口技术复杂度升级。Hallak 等(2011)在研究出口价格与出口产品质量之间的关系时发现，两者之间存在明显的正向相关关系，为此，其认为出口价格在一定程度上反映了出口产品的品质。而且同种产品的价格差异反映了同种产品在不同国家间所具有的技术复杂度水平，因而出口价格对出口产品的技术复杂度也会产生影响。Weldemicael(2014)则在一般均衡框架下探讨了贸易成本对出口技术复杂度的相对重要性，结果发现贸易成本与出口技术复杂度之间存在显著的负效应，不同产品的贸易成本参数不同，技术复杂度更高的产品，其生产的劳动效率更高，且对贸易成本更加不敏感。研究结果揭示了低收入国家想要提升本国出口技术复杂度时所面临的挑战，认为低收入国家为摆脱处于落后地位的现状首先应致力于提高技术水平并减少贸易成本。

综合上述研究可知，国内外学者试图从不同角度揭示一国出口技术复杂度升级的内在机制，使得该方面的研究日益丰富。但现有研究大多基于某一方面的原因进行分析，仍然未形成出口技术复杂度升级机制方面统一的理论框架，致使目前关于出口技术复杂度演进动力机制的国内外研究都仅仅局限于实证检验或数理检验。虽然比较优势理论可以作为出口技术复杂度演进的理论基础，但国内外仍未形成解释一国出口技术复杂度真实演进机制的理论分析框架。

三、出口技术复杂度演进动态效应的研究综述

在一部分学者对出口技术复杂度升级机制进行研究的同时，还有部分学者意识到出口技术复杂度升级可能产生的经济效应，并试图探析一国出口技术复杂度变迁给经济发展带来的影响，为制定出口技术复杂度升级政策提供相关理论和实证依据。已有研究主要集中于以下四个方面。

（一）出口技术复杂度升级的经济增长效应

一国出口技术复杂度的升级意味着其出口技术的提升，而出口技术进步往往具有积累和传播效应，因而不仅一国的经济增长能够推动出口技术

复杂度升级，出口技术复杂度升级也能反向作用于一国的经济增长。Hausmann 等(2005)认为开发复杂度更高的产品的国家在“成本发现”过程中能够从贸易中获得更高的收益，这将会带动其他企业向较高生产率的产业进行扩张和资源集聚，进而推动产业升级，促进经济增长，因而出口技术复杂度升级将会提升经济增长速度。并且 Hausmann 等采用控制初始收入水平和要素禀赋的方式，借助跨国面板数据进行实证分析，结果表明：具有高出口技术复杂度的国家的经济增长速度更快，一国经济增长不是与其出口数量有关而是与其出口质量有关。Rodrik(2007)采用 OLS 估计方法以及工具变量法对出口技术复杂度与一国经济增长之间的关系进行实证考察，回归结果表明，一国经济增长率与其初始的出口技术复杂度水平之间存在正向关联。与此同时，检验结果也发现出口技术复杂度提升对经济增长的作用在国家间存在差异，中等收入国家出口技术复杂度提升对经济增长的贡献显著大于高收入国家和低收入国家。伍业君和王磊(2013)对 1975—2010 年间 154 个经济体的出口技术复杂度水平进行了计算，采用固定效应模型对经济体出口复杂度与经济增长之间的关系进行了回归，并利用广义矩估计法对模型进行处理，实证结果也表明一国出口技术复杂度水平与经济增长之间存在稳健且一致的正相关关系。因而通过出口技术复杂度升级促进国内经济增长在一定程度上是切实可行的，对于金融危机后急需寻求途径改善本国经济现状的各国而言不失为一个可行的办法。

(二)出口技术复杂度升级的出口增长效应

出口技术复杂度升级往往促使出口产品在国际市场上增强竞争力，这不仅有利于扩大原有出口市场份额，还能激励获利企业增加研发投入以保持竞争中的优势地位，进而增加出口数量增长与出口产品种类增加，促进出口技术复杂度提升。多数研究表明，出口技术复杂度升级能有效地促进产品出口增长。如戴翔(2010)根据 Hausmann 等(2005)构建的方法进行实证分析，发现制成品出口技术复杂度升级对经济增长和出口增长都存在正向促进作用。但也有部分学者认为出口技术复杂度升级对出口的作用是不确定的，如刘慧等(2015)为研究出口技术复杂度与经济增长之间的关系，对包括发达经济体与发展中经济体在内的 50 个经济体的金属制品出口数据，采用面板格兰杰因果检验与动态 OLS 模型进行计量分析，实证结果显示：发达经济体的出口与出口技术复杂度之间存在双向的正向促进效应，而发展中经济体的出口增长与出口技术复杂度升级之间却更倾向于具有双向的负向影响关系。出现这一结果的原因可能是部分非洲和拉丁美洲国家长期以来以低技术含量产品出口为主以及部分亚洲国家以加工贸易方式为主的出口方式，使得出口技术复杂度升级始终发生在低技术低质量以及低价格产品上。一国的出口增长不仅包含数量和种类的增长，还包含质量的提升。如何通过出口技术复杂度升级促进出口质量效益提高，形成出口技术复杂度与出口之间的良性互动，并在日益激烈的国际贸易竞争中占据一席之地，是未来学界和政界探索的重要方向。

（三）出口技术复杂度升级的收入分配效应

Arpaia 等(2009)认为一国劳动收入所占份额除了受劳动力供给和需求的影响，还受到资本规模、不同技能劳动力比例、技术水平以及国内市场结构等因素的影响。而对于出口技术复杂度升级对收入分配会产生何种影响，不同的学者从不同的视角进行分析得到不同的结果。如 Zuleta(2008)认为要素富裕度不同的国家的技术进步具有偏向性，通常会偏向本国具有比较优势的资本、技术或劳动密集型产业。因而对于要素富裕度不同的国家而言，资本密集型国家出口技术复杂度升级将会增强本国资本密集型产业的出口力度，节约劳动力投入，从而导致劳动收入占比持续下降。陈晓华，范良聪(2011)采用差分 GMM 估计法，并将系统 GMM 估计、工具变量固定效应以及工具变量随机效应估计作为稳健检验手段，对中国整体和不同区域层面出口技术复杂度的收入效应进行了实证分析时，认为 Stolper-Samuelson 定理关于收入分配的解释在中国是适用的，但中国出现“出口技术复杂度上升与劳动收入占比下降”共存现象的原因在于：国内资本密集度偏向型产品的出口增速快于劳动密集度偏向型产品。对要素密集度偏向型出口技术复杂度升级的收入分配效应的研究，为经济体制定劳动收入增长与出口技术复杂度提升政策提供了依据，但对出口技术复杂度的收入分配效应的研究起步较晚，且相关文献较少，多集中在经验分析和数理检验方面，该方面的研究空白有待未来学界进行填补。

（四）出口技术复杂度升级的就业效应

关于一国出口技术复杂度升级是否会给其国内就业带来影响，部分学者认为，出口技术复杂度可能会对就业产生一定的负向效应。如 Cross 等(2006)指出，一国技术复杂度的升级意味着该国整体出口技术水平的提升，而技术水平的提升具有节约劳动的特性，将在整体上降低该国对劳动力的需求，此外出口技术复杂度升级还会使得出口产业对高端劳动力产生更多的需求，逐渐降低对低端劳动力的需求，不利于低端劳动力就业率的提升。但也有学者如魏下海(2008)认为，出口技术复杂度升级将会促进经济和出口的增长，进而推动企业开发出新产品，开辟新产业，创造更多的就业岗位，对就业产生“补偿效应”，因而出口技术复杂度升级将有利于一国就业率的提升。研究出口技术复杂度演进的就业效应，将为不同发展水平国家出口技术复杂度与就业的共同提升提供借鉴，但目前有关其的研究非常有限，相关结论既不统一也并不令人信服，还有待未来进行进一步研究。

虽然出口技术复杂度升级的动态效应研究日益增多，但整体而言仍相对有限，而且相关理论的缺失更是使得关于出口技术复杂度升级影响效应的研究在实证检验结论部分较为苍白，不同学者在检验指标和控制变量的选择上具有明显的差异性，大大降低了不同学者间研究结论的可比性。出口技术复杂度演进机制与出口技术复杂度升级动态效应这两方面的研究具有非常重要的理论和现实意义，只有弄清楚出口技术复杂度演进机制并揭示出口技术复杂度升级带来的经济效应，才能为一国未来进行出口技术结构调整提供理论支持，进而提出切实可行的政策。目前这两个方面的研究尚不完善，因而未来国内外学者应对该领域进行更加深入和全面的探讨。

四、中国出口技术复杂度异常性赶超的成因研究

改革开放后，中国的经济发展获得了"中国式奇迹"的赞誉，经济总量超越日本成为世界第二大经济体，出口总额则超越德国成为世界第一大出口国。与此同时中国产品的内涵也在"急剧"变化，出口结构由以初级产品为主转变为以工业制成品为主，且出口的工业制成品中高技术含量产品(如计算机和大型机械设备等)占比不断攀升。为研究中国出口现状，学界自出口技术复杂度被提出就将其引入产品出口领域并作为中国出口技术的新型测度方法，以对中国出口技术进行研究。传统研究认为，中国借助自身的低成本优势嵌入全球价值链分工体系中的低技术、低创新和低质量环节，为此，中国往往出口一些低技术复杂度的产品(张杰等，2009；施炳展等，2008)。但更多学者研究(如 Wang 等，2010；杨汝岱，姚洋，2008)发现：近几年，中国出口技术复杂度得到显著提高，已超出其经济发展水平并脱离发展中国家出口技术复杂度所属行列。甚至部分学者研究发现，中国的出口技术复杂度已经与高于其三倍发展水平的发达国家相似(Rodrik，2006；Schott，2008)。根据 Huasnman 等(2005)的研究，一般只有发达国家生产的产品才具有较高的技术复杂度，而发展中国家多生产低技术复杂度产品(唐海燕等，2009)。学界对中国出口技术复杂度有悖"常规定理"的异常赶超进行了大量深入的分析，代表性观点如下。

一是认为传统测度方法未将加工贸易剔除是中国出口技术复杂度出现异常赶超的根本原因。Rodrik(2006)和 Schott(2008)采用一国出口量来衡量一国的出口技术复杂度，该方法不能有效剔除一国从其他国家进口的高端中间品，而此类中间品不应"归属于"出口国的技术复杂度的测度范围。因而 Rodrik(2006)和 Schott(2008)的测度结果，实际上包含了一定的"统计

假象”。Amiti 等(2007)根据相关统计数据的计算结果发现,虽然中国总体的出口技术复杂度从 1992 年到 2005 年显著增加了,但是排除加工贸易造成的“统计假象”后,其增长幅度几乎不可见。Assche 等(2010)也认为 Rodrik(2006)和 Schott(2008)等所测度的中国出口技术复杂度偏高是由其所用方法的缺陷导致的,而中国出口技术复杂度出现异常性赶超可能只是因为加工贸易中进口了高技术复杂度的中间品。其在消除加工贸易的基础上对中国出口技术复杂度进行测度后发现:中国的电子产品出口技术复杂度并未呈现显著的异常。

二是认为外商直接投资是导致中国出口技术复杂度出现异常赶超的根本原因。Xu 等(2009)研究发现:来自发达国家外资企业的直接投资(特别是 OECD 国家)对中国出口技术含量快速提升有显著的促进作用,其为中国出口技术复杂度赶超做出了重要的贡献。Swenson 等(2014)指出,跨国公司参与了中国出口品的生产过程,通过开发“新产品”和技术革新两种手段保持竞争中的优势地位,迫使中国国内企业加大技术投资和研发投入,进而使中国实现出口技术复杂度赶超。无论是跨国公司的新产品还是旧产品,其均会使得中国出口技术复杂度出现高于自身经济发展水平的异常状态。

此外,其他学者也提出了不同的观点,如 Schott(2008)认为中国出口技术复杂度向发达国家趋近,主要是因为中国出口的产品来自国内不同地区,而各地区的要素禀赋存在很大的区域差异,且要素在各区域间的流动存在很大的障碍,两者的共同作用导致中国出口大量与其人均收入水平不相匹配的高技术复杂度产品。而 Wang 等(2010)采用中国不同城市出口产品层面的数据,对中国出口技术异常性赶超的原因进行研究并发现,中国出口产品与高收入国家的重叠程度逐渐加深的主要原因既不是加工贸易也不是外商直接投资,相反,人力资本丰富及获得税收优惠的高新技术开发区的出现,是中国出口技术复杂度短时间异常赶超现象出现的关键所在。包群和张雅楠(2010)认为,金融市场的发展不仅能够降低外源融资依赖程度较高的高技术出口企业的融资成本,还有助于高技术产品出口企业应对金融危机造成的需求疲软以及短期资金冲击,因而区域金融发展是中国出口技术复杂度水平迅速提升的重要原因。

随着新新贸易理论的出现以及投入产出法的应用,一方面,剔除加工贸易出口方式下进口中间品对出口技术复杂度的影响即将成为现实,另一方面,企业异质性层面出口技术复杂度的研究使得内外资企业对一国出口技术复杂度提升产生的影响得以被区分。而以中国出口技术复杂度异常赶超的成因作为研究对象进行的理论和实证方面的研究,揭示了我国出口技术复杂度赶超的影响因素,不仅为制定加快外贸发展方式转变的政策提供了支持，同时也为我国出口战略由规模扩张为主向数量质量共同提升转变提供了理论依据。

第三节　本章小结

综上所述，随着出口品的“质”远比出口品的“量”重要的观点逐渐被学者所认可，学界对出口产品质量的测度及影响因素进行了大量而深入的探讨，不仅构建了大量相对科学的测度方法，还较为系统地分析了国家层面产业出口产品质量演进的机理。此外，也有部分学者尝试性地分析了出口产品质量演进的经济效应。这些研究为本书提供了深刻的洞见和经验结论，但由于中国出口产品质量领域的研究历史相对较短，笔者以为该领域的研究还存在以下几点有待改进之处。

一是缺乏中国省级层面制造业出口产品质量演进机理的经验研究。已有研究多采用国别层面的 HS 编码（或 SITC 码）出口数据或中国工业企业数据库与海关数据库对接数据研究中国国家层面的出口产品质量演进。这两种做法的不足之处在于：一方面，采用中国工业企业数据库与海关数据库对接数据进行研究时，虽然能借助中国工业企业数据库中的邮编信息进行省级层面出口产品质量的实证分析，但是两个数据库在通过相关关键词进行对接时，会丢失大量的数据，使得测度结果只能反映中国制造业出口产品质量的“一部分”甚至是“小部分”特征，使得中国制造业出口产品质量的测度结果“失真”[①]；另一方面，采用国别层面的 HS 编码出口数据测度中国制造业出口产品质量时，虽然在数据筛选方面的“样本损失”较少，能够更为准确地刻画出中国国家层面的出口产品质量，但无法获得中国省级层面制造业出口产品质量的信息。中国东西部地区之间存在较为显著的“不平衡”特征，东部地区的经济发展水平高于中西部，中国出口总额中有 90%左右来自东部沿海的 9 个省份（许斌，路江涌，2007；陈晓华等，2011），为此，跨国层面出口产品质量的研究结果对省级层面政策制定的参考价值相对有限。此外，目前也尚无学者将中国省级层面的出口产品质量放到国际上去对比，无法确定中国省级层面出口产品质量的国际地位。有鉴于此，本文采用“同数据标准”和“同测度方法”的形式，测度出跨国和中国省级层面的制造业出口产品质量，在刻画出中国省级层面制造业出口产品质量国际地位的基础上，从跨国和省级双维度层面揭示制造业出口产品质量升级的演进机理。

---

① 虽然该数据可以衡量出省级层面企业的平均出口质量，但由于对接数据造成的数据样本损失较大，目前并无学者借助中国工业企业数据库和海关统计数据库对接数据进行省级层面的实证分析。

二是对制造业出口产品质量演进动态效应的研究相对零散,缺乏系统性研究,更缺乏对出口产品质量演进动态效应的经验研究。已有研究以"零星分散"的方式探究了制造业出口产品质量升级对企业出口决策、员工工资和经济增长的影响,但并未深入刻画制造业出口产品质量升级的动态影响。有鉴于此,本书借助 DOLS、GMM 和 2SLS 等实证方法,结合省级层面和跨国层面的双维度测度结果,较为全面地分析了制造业出口产品质量升级的经济效应,以期得到更为科学和具有可对比特征的实证结果,并借助跨国层面的数据实证检验制造业出口产品质量升级的动态经济效应。

三是尚无对制造业出口产品质量赶超影响效应的研究。实现中国出口产品质量的快速升级甚至是赶超,是我国走出当前外需疲软、成本上升和经济增速放缓等国内外经济困境的关键所在,也是中国产业持续获得国际竞争优势的必由之路。为此,一些省份和企业执行了偏离自身比较优势水平的赶超策略,以使得自身在新一轮经济发展中获得"先发优势"。然而目前并无学者探讨过制造业出口产品质量赶超对经济的影响。为此,本书以省级层面制造业出口产品质量的测度结果为基础,结合"比较优势零值法则"的基本原理,深入分析制造业出口产品质量赶超的经济效应,以弥补这一研究空白。

四是综合梳理出口技术复杂度已有研究可知,虽然目前关于出口技术复杂度的研究内容日益丰富,但笔者以为仍需从以下几个方面进行完善和拓展:一是现有研究多集中于经济增长、出口、FDI 等经济增长的直接影响因素对出口技术复杂度的影响,而对这些因素背后更深层次的因素(如出口附加值、城市化等因素)对出口技术复杂度的影响的研究则相对偏少;二是对出口技术复杂度演进经济效应的研究还有待深化,已有研究多集中于出口技术复杂度演进对经济增长及经济增长的关键作用因素的影响,研究深度有待进一步提升;三是出口技术复杂度赶超是当前企业实现生产方式转变的重要路径,也有大量企业执行了赶超的策略,但对出口技术复杂度赶超的研究相对偏少。

第三章　制造业出口产品质量的测度与分析：基于跨国省级双维度

科学核算制造业出口产品质量是分析制造业出口产品质量演进机理与影响效应的关键所在，在 Linder（1961）、Flam & Helpman（1987）和 Grossman & Helpman（1991）等开启产品质量“理论研究之门”后，学界对制造业出口产品质量的测度方法进行了大量的研究（如 Hallak & Schott，2011；Khandelwal，2010；Piveteau & Smagghue，2015），本部分借助统一的测度方法，在测度出国内（省际）和国际（跨国）制造业出口产品质量的基础上，运用 Kernel 估计等统计分析法对国内外测度结果进行分析，以勾勒出中国省级制造业出口产品质量的国际地位、辐射效应（空间自相关性）和分布趋势等，以期为制定出口型制造业协调发展、科学布局和赶超的政策提供统计学依据，并为后文研究演进动因和影响效应提供科学的测算结果。

第一节　制造业出口产品质量测度方法的选择与处理

研究制造业出口产品质量首先要解决的就是出口产品质量的测度问题，然而由于产品质量不同于产品的种类和数量，很难通过客观的指标进行衡量，因此现有文献中关于产品质量尚未形成统一的衡量标准，学者们通常选择一些间接指标对产品质量进行刻画。目前，多数学者对产品质量的测算是围绕价格这一指标展开的，但关于价格与质量之间的关系，学界并未形成统一的看法。

第一种观点认为价格与质量之间并无明显的区别，质量高的产品其出口价格通常也高，两者是可以相互替代的，即认为价格等同于质量（见图 3-1），因此采用出口价格作为出口产品质量的衡量指标。选择价格指标主要是基于如下的原理：产品质量越高，带给消费者的满意程度越大，消费者就越愿意支付更高的保留价格。相对而言，质量高的产品售价会更高，并且用出口价格代表出口产品质量在实证中比较简便。Hummels & Klenow

(2005)研究发现,出口产品价格(单位价值)的变化能够很好地解释出口产品质量的变化。因此,采用出口价格或单位价值代表出口产品质量是最常用的做法之一(Hummels & Skiba, 2004; Kugler & Verhoogen, 2012; Fontagné et al. ,2008;李坤望等,2014)。

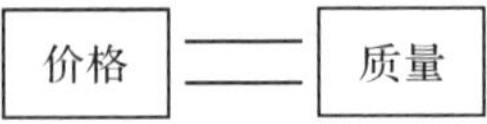

图 3-1 价格与质量关系的观点一:二者等同

第二种观点认为可以从价格指标中分离出产品质量。虽然出口价格指标能够在一定程度上反映出口产品质量,但影响产品价格的并不只有质量,所以高价格并不意味着高质量(见图 3-2)。Amiti & Khandelwal(2013)指出,当产品既包含垂直差异又包含水平差异时,用产品价格衡量质量就不一定合适,因为很多时候价格差异在某种程度上反映的是生产成本差异。因此,有学者认为产品价格是影响质量的众多因素之一,所以认为出口价格与出口产品质量之间是包含关系。基于上述考虑,Hallak & Schott(2011)认为导致产品出口价格差异的因素既有质量,又有质量以外的因素,其根据一国出口产品价格计算出非纯净价格指数,将其分解为质量指数和纯净价格指数两部分,并将可观测的非纯净价格指数以及贸易数据代入方程,最终将质量指数分离出来。

图 3-2 价格与质量关系的观点二:价格大于质量

第三种观点认为出口产品质量应该由出口价格和出口数量共同反映(见图 3-3)。Khand elwal(2009)认为价格不仅反映了产品质量,同时也反映了生产成本的差异,并且同等价格条件下,市场份额越大的产品出口质量越高,所以出口产品质量包含出口价格和出口数量两个方面的信息,于是其通过拓展价格代表质量的假设,采用价格和数量信息共同来表示出口产品质量。将产品的国际市场份额以及价格纳入需求函数方程,通过对方程进行回归得出残差项,该残差项即为出口产品质量。该方法的优点在于综合考虑了价格和数量指标,其缺点在于回归方程的残差项也会受到其他不确定因素的影响。

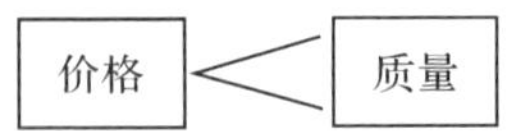

图 3-3 价格与质量关系的观点三:价格小于质量

上述学者采用的均是价格指标或以价格指标为基础的修正指标，尽管逐步考虑了质量以外的因素对价格的影响，但总的来说均围绕着价格因素来考察产品质量。也有学者采用非价格指标表示产品质量，如 Gervais（2015）用剩余需求代表产品质量，研究出口产品质量和企业异质性的关系，并得出出口价格和单位生产成本与出口产品质量正相关，与企业生产率负相关的结论。该结论证明了：在市场条件一定的情况下，企业的异质性特征是出口产品质量的重要决定因素；Verhoogen（2007）以是否通过国际生产标准 ISO9000 质量体系认证表示出口产品质量水平。国内有关制造业出口产品质量的研究也陆续展开，研究之初主要采用单位价格指标（李坤望等，2014），目前也有很多学者陆续展开了对新方法的探索，如韩会朝和徐康宁（2014）对出口产品质量的单位价格测度法进行了改进，构建了相对产品质量指标，并以此进行实证，验证了中国制造业出口产品质量存在门槛效应，中国可借助门槛机制来提升制造业出口产品的质量水平；施炳展和邵文波（2014）将出口产品质量看作不可直接观测的变量，以产品需求模型的残差项作为制造业出口产品质量的衡量指标；王永进和施炳展（2014）基于“回归反推法”，在采用工具变量法克服模型的内生性问题的基础上，通过加入企业所在地区的国内生产总值控制产品水平种类的形式，测算了中国企业的产品质量，并分析了上游垄断对产品质量升级的作用。张杰等（2014）在需求结构模型的基础上引入多重工具变量，测算了中国制造业的出口产品质量，并结合企业的所有制异质性对中国制造业出口产品质量的变化态势进行了分析。

综上可知，学界关于出口产品质量与产品价格之间的关系存在较大争议，虽然有学者尝试用多种方法测度制造业出口产品质量，但测度过程和结论分析部分均脱离不了价格因素。有鉴于此，本书亦以价格因素作为制造业出口产品测度的切入点，考虑到单价法简单直接，受变量间内生性的影响较小，而函数法受内生性影响较大，但测度方法相对科学的特征，本书采用需求函数残差法与单位价格加权法相结合的方式测度跨国和省级双层面制造业出口产品质量，以同时发挥单价法和需求函数法的优势，并使二者互补以克服不足。

一、需求函数残差的加权平均法

相比 Hallak & Schott（2008）构建的价格指数分解法、Khandelwal（2010）构建的嵌套 Logit 法和单位价格法，需求函数残差法在测度产品质量过程时，能有效地克服单位价格法“考虑不够全面”的缺陷，因需求函数残差法所涉及的“假设条件”和“需控制的因素”较少。为此，当涉及大量经济体出口产品质量的测度时，该方法所得测度结果更为科学可靠。考虑到一方面本书采用的是跨国和省级区域层面 HS 编码出口数据，而 Piveteau & Smagghue(2015)构建的需求函数残差法在测度出口产品质量时更适合于企业层面出口数据(黄先海等，2015)；另一方面 Piveteau & Smagghue(2015)在测度过程中虽然采用了需求函数残差法，但汇率是其测度过程中的一个重要变量，这可能使得出口产品质量受到“汇率低估”和“汇率高估”等“扭曲”现象的影响。为此，本书在综合 Gervais(2015)、施炳展和曾祥菲(2015)与钟建军(2016)等研究的基础上，构建如下方法进行测度。

首先以常数替代弹性形式表示代表性消费者的效用函数。

$$U=\left\{\int_{x\in X}[\lambda(i)q(i)]^{1-1/\sigma}d_i\right\}^{1/(1-1/\sigma)} \tag{3.1}$$

其中 $\lambda(i)\geqslant 1$ 表示产品 i 的质量，$q(i)$表示产品 i 的消费数量，X 代表可供消费的种类总数。$\sigma>1$ 表示产品替代弹性，σ 值越高则表示该产品的替代性越强。由式(3.1)可得在效用最大化的情况下，消费者对产品 i 的需求函数如下：

$$q(i)=EP^{\sigma-1}\left[\frac{p(i)}{\lambda(i)}\right]^{-\sigma},P\equiv\left\{\int_{x\in X}[p(i)/\lambda(i)]^{1-\sigma}d_i\right\}^{1/(1-\sigma)} \tag{3.2}$$

其中 E 表示行业的总支出，P 表示经质量调整后的综合价格指数，$p(i)$表示产品 i 的价格。令经济体的总支出水平等于 1，对于给定的某类产品而言，按照式(3.2)出口产品的数量可以表示为：

$$\ln q_{kmt}=(\sigma-1)\ln P_{kmt}-\sigma\ln p_{kmt}+(\sigma-1)\ln\lambda_{kmt} \tag{3.3}$$

其中 k 代表产品，m 代表进口方市场，t 代表年份。需要说明的是：因测度过程中出口产品价格与出口产品质量可能互为因果关系，为此，测度过程可能需克服内生性问题。与 Gervais(2015)、钟秀芳和施炳展(2013)、施炳展(2013)、施炳展和曾祥菲(2015)及钟建军(2016)等测度过程不同的是，本书在借鉴企业层面残差法的工具变量处理方法的基础上，选择“同一进口区域的参照价格”作为工具变量，其中跨国层面的工具变量为其他经济体出口到美国相应 HS 编码产品的平均价格，省级层面的工具变量为其他省同一 HS 码产品出口到美国以外经济体的平均价格。内生性是影响出口产品质量测度结果可靠性的一个重要因素(张杰等，2015)，而 Gervais(2015)、李秀芳和施炳展(2013)、施炳展(2013)、施炳展和曾祥菲(2015)及钟建军(2016)的研究仅是有效地控制了内生性中的产品特征型内生性，本书采用“同一进口区域的参照价格”作为内生变量，不仅有效地控制了产品特征型内生性，还有效地控制了区域特征型内生性，因此，本书的测度方法是上述研究方法的一个改进型测度方法。另外本书在运用(3.3)式进行实证测度时，是在具体的

HS 码层面操作，对上式进行回归后的残差项即表示产品质量，其表达式为：

$$zl_{kmt}=\ln\hat{\lambda}_{kmt}=\frac{\hat{\varepsilon}_{kmt}}{\sigma-1}=\frac{\ln q_{kmt}-\ln\hat{q}_{kmt}}{\sigma-1} \tag{3.4}$$

其中，zl_{kmt} 为 HS 码出口产品质量绝对值，将 HS 码层面的出口产品加总到国家和省级区域层面，即得各国（省）出口产品质量，在区域层面加总前，笔者借鉴施炳展和曾祥菲（2015）的研究，将出口产品质量绝对值进行正规化处理，以获得每种产品的标准化出口产品质量，以降低不同行业间“残差额”差异给区域层面测度结果带来的有偏冲击，具体正规化处理方法如下：

$$rzl_{kmt}=\frac{zl_{kmt}-\min zl_{kmt}}{\max zl_{kmt}-\min zl_{kmt}} \tag{3.5}$$

其中，rzl_{kmt} 为相对出口产品质量指数，$\max zl_{kmt}-\min zl_{kmt}$ 表示该行业的质量阶梯长度，相对出口产品质量指数可以用来衡量企业层面产品质量在行业质量阶梯中的地位，为此，能更有效地刻画制造业产品的出口质量。在得到每个 HS 编码产品出口质量后，进一步将各国（省）HS 编码出口产品质量通过加权平均的形式汇总，可得各国（省）制造业出口产品质量，具体方法如下：

$$Tzl=\frac{q_{imt}}{\sum_{imt\in\Omega}q_{imt}}rzl_{imt} \tag{3.6}$$

其中，Tzl 表示经济体的制造业出口产品质量，q_{imt} 为其特定制造业产品的出口量。

二、单位价格加权平均法

虽然学界普遍认为测度出口产品质量的单位价格法因为未考虑生产成本等因素，其测度结果可能有失偏颇，但是单位价格法的测度过程不受“内生性”干扰，而且在样本容量较大时，其能较好地刻画出口产品质量的整体趋势（Fontagné et al.，2008）。不仅如此，Hummels & Klenow（2005）还认为单价的变动能更好地体现出口产品质量升级，具体表现为：（1）产品耐用性、可靠性以及兼容性的提高；（2）更高级中间投入品的使用；（3）更符合消费者偏好产品的生产；（4）产品精炼及深加工的发展；（5）产品功能的增加和售后服务的提升。为此，最新的研究中仍有大量学者采用单位价格法分析出口产品质量（如李坤望等，2014）。有鉴于此，本书进一步采用单价法测度出口产品质量，与 Schott（2004）、Manova & Zhang（2009）、Fontagné 等（2008）、Hummels & Klenow（2005）、殷德生（2011）和李坤望等（2014）使用的传统单价法不同的是：本书采用正规化处理后的单价核算制造业出口产品质量，并采用加权平均的形式汇总到国家（省级区域）层面，具体测算方法如下。

首先，计算 HS 编码产品层面的出口质量水平：

$$\lambda_{jt}=\frac{V_{jt}}{Q_{jt}} \tag{3.7}$$

其中，λ_{jt} 为产品的出口价格，即为出口质量绝对值，在区域层面加总计算时，我们借鉴前文需求函数残差法的做法，将出口价格在 HS 编码产品层面进行正规化处理，具体如下：

$$r\lambda_{jt}=\frac{\lambda_{jt}-\min\lambda_{jt}}{\max\lambda_{jt}-\min\lambda_{jt}} \tag{3.8}$$

其中，$r\lambda_{jt}$ 为相对出口产品质量，min 和 max 分别表示最小值和最大值。在得到正规化处理后的出口产品质量后，笔者进一步将其加权到国家（省级区域）层面，可得：

$$Tzl_c=\frac{v_{1c}}{\sum v_{1c}}r\lambda_{1c}+\frac{v_{2c}}{\sum v_{2c}}r\lambda_{2c}+\cdots+\frac{v_{mc}}{\sum v_{mc}}r\lambda_{mc}=\sum_{i=1}^{m}\frac{v_{ic}}{\sum v_{ic}}r\lambda_{ic} \tag{3.9}$$

其中，$\frac{v_{ic}}{\sum v_{ic}}$ 表示国家 c 所出口的 i 产品占其产品出口总额的比重。

基于式（3.7）至式（3.9），可以测度出经济体的历年制造业出口产品质量，考虑到残差法在测度制造业出口产品质量时比单位价格法"更胜一筹"，后文的分析中笔者以残差法为主要测度方法，并在部分章节用其对需求函数残差法的实证结果进行稳健性检验。

第二节　跨国层面制造业出口产品质量的测度结果与分析

本部分基于前文构建的需求函数残差法和单位价格法测度出了 1995—2012 年 169 个经济体制造业出口产品质量，并从多个层面分析了跨国层面制造业出口产品质量的基本特征。

一、数据的来源与处理

由于美国历年的进口额一直排在世界第一，其从世界各经济体进口的产品能够较好地反映各国向世界出口产品的内涵水平（黄先海等，2010）。不仅如此，作为高度发达的经济体，美国还是各国高质量产品的主要进口国，因而采用美国的进口数据能较好地反映出各国制造业出口产品质量，特别是高质量产品的出口情况。有鉴于此，本书以 Schott（2004）整理的世界各经济体向美国出口的数据作为制造业出口产品质量的测度依据①，具体时间跨度为 1995—2012 年。Schott 个人网站中提供的数据包含了 200 多个经济体 1995—2012 年向美国出口的产品信息，数据具体到 HS10 位码层面，共 3577 万余组数据。其统计指标具体包含了产品的数量、价值等，据此可以直接获得产品的出口数量，然后根据价值及数量信息可计算出产品的单位价值，也能核算出该产品的需求函数的残差（即出口产品质量）。借鉴前文构建的方法，笔者测度出了 200 多个经济体 1995—2012 年的出口产品质量。

考虑到部分经济体的统计数据不健全（如 20 世纪 90 年代出口到美国的产品数据缺失），笔者删除了 1995—2012 年间汇总到国家层面制造业出口产品质量数据存在缺失的经济体，最终的研究对象为 169 个经济体。这些经济体为：阿尔巴尼亚、阿尔及利亚、安提瓜和巴布达、阿根廷、亚美尼亚、澳大利亚、奥地利、阿塞拜疆、巴哈马、巴林、孟加拉国、巴巴多斯、白俄罗斯、比利时、伯利兹、贝宁、百慕大群岛、不丹、玻利维亚、波斯尼亚、博茨瓦纳、巴西、文莱、保加利亚、布基纳法索、布隆迪、柬埔寨、喀麦隆、加拿大、中非共和国、乍得、智利、中国、哥伦比亚、科摩罗、刚果（布）、刚果（金）、哥斯达黎加、克罗地亚、塞浦路斯、捷克、丹麦、多米尼加、厄瓜多尔、埃及、萨尔瓦多、赤道几内亚、厄立特里亚、爱沙尼亚、埃塞俄比亚、斐济、芬兰、法国、加蓬、冈比亚、格鲁吉亚、德国、加纳、希腊、格林纳达、危地马拉、几内亚、几内亚比绍、圭亚那、海地、洪都拉斯、中国香港、匈牙利、冰岛、印度、印度尼西亚、爱尔兰、以色列、意大利、牙买加、日本、约旦、柬埔寨、肯尼亚、基里巴斯、韩国、科威特、吉尔吉斯斯坦、老挝、拉脱维亚、黎巴嫩、莱索托、利比里亚、立陶宛、卢森堡、马其顿、马达加斯加、马拉维、马来西亚、马尔代夫、马里、马耳他、马绍尔群岛、毛里塔尼亚、毛里求斯、墨西哥、密克罗尼西亚、摩尔多瓦、蒙古、摩洛哥、莫桑比克、纳米比亚、尼泊尔、荷兰、新西兰、尼加拉瓜、尼日尔、尼日利亚、挪威、阿曼、巴基斯坦、帕劳群岛、巴拿马、巴布亚新几内亚、巴拉圭、秘鲁、菲律宾、波兰、葡萄牙、卡塔尔、罗马尼亚、俄罗斯、卢旺达、萨摩亚、沙特阿拉伯、塞内加尔、塞舌尔、塞拉利昂、新加坡、斯洛伐克、斯洛文尼亚、所罗门群岛、南非、西班牙、斯里兰卡、圣基茨和尼维斯、圣卢西亚、圣文森特和格林纳丁斯、苏里南、斯威士兰、瑞典、瑞士、塔吉克斯坦、坦桑尼亚、泰国、多哥、汤加、特立尼达和多巴哥、突尼斯、土耳其、土库曼斯坦、乌干达、乌克兰、阿拉伯联合酋长国、英国、乌拉圭、乌兹别克斯坦、瓦努阿图、委内瑞拉、越南、赞比亚、

① 该数据源自美国人口普查局（U. S. Census Bureau），耶鲁大学 Schott 教授对其进行了整理，转换为 stata 格式数据，并上传至其个人网站，具体网站为 http://faculty. som. yale. edu/peterschott/sub_international. htm.

津巴布韦。

考虑到价格因素是本书两个测度方法中相对重要的变量，且价格变动需刻画制造业产品质量的变动，为此，借鉴陈晓华等(2011)的研究，笔者剔除了HS编码中一些价格变动不一定能体现制造业出口产品质量变迁的产品，如第十四类(珠宝、贵金属制品；仿首饰；硬币)和第二十一类(艺术品、收藏品及古物)两类。此外本书的研究对象为工业制成品而非农产品和初等品，为此，笔者将HS编码中的初等品和农产品剔除，具体有第五类(矿产品)、第四类(食品及烟草等)、第三类(动植物油、食用油等)、第一类(活动物、动物产品)和第二类(植物产品)等。最后考虑到第二十二类(特殊交易品及未分类商品)和第二十类(杂项制品)产品在产品归类性质方面不明确，有部分贵金属或初等品"混入"其中，笔者亦将其剔除。[①]

二、整体性测度结果与分析

基于前文的测度方法和数据，此处测度出了1995—2012年169个经济体制造业的出口产品质量[②]，表3-1报告了1995—2012年制造业出口产品质量均值排名前35的经济体。由此可知，首先，制造业出口产品质量排名前20的经济体多为发达国家，进入前20的发展中国家仅有巴西(排名第11)、乌克兰(排名第12)、墨西哥(排名第13)和智利(排名第20)，而排名后35的经济体多为发展中经济体(见表3-2)，出口产品质量排名前十的经济体均为发达国家，分别为法国、爱尔兰、德国、以色列、日本、加拿大、英国、瑞典、瑞士和比利时，这一测度结果印证了Flam & Helpman(1987)、Grossman & Helpman(1991)、Hummels & Klenow(2005)和Henn等(2013)等学者观点的准确性，即发达国家(高收入国家)往往出口高质量的产品，而发展中国家(低收入国家)多生产和出口低质量产品；其次，出口产品质量排名前5的国家的出口产品质量指数呈现出一定的上升趋势，具体为法国上涨了6.17个百分点，爱尔兰、德国、以色列和日本分别上升了32.31%、5.88%、8.78%和3.39%，本书出口产品质量的测度值采用的是正规化后需求函数残差的加总值，这表明：制造业出口产品质量排名靠前的经济体与出口产品质量排名靠后的经济体的差距呈现出日益扩大的趋势，即世界出口产品质量出现了两极分化的现象，再次从增幅上看，排名前35的经济体中出口产品质量增幅

① 值得一提的是陈晓华和刘慧(2012)、陈晓华和刘慧(2013)与刘慧等(2014)在进行出口品内涵的研究时，采取了类似的HS码处理方法。

② 基于需求函数残差法的测度结果与基于单位价格法的测度结果在宏观趋势和分布情况上有较大的相似之处，为免累赘表述，此处略去单位价格法的测度结果与分析过程。因此，本节分析中若无特别提起，所分析的结论均为残差法的测度结果。

最大的两个经济体是斯洛伐克和乌克兰，二者出口产品质量指数分别上升了 84.77%和 39.53%，这一定程度上表明这两个国家出口到美国的产品质量得到了快速的提升；最后，1995—2012 年间中国制造业出口产品质量均值位居 169 个经济体的第 32 位，出口产品质量指数从 1995 年的 0.579 上升到了 2012 年的 0.61，上升了 10.54 个百分点，这一测度结果表明：中国出口产品的相对质量有所改善。虽然中国出口产品的相对质量有所改善，但中国出口产品质量排名与俄罗斯、马来西亚及印度相似，即制造业出口产品质量仍然相对较低，而提升制造业出口产品质量是中国实现对外经济发展方式转变的关键所在，为此，中国转变对外经济发展方式的任务仍十分艰巨。

表 3-1　1995—2012 年①出口产品质量均值排名前 35 的经济体(残差法)

序号	经济体	1995 年	1997 年	2002 年	2004 年	2006 年	2008 年	2010 年	2011 年	2012 年	均值	增幅(%)
1	法国	0.859	0.850	0.873	0.849	0.856	0.922	0.921	0.891	0.912	0.881	6.17
2	爱尔兰	0.653	0.721	0.877	0.865	0.861	0.852	0.861	0.878	0.864	0.835	32.31
3	德国	0.782	0.788	0.889	0.849	0.816	0.812	0.794	0.816	0.828	0.834	5.88
4	以色列	0.763	0.766	0.787	0.788	0.829	0.859	0.805	0.824	0.830	0.795	8.78
5	日本	0.768	0.780	0.814	0.793	0.823	0.806	0.775	0.779	0.794	0.792	3.39
6	加拿大	0.795	0.778	0.787	0.768	0.752	0.734	0.732	0.732	0.740	0.767	−6.92
7	英国	0.757	0.883	0.760	0.720	0.750	0.731	0.720	0.728	0.741	0.757	−2.11
8	瑞典	0.828	0.837	0.739	0.768	0.729	0.701	0.676	0.68	0.707	0.752	−14.60
9	瑞士	0.725	0.732	0.715	0.710	0.726	0.743	0.743	0.749	0.754	0.727	4.00
10	比利时	0.726	0.725	0.717	0.724	0.712	0.718	0.722	0.738	0.729	0.722	0.41
11	巴西	0.591	0.622	0.808	0.825	0.680	0.758	0.655	0.657	0.665	0.716	12.52
12	乌克兰	0.511	0.479	0.549	0.888	0.755	0.782	0.607	0.708	0.713	0.700	39.53
13	墨西哥	0.670	0.686	0.698	0.686	0.693	0.694	0.713	0.711	0.718	0.696	7.16
14	新加坡	0.692	0.696	0.682	0.657	0.664	0.643	0.697	0.710	0.748	0.683	8.09
15	奥地利	0.584	0.594	0.706	0.710	0.725	0.723	0.677	0.692	0.695	0.681	19.01
16	丹麦	0.590	0.573	0.623	0.625	0.731	0.781	0.787	0.731	0.706	0.667	19.66
17	韩国	0.617	0.611	0.674	0.704	0.673	0.675	0.667	0.674	0.683	0.661	10.70

① 本书测度了 1995—2012 年出口产品质量均值排名前 35 的经济体的全部数据，限于篇幅，仅阶段性给出如表 3-1 所示年份，下同。

续表

序号	经济体	1995 年	1997 年	2002 年	2004 年	2006 年	2008 年	2010 年	2011 年	2012 年	均值	增幅(%)
18	荷兰	0.679	0.609	0.738	0.675	0.713	0.637	0.627	0.658	0.651	0.659	−4.12
19	意大利	0.619	0.655	0.683	0.626	0.639	0.676	0.666	0.671	0.677	0.652	9.37
20	智利	0.599	0.576	0.621	0.688	0.684	0.710	0.682	0.690	0.705	0.648	17.70
21	葡萄牙	0.617	0.618	0.637	0.648	0.666	0.690	0.671	0.688	0.697	0.648	12.97
22	斯洛伐克	0.440	0.453	0.457	0.910	0.767	0.756	0.783	0.809	0.813	0.647	84.77
23	挪威	0.619	0.627	0.620	0.651	0.668	0.680	0.673	0.678	0.659	0.646	6.46
24	捷克	0.638	0.651	0.658	0.619	0.663	0.626	0.654	0.640	0.662	0.643	3.76
25	新西兰	0.628	0.634	0.613	0.633	0.648	0.656	0.649	0.656	0.652	0.637	3.82
26	西班牙	0.610	0.614	0.615	0.633	0.653	0.669	0.662	0.677	0.680	0.635	11.48
27	澳大利亚	0.543	0.538	0.616	0.642	0.732	0.756	0.720	0.754	0.734	0.628	35.17
28	南非	0.561	0.560	0.614	0.628	0.629	0.705	0.701	0.706	0.678	0.625	20.86
29	匈牙利	0.543	0.606	0.704	0.645	0.612	0.605	0.587	0.574	0.561	0.622	3.32
30	芬兰	0.588	0.579	0.608	0.576	0.647	0.644	0.600	0.603	0.618	0.615	5.10
31	马来西亚	0.612	0.600	0.643	0.645	0.651	0.629	0.564	0.562	0.571	0.614	−6.70
32	中国	0.579	0.581	0.596	0.621	0.631	0.629	0.637	0.639	0.640	0.610	10.54
33	俄罗斯	0.541	0.555	0.587	0.583	0.601	0.637	0.645	0.664	0.670	0.605	23.84
34	立陶宛	0.592	0.607	0.597	0.607	0.583	0.600	0.602	0.631	0.596	0.601	0.68
35	印度	0.615	0.610	0.548	0.520	0.740	0.688	0.553	0.561	0.596	0.599	−3.09
均值		0.644	0.651	0.682	0.699	0.706	0.712	0.692	0.707	0.711	0.689	10.44

表 3-2 报告了 1995—2012 年 169 个经济体中，制造业出口产品质量排名最后 35 位的经济体，可知：首先，排名靠后的经济体多为发展中经济体和“小”经济体，且排名最后十位的经济体均为发展中经济体，分别为毛里塔尼亚、圣文森特和格林纳丁斯、布基纳法索、吉尔吉斯斯坦、塞内加尔、冈比亚、厄立特里亚、不丹、马里、基里巴斯，再次印证“发展中国家和低收入国家往往出口低质量产品”的观点；其次，排名后 35 位的经济体中，有 22 个经济体的出口产品质量指数呈现下降的趋势，部分经济体的下降幅度甚至超过了 40%（如冈比亚、几内亚比绍），这表明多数低质量产品经济体出口品的相对质量（与高质量经济体相比）不断地降低，与高质量产品出口国的差距不断地扩大，即低质量产品出口国的出口产品质量出现了不断恶化的态势；最

后，对比排名前35位和后35位经济体1995—2012年出口产品质量的均值(表3-1和3-2最后一行)，可以发现前35位经济体出口产品质量均值从1995年的0.644增加到了2012年的0.711，上升了10.40个百分点，而后35位经济体的出口产品质量均值则从1995年的0.431下降到了2012年的0.388，下降了9.98个百分点。这一测度结果再次印证了前文基于排名前5的经济体出口产品质量变化趋势得出的推论：高质量产品出口国与低质量产品出口国的制造业出口产品质量具有"两极分化"的趋势。

表3-2　1995—2012年出口产品质量均值排名倒数35的经济体(残差法)

序号	经济体	1995年	1997年	2002年	2004年	2006年	2008年	2010年	2011年	2012年	均值	增幅(%)
135	摩尔多瓦	0.446	0.471	0.519	0.515	0.458	0.369	0.385	0.410	0.438	0.458	−1.79
136	密克罗尼西亚	0.484	0.486	0.470	0.469	0.371	0.452	0.456	0.396	0.371	0.457	−23.30
137	乌干达	0.438	0.437	0.446	0.536	0.467	0.459	0.452	0.443	0.445	0.453	1.60
138	多哥	0.463	0.481	0.450	0.398	0.414	0.456	0.443	0.484	0.526	0.452	13.61
139	老挝	0.498	0.491	0.398	0.465	0.392	0.439	0.457	0.468	0.412	0.452	−17.30
140	百慕大群岛	0.411	0.385	0.485	0.466	0.522	0.438	0.539	0.434	0.439	0.447	6.81
141	贝宁	0.430	0.420	0.456	0.596	0.444	0.513	0.358	0.395	0.371	0.446	−13.70
142	塞舌尔	0.383	0.345	0.604	0.440	0.348	0.309	0.738	0.306	0.327	0.443	−14.60
143	多米尼加	0.391	0.587	0.696	0.380	0.399	0.395	0.386	0.381	0.380	0.441	−2.81
144	波斯尼亚	0.415	0.478	0.424	0.368	0.447	0.409	0.444	0.458	0.467	0.441	12.53
145	汤加	0.518	0.422	0.478	0.446	0.434	0.410	0.402	0.394	0.393	0.441	−24.10
146	黎巴嫩	0.428	0.411	0.410	0.412	0.464	0.481	0.472	0.417	0.404	0.439	−5.61
147	坦桑尼亚	0.424	0.445	0.454	0.394	0.428	0.444	0.435	0.443	0.504	0.439	18.87
148	卢旺达	0.417	0.423	0.403	0.408	0.424	0.435	0.440	0.453	0.483	0.437	15.83
149	塔吉克斯坦	0.488	0.423	0.356	0.422	0.482	0.381	0.505	0.422	0.449	0.429	−7.99
150	莫桑比克	0.446	0.449	0.400	0.389	0.392	0.462	0.437	0.432	0.453	0.429	1.57
151	津巴布韦	0.454	0.405	0.420	0.502	0.446	0.449	0.428	0.455	0.399	0.425	−12.10
152	圣卢西亚	0.466	0.443	0.408	0.373	0.487	0.400	0.395	0.376	0.365	0.422	−21.70

续表

序号	经济体	1995 年	1997 年	2002 年	2004 年	2006 年	2008 年	2010 年	2011 年	2012 年	均值	增幅（%）
153	萨摩亚	0.337	0.446	0.519	0.430	0.409	0.370	0.359	0.357	0.361	0.422	7.12
154	尼泊尔	0.421	0.457	0.419	0.378	0.529	0.385	0.378	0.399	0.400	0.422	-4.99
155	布隆迪	0.474	0.454	0.326	0.557	0.369	0.386	0.387	0.427	0.398	0.415	-16.00
156	瓦努阿图	0.305	0.451	0.451	0.385	0.394	0.377	0.400	0.443	0.407	0.408	33.44
157	安提瓜和巴布达	0.363	0.406	0.451	0.435	0.318	0.302	0.340	0.397	0.405	0.399	11.57
158	帕劳群岛	0.494	0.545	0.516	0.251	0.397	0.221	0.250	0.242	0.362	0.398	-26.70
159	几内亚比绍	0.376	0.430	0.289	0.467	0.939	0.478	0.600	0.316	0.225	0.391	-40.20
160	毛里塔尼亚	0.577	0.252	0.306	0.358	0.481	0.472	0.486	0.298	0.350	0.389	-39.30
161	圣文森特和格林纳丁斯	0.459	0.338	0.540	0.354	0.422	0.310	0.364	0.353	0.345	0.388	-24.80
162	布基纳法索	0.280	0.403	0.470	0.274	0.418	0.257	0.350	0.397	0.375	0.383	33.93
163	吉尔吉斯斯坦	0.482	0.426	0.408	0.429	0.324	0.319	0.354	0.348	0.350	0.382	-27.40
164	塞内加尔	0.356	0.402	0.334	0.318	0.471	0.457	0.326	0.331	0.418	0.379	17.42
165	冈比亚	0.557	0.566	0.195	0.501	0.376	0.265	0.467	0.216	0.259	0.368	-53.50
166	厄立特里亚	0.340	0.491	0.320	0.327	0.356	0.388	0.308	0.222	0.268	0.359	-21.20
167	不丹	0.552	0.505	0.313	0.315	0.317	0.311	0.310	0.316	0.394	0.356	-28.60
168	马里	0.384	0.352	0.318	0.361	0.392	0.353	0.404	0.342	0.357	0.353	-7.03
169	基里巴斯	0.327	0.269	0.335	0.276	0.452	0.288	0.425	0.312	0.263	0.328	-19.60
均值		0.431	0.434	0.422	0.411	0.434	0.390	0.419	0.380	0.388	0.414	10.10

为了进一步观测 169 个经济体整体层面及发达经济体与发展中经济体出口产品质量的分布趋势和变化态势，笔者从整体、发达经济体和发展中经济体三个层面对 1995—2012 年制造业出口产品质量的测度结果进行核密度估计，图 3-4、图 3-5 和图 3-6 分别报告了相应的核密度示意图。由整体层面的核密度估计曲线（见图 3-4）可知：首先，整体层面出口产品质量的核密度曲线具有较为明显的倒 U 形特征，可见整体而言，169 个经济体的出口产品

质量分布较符合正态分布特征，比较符合大数据的正态分布特征；其次，从曲线的动态变化情况看，相比1995年而言，2012年核密度曲线顶点的位置明显右移，而核密度曲线的最左端区域并无明显右移现象。这表明，中高质量产品出口国制造业出口产品质量明显增加，而低质量出口国制造业出口产品相对质量并未明显变化，可见，高质量产品出口国制造业出口产品质量与低质量产品出口国的差距呈现出日益扩大的趋势，这一点从2012年核密度曲线跨度的增大中也可以体现出。

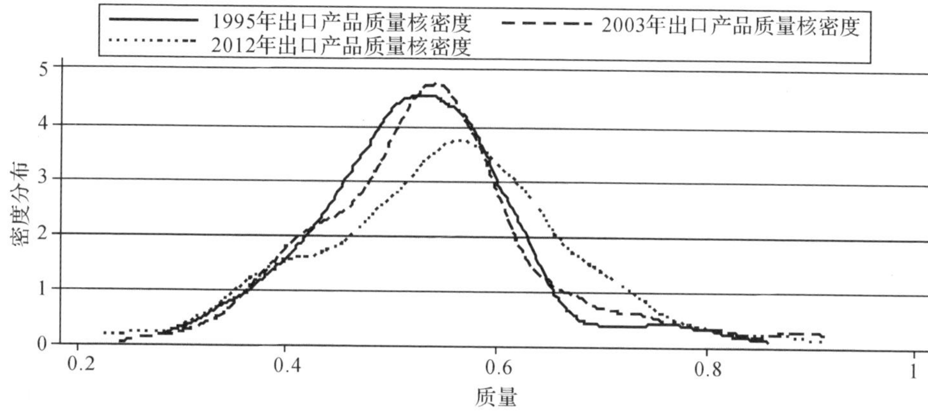

图 3-4　1995—2012 年整体层面制造业出口产品质量的核密度估计曲线①

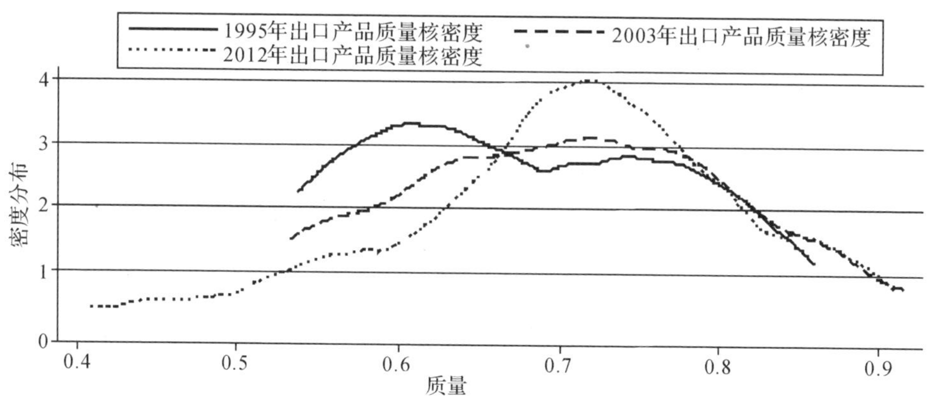

图 3-5　1995—2012 年发达经济体出口产品质量的核密度估计曲线

① 考虑到将1995—2012年共计18条核密度曲线置于同一图中，存在较多的交叉和粘连，会影响阅读，笔者借鉴陈晓华和刘慧(2012)的研究，给出两端(1995年和2012年)和中值年份(2003年)的核密度估计，以提高核密度曲线的可阅读性。图3-5和图3-6采用了相似的处理方法。

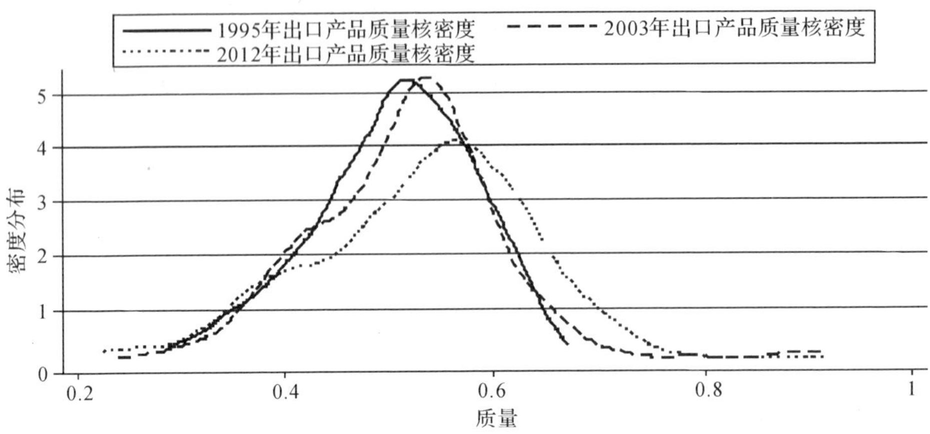

图 3-6　1995—2012 年发展中经济体出口产品质量的核密度估计曲线

由图 3-5 和图 3-6 可知，首先，发达经济体 1995 年的曲线具有“左端缺失”特征(2003 年的曲线也有这一特征)，发展中经济体 1995 年的曲线具有“右端缺失”特征，具体为 1995 年的发达经济体的出口产品质量无低于 0.5 的情况，而发展中经济出口产品质量无高于 0.7 的情况，这在一定程度上表明，早期发达经济体出口产品质量有并未涉足的“下限”，发展中经济体出口产品质量有无法逾越的“上限”，但这一情况在 2012 年不复存在，即发达经济体和发展中经济体的出口产品质量均有高有低，并无明显的“上下限”。这一现象出现的原因可能在于：首先，只有高质量的产品才能不断地从市场中获得订单和利润，为此，近些年处于制造业出口产品质量低端的发展中经济体开始不断地执行出口产品质量赶超战略，进而使得发展中经济体不断加入“高质量经济体”行列，而未执行质量赶超战略的发达经济体则因产品质量增速过慢，而不断地陷入“低质量经济体”行列，最终使得发达经济体和发展中经济体的出口产品质量核密度估计曲线均呈现较为完整的倒 U 形曲线；其次，发展中经济体倒 U 形曲线顶点附近区域也呈现出与整体层面相似的特征，即具有明显的右移倾向，这表明：一方面发展中经济体的出口产品质量得到了较为显著的提升，另一方面执行出口产品质量赶超战略的经济体多为发展中国家；最后，整体层面、发达经济体和发展中经济体核密度曲线的跨度均在增加，这表明，不仅 169 个样本经济体间制造业出口产品质量的差异在加大，发达经济体和发展中经济体内部制造业出口产品质量的差异也呈现出日趋扩大的趋势。

三、中国的特征与分析

基于前文 169 个经济体制造业出口产品质量的测度结果，本部分进一步分析中国制造业出口产品质量的基本特征，并刻画出中国制造业出口产品质量的国际地位。由图 3-7 可知，发达经济体、发展中经济体与中国制造业的出口产品质量，可知发达经济体、发展中经济体与中国制造业的出口产品质量均有明显的上升，而中国制造业出口产品质量的上升幅度明显高于两类经济体，由此可以推定：一方面，中国制造业执行了较为明显的质量赶超战略，使得自身出口产品质量与发达经济体的差距不断缩小，也促使自身出口产品质量相对于发展中经济体的优势不断扩大；另一方面，中国制造业出口产品质量的国际地位依然不高，出口产品质量并未达到发达经济体的平均水平。

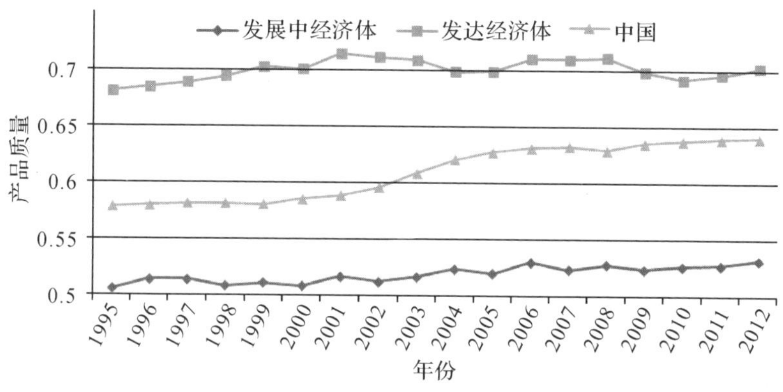

图 3-7　发达经济体、发展中经济体和中国制造业出口产品质量（残差法）

由图 3-8 可知，1995—2012 年基于需求函数残差法计算的中国出口产品质量的国际排名变动情况，可知：1995—2012 年间，中国出口产品质量的国际排名从 1995 年的 46 名上升到了 2012 年的 35 名，上升了 11 位。结合图 3-7 中绝对额的变动曲线可知：中国制造业出口产品质量指数的绝对额和国际地位均得到了较为明显的改善。值得一提的是，20 世纪 90 年代和加入 WTO 后的一段时间内，是中国经济飞速发展的时期，但中国制造业出口产品质量的排名从未进入世界前 25 位（最高为 29 位）。出现这一现象的原因可能在于：一方面，中国经济的快速增长并未推动制造业出口产品质量的快速提高，这使得制造业出口产品质量排名在很长一段时间内处于较低水平；另一方面，由图 3-7 可知中国出口产品质量指数呈现出持续上升的态势，而排名变动并不大。可见，制造业出口产品质量赶超他国的难度较大，中国要成为高质量产品出口大国依然“任重而道远”。

表 3-3 进一步显示了中国与法国（出口产品质量指数排名第一的国家）出口产品质量的差距，可知虽然 1995—2012 年间中国出口产品质量与法国的差距呈现出一定的下降趋势，但 18 年间差距绝对额仅仅下降了 0.008，下

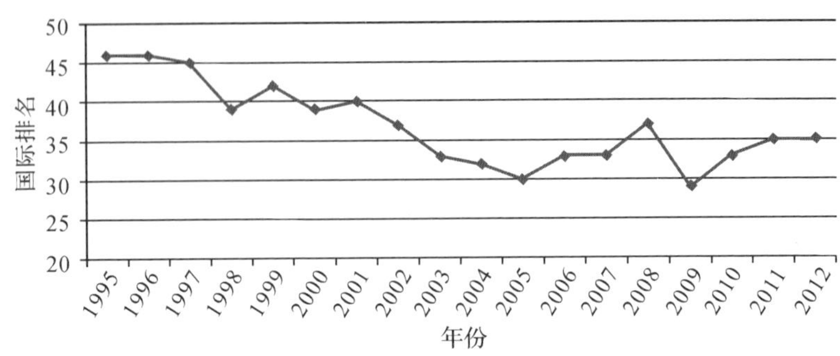

图 3-8　中国制造业出口产品质量的国际排名(残差法)

降幅度仅为 2.86 个百分点,在部分年份与法国的差距甚至大于 1995 年的差距,这再次表明,出口产品质量赶超并非易事。这一现象出现的原因可能在于:制造业出口产品质量演进具有显著的“逆水行舟”特征,在中国等发展中经济体执行出口产品质量赶超的同时,发达国家也在不断地提升自身的出口产品质量,以保持以往的国际市场份额,因此,一旦中国制造业出口产品质量赶超力度小于排名更靠前和相近的经济体时,中国制造业出口产品质量将表现出一定的下降特征。

表 3-3　1995—2012 年法国与中国制造业出口产品质量的差额

年份	1995 年	1996 年	1997 年	1998 年	1999 年	2000 年	2001 年	2002 年	2003 年	2004 年
差额	0.280	0.328	0.269	0.305	0.324	0.273	0.263	0.277	0.310	0.228
年份	2005 年	2006 年	2007 年	2008 年	2009 年	2010 年	2011 年	2012 年	增幅(%)	
差额	0.190	0.225	0.249	0.293	0.2583	0.284	0.252	0.272	−2.86	

第三节　中国省级层面制造业出口产品质量的测度结果与分析

已有研究仅从跨国层面或者海关数据与中国工业企业数据库对接层面测度了中国制造业出口产品质量,尚无学者从省级层面测度中国制造业出口产品质量,为此,无从获知中国省级层面出口产品质量的国际地位,也无从获知中国省级层面出口产品质量演进的机理,为此,本部分采用与前文跨国层面制造业出口产品质量相同的测算方法和相同统计标准(HS 编码)的数据,首次测度出中国省级区域层面的出口产品质量,并将其与跨国层面进行对比,以刻画出中国省级区域层面制造业出口产品质量的国际地位。

一、数据的来源与说明

本书以国研网数据库中历年各省 HS4 位码出口数据作为研究对象，国研网数据库中仅提供了 2002—2008 年省级区域层面 HS 码出口数据，2008 年以后的数据尚未公布，考虑到 2008 年后各省的出口数据，如果以其他数据进行对接或补充，容易因数据标准不一致产生偏误，进而影响本书的跨国省际对比和后文实证结果的可靠性，因此笔者采用 2002—2008 年中国各省级区域出口到美国（与跨国层面的数据标准保持一致）的产品的数据进行测度。另外为了与前文的数据筛选标准一致，笔者删除了省级区域 HS 码出口数据中的第十四类（珠宝、贵金属制品；仿首饰；硬币）、第二十一类（艺术品、收藏品及古物）、第五类（矿产品）、第四类（食品及烟草等）、第三类（动植物油、食用油等）、第一类（活动物、动物产品）、第二类（植物产品）、第二十二类（特殊交易品及未分类商品）和第二十类（杂项制品）等产品。最后为了使省级层面测度结果与前文跨国层面的测度结果具有较强的可对比性，笔者采用各省份出口到美国的数据作为研究对象。此外笔者在运用需求函数残差法和单位价格加权法测度中国制造业出口产品质量时，先对跨国层面的 HS10 位码测度结果做如下处理：将跨国层面各国两类测度方法所得残差和单价以出口额为权重，加总到 HS4 位码层面，然后以跨国层面 HS4 位码测度所得残差和单位价格的最大值和最小值为标准化区间，即式(3-5)和式(3-8)中的最大值和最小值，对 31 个省级区域的残差和单位价格进行正规化处理，以使省级区域层面制造业出口产品质量的标准化基准与跨国层面一致。

表 3-4　2002—2008 年中国省级区域出口产品质量(残差法)

序号	省级区域	2002 年	2003 年	2004 年	2005 年	2006 年	2007 年	2008 年	均值	增幅(%)
1	江苏	0.8607	0.8853	0.8664	0.8715	0.8834	0.8716	0.8828	0.8745	2.57
2	广东	0.8816	0.8861	0.8719	0.8906	0.8723	0.8594	0.8450	0.8724	−4.15
3	上海	0.8912	0.8425	0.8571	0.8385	0.8307	0.8191	0.8782	0.8510	−1.46
4	辽宁	0.8992	0.8849	0.7808	0.7409	0.7905	0.8722	0.8774	0.8351	−2.42
5	浙江	0.7986	0.8029	0.8004	0.8122	0.8103	0.8187	0.8309	0.8106	4.05
6	北京	0.8254	0.7790	0.7735	0.7931	0.8439	0.8116	0.7985	0.8036	−3.26
7	天津	0.8375	0.8244	0.8483	0.8288	0.7905	0.7452	0.6914	0.7952	−17.40
8	福建	0.8197	0.7890	0.7911	0.7850	0.7631	0.7675	0.7776	0.7847	−5.14
9	山东	0.7868	0.7632	0.7677	0.7692	0.7539	0.7692	0.7676	0.7682	−2.44

续表

序号	省级区域	2002 年	2003 年	2004 年	2005 年	2006 年	2007 年	2008 年	均值	增幅(%)
10	重庆	0.7827	0.7715	0.7225	0.7347	0.7640	0.7595	0.7838	0.7598	0.14
11	吉林	0.6875	0.7425	0.7513	0.8802	0.7596	0.6339	0.6054	0.7229	−11.90
12	陕西	0.5814	0.6846	0.5817	0.7157	0.7174	0.7558	0.8385	0.6965	44.22
13	河北	0.6579	0.7282	0.6991	0.7012	0.6389	0.6169	0.6116	0.6648	−7.04
14	湖北	0.6125	0.6416	0.6105	0.6167	0.6888	0.7474	0.7088	0.6609	15.72
15	河南	0.6688	0.6617	0.6574	0.6666	0.6732	0.6487	0.6446	0.6601	−3.62
16	湖南	0.5984	0.5877	0.7491	0.6215	0.6132	0.6713	0.7397	0.6544	23.61
17	四川	0.8063	0.6662	0.6218	0.5874	0.6727	0.5897	0.6025	0.6495	−25.30
18	安徽	0.6552	0.6678	0.5878	0.6142	0.6474	0.7029	0.6708	0.6495	2.38
19	云南	0.6600	0.6434	0.6400	0.6153	0.6233	0.5984	0.5890	0.6242	−10.80
20	新疆	0.6331	0.6263	0.588	0.5754	0.5822	0.6254	0.6279	0.6083	−0.82
21	宁夏	0.6417	0.6100	0.6203	0.6045	0.6016	0.5765	0.5938	0.6069	−7.46
22	山西	0.5718	0.5889	0.6453	0.5961	0.5774	0.6235	0.6374	0.6058	11.47
23	甘肃	0.6027	0.6112	0.6186	0.6208	0.6494	0.5657	0.5610	0.6042	−6.92
24	黑龙江	0.6083	0.6374	0.5672	0.5797	0.563	0.5813	0.5643	0.5859	−7.23
25	江西	0.5625	0.5506	0.6033	0.5565	0.5326	0.5909	0.6964	0.5847	23.80
26	广西	0.5761	0.5500	0.5605	0.5882	0.5689	0.5832	0.6066	0.5762	5.29
27	内蒙古	0.5657	0.5929	0.5845	0.5492	0.5445	0.5505	0.5721	0.5656	1.13
28	贵州	0.5255	0.5281	0.542	0.5078	0.5013	0.5232	0.5349	0.5233	1.79
29	青海	0.5006	0.4833	0.5688	0.5221	0.5744	0.4348	0.4428	0.5038	−11.50
30	海南	0.5005	0.4468	0.4538	0.5797	0.4923	0.4717	0.5178	0.4947	3.46
31	西藏	0.3808	0.3359	0.3271	0.2999	0.3142	0.3273	0.3308	0.3309	−13.10

二、残差法的测度结果与分析

借助前文构建的需求函数残差法，利用国研网统计数据和标准对接方法，笔者测度出了中国省级区域层面的制造业出口产品质量，具体见表 3-4。可知：首先，中国制造业出口产品质量均值最高的 10 个省份中有 9 个为东部发达省市，分别为江苏、广东、上海、辽宁、浙江、北京、天津、福建和山东，仅有第十名的重庆为西部直辖市，而排名最后十位的省份多为西部欠发达省份，这既证实了"发展水平越高，制造业出口产品质量越高"的论断，还表明中国制造业出口产品质量也符合 Flam & Helpman(1987)、Grossman & Helpman(1991)和 Hummels & Klenow(2005)等提出的相关理论观点；其次，从变动幅度上看，2002—2008 年间多数省级区域制造业出口产品质量变化幅度不大，仅有 6 个省份的出口产品质量指标的变动幅度超过 15%，分别为陕西(44.22%)、四川(-25.30%)、江西(23.80%)、天津(-17.40%)、湖北(15.72%)和湖南(23.61%)，可见虽然中国多数省份执行了以提升制造业出口产品质量为目标的赶超策略，但短期内提高个别省级区域出口产品质量和国际排名并非易事；最后，2002—2008 年间东部发达区域多数省份(江苏、浙江除外)制造业出口产品质量呈现出一定的下降趋势，而中西部地区有较多省份制造业出口产品质量存在一定的上升趋势。这表明，虽然中国东西部区域出口产品质量存在较大的差异，但中西部欠发达区域出口产品质量正在"迎头赶上"(见图 3-9)。

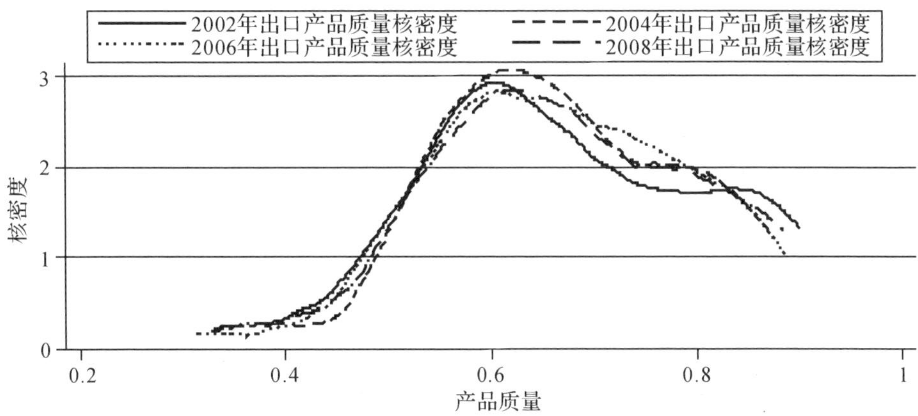

图 3-9　2002—2008 年中国制造业出口产品质量的核密度估计曲线(残差法)

表 3-5 显示了 2008 年中国各省级区域制造业出口产品质量的国际地位，由此我们可以得到如下推论：一是中国既有出口产品质量可以与发达经济体比肩的沿海省份，如江苏、上海和辽宁等，其制造业平均出口产品质量仅次于位居世界第一的法国，也有制造业出口产品质量与欠发达区域相似的省份，如青海和西藏，其制造业出口产品质量排名分别与坦桑尼亚、乌干达和马里、不丹相似，可见中国省级区域出口产品质量具有"东如欧美，西如非洲"的二元特征；二是一些东部省份制造业的出口产品质量与经济发展水平远高于自身的发达经济体相似，这在一定程度上表明这些省份的制造业出口产品质量超越了自身的发展水平，具有一定的赶超特征。

表 3-5　2008 年中国省级区域出口产品质量国际排名(残差法)[①]

排名	省级区域	排名相邻经济体	排名	省级区域	排名相邻经济体
2	江苏	法国、以色列	49	山西	中非、俄罗斯
3	上海	法国、以色列	56	新疆	马来西亚、厄瓜多尔
4	辽宁	法国、以色列	64	河北	克罗地亚、立陶宛
7	广东	爱尔兰、德国	67	广西	立陶宛、匈牙利
8	陕西	爱尔兰、德国	68	吉林	立陶宛、匈牙利
9	浙江	爱尔兰、德国	70	四川	匈牙利、格鲁吉亚
12	北京	日本、丹麦	80	宁夏	白俄罗斯、柬埔寨
13	重庆	日本、丹麦	84	云南	印度、洪都拉斯
15	福建	丹麦、巴西	94	内蒙古	玻利维亚、海地
16	山东	丹麦、巴西	99	黑龙江	泰国、多米尼加
22	湖南	瑞士、加拿大	101	甘肃	多米尼加、秘鲁
29	湖北	比利时、南非	124	贵州	斯威士兰、危地马拉
33	江西	瑞典、墨西哥	134	海南	土库曼斯坦、罗马尼亚
35	天津	墨西哥、沙特阿拉伯	174	青海	坦桑尼亚、乌干达
41	安徽	韩国、卡塔尔	191	西藏	马里、不丹
45	河南	阿尔及利亚、芬兰	—	—	—

为了进一步观测中国 31 个省级区域制造业出口产品质量的分布情况，我们进一步分析了 2002—2008 年省级区域制造业出口产品质量的核密度曲线(见图 3-10)。首先，中国省级区域制造业出口产品质量的分布情况较为符合正态分布，核密度曲线具有明显的倒 U 形特征；其次，相比 2002 年的曲线，2008 年的曲线具有“最右端明显左移”的特征，这再次印证了前文的观点，出口产品质量最高省份的出口产品质量与其他省份间的平均距离有进一步扩大的趋势；再次，与 2002 年相比，2008 年的曲线明显右移，这表明，中国制造业出口产品质量呈现出整体性提升的趋势，这与前文跨国层面的测度结果较为一致。综合跨国和省级区域层面的测度结果，可以推定：近些年中国制造业出口产品质量呈现出显著的上升趋势，出口产品质量下降的情

① 排名为全球排名，在排名时，笔者将 31 个省份和 169 个经济体共同排名，即进行排名的区域有 200 个，为此，排名刻画的是 200 个区域的排名情况，表 3-7 同。

况并未在中国出现，即本书的测度结果与李小平等(2015)、孙林等(2014)和殷德生(2011)的观点是一致的；最后，历年核密度曲线的右侧均存在一个较为显著的“小峰值”，这表明：制造业出口产品质量省份存在一个显著的协同共进机制。出现这一现象的原因可能在于：一方面，高质量出口省份均位于中国东部沿海区域，且国外订单多集中于该区域，因而东部省份间产品质量的竞争较为激烈，一旦某一个省份出口产品质量明显低于其他省份，其可能陷入国际订单大幅减少的窘境，这使得东部各省均以本区域其他省份制造业出口产品质量为参照，不遗余力地提升自身的出口产品质量；另一方面，东部区域要素的流动性明显大于中西部地区，某一个省份制造业出口产品质量提升所引致的技术外溢效应，也能较快地传播到其他省份，即特定省份制造业出口产品质量升级引致型竞争效应和技术外溢效应的共同作用使得这些省份的制造业出口产品质量出现了“协同共进”现象。

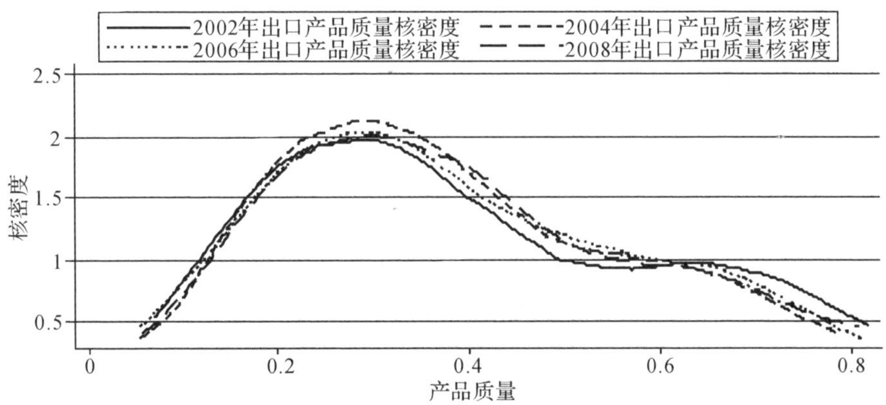

图 3-10　2002—2008 年中国省级区域出口产品质量的核密度估计曲线(单价法)

三、单价法的测度结果与分析

表 3-6 报告了基于单位价格法的中国省级区域制造业出口产品质量测度结果，可知：首先，其出口产品质量测度结果与残差法较为相似，均呈现出“东部发达区域制造业出口产品质量高于中西部区域”和“制造业出口产品质量具有显著的二元特征”的特征。值得一提的是，残差法和单价法均证实江苏、广东和上海(虽然两种测度方法的排名不完全一致)为全国制造业出口产品质量均值前三，这在一定程度上表明长三角地区和珠三角地区已经成为我国出口产品质量提升的“领头雁”，为此，在制造业出口产品高质量区域“协同共进”机制的作用下(见表 3-6 和表 3-7)，大力提升这三个地区的制造业出口产品质量，能有效地使我国高质量出口产品“再攀高峰”。

表 3-6　2002—2008 年中国省级区域出口产品质量(单价法)

序号	省级区域	2002 年	2003 年	2004 年	2005 年	2006 年	2007 年	2008 年	均值	增幅(%)
1	广东	0.8193	0.8176	0.7845	0.8103	0.8129	0.7914	0.7578	0.7991	−7.51
2	江苏	0.7710	0.8222	0.7812	0.7966	0.8062	0.7981	0.8082	0.7976	4.83
3	上海	0.8076	0.7179	0.7368	0.7350	0.6780	0.6842	0.7947	0.7363	−1.60
4	辽宁	0.7024	0.7102	0.5905	0.5338	0.6176	0.7439	0.6925	0.6558	−1.41
5	浙江	0.5890	0.5944	0.5948	0.6185	0.5996	0.6143	0.6314	0.6060	7.20
6	北京	0.6192	0.5749	0.5523	0.5743	0.6648	0.5916	0.5700	0.5924	−7.95
7	天津	0.6567	0.6165	0.6276	0.5699	0.5891	0.5180	0.4545	0.5760	−30.80
8	福建	0.6066	0.5515	0.5566	0.5528	0.5411	0.5336	0.5487	0.5558	−9.55
9	重庆	0.5762	0.5728	0.5007	0.5274	0.5699	0.5583	0.5722	0.5539	−0.69
10	山东	0.5514	0.5119	0.5248	0.5261	0.5140	0.5242	0.5240	0.5252	−4.97
11	吉林	0.4606	0.4869	0.4418	0.5882	0.4769	0.3495	0.3214	0.4465	−30.20
12	陕西	0.2869	0.3985	0.2979	0.4832	0.3803	0.4707	0.5198	0.4053	81.18
13	河北	0.3625	0.4173	0.3757	0.3758	0.3275	0.3268	0.3126	0.3569	−13.80
14	湖北	0.2884	0.3407	0.3256	0.3207	0.3631	0.4408	0.3835	0.3518	32.98
15	河南	0.3621	0.3568	0.3436	0.3518	0.3676	0.3390	0.3332	0.3506	−7.98
16	湖南	0.2767	0.2645	0.4564	0.3352	0.2833	0.3354	0.4788	0.3472	73.04
17	四川	0.4838	0.3615	0.2884	0.2611	0.4160	0.2814	0.2805	0.3390	−42.00
18	安徽	0.3291	0.3541	0.2898	0.3067	0.3354	0.4004	0.3350	0.3358	1.79
19	云南	0.3344	0.3204	0.3086	0.2823	0.3124	0.2831	0.2733	0.3021	−18.30
20	新疆	0.2942	0.2902	0.2682	0.2576	0.2652	0.3038	0.2936	0.2818	−0.20
21	宁夏	0.3123	0.2813	0.2828	0.2739	0.2856	0.2536	0.2721	0.2802	−12.90
22	山西	0.2457	0.2551	0.3224	0.2792	0.2436	0.2898	0.3219	0.2797	31.01
23	甘肃	0.2805	0.2972	0.2777	0.2781	0.3192	0.2445	0.2424	0.2771	−13.60
24	江西	0.2271	0.2114	0.2720	0.2581	0.2051	0.2489	0.3673	0.2557	61.73
25	黑龙江	0.2729	0.2939	0.2378	0.2435	0.2415	0.2656	0.2315	0.2552	−15.20
26	广西	0.2472	0.2203	0.2327	0.2630	0.2377	0.2422	0.2654	0.2441	7.36
27	内蒙古	0.2277	0.2486	0.2435	0.2205	0.2151	0.2269	0.2427	0.2321	6.59

续表

序号	省级区域	2002年	2003年	2004年	2005年	2006年	2007年	2008年	均值	增幅(%)
28	贵州	0.1865	0.1867	0.2024	0.1803	0.1736	0.1897	0.2018	0.1887	8.20
29	青海	0.1724	0.1713	0.1970	0.1680	0.2207	0.1235	0.1428	0.1708	−17.20
30	海南	0.1848	0.1320	0.1324	0.2299	0.1621	0.1380	0.1680	0.1639	−9.09
31	西藏	0.0689	0.0553	0.0539	0.0456	0.0550	0.0549	0.0551	0.0555	−20.00

表3-7　2008年中国省级区域出口产品质量国际排名(单价法)

排名	省级区域	排名相邻经济体	排名	省级区域	排名相邻经济体
4	江苏	加拿大、爱尔兰	126	吉林	伯利兹、尼泊尔
6	上海	爱尔兰、荷兰	132	河北	巴哈马、萨尔瓦多
8	广东	荷兰、英国	144	新疆	阿曼、黎巴嫩
11	辽宁	意大利、瑞士	151	四川	科摩罗、马绍尔群岛
17	浙江	以色列、瑞典	153	云南	马绍尔群岛、老挝
20	重庆	丹麦、日本	154	宁夏	马绍尔群岛、老挝
21	北京	丹麦、日本	156	广西	老挝、海地
26	福建	捷克、俄罗斯	164	内蒙古	赤道几内亚、乌干达
29	山东	韩国、阿联酋	165	甘肃	赤道几内亚、乌干达
32	陕西	墨西哥、斯洛伐克	173	黑龙江	瓦努阿图、萨摩亚
39	湖南	挪威、南非	180	贵州	苏里南、莫桑比克
46	天津	葡萄牙、新西兰	189	海南	汤加、密克罗尼西亚
83	湖北	百慕大、智利	195	青海	圣文森特和格林纳丁斯、基里巴斯
96	江西	委内瑞拉、柬埔寨			
116	安徽	尼日利亚、布基纳法索	200	西藏	塔吉克斯坦
119	河南	布基纳法索、厄瓜多尔	—	—	—
125	山西	伯利兹、尼泊尔			

表3-7是2008年基于单位价格法测算的中国省级区域制造业出口产品质量的国际地位，由表3-7可知：首先，基于单位价格法测算的省级区域制造业出口产品质量的国际排名依然呈现“东如欧美，西如非洲”的二元结构特征；其次，基于单位价格法测算的制造业出口产品质量的排名明显劣于基于

残差法核算的结果，西藏甚至在200个区域中排名倒数第一，出现了“差于非洲”的情况，在国内排名倒数第二的青海省也在200个经济体中仅位列195名。这表明中国出口品呈现出显著的“优质低价”特征，即优质的产品往往以较低的价格在国际市场上进行销售，这势必对中国企业的盈利能力和做大做强战略的实施产生较为不利的冲击，而这一现象出现的原因可能在于：中国存在数量巨大的产能和企业，国内市场无法完全消化国内所生产的产品，企业为了消化过剩产能，不得不介入国际市场，在面临大量国内同行的竞争时，不得不以降低价格的方式赢得国际市场，进而致使中国出口品呈现“优质低价”的特征。为此，有必要在逐步淘汰过剩产能的基础上，一方面不断优化企业间的竞争模式，减少甚至杜绝企业间的恶性价格竞争；另一方面鼓励企业进行差异化生产，进而促使出口型企业实现出口产品的“错位竞争”。最终实现出口产品的“优质优价”，为我国企业做大做强注入新的动力。

图3-10是基于单位价格法测度所得的省级区域制造业出口产品质量的核密度估计曲线，可知基于单价法的测度结果也呈现倒U形，高出口产品质量省份间也存在一定的“协同共进”机制（估计曲线右端具有一个“小峰值”）。此外核密度曲线也具有“最右端明显左移”（2008年与2002年对比）的特征，为此，可以推定中国省级区域出口产品质量在国际地位提升方面遭遇了比较大的“竞争阻力”，进而使得在残差法和单价法的测度结果中，高质量区域的曲线均有所左移。这一现象出现的原因可能在于：中国制造业的技术创新能力相对有限，高质量产品的核心技术和部件往往依赖于西方国家，而高质量往往意味着高利润，发达经济体在这一领域势必进行“深耕”，旨在赢得竞争先机和特定的竞争优势。为此，发达经济体往往不愿意将核心技术和部件快速转移给中国，进而使得中国在向高质量产品攀升的过程中步伐相对缓慢。而本书采用的相对出口产品质量，具有“不进则退”和“进步慢等同退步”的特征，这最终导致了残差法和单价法所得核密度曲线中高出口产品质量区域均出现左移现象。

第四节　本章小结

本章基于Schott提供的HS编码数据和国研网省级区域HS编码出口数据，通过需求函数残差法和单位价格加权法进行大量的数据运算，测出了169个经济体制造业的出口产品质量，并首次测度出了我国31个省级区域的制造业出口产品质量。基于“同方法、同数据标准”的测度结果，本章进行了多层次的对比和分析，并首次刻画出了中国省级区域制造业出口产品质量的国际地位，得到的结论与启示主要有以下几点。

第一，虽然发达经济体的制造业出口产品质量明显高于发展中经济体，但发展中经济体一直致力于制造业出口产品质量的赶超。跨国和省级层面的测度结果均证实，经济发展水平越高的区域制造业出口产品质量越高，这一结论既印证了 Flam & Helpman(1987)、Grossman & Helpman(1991)、Schott(2004)和 Hummels & Klenow(2005)等学者理论观点的准确性，还表明通过大力提升经济发展水平能有效地提升区域制造业出口产品质量。为此，确保经济持续稳健增长对于区域制造业出口产品质量升级有着尤为重要的作用。发达经济体和发展中经济体的核密度曲线变动情况既证实了发展中经济体制造业出口产品质量赶超行为的存在，也表明赶超取得了一定的效果，因而赶超行为也可以成为后发国出口产品质量赶超的一个重要途径。

第二，近些年中国制造业出口产品质量得到了一定幅度的提升，高质量产品出口区域形成了较为显著的“协同共进”机制。跨国层面的测度结果显示：1995—2012 年间中国制造业出口产品质量的绝对值和国际排名均有所提升。省级层面测度结果显示：整体的核密度曲线右移倾向较为明显，即制造业出口产品质量呈现整体性提升，并且高质量产品出口区域形成了较为显著的“协同共进”机制。为此，一方面，可以通过不断激励高质量产品出口区域提升出口产品质量，以促使其他高质量产品出口区域的产品质量协同提升，最终提升中国高端产品的生产能力；另一方面，应积极构建低质量产品出口区域与高质量产品出口区域的“协作和交流”机制，促使高质量区域的协同机制和生产工艺能快速有效地传播到低质量产品生产省份，促进中国制造业出口产品质量整体性提升。

第三，中国省级区域制造业出口产品不仅质量呈现出“东如欧美、西如非洲”的二元结构特征，而且具有“质高价低”的特征，即同质情况下，中国制造业出口品的价格往往低于其他经济体。基于需求函数残差法和单位价格加权法的测度结果均表明：东部发达地区的制造业出口产品质量与发达经济体相似，而西部部分省份的制造业出口产品质量与非洲欠发达经济体相似，西藏以单价法计算的制造业出口产品质量甚至位居 200 个区域的倒数第一。二元结构不仅使得西部部分省份制造业的国际分工地位和国际获利能力低下，还不利于中西部外向型经济的发展方式转变，此外出口产品的“高质低价”实际上使得中国的制造业源源不断地给国外提供“质量补贴”，不利于自身产业的做大做强。为此，一是迫切需要提升中西部地区制造业出口产品的质量，以使之逐步摆脱产品质量低下和获利能力偏低的不利局面，使其外向型经济发展方式快速转变；二是迫切需要提升中国企业的国际市场竞争力，如通过品牌培养、企业合并和减少恶性竞争等方式，逐步提高中国制造业产品的出口价格，实现优质优价和利润提升，为中国企业出口产品质量提升注入更多的“利润增加型动力”。

第四，中国制造业在高质量产品出口领域的质量提升遭遇到了比较大的“阻力”，出口产品质量的提升效果不尽人意。省级区域的核密度估计曲线显示：我国中质量（核密度曲线的中段）出口品的核密度曲线明显右移，而高质量产品（核密度曲线的最右端）的核密度曲线不仅未右移，还呈现出显著的左移特征，可见中国高质量产品出口质量的国际排名呈现出一定的下滑趋势，即高质量产品出口质量提升遇到了比较大的“阻力”。高质量产品的质量攀升是我国制造业实现国际价值链分工位置提升和经济发展方式转变的重要依托。为此，一方面应加大制造业在关键技术和设备方面的突破力度，以降低高质量产品生产过程对发达经济体的依赖程度；另一方面可通过兼并和收购国外关键技术/中间品生产商的形式，将外力依赖型生产过程转变为内力依赖型生产过程，最终推进高质量产品的科学升级和赶超。

第四章　制造业出口产品质量演进的机理分析：来自跨国省级双维度的经验证据

本章以揭示制造业出口产品质量演进的机理为主要研究目的，通过拓展与优化 Verhoogen（2007）、Khandelwal（2010）和 Anderson 等（1992）的理论研究，形成了解释产品质量升级的基本理论分析框架。进而基于前文需求函数残差法和单位价格加权法所得制造业出口产品质量的测度结果，运用包含工具变量的 2SLS 面板数据模型，从跨国和省级区域双层面揭示了制造业出口产品质量演进的机制。与已有考察制造业出口产品质量演进机理的文献相比，本章的边际贡献可能在于：一是首次考察了空间型贸易地理优势和契约型贸易地理优势对制造业出口产品质量升级的影响；二是首次从省级区域层面考察了中国制造业出口产品质量演进的机制；三是首次考察了人口老龄化和少年儿童抚养比等特殊时代背景对制造业出口产品质量的影响机制。

第一节　制造业出口产品质量演进机理的理论分析

自 20 世纪 90 年代以来，制造业产品质量升级的机制一直是学界研究的重点，Flam & Helpman（1987）、Grossman & Helpman（1991）、Anderson 等（1992）、Verhoogen（2007）和 Khandelwal（2010）等学者从多个视角分析了部分经济因素对产品质量升级的作用机理。本部分在综合 Anderson 等（1992）、Verhoogen（2007）和 Khandelwal（2010）等研究的基础上，借助企业利润最大化的一般思路，从理论解析视角分析了产品质量演进的基本机理，并深入剖析了部分因素对企业出口产品质量可能的影响机制，以为后文跨国和省际层面的实证分析提供扎实的理论基础。本书的理论分析主要从需求、生产和企业利润最大化三个层面具体展开。

一、需　求

假设有两个地区 $c, c\in\{N,S\}$，N 代表发达经济体，S 代表发展中经济体，发展中经济体企业生产的产品可以自由地出口到发达经济体，同时，发达经济体企业生产的产品也可以自由地出品到发展中经济体，工资 w 是外生变量，并且 $w_N>w_S$。每个地区都有 J 个异质性厂商，生产不同种类的商品(水平的和垂直的)。假设发达经济体的企业比发展中经济体的企业有更高的技术水平 Z，即 $Z_N>Z_S$，企业 j 使用该技术来生产产品。借鉴 Khandelwal(2010)的研究，假设边际成本函数随着质量(λ_j)的递增而增加，且出口企业在国内外销售的产品的质量是一致的，即 λ_j 既表示国内产品价格，也表示制造企业出口产品价格。假设边际成本如下：

$$mc_c=w_c+\frac{\lambda_j^2}{2Z_c}, \text{且 } c\in\{N,S\} \tag{4.1}$$

假设发达经济体的消费者具有离散选择偏好，消费者 n 可以在本经济体产品和非本经济体产品中选择产品种类 j，则其间接效用函数为：

$$V_{nj}=\theta_j q(\omega)-\tilde{p}_d(\omega)+\varepsilon_{nj} \tag{4.2}$$

其中，$\tilde{p}_d(\omega)$ 为 d 国的相对产品价格，θ_j 刻画的是消费者对质量的评价，即对产品质量的支付意愿。由式(4.2)可知消费者所消费产品的质量提升有助于其效用的提升，而价格的上升则会对其效用产生不利影响。为此，在价格一定的情况下，消费者倾向于选择质量最高的产品，以使得自身效用最大化。ε_{nj} 则代表了影响消费者 n 对 j 产品的消费量的其他因素，即残差项。借鉴 Verhoogen(2007)的研究，进一步假设 δ_d 为其他经济体与发展中经济体的价格比，即

$$p_d(\omega)=\delta_d\tilde{p}_d(\omega) \tag{4.3}$$

此时，借鉴 Verhoogen(2007)、Khandelwal(2010)和 Anderson 等(1992)的研究，可以推导出每个产品的预期需求函数(x_d)为：

$$x_d(\omega)=\frac{e_d^m}{\sum e_d^m} \tag{4.4}$$

$$m_d=\frac{1}{\mu}\left(\theta_d q(\omega)-\frac{p_d(\omega)}{\delta_d}\right) \tag{4.5}$$

其中，μ 刻画的是市场 d 中，特定产品与其他所有产品间的差异化程度。

二、生　产

本书假设在不同的国家均存在大量的生产者，即市场结构为垄断竞争，并以企业生产率参数(λ)的差异来刻画企业间的异质性。为了简化计算过

程，本书只考虑发展中经济体的企业决策过程（发达经济体企业决策过程类似）。假设一个企业生产不同的产品，并同时在国内市场 n 和国外市场 s 进行销售，设定 $d=n,s$。另外假设生产一单位产品需要一台机器、一个技术工人（white collar）和一个普通工人（blue collar），此时产品的质量取决于两个工人的“质量”、机器的技术复杂度以及企业家能力，以柯布道格拉斯函数的形式表示如下：

$$q_d(k_d,e_d^h,e_d^l;\lambda)=\lambda(k_d)^{\alpha^k}(e_d^h)^{\alpha^h}(e_d^l)^{\alpha^l} \tag{4.6}$$

其中，k 代表机器，以资本数量表示，e^h 和 e^l 分别代表技术工人和普通工人的质量。令 $\alpha\equiv\alpha^k+\alpha^h+\alpha^l$，假设各种要素投入对质量提升的作用力服从边际递减效应，此时 $\alpha<1$。

假设厂商面临一个向上倾斜的员工质量和工资关系图，并简化为如下的线性公式：

$$e_d^h=z^h(w_d^h-\underline{w}^h) \tag{4.7}$$

$$e_d^l=z^l(w_d^l-\underline{w}^l) \tag{4.8}$$

其中，w_d^h 和 w_d^l 分别代表技术工人和普通工人的工资收入，z^h 和 z^l 是正的常数。$\underline{w}^h$ 和 $\underline{w}^l$ 代表了在外部劳动力市场上，技术工人和普通工人的平均工资，其被视为外生变量。

三、企业利润最大化决策

根据 Anderson 等（1992）、Metliz（2003）、Verhoogen（2007）和 Khandelwal（2010）等关于企业利润最大化的研究可知：企业在进行生产和出口决策时，会综合考虑两类工人的工资、资本密集度和产品销售价格，从而选择一个合适的生产量和投入量，以最大化生产利润。企业在投入方面的决策影响了企业生产过程中不同技术复杂度的机器和不同技术含量的劳动力要素的组合情况，其不仅决定了企业产品的出口质量和价格，还影响了企业的最终产出和需求。Verhoogen（2007）认为在标准垄断竞争条件下，方程（4.4）的分母可以不受企业自身决策的影响。为此，综合 Anderson 等（1992）、Metliz（2003）、Verhoogen（2007）和 Khandelwal（2010）的研究，企业利润最大化问题可以由如下公式表示：

$$q_d^*(\lambda)=(\eta\lambda\delta_d^\alpha\theta_d^\alpha)^{1/(1-\alpha)} \tag{4.9}$$

$$w_d^{h*}(\lambda)=\underline{w}^h+\alpha^h\delta_d\theta_d q_d^*(\lambda) \tag{4.10}$$

$$w_d^{l*}(\lambda)=\underline{w}^l+\alpha^l\delta_d\theta_d q_d^*(\lambda) \tag{4.11}$$

$$k_d^*(\lambda)=\frac{\alpha^k}{\rho}\delta_d\theta_d q_d^*(\lambda) \tag{4.12}$$

$$p_d^*=\mu\delta_d+\underline{w}^h+\underline{w}^l+\alpha\delta_d\theta_d q_d^*(\lambda) \tag{4.13}$$

$$x_d^*(\lambda)=\frac{D}{N}\exp\left[\frac{\theta q(\lambda)-p(\lambda)}{\mu}\right] \tag{4.14}$$

$$\pi_d^*(\lambda)=\mu x_d^*(\lambda)-f_d \tag{4.15}$$

其中，D 为 d 国总产品数，N 为世界总产品数，$\eta\equiv(z^h\alpha^h)^{\alpha^h}(z^l\alpha^l)^{\alpha^l}(\alpha^k/r)^{\alpha^k}$ 为常数。

通过解析式(4.9)至式(4.15)可以得到如下推论：(1)企业出口产品质量演进的机制是一个复杂的系统，其由七个系统性方程共同决定，一般而言，出口产品质量越高的企业，其向工人支付的工资越高，其在资本积累速度和国际需求方面会更具优势。(2)基于式(4.9)，由于 $\theta_n>\theta_s$，企业出口到发达经济体的产品的质量往往优于其出口到欠发达经济体的产品的质量。(3)由式(4.9)和 η 值可知，要素对产品质量的边际提升效用对企业产品质量提升具有重要的作用，为此，要素本身的品质(如劳动力的熟练程度和技术水平)也是影响出口产品质量提升的一个重要因素。(4)综合式(4.9)和 η 值，我们还可以推定，企业所在的内外生环境对企业产品质量的提升也具有重要的影响，内外生环境越好的经济体，其 η 值势必越大，进而最终推动企业产品质量的提升。(5)最优化方程中，影响出口产品质量升级的变量之间不仅密切相关，还可能存在相互作用，为此，在进行实证分析时，不仅要避免多重共线性给出口产品质量演进机制带来的有偏影响，还应采用能有效克服内生性问题的计量方法。

第二节　跨国层面制造业出口产品质量演进机理的实证分析

揭示制造业出口产品质量演进的实际机制不仅能为我国制定出口产品质量升级方面的政策提供科学的参考，还能为我国实现对外经济发展方式转变提供全新的思路。有鉴于此，本部分借助基于工具变量的2SLS估计法从跨国层面对制造业出口产品质量的演进机制进行实证检验，并对检验结果进行多重稳健性检验，以确保分析结论的科学可靠。

一、变量的选择与模型的设定

(一)变量的选择

基于前文理论分析中企业利润最优化状态下的均衡方程[见式(4.9)—式(4.15)]，结合Anderson等(1992)、Metliz(2003)、Verhoogen(2007)和Khandelwal(2010)等关于制造业出口产品质量升级机制的基本阐述和结论，笔者选择如下变量作为解释跨国层面制造业出口产品质量升级机制的关键性影响变量。

(1)经济发展水平(PGDP)。经济发展水平会影响消费者对产品质量的需求偏好，随着经济发展水平的提高，消费者对产品数量的需求不会无限制地增加，而是会寻求更高质量的产品(Flam & Helpman，1987；Schott，2004)。根据 Linder 的相似需求理论，经济发展水平相似的国家之间的贸易会更密切，因此两国的经济发展水平会在很大程度上决定两国贸易品的质量。为此，笔者将经济发展水平视为影响出口产品质量升级的重要变量之一，实证中以各经济体人均 GDP 的自然对数表示。

(2)人力资本(EDU)。前文的理论推导表明：要素品质特别是劳动力素质会对企业出口产品质量升级具有十分重要的影响。Verhoogen(2007)和 Khandelwal(2010)的研究也认为“白领”工人和“蓝领”工人的技能水平是制造业出口产品质量升级的决定性因素之一；Schultz(1961)认为，人力资本是指劳动者所掌握的技能和知识存量，人力资本投入可以提高劳动者的生产技能和知识水平，并提高其生产效率，是提高出口竞争力的重要推动力。一方面，人力资本水平的提高会促进国内生产技术的创新；另一方面，人力资本会影响一国接受外国新技术的能力，加快技术赶超及扩散的速度(Nelson & Phelps，1966)。人力资本水平最高的国家最终会成为高技术和高质量产品的领先国(Benhabib & Spiegel，2005；李怀建，沈坤荣，2015)。高等教育是提高一国国民基本素质的主要手段之一，劳动力的受教育程度可以体现人力资本的水平，因而本书实证中用各经济体高等教育入学率的自然对数表示。

(3)外商直接投资(FDI)。FDI 作为 20 世纪 80 年代以来国际资本流动的主要方式，对东道国的经济产生了深远的影响，FDI 的流入不仅可以弥补东道国的资本短缺问题，更为重要的是，它所带来的技术溢出效应可以推动东道国的技术进步和产品质量提升，进而促进该国经济增长。Xu&Lu(2009)、陈晓华等(2011)和 Harding & Javorcik(2007)等已经证实外商直接投资对出口产品内涵的另一个指标，即出口技术复杂度，具有显著的促进功能。为此，外商直接投资难免会对制造业出口产品质量产生影响，不仅如此，Chen & Swenson(2007)、Harding & Javorcik(2007)和 Bajgar & Javorcik(2016)已经证实外商直接投资会对一国出口品价格产生显著的影响。实证中笔者以各经济体的 FDI 流入量的自然对数表示。

(4)创新能力(PAT)。创新能力主要用于刻画理论方程组中的弹性变量 α^i。创新能力越强，资本和劳动力的使用效率越高，各要素对产品质量提升的边际作用力越强。实证中创新能力以各经济体历年的专利申请量的自然对数表示。

(5)出口(EX)。一国出口量的大小不仅能够反映其出口能力的高低,还对该国企业的获利能力具有重要的影响。一般而言,出口的扩大会推动利润规模的扩大,进而提升企业进行技术和工艺改造的能力(Bas & Strauss-Kahn,2015),最终使得企业高质量产品的生产能力得以提升。实证中以出口额的自然对数表示。

(6)进口(IM)。进口对一国出口产品质量可能会产生三个方面的影响:一是高端中间品的进口,会提升一国高质量最终产品的生产能力,从而推进出口产品质量的升级(陈晓华,沈成燕,2015;钟建军,2016);二是进口导致的竞争加剧效应会迫使国内企业不断地进行技术和工艺改进,进而倒逼国内企业产品质量的提升;三是进口会产生国内产能消退效应,在国外出口的冲击下,国内企业的产能逐渐被进口所替代,导致国内产能萎缩,最终不利于国内制造业出口产品质量的升级。

(7)人口数量(POP)。人口数量能在一定程度上刻画出理论方程中技术劳动力和非技术劳动力的数量。一般而言,劳动力数量越多,劳动力成本相对越低,进而使得企业在用工成本上有所节约,有助于企业最终利润的增加,最终推动制造业高质量产品生产能力的提升。此外,人口规模也能在一定程度上刻画一国的经济规模和母市场经济效应,Frankel & Romer(1999)和 Meltiz & Ottaviano(2008)的研究表明,出口国的生产规模越大,其平均成本越低,越有利于该国改造或提升其产品质量能力的提升。母市场理论也表明,人口规模越大,其对某种工业产品的需求量可能也越大,其最终将成为该产品的出口国,并在该产品的出口上占据优势,进而推动该国特定产品出口质量的提升。

(8)对外贸易地理环境。根据前文的理论分析与杨汝岱和李艳(2013)等的实证研究结论,企业所处的外生环境对企业的出口产品质量也会产生一定的影响。有鉴于此,笔者选取各经济体的对外贸易地理优势作为刻画企业经营外生环境的变量,具体有:是否为沿海国家(SEA),当为沿海国家时,该值取 1,否则为 0;是否与大进口国相邻(NEB),本书参考陈晓华和沈成燕(2015)的研究,以 2012 年进口额前五的经济体作为大进口国,具体包括美国、中国、英国、德国、日本,与上述五国中的一国或多国相邻,则令 NEB 为 1,否则为 0;是否为 WTO 成员,若该国为 WTO 成员,则改变量取值为 1,否则取值为 0。其中沿海优势和与大国相邻优势主要考察的是空间型贸易地理优势对出口产品质量的影响,而是否为 WTO 成员则主要用于刻画契约型地理优势(陈晓华,沈成燕,2015)。

基于理论模型的推导结果和出口产品质量现有研究文献,本书选取了 11 个变量来刻画跨国层面出口产品质量的演进机制。在第三章中,笔者测度出了169个经济体的出口产品质量，考虑到169个经济体中部分经济体部分变量的数据存在一定的缺失，笔者以残差法测度所得1995—2012年出口产品质量均值前100的经济体为样本进行基准分析，进而以基准分析中100个经济体的单位价格加权法所得出口产品质量进行稳健性检验。此外，为了进一步确保估计结果的准确性，我们对169个经济体以需求函数残差法和单价加权法测度所得的出口产品质量进行再一次的稳健性检验。

（二）计量模型的设定

前文的理论模型表明：均衡状态下企业最优化决策由一系列的方程组决定，变量间难免存在较高的相关性，为此，笔者对各变量的相关性进行了检验，结果显示（见表4-1）①：经济发展水平与高等教育普及率、外商直接投资以及创新能力变量均存在较高的相关性，外商直接投资与创新能力存在较高相关性。结合相关性检验结果并考虑变量之间的内在经济联系，为防止多重共线性的出现，笔者将上述变量分别纳入回归模型，共形成五个计量模型[见式(4.16)—式(4.20)]。

表4-1　各变量间的相关性检验结果

系数	*ZL*	*PGDP*	*EDU*	*FDI*	*PAT*	*EX*	*IM*	*POP*	*WTO*	*SEA*	*NEB*
ZL	1.00	—	—	—	—	—	—	—	—	—	—
PGDP	0.39	1.00	—	—	—	—	—	—	—	—	—
EDU	0.27	0.70	1.00	—	—	—	—	—	—	—	—
FDI	0.54	0.55	0.39	1.00	—	—	—	—	—	—	—
PAT	0.25	0.39	0.23	0.34	1.00	—	—	—	—	—	—
EX	0.05	−0.05	0.20	0.16	−0.16	1.00	—	—	—	—	—
IM	−0.03	−0.14	0.11	0.10	−0.20	0.88	1.00	—	—	—	—
POP	0.37	−0.26	−0.19	0.44	−0.02	0.03	0.05	1.00	—	—	—
WTO	−0.02	−0.00	−0.01	−0.10	−0.03	−0.07	−0.03	−0.04	1.00	—	—
SEA	−0.14	0.03	0.13	−0.14	−0.21	0.08	0.10	−0.18	0.10	1.00	—
NEB	−0.05	0.10	0.14	−0.01	−0.02	0.12	0.04	−0.16	0.11	0.15	1.00

$$\ln ZL_{it}=c_1+\alpha_1\ln PGDP_{it}+\alpha_2\ln POP_{it}+\alpha_3 WTO_{it}+\alpha_4 NEB_{it}+\mu_{it}^1 \tag{4.16}$$

① 该表给出的是基于残差法所得出口产品质量均值前100经济体的各变量之间的相关关系，考虑到以单位价格加权法与需求函数残差法所得出口产品质量的相关性估计结果差异不大，此处不再进一步给出。

$$\ln ZL_{it}=c_2+\beta_1\ln EDU_{it}+\beta_2\ln POP_{it}+\beta_3 WTO_{it}+\beta_4 NEB_{it}+\beta_5 SEA_{it}+\mu_{it}^2 \tag{4.17}$$

$$\ln ZL_{it}=c_3+\chi_1\ln FDI_{it}+\chi_2\ln POP_{it}+\chi_3 WTO_{it}+\chi_4 SEA_{it}+\mu_{it}^3 \tag{4.18}$$

$$\ln ZL_{it}=c_4+\delta_1\ln PATEt+\delta_2\ln EX+\delta_3\ln POP+\delta_4 WTO+\delta_5 SEA+\mu_{it}^4 \tag{4.19}$$

$$\ln ZL_{it}=c_5+\phi_1\ln PATE_{it}+\phi_2\ln IM_{it}+\phi_3\ln POP_{it}+\phi_4 WTO_{it}+\phi_5 SEA_{it}+\mu_{it}^5 \tag{4.20}$$

基于前文的企业最优策略分析方程，可以发现影响制造业出口产品质量升级的关键变量与出口产品质量之间可能存在一定的内生性。此外，根据本书所选取的制造业出口产品质量的影响变量也可以看出其中的内生性倾向：如经济发展水平提高，有助于出口产品质量的升级，而反过来出口产品质量的升级也会对经济发展水平产生影响；FDI 可以促进出口产品质量升级，但出口高质量产品的国家也更容易吸引 FDI 的进入。为此，在计量方法的选择上需考虑选择能有效处理内生性问题的估计方法。由于本书选择使用的是时间跨度比较大的面板数据，基于工具变量的两阶段最小二乘法(2SLS)可以有效克服该类型数据内生性问题导致的估计结果偏差问题，为此，本书采用该方法进行实证分析。在实证分析过程中，笔者借鉴邱斌等(2014)的研究以内生性变量的一阶滞后项作为工具变量①，另外，为了确保实证结果的可靠性，笔者借鉴陈晓华和刘慧(2016)的做法，进一步采用 Cragg-Donald Wald 检验(CD 检验)、Anderson canon LM 检验(LM 检验)和 Sargan 检验对工具变量的弱识别、不足识别和过度识别情况进行检验。

二、计量结果与分析

本部分以第三章需求函数残差法测度结果中 1995—2012 年出口产品质量均值排名前 100 的经济体为研究对象，结合前文构建的计量方程和所选取的变量，从整体、不同发展水平和不同时间段三个层面对制造业出口产品质量演进的机理进行了实证分析。

(一)整体层面的实证结果与分析

表 4-2 报告了整体层面的实证结果，从五个方程的各种统计检验结果上看，各方程的 LM 检验结果在 1%的水平上拒绝了工具变量不足识别的原假设，CD 检验结果在 1%的水平上拒绝了工具变量弱识别的原假设，Sargan 检验结果则在 1%的显著性水平上拒绝了工具变量过度识别的原假设。为此，方程的工具变量选择是科学恰当的。此外，方程的整体性 F 检验结果也通

---

① 实证操作过程中除了地理优势变量和人口变量，其他变量均以一阶滞后项作为工具变量进行回归。

过了1%的显著性检验，这表明方程的整体性检验结果也是可靠的。基于五个方程中各变量的回归结果，我们还可以得到如下结论。

表4-2 跨国层面制造业出口产品质量演进机理的实证结果(残差法，前100经济体)

变量	(1)	(2)	(3)	(4)	(5)
PGDP	0.0677*** (36.59)	—	—	—	—
EDU	—	0.0778*** (11.81)	—	—	—
FDI	—	—	0.0361*** (25.54)	—	—
PAT	—	—	—	0.0386*** (18.23)	0.0384*** (18.03)
EX	—	—	—	0.0323*** (5.53)	—
IM	—	—	—	—	0.0238*** (3.82)
POP	0.0539*** (37.60)	0.0389*** (9.83)	0.0194*** (9.87)	0.0344*** (14.48)	0.0342*** (14.31)
NEB	−0.0279*** (−3.89)	−0.0015 (−0.09)	—	—	—
SEA	—	—	−0.0210*** (−2.87)	−0.0073 (−0.86)	−0.0082 (−0.96)
WTO	0.0305*** (5.03)	0.0400*** (2.76)	0.0469*** (6.93)	0.0263*** (3.37)	0.0254*** (3.24)
C	−1.7643*** (−60.85)	−1.2284*** (−17.82)	1.3989*** (−47.03)	−0.6197*** (−11.96)	−0.5755*** (−10.94)
CR^2	0.3877	0.2399	0.3210	0.2431	0.2353
经济体	100	100	100	100	100
F检验	0.0000	0.0000	0.0000	0.0000	0.0000
LM检验	3744.394***	759.507***	2694.548***	1479.182***	1467.500***
CD检验	4.9e+05***	1.1e+05***	1.5e+04***	9197.674***	8366.302***
Sargan检验	0.000	0.000	0.000	0.000	0.000

注：括号内数值为t值，F检验和Sargan检验给出的是检验值的相伴的概率，LM检验和CD检验给出的是相应的统计值。***、**和*分别表示估计系数在1%、5%和10%的显著性水平上显著。以下同。

一是经济发展水平的提升对制造业出口产品质量具有显著的促进作

用。人均GDP变量的估计结果为正，且通过了至少1%的显著性检验。这一实证结果不仅证实了Linder(1961)、Flam & Helpman(1987)、Grossman & Helpman(1991)和Hummels & Klenow(2005)观点的正确性，还印证了前文测度结果分析中结论的准确性，即发展水平越高的经济体，其制造业出口产品质量越高。笔者以为经济发展水平提升的正效应除了前文所提及的主动机制(即经济发展水平越高，其高质量产品的生产能力越强)，还存在一定的被动机制，具体为，随着经济发展水平的提升，工人的工资也会逐渐上涨，为此，厂商为了消化这部分“额外的工资”，不得不生产质量更高、利润空间更大的产品，即工资上涨倒逼出口产品质量升级。为此，笔者还可以推定：在人工成本上升逐渐成为我国制造业出口量增长重要阻碍的背景下，中国在短期内可能会出现制造业出口产品质量“蛙跳型”升级的现象。

二是提高人力资本质量和内涵能有效地推动制造业出口产品质量升级。高等教育变量的估计结果为正，且通过了1%的显著性检验，可见，高等院校入学率的提升能有效地提高制造业出口产品质量。对于中国而言，虽然中国的高等院校入学率已经高于30%[①]，进入了大众化教育阶段，但与发达国家相比[②]，毛入学率仍然处于相对低位。为此，中国可以通过适当提升毛入学率推动中国制造业出口产品质量的提升。值得一提的是，中国的大学扩招速度过快，会加剧“大学生就业难”问题的严重性，为此，在执行适当扩招路线的同时，还应不断地提升高等教育质量，提升高素质人才的培养能力，实现人力资本“质量”和“数量”的同步提升。此外，人力资本不仅包含“白领工人”，还包含“蓝领工人”(Verhoogen，2007)，为此，在积极提升“白领人才”数量和质量的同时，可以通过增强职业技术教育等手段，为中国制造业打造一批高素质的“蓝领工人”，从而使得人力资本为中国制造业出口产品质量升级提供全方位的智力支持[③]。

三是FDI流入量的增大能显著提升一国制造业出口产品质量。FDI及跨国公司的进入可以通过两种渠道影响东道国的制造业出口产品质量：一方面，比起东道国生产的产品，跨国公司生产的产品质量更高，因此可以提

---

① 根据联合国教科文组织提供的数据，2013年中国高等院校的毛入学率为30%。教育部的数据则表明：2013年中国高等院校毛入学率为37.5%。虽然二者的计算标准不一致，但均证实中国高等院校毛入学率超过了30%。

② 以2013年为例，意大利、德国、法国和日本的高等院校毛入学率已经达到了60%以上，美国和韩国的高等院校毛入学率甚至达到了90%以上。

③ 对于很多发展中经济体而言，其高等院校的入学率并不高，很多欠发达经济体的高等院校毛入学率甚至低于10%。为此，提升高等院校入学率可以成为发展中经济体制造业出口产品质量优化的一个重要途径。

高东道国整体的出口产品质量水平；另一方面，跨国公司的存在可以对东道国同类行业企业或供给方企业产生知识溢出效应和竞争加剧效应，从而促进其出口产品质量升级。本书的实证结果也证实了 FDI 的流入具有促进制造业出口产品质量升级的功能，这与 Harding & Javorcik(2007)基于 116 个国家所做的实证检验结果较为一致。① 值得一提的是，一方面，中国一直是 FDI 流入大国，每年吸收了大量的外资，但进入中国市场的外资在技术水平和技术含量方面差异较大，一部分 FDI 进入中国甚至是为了转移污染或落后产能，为此，中国应适当转变招商引资策略，从以往的招商引资向“招商选资”和“招商选智”转变，从而提升 FDI 对制造业出口产品质量的边际提升效应；另一方面，随着中国劳动力成本的上升和世界经济的疲软，近几年外资流入中国的部分明显缓于以前，为此，应加大高质量外资的引入力度，这既能扭转当前外资流入增速放缓的不利局面，又能更好地发挥 FDI 对制造业出口产品质量升级的促进功能。

四是创新能力的提升对制造业出口产品质量升级具有显著的正效应，该变量的估计系数在表 4-2 中通过了 1%的显著性检验。这一实证结果进一步印证了“创新驱动制造业出口产品质量升级”观点的准确性，而导致这一正效应出现的可能在于：创新有助于企业不断地推出高质量的新产品，进而推动制造业出口产品质量升级。为此，首先，应鼓励企业加大新产品研发方面的资金投入，以提升其创新能力；其次，政府在为企业创新提供资金和服务支持的基础上，还应积极为企业“共需型”技术搭建共同的创新平台，形成“共需型”技术的“共同公关”和“结果共享”，减少企业用于“共需型”技术研发的资源的浪费；最后，应加大“产学研”的互动力度，加快新技术、新专利从实验室向工业产品转变的速度，进而最大化创新给制造业出口产品质量升级带来的促进作用。

五是进出口均有助于制造业出口产品质量提升，二者的实证结果均通过了至少 1%的显著性检验。这一结果证实了“出口增大→利润增大→生产高质量产品能力提升→出口产品质量升级”机制的存在性，也证实了进口的增长往往会提升一国高质量产品的生产能力。这一实证结果事实上也给当前处于外需疲软和进口缩减形势下的中国带来了一定的警示。外需疲软使得中国近几年的出口始终增长乏力，甚至出现了负增长，这可能会给中国制造业出口产品质量带来一定的负效应，并且进口增长乏力也可能不利于中

① Hausmann & Rodrik(2003)认为：对于发展中国家而言，要在短时间内实现技术水平提高和产品质量升级，仅仅依靠自身的要素积累是不够的，还要尽可能充分地利用国外的先进技术及经验，而 FDI 是获得国际技术和经验的主要途径。

国制造业出口产品质量升级。为此,努力扩大当前的进出口规模,对中国制造业的出口质量升级而言,具有一定的重要性和迫切性。

六是人口变量的估计系数在五个方程中均显著为正,且通过了至少1%的显著性检验,这表明:国家人口越多,越有利于出口产品质量升级。正如前文所述,导致这一现象出现的可能是低成本效应、规模经济效应和母市场效应,而作为世界第一人口大国,在过去的几十年里,中国持续享受着人口优势给出口产品质量提升带来的正效应。然而在计生政策、经济发展水平、生活成本和受教育年限等因素的作用下,中国人口增长率已远不如20年前。为此,这一优势在未来能给中国制造业出口产品质量升级带来的正效应将越来越有限。而突破这一被动局面最有效的手段为:提高劳动群体的技术内涵,使我国由人口大国转型为人才大国。因而应采取"优化我国人口结构"和"致力于高素质人才的培养"双管齐下的措施,以使人口规模优势可以持续发挥其促进出口产品质量升级的作用。

七是空间型地理优势(沿海和与大进口国相邻)的估计结果要么显著为负,要么不显著,可见空间型地理优势对制造业出口产品质量升级并无显著的促进作用。出现这一现象的原因可能在于:一方面,具有空间地理优势的经济体往往在出口中付出的冰山成本小于无空间地理优势的经济体,在"华盛顿苹果效应"的作用下,其出口低质量产品的比较优势明显大于无地理优势的经济体,进而对其出口产品质量产生不利影响;另一方面,空间地理优势引致型低成本效应,能够在一定程度上提升企业的获利能力和优化产品质量的能力,进而对制造业出口产品质量升级产生一定的正效应。为此,空间地理优势引致的"华盛顿苹果效应"明显大于其所具备的正效应。而契约型地理优势则能显著地促进制造业出口质量的升级,其在五个方程中的系数估计值均显著为正,且通过了1%的显著性检验。

(二)发达经济体和发展中经济体的实证结果与分析①

为了考察发展中经济体与发达经济体制造业出口产品质量演进机制的差异,笔者基于前文的测度结果与变量,对发达经济体和发展中经济体的出口产品质量的演进机理分别进行回归分析。表4-3和表4-4分别报告了发达经济体和发展中经济体的实证结果,首先可知10个方程的CD检验、LM检验和Sargan检验估计值均在至少1%的显著性水平上拒绝了工具变量不足识别、过度识别和弱识别的原假设,为此工具变量是可靠的。

① 本节所提的发达经济体和发展中经济体为出口产品质量排名前100的经济体中的发达经济体和发展中经济体。

表 4-3　发达经济体制造业出口产品质量演进机理的实证结果(残差法)①

变量	(1)	(2)	(3)	(4)	(5)
PGDP	0.0945*** (9.51)	—	—	—	—
EDU	—	0.1020*** (2.69)	—	—	—
FDI	—	—	0.0576*** (9.12)	—	—
PAT	—	—	—	0.0173** (2.54)	0.2169** (2.55)
EX	—	—	—	0.0194 (1.08)	—
IM	—	—	—	—	0.0298 (1.63)
POP	0.0638*** (13.27)	0.0254*** (2.74)	0.0138** (2.21)	0.0233*** (2.96)	0.0239*** (3.06)
NEB	0.0134 (0.88)	0.0299 (1.12)	—	—	—
SEA	—	—	−0.0633*** (−4.20)	−0.0649*** (−3.89)	−0.0654*** (−3.93)
WTO	—	—	—	—	—
C	−2.1625*** (−14.65)	−0.1548 (−0.63)	−1.650*** (−12.24)	−.7204*** (−5.72)	−.7781*** (−6.07)
CR^2	0.3007	0.0758	0.1971	0.1534	0.1558
经济体	22	22	22	22	22
F 检验	0.0000	0.0004	0.0000	0.0000	0.0000
LM 检验	508.897***	183.093***	388.191***	219.664***	224.259***
CD 检验	2019.393***	2540.88***	1123.55***	189.663***	196.69***
Sargan 检验	0.000	0.000	0.000	0.000	0.000

① 由于样本中的发达经济体自 1995 年起均为 WTO 成员方，即变量值均为 1，故在实证中，Stata 软件自动将其删除。

表 4-4　发展中经济体制造业出口产品质量演进机理的实证结果(残差法)

变量	(1)	(2)	(3)	(4)	(5)
PGDP	0.0556*** (21.87)	—	—	—	—
EDU	—	0.0462*** (6.18)	—	—	—
FDI	—	—	0.0241*** (15.07)	—	—
PAT	—	—	—	0.0204*** (3.18)	0.0215*** (3.34)
EX	—	—	—	0.0225*** (3.67)	—
IM	—	—	—	—	0.0203*** (3.33)
POP	0.0494*** (29.81)	0.0318*** (7.51)	0.0223*** (11.14)	0.0085** (2.52)	0.0074** (2.31)
NEB	−0.0329*** (−4.06)	−0.0267 (−1.41)	—	—	—
SEA	—	—	−0.0030 (−0.39)	0.0096 (1.17)	0.0079 (0.96)
WTO	0.0232*** (3.40)	0.0394** (2.37)	0.0326*** (4.47)	0.0093** (2.16)	0.0091** (2.13)
C	−1.605*** (−42.89)	−1.051*** (−14.03)	−1.2395*** (−39.02)	−0.7107*** (−11.23)	−0.6889*** (−11.01)
CR^2	0.2506	0.1453	0.2213	0.2378	0.2326
经济体	78	78	78	78	78
F 检验	0.0000	0.0000	0.0000	0.0000	0.0000
LM 检验	3055.5	562.777	2132.626	113.045	112.341
CD 检验	2.5e+05	6.1e+04	1.0e+04	62.697	62.262
Sargan 检验	0.000	0.000	0.000	0.000	0.000

从估计系数的符号与显著性上看，发展中经济体各变量的估计系数符号和显著性与整体层面的结论较为相似，而发达经济体的估计结果与整体层面的实证结果存在一定的差异，具体为：进出口变量在发达经济体的估计结果中并不显著。这表明进出口对发达国家制造业出口产品质量升级的作用并不显著。出现这一现象的原因可能在于：发达经济体的出口产品质量升级多源于内生性技术创新和技术改进，其对经济发展水平和人力资本的

依赖性较大，而对外部核心零部件进口的依赖性相对较小，并且内生动力的出现也使得出口这一近似外生动力的作用力也相对有限，这最终导致进出口变量对制造业出口产品质量的作用力不显著。值得一提的是，发展中经济体的估计结果中，二者显著为正，可见发展中经济体对外力（国际需求和国际核心零部件）具有较大的依赖性。

从估计系数的值上看，发达经济体的经济增长、高等教育和 FDI 的估计系数明显大于发展中经济体，这在一定程度上表明，发达经济体的经济增长、高等教育和 FDI 对制造业出口产品质量升级的作用力大于发展中经济体。出现这一现象的原因可能在于：一方面，发达经济体高等教育和 FDI 流入的质量高于发展中经济体，使得发达经济体的高等教育和 FDI 对制造业出口产品质量的边际作用大于发展中经济体；另一方面，发达经济体的经济增长更具有集约增长特征，从而使其经济增长质量往往高于发展中经济体，最终导致经济增长对发达经济体制造业出口产品质量升级的作用力大于发展中经济体。上述实证结论还表明：发达经济体和发展中经济体制造业的出口产品质量演进机制存在较大的差异。

（三）分段回归的结果与分析

为了进一步考察不同变量对制造业出口产品质量作用力的演进趋势，笔者以 1995—2012 年需求函数残差法所得制造业出口产品质量均值前 100 的经济体为研究样本，对制造业出口产品质量的演进机制进行了分段回归。实证中为了保证两个时间段的样本容量足够大，笔者将整体样本平均地分为 1995—2003 年和 2004—2012 年两段，表 4-5 和表 4-6 分别报告了两个时间段的实证结果。可知 10 个方程的 CD 检验、LM 检验和 Sargan 检验值均在至少 1%的水平上证实了工具变量的可靠性。

表 4-5　1995—2003 年制造业出口产品质量演进机理的实证结果（残差法，前 100 经济体）

变量	(1)	(2)	(3)	(4)	(5)
PGDP	0.0686*** (28.40)	—	—	—	—
EDU	—	0.0675*** (3.74)	—	—	—
FDI	—	—	0.0359 (20.76)	—	—
PAT	—	—	—	0.0519*** (9.97)	0.0515*** (9.87)
EX	—	—	—	−0.0112 (−0.50)	—

续表

变量	(1)	(2)	(3)	(4)	(5)
IM	—	—	—	—	−0.0001 (−0.01)
POP	0.0489*** (26.39)	0.0294** (2.28)	0.0127 (5.06)	0.0184*** (3.47)	0.0178*** (3.37)
NEB	−0.0339*** (−3.69)	−0.0781 (−1.52)	—	—	—
SEA	—	—	−0.0233 (−2.53)	−0.0270** (−2.32)	−0.0271** (−2.32)
WTO	0.0360*** (4.64)	0.0772 (1.59)	0.0634 (7.39)	0.0397*** (3.73)	0.0397*** (3.74)
C	−1.681*** (−44.99)	−0.9736*** (−4.40)	−1.2764 (−34.80)	−0.2714** (−2.05)	−0.3289*** (−2.98)
CR^2	0.3674	0.3960	0.3240	0.2294	0.2330
经济体	100	100	100	100	100
F检验	0.0000	0.0000	0.0000	0.0000	0.0000
LM检验	2217.577***	41.842***	1507.959	254.713***	251.833***
CD检验	2.5e+05***	9809.596***	7733.624	178.505***	175.669***
Sargan检验	0.000	0.000	0.000	0.000	0.000

表4-6 2004—2012年制造业出口产品质量演进机理的实证结果(残差法,前100经济体)

变量	(1)	(2)	(3)	(4)	(5)
PGDP	0.0725*** (24.29)	—	—	—	—
EDU	—	0.0820*** (11.60)	—	—	—
FDI	—	—	0.0505*** (18.40)	—	—
PAT	—	—	—	0.0228*** (3.36)	0.0226*** (3.34)
EX	—	—	—	0.0374** (2.03)	—
IM	—	—	—	—	0.0358** (2.11)
POP	0.0625*** (28.12)	0.0391*** (9.56)	0.0191*** (6.09)	0.0152** (2.09)	0.0156** (2.14)

续表

变量	(1)	(2)	(3)	(4)	(5)
NEB	−0.0224** (−1.99)	0.0009 (0.06)			
SEA	—	—	−0.0179 (−1.58)	0.0059 (0.44)	0.0061 (0.46)
WTO	0.0209** (2.22)	0.0379** (2.53)	0.0279*** (2.67)	0.0067 (0.58)	0.0081 (0.71)
C	−1.9583*** (−42.11)	−1.2508*** (−17.48)	−1.715*** (−33.66)	−0.4535*** (−4.76)	−0.4671*** (−5.33)
CR^2	0.4378	0.2425	0.3682	0.2209	0.2404
经济体	100	100	100	100	100
F 检验	0.0000	0.0000	0.0000	0.0000	0.0000
LM 检验	1526.991***	717.522***	1129.657	150.38***	157.252***
CD 检验	2.6e+05***	9.4e+04***	5811.839	93.791***	99.246***
Sargan 检验	0.000	0.000	0.000	0.000	0.000

综合对比表 4-5 和表 4-6 的结果可以发现：一是 2004—2012 年经济增长、高等教育和外商直接投资的估计系数明显大于 1995—2003 年的估计结果，进出口变量的估计结果则从 1995—2003 年的不显著转变为 2004—2012 年的显著为正。这或许在某种程度上表明，这些变量对制造业出口产品质量升级的边际作用力在增加，并且在世界整体层面，经济增长质量、教育质量和外商直接投资质量均有一定程度的提升。二是虽然专利变量在两个时间段的估计结果均显著为正，但 2004—2012 年专利变量的估计系数明显小于 1995—2003 年，这在一定程度上表明，专利对制造业出口产品质量升级的边际作用力具有一定的下降趋势。为此，一味地提高专利数量不一定能快速提升制造业的出口产品质量，只有提升专利的质量，即通过大力度的研发，力争在高技术含量领域获得更多的专利，才能有效地促进制造业出口产品质量的快速提升。

最后对比表 4-2 至表 4-6 的估计结果，还可以发现，经济发展水平和人力资本变量的估计系数明显大于其他变量的估计系数，结合黄先海等(2010)和陈晓华等(2011)对估计系数大小的说明，我们可以在一定程度上推定：人力资本积累和经济增长是推动一国制造业出口产品质量升级的主要动力。

三、稳健性检验结果与分析

为了确保前文实证结果的稳健可靠，笔者采用三种检验方法进行稳健性检验：一是以 100 个经济体(需求函数残差法)单位价格加权法所得出口产品质量进行稳健性检验；二是以 169 个经济体需求函数残差法所得制造业出口产品质量进行稳健性检验；三是以 169 个经济体单位价格加权法所得出口产品质量进行稳健性检验。表 4-7、表 4-8 和表 4-9 分别报告了整体层面三种方法的稳健性检验结果。

表 4-7　跨国层面稳健性检验结果一(单位价格加权法，前 100 经济体)

变量	(1)	(2)	(3)	(4)	(5)
PGDP	1.5478*** (61.10)	—	—	—	—
EDU	—	2.1418*** (21.63)	—	—	—
FDI	—	—	0.8141*** (36.37)	—	—
PAT	—	—	—	1.0005*** (24.49)	0.9968*** (24.13)
EX	—	—	—	0.8696*** (7.72)	—
IM	—	—	—	—	0.6319*** (5.23)
POP	1.1000*** (56.01)	0.8737*** (14.68)	0.3055*** (9.83)	0.8769*** (19.13)	0.8705*** (18.82)
NEB	−0.2579*** (−2.62)	−0.0205 (0.08)	—	—	—
SEA	—	—	−0.4732*** (−4.08)	−0.0203 (−0.12)	−0.0433 (−0.26)
WTO	0.4890*** (5.89)	0.5106** (2.34)	0.7052*** (6.58)	0.9671*** (6.42)	0.9448*** (6.22)
C	−27.6494*** (−69.64)	−18.2505*** (−17.61)	−18.7779*** (−39.87)	−4.8514*** (−4.85)	−3.6150*** (−3.55)
CR^2	0.6103	0.4743	0.4501	0.3596	0.3478
经济体	100	100	100	100	100
F 检验	0.0000	0.0000	0.0000	0.0000	0.0000
LM 检验	3744.394***	759.507***	2694.548***	1479.182***	1467.500***
CD 检验	4.9e+05***	1.1e+05***	1.5e+04***	9197.674***	8366.302***
Sargan 检验	0.000	0.000	0.000	0.000	0.000

表 4-8　跨国层面稳健性检验结果二(需求函数残差法,全样本)

变量	(1)	(2)	(3)	(4)	(5)
PGDP	0.0817*** (19.79)	—	—	—	—
EDU	—	0.0653** (2.23)	—	—	—
FDI	—	—	0.0511*** (15.21)	—	—
PAT	—	—	—	0.0265*** (8.04)	0.0266*** (8.03)
EX	—	—	—	0.0302*** (3.53)	—
IM	—	—	—	—	0.0226** (2.50)
POP	0.0514*** (15.91)	0.0032** (2.50)	0.0129*** (3.71)	0.0049** (2.30)	0.0342*** (14.31)
NEB	0.0053 (0.46)	−0.0001 (−0.04)	—	—	—
SEA	—	—	−0.0429*** (−4.21)	−0.0263** (−2.36)	−0.0270** (−2.42)
WTO	0.0394*** (3.97)	0.0562*** (3.10)	0.0848*** (8.52)	0.0718*** (6.69)	0.0709*** (6.59)
C	−1.8623*** (−22.71)	−0.4316*** (−2.89)	−1.1553*** (−13.24)	−0.2118*** (−2.76)	−0.1638** (−2.15)
CR^2	0.3877	0.0417	0.2181	0.1260	0.1205
经济体	169	169	169	169	169
F 检验	0.0000	0.0049	0.0000	0.0000	0.0000
LM 检验	1220.322	327.552	794.048	863.295	844.059
CD 检验	1.0e+05	4.3e+04	3072.776	9304.662	6225.716
Sargan 检验	0.000	0.000	0.000	0.000	0.000

表 4-9　跨国层面稳健性检验结果三(单位价格加权法,全样本)

变量	(1)	(2)	(3)	(4)	(5)
PGDP	2.2682*** (36.54)				
EDU		2.4432*** (8.64)			
FDI			1.2617*** (19.87)		
PAT				0.6146*** (9.57)	0.6152*** (9.41)
EX				1.2613*** (7.55)	
IM					0.8216*** (4.59)
POP	1.3389*** (27.56)	0.3486*** (3.09)	0.3575*** (5.44)	0.1785** (2.42)	0.1543** (2.07)
NEB	0.1072 (0.62)	−0.7882** (−2.03)			
SEA			−0.7578*** (−3.92)	−0.5467** (−2.51)	−0.5733*** (−2.59)
WTO	0.7917*** (5.30)	0.7650** (2.36)	1.5695*** (8.34)	1.7629*** (8.41)	1.7233*** (8.10)
C	−38.2112*** (−30.99)	−9.6080*** (−3.60)	−16.5601*** (−10.04)	2.0402 (1.36)	4.6123*** (3.06)
CR^2	0.5419	0.2121	0.3012	0.1817	0.1611
经济体	169	169	169	169	169
F 检验	0.0000	0.0000	0.0000	0.0000	0.0000
LM 检验	1220.322	327.552	794.048	863.295	844.059
CD 检验	1.0e+05	4.3e+04	3072.776	9304.662	6225.716
Sargan 检验	0.000	0.000	0.000	0.000	0.000

综合分析稳健性检验的结果可以发现：首先，三个表中各方程的 CD 检验、LM 检验和 Sargan 检验结果均在至少 1%的水平上证实了工具变量的可靠性。其次，三个稳健性检验结果中，各变量的显著性和预期符号与表 4-2 几乎一致，由此我们可以推定：一方面，前文制造业出口产品质量演进机制的实证结果是稳健可靠的；另一方面，世界整体层面制造业出口产品质量的演进机制较为一致，其不随国家样本数的变化而变化。最后，在三个稳健性

检验中经济增长和高等教育变量的估计系数为所有系数中前两大的值，这再次证实了“人力资本积累和经济增长是推动一国制造业出口产品质量升级的主要动力”这一推论的准确性。

另外，笔者还进一步借助上述三个方法对发达经济体、发展中经济体和分段回归的结果进行了稳健性检验，稳健性检验结果也均显示：发达经济体、发展中经济体和分段回归的估计结果是稳健可靠的，即前文的分析结果是科学可靠的。为免表格过多造成堆叠和赘述，笔者此处略去三个方法中发达经济体、发展中经济体和分段回归的稳健性检验结果。

第三节　中国省级区域制造业出口产品质量演进机理的实证分析

揭示中国省级区域制造业出口产品质量演进的机制，对中国制定经济发展方式转变、经济增长质量提升和区域间制造业协调发展方面的政策具有重要的参考价值。然而令人遗憾的是，由于种种原因，目前并无学者从省级区域层面分析中国制造业出口产品质量变迁的机理，更无学者从经济发展水平差异视角揭示东中西部制造业出口产品质量升级机制的差异。有鉴于此，本部分以第三章中基于需求函数残差法所得制造业出口产品质量为依据，从中国 31 个省份与东部、中西部三个层面揭示中国整体及不同发展水平区域制造业出口产品质量演进的机制，并进一步以第三章中基于单位价格加权法所得制造业出口产品质量为被解释变量进行稳健性检验，以确保所得结论科学稳健。

一、变量的选择与说明

与跨国层面实证分析类似，中国省级层面的制造业出口产品质量演进机制实证分析所涉及的变量以本章第一小节的式(4.9)—(4.15)等 7 个方程为依据。由于省级层面变量在可获得性方面与跨国层面存在一定的差异，为此，省级层面除了选取与跨国层面一致的经济增长、人力资本(HR)[①]、FDI 和专利(PAT)等变量，还选取了如下变量作为解释变量。

(一)对外贸易依存度(OPEN)。对外贸易依存度能够考察进出口对制造业出口产品质量升级的综合作用力，其包含了进出口的共同作用力，实证中以进出口总额占各省 GDP 百分比的自然对数表示。

① 对应跨国层面的高等院校毛入学率，此处以《中国统计年鉴》中各省级区域就业人口中大学生人数(大专以上)表示。

（二）物质资本（WZ），根据理论方程（4.9）—（4.15）可知，物质资本是影响制造业出口产品质量的一个重要变量，由于跨国层面的物质资本数据难以获得，前文的实证分析中并未纳入这一变量，为此，在省级层面的实证分析中笔者将这一变量引入，以使得影响因素更为完善。测度时，该变量数据是以2000年为基期，采用永续盘存法计算而得，具体为以张军等（2004）测度所得的2000年的资本存量为基期，折旧率借鉴王小鲁和樊纲（2000）的研究，设定为5%。此外，张军等（2004）在核算省级层面物质资本存量时，将重庆的物质资本并入四川计算，笔者以2000年四川和重庆的GDP之比作为分配比例，将2000年的物质资本值拆分给四川和重庆，进而得到各省级区域2002—2008年的物质资本存量。

（三）职工平均工资（GZ）。在企业生产条件不变的情况下，工资的增加往往意味着企业利润的下降，这会对企业产品产生两个方面的影响。一是倒逼效应，即企业生产一些质量更好，利润更高的产品，以消化工资上涨给利润增长带来的压力；二是倒退效应，工资上涨引致企业利润下降，使得企业在进行技术革新和质量提升方面的能力降低，导致产品质量升级速度慢于其他企业，最终使得企业出口产品的相对质量下降。本书以《中国统计年鉴》中各省级区域历年职工平均工资的自然对数表示。

（四）少年儿童抚养比（ET）和老人抚养比（LR）。基于前文的理论方程和跨国层面的实证分析可知，人口因素会对制造业出口产品质量产生一定的影响。考虑到一方面中国即将步入老龄化社会，对老年人的抚养将成为一个社会性难题，另一方面中国于2015年全面开放二孩，这势必会对未来的儿童抚养比和年轻劳动力的供应产生一定的影响，为此，与跨国层面分析总人口对制造业出口产品质量影响机理不同的是，此处深入考察儿童抚养比和老人抚养比对中国制造业出口产品质量的影响，以为中国应对老龄化问题和少年儿童抚养问题提供一定的参考。

（五）技术市场成交额（JS）。技术交易不仅有助于技术的传播，还能在一定程度上激励技术创新个体进行进一步的技术创新。为此，本书将各省级区域的技术市场成交额作为一个解释变量，实证中以省级区域技术市场成交额的自然对数表示。

考虑到省级层面所选取的影响因素较多，笔者进一步对各影响因素的相关性进行检验，以避免多重共线性给实证结果带来有偏影响。表4-10报告了各变量间的spearman相关系数的估计结果，可知人均GDP、人力资本、FDI和物质资本之间的相关性较高，相关性指数均达到了0.6以上，开放程度与员工工资水平具有较高的相关性（相关系数高达－0.390），技术交易额和专利变量相关性较高，而少年儿童抚养比和老年人口抚养比的相关性较高。为了避免多重共线性给本书实证结果带来的不利影响，笔者采用依次加入影响因素的形式进行回归。另外考虑到部分变量可能会与制造业出口产品质量之间存在较为密切的互为因果关系，笔者在实证中对面板数据采用包含工具变量的2SLS法进行回归，其中工具变量为内生变量的一阶滞后项。综合国内外关于出口产品质量影响因素的已有研究，笔者将少年儿童抚养比和老年人口抚养比之外的变量均设置为内生变量。

表4-10　中国省级区域层面各变量的相关性估计结果

变量	*PGDP*	*HR*	*OPEN*	*FDI*	*WZ*	*PAT*	*GZ*	*ET*	*LR*	*JS*	*ZL*
PGDP	1.0000										
HR	0.4413	1.0000									
OPEN	0.0455	0.0982	1.0000								
FDI	0.6660	0.7186	−0.128	1.0000							
WZ	0.6903	0.8143	0.0838	0.7429	1.0000						
PAT	−0.019	−0.116	−0.126	−0.087	−0.099	1.0000					
GZ	−0.006	−0.114	−0.390	−0.129	−0.055	0.4675	1.0000				
ET	0.0215	0.0415	0.1345	0.0396	0.0400	−0.271	−0.291	1.0000			
LR	−0.061	−0.136	−0.135	−0.068	−0.118	0.2547	0.2360	−0.414	1.0000		
JS	−0.078	−0.080	−0.083	−0.053	−0.067	0.841	0.3396	−0.295	0.2314	1.0000	
ZL	−0.070	−0.081	−0.037	−0.052	−0.052	0.7557	0.2408	−0.596	0.4966	0.7960	1.0000

二、计量结果与分析

（一）整体层面的实证结果与分析

基于前文所选取的变量和实证方法，本书首先从中国整体层面对制造业出口产品质量的演进机理进行了实证分析，表4-11报告了相应的实证结果。工具变量的LM检验、CD检验和Sargan检验结果均在至少1%的显著性水平上证实了工具变量的可靠性。

表4-11　中国省级区域层面制造业出口产品质量演进机制的实证结果

变量	(1)	(2)	(3)	(4)	(5)	(6)	(7)	(8)
PGDP	0.0945*** (3.18)	—	—	—	—	—	—	—
HR	—	0.1033** (1.90)	—	—	—	—	—	—
OPEN	—	—	0.0501 (0.43)	—	—	—	—	—

续表

变量	(1)	(2)	(3)	(4)	(5)	(6)	(7)	(8)
FDI	—	—	—	0.0338*** (3.17)	—	—	—	—
WZ	—	—	—	—	0.0247*** (3.86)	—	—	—
PAT	—	—	—	—	—	0.0367*** (9.53)	—	—
GZ	—	—	—	—	—	—	0.0153 (1.02)	—
JS	—	—	—	—	—	—	—	0.0204*** (11.94)
ET	−0.1376*** (−8.67)	−0.1535*** (−5.04)	−0.1571*** (−4.28)	−0.1345*** (−6.93)	—	—	—	—
LR	—	—	—	—	0.2145*** (8.20)	0.1964*** (6.29)	0.1945*** (6.86)	0.0599** (2.55)
C	0.0284 (0.10)	0.4432 (0.78)	0.8422*** (3.36)	0.7446*** (8.64)	−0.2761*** (−2.99)	−0.4885*** (−7.75)	−0.1513 (−1.06)	0.0936* (1.83)
CR^2	0.2760	0.3081	0.0249	0.0525	0.2891	0.6964	0.2386	0.5724
OBS	186	186	186	186	186	186	186	186
F检验	0.0000	0.0000	0.0000	0.0000	0.0000	0.0000	0.0000	0.0000
LM检验	44.488	41.039	50.553	20.860	109.999	142.376	183.41	180.02
CD检验	45.458	46.38	40.546	23.638	264.861	1714.3	1.3e+04	5517.0
Sargan检验	0.000	0.000	0.000	0.000	0.000	0.000	0.000	0.000

从估计结果上看，经济增长、物质资本存量、专利技术和技术市场交易额均显著为正，这表明经济增长、增加物质资本投入、提升人力资本存量、加大技术开发力度和完善技术交易市场均能有效地促进中国制造业出口产品质量升级，这一实证结果也符合经济学的基本原理和笔者的预期。经济增长、人力资本和专利等变量的估计结果也与跨国层面的估计结果一致。对外贸易依存度变量的估计结果虽为正，但并未通过10%的显著性检验，这表明制造业出口产品质量升级与对外开放程度的关系并不显著。出现这一现象的原因可能在于：虽然高质量中间品的进口提升了中国制造业出口产品的质量(钟建军，2014)，但出口变量对中国制造业出口品产品质量升级的促进作用并不显著，而且高端中间品的进口占中国进出口总额的比重并不大，最终使得对外贸易依存度对中国制造业出口产品质量的作用并不明显。这一实证结果也表明：中国制造业出口产品质量升级的机制有异于普通发展

中经济体，在一定程度上有着与发达国家相似的升级机制①。

老年人抚养比的估计结果显著为正，且通过了1%的显著性检验，这表明：老年人抚养比的提升，会倒逼中国制造业转向出口质量更高、获利能力更强的产品。为此，从产品质量的升级视角来看，人口老龄化对中国制造业并不会产生强烈的负面冲击，老龄化反而会逐步推进制造业出口产品质量升级，因此不必过多担心老龄化会给产业转型升级带来不利影响。少年儿童抚养比的估计系数显著为负，这表明少年儿童抚养比的提升不利于中国制造业出口产品质量升级，导致这一现象出现的原因可能在于：少年儿童抚养比的上升往往意味着青壮年劳动力供应量的增大，这势必需要有更多的劳动密集型产业来吸收逐步增大的劳动力队伍，而劳动密集型产业往往为低技术含量、低产品质量行业。为此，儿童抚养比的提升一定程度上减缓了制造业从低质量环节向高质量环节转型的步伐，进而对制造业出口产品质量升级表现为显著的负效应。职工平均工资变量的估计结果并不显著，这表明工资上涨引致的倒逼效应和倒退效应在全国层面刚好处于"几乎中和"的状态，使得其对制造业出口产品质量升级表现出"无偏向功能"的特征。

（二）不同地区的实证结果与分析

考虑到我国东中西部经济发展水平存在较大的差异，为了进一步刻画我国不同发展水平区域制造业出口产品质量升级的机制，笔者分别从东部11个省份和中西部20个省份的角度对制造业出口产品质量升级的机理再次进行实证检验，表4-12报告了东部地区的实证结果，表4-13报告了中西部地区的实证结果。工具变量的三个统计性检验工具的检验结果均证明了工具变量的可靠性和科学性。对比全国、东部和中西部地区的实证结果，我们可以有如下发现。

表4-12　中国东部地区制造业出口产品质量演进机制的实证结果②

变量	(1)	(2)	(3)	(4)	(5)	(6)	(7)	(8)
PGDP	0.0601*** (3.73)	—	—	—	—	—	—	—
HR	—	0.0094** (2.18)	—	—	—	—	—	—
OPEN	—	—	−0.0126 (−0.60)	—	—	—	—	—

① 前文跨国层面的实证结果表明：进出口均对发展中经济体制造业出口产品质量的提升具有显著的促进作用，而对发达经济体制造业出口产品质量的作用力并不显著。

② 东部、中西部的划分方法如下：东部区域包括北京、河北、辽宁、天津、山东、江苏、上海、福建、浙江、广东和海南等共11个省市，中国大陆的其余省级区域为中西部区域。

续表

变量	(1)	(2)	(3)	(4)	(5)	(6)	(7)	(8)
FDI	—	—	—	0.0152*** (2.61)	—	—	—	—
WZ	—	—	—	—	0.0212** (2.20)	—	—	—
PAT	—	—	—	—	—	0.0280*** (7.77)	—	—
GZ	—	—	—	—	—	—	0.0773*** (3.65)	—
JS	—	—	—	—	—	—	—	0.0216*** (6.42)
ET	−0.0825*** (−3.90)	−0.0888*** (−4.32)	−0.0758*** (−2.92)	−0.0831*** (−4.02)	—	—	—	—
LR	—	—	—	—	0.1318*** (2.69)	0.1288*** (3.97)	0.0199** (2.37)	0.0892** (2.42)
C	0.2178 (1.27)	0.7617*** (10.26)	0.8067*** (11.07)	0.7153*** (9.96)	0.0090 (0.06)	−0.2090** (−2.49)	−0.2847 (−1.55)	−0.1189 (−1.38)
CR²	0.1763	0.2197	0.1735	0.2211	0.1310	0.6420	0.2235	0.5293
OBS	66	66	66	66	66	66	66	66
F 检验	0.0000	0.0000	0.0000	0.0000	0.0000	0.0000	0.0000	0.0000
LM 检验	38.090	41.740	10.95	40.69	42.181	51.211	65.447	60.316
CD 检验	85.977	108.39	12.92	101.28	111.56	702.87	7461.5	668.4
Sargan 检验	0.000	0.000	0.000	0.000	0.000	0.000	0.000	0.000

表 4-13　中国中西部地区制造业出口产品质量演进机制的实证结果

变量	(1)	(2)	(3)	(4)	(5)	(6)	(7)	(8)
PGDP	0.0505** (1.99)	—	—	—	—	—	—	—
HR	—	0.0041** (2.38)	—	—	—	—	—	—
OPEN	—	—	0.0385 (0.36)	—	—	—	—	—
FDI	—	—	—	0.0263* (1.72)	—	—	—	—
WZ	—	—	—	—	0.0261*** (3.72)	—	—	—
PAT	—	—	—	—	—	0.0381*** (7.79)	—	—
GZ	—	—	—	—	—	—	−0.0699*** (−3.90)	—
JS	—	—	—	—	—	—	—	0.0162*** (9.25)

续表

变量	(1)	(2)	(3)	(4)	(5)	(6)	(7)	(8)
ET	−0.1035*** (−4.58)	−0.1015*** (−2.69)	−0.1022*** (−3.34)	−0.1056*** (−3.93)	—	—	—	—
LR	—	—	—	—	0.1495*** (5.07)	0.0460** (2.36)	0.1387*** (4.73)	0.0314** (2.22)
C	0.3161 (1.25)	0.5900*** (4.29)	0.6781* (1.95)	0.6690*** (5.73)	−0.1526 (−1.49)	0.2630*** (4.18)	0.7964*** (4.26)	0.1941*** (3.41)
CR²	0.3293	0.0515	0.2114	0.0531	0.2157	0.4358	0.2113	0.5049
OBS	120	120	120	120	120	120	120	120
F 检验	0.0000	0.0000	0.0000	0.0000	0.0000	0.0000	0.0000	0.0000
LM 检验	32.637	68.937	60.500	47.231	68.693	112.728	117.59	117.26
CD 检验	43.772	157.957	43.489	57.502	156.646	1813.7	5716.8	5010.4
Sargan 检验	0.000	0.000	0.000	0.000	0.000	0.000	0.000	0.000

一是经济增长、人力资本、对外贸易依存度、FDI、物质资本、专利和技术市场交易额的估计结果在全国、东部和中西部地区三个层面的估计结果是一致的，即加快经济增长、提升人力资本、加大 FDI 引入、加大物质资本投入、加大研发和完善研发成果的交易机制对中国东中西部地区制造业出口产品质量升级均具有较为显著的促进作用，同时出口因素对东中西部地区出口产品质量升级的作用均相对有限。

二是东部和中西部地区工资变量的估计结果与全国层面有较大的差异，东部工资变量的估计结果显著为正，中西部地区工资变量的估计结果显著为负，而全国层面的估计结果并不显著。这表明，东部地区已经形成了良好的“成本上升消化机制”，成本上升会不断倒逼制造业出口产品质量升级；而中西部地区并未形成相应的机制，若成本上升则会使其出口品相对质量不断恶化。为此，在人工成本不断上升的今天，一方面应该给予中西部企业更多的关注和政策扶植，以降低人工成本给其制造业出口产品质量带来的冲击；另一方面应积极鼓励东中西部企业形成战略联盟或技术联盟，使得东部地区所具备的“成本上升消化机制”能有效地传递到中西部地区，使工资上升最终成为推动我国出口产品质量升级的一项重要动力，并形成制造业出口产品质量升级和劳动力收入上升同步进行的良性互动机制。

三、稳健性检验结果与分析

为了确保前文省级层面面板数据估计结果的可靠性，笔者进一步借助第三章中基于单位价格加权法所得各省级区域制造业出口产品质量测度结果进行稳健性检验。表 4-14、表 4-15 和表 4-16 分别报告了中国整体、东部和中西部地区三个层面的稳健性检验结果。可知，一方面，三个表中的 LM 检验、CD 检验和 Sargan 检验结果均证实了稳健性检验中工具变量的可靠性；另一方面，三个表中各变量估计系数的正负号和显著性与需求函数残差法测度所得结果的稳健性检验结果高度一致。为此，我们可以推定前文中国省级区域层面的实证结论是科学稳健的。

表 4-14 中国省级区域层面制造业出口产品质量演进机制的稳健性检验结果

变量	(1)	(2)	(3)	(4)	(5)	(6)	(7)	(8)
PGDP	0.0385*** (2.87)	—	—	—	—	—	—	—
HR	—	0.0024** (2.30)	—	—	—	—	—	—
OPEN	—	—	−0.0029 (−0.28)	—	—	—	—	—
FDI	—	—	—	0.0073** (2.40)	—	—	—	—
WZ	—	—	—	—	0.0163** (2.46)	—	—	—
PAT	—	—	—	—	—	0.0391*** (13.16)	—	—
GZ	—	—	—	—	—	—	−0.0618 (−0.64)	—
JS	—	—	—	—	—	—	—	0.0111*** (2.72)
ET	−0.1616*** (−8.03)	−0.1643*** (−7.99)	−0.1633*** (−7.88)	−0.1634*** (−7.98)	—	—	—	—
LR	—	—	—	—	0.3937*** (12.00)	0.0022** (2.09)	0.4141*** (6.44)	0.2994*** (2.69)
C	0.4699*** (3.22)	0.8329*** (10.76)	0.8506*** (12.15)	0.8051*** (11.16)	−0.8133*** (−5.53)	0.1576*** (3.17)	−0.1022 (−0.13)	−0.5588*** (−5.10)
R^2	0.2853	0.2532	0.2543	0.2588	0.4908	0.6134	0.4231	0.5451
OBS	186	186	186	186	186	186	186	186
F 检验	0.0000	0.0000	0.0000	0.0000	0.0000	0.0000	0.0000	0.0000
LM 检验	115.088	110.401	84.04	115.94	43.90	178.976	5.605	3.916
CD 检验	297.003	267.243	150.86	302.85	60.06	4662.9	5.686	3.936
Sargan 检验	0.000	0.000	0.000	0.000	0.000	0.000	0.000	0.000

表 4-15 中国东部地区制造业出口产品质量演进机制的稳健性检验结果

变量	(1)	(2)	(3)	(4)	(5)	(6)	(7)	(8)
PGDP	0.0416* (1.70)	—	—	—	—	—	—	—
HR	—	0.0050** (2.43)	—	—	—	—	—	—

续表

变量	(1)	(2)	(3)	(4)	(5)	(6)	(7)	(8)
OPEN	—	—	0.0003 (0.02)	—	—	—	—	—
FDI	—	—	—	0.0196** (2.25)	—	—	—	—
WZ	—	—	—	—	0.0268* (1.67)	—	—	—
PAT	—	—	—	—	—	0.0327*** (8.68)	—	—
GZ	—	—	—	—	—	—	0.0747*** (3.75)	—
JS	—	—	—	—	—	—	—	0.0208*** (5.86)
ET	−0.0785*** (−3.54)	−0.0752*** (−3.50)	−0.0833*** (−4.10)	−0.0670*** (−2.64)	—	—	—	—
LR	—	—	—	—	0.1162** (2.09)	0.0484** (2.39)	0.0906* (1.84)	0.0907** (2.26)
C	0.2338 (0.98)	0.5971*** (6.75)	0.6439*** (11.01)	0.5000*** (4.06)	−0.0013 (−0.01)	0.1028 (1.17)	−0.5909*** (−3.34)	−0.1081 (−1.13)
R^2	0.1072	0.1590	0.2239	0.0979	0.0639	0.5861	0.3526	0.5137
OBS	66	66	66	66	66	66	66	66
F 检验	0.0000	0.0000	0.0000	0.0000	0.0000	0.0000	0.0000	0.0000
LM 检验	25.322	25.608	31.450	36.557	15.853	64.09	53.626	49.385
CD 检验	20.080	20.604	57.347	27.038	21.057	2114.8	2029.2	457.34
Sargan 检验	0.000	0.000	0.000	0.000	0.000	0.000	0.000	0.000

表 4-16　中国中西部地区制造业出口产品质量演进机制的稳健性检验结果

变量	(1)	(2)	(3)	(4)	(5)	(6)	(7)	(8)
PGDP	0.0346** (2.08)	—	—	—	—	—	—	—
HR	—	0.1018* (1.86)	—	—	—	—	—	—
OPEN	—	—	−0.0048 (−0.38)	—	—	—	—	—
FDI	—	—	—	0.0088** (2.33)	—	—	—	—
WZ	—	—	—	—	0.0383*** (3.31)	—	—	—
PAT	—	—	—	—	—	0.0411*** (7.13)	—	—
GZ	—	—	—	—	—	—	−0.0937*** (−4.28)	—

续表

变量	(1)	(2)	(3)	(4)	(5)	(6)	(7)	(8)
JS	—	—	—	—	—	—	—	0.0167*** (8.62)
ET	−0.1011*** (−2.78)	−0.1132*** (−2.30)	−0.1012*** (−2.68)	−0.1018*** (−2.73)	—	—	—	—
LR	—	—	—	—	0.1752*** (4.95)	0.0483** (2.30)	0.1298*** (4.08)	0.0267* (1.94)
C	0.2816 (1.41)	0.2990 (0.50)	0.6252*** (4.70)	0.5676*** (4.39)	−0.3292** (−2.08)	0.2413*** (3.56)	1.0580*** (4.54)	0.2012** (3.21)
R^2	0.1169	0.0763	0.0487	0.0726	0.1459	0.4535	0.2251	0.5092
OBS	120	120	120	120	120	120	120	120
F 检验	0.0000	0.0000	0.0000	0.0000	0.0000	0.0000	0.0000	0.0000
LM 检验	76.854	34.215	53.827	75.191	28.043	87.41	94.235	94.976
CD 检验	208.4	65.214	95.173	196.333	37.802	673.42	1585.6	1833.9
Sargan 检验	0.000	0.000	0.000	0.000	0.000	0.000	0.000	0.000

第四节　产品层面制造业出口产品质量演进机理的实证分析:基于出口持续时间视角

经过四十年的改革开放,长期稳健的外需使得中国"奇迹般"地超越其他经济体,成为世界第一大出口国,这也使得学术界对中国出口快速增长的微观动力机制产生了浓厚的兴趣。钱学锋和熊平(2010)在通过二元边际对中国 HS6 位码层面的出口数据进行分解后发现:中国出口规模的扩大在很大程度上是原有出口贸易关系的延续(集约边际),而非新关系的建立(广化边际)。施炳展(2010)与史本叶和张永亮(2014)通过研究也得到了类似的结论。笔者借助生存分析法对中国、印度、美国、日本和法国 1995—2011 年(SITC4 位码)的出口持续时间进行分析后发现:在修正左删失(left censoring)误差的条件下,中国产品的出口持续性(存活率)明显优于除美国外的其他国家(见图 4-2)。这在一定程度上表明:集约边际对出口具有较大的促进作用。而这主要得益于中国出口产品具有较长的出口持续时间。

与中国出口量持续上升、出口持续时间长相伴的另一个事实却是:中国出口产品的质量呈现持续下降的趋势。如施炳展和李坤望(2008)基于 HS10 位码出口数据,借助嵌套 Logit 模型对中国出口产品质量(品质)进行测度后发现:1995—2006 年间中国出口品品质从 1995 年的 76.46 逐步下降到 2006 年的 61.3,下降幅度达到了 14.72%。Feenstra & Romalis(2014)

基于 185 个经济体 SITC4 位码出口数据测度所得的结果也显示：1996—2011 年间中国的出口产品质量呈现出略微的下降趋势，出口产品的平均质量从 1996 年的 0.9956 逐步下降到了 2011 年的 0.9096。① 为此，我们自然会产生如下疑问：出口持续时间过长是否会阻碍一国的出口产品质量升级？是否存在一个最优出口持续时间？

实现出口产品质量快速升级与赶超是我国实现出口贸易发展方式转变的核心内容和根本途径，为此，深入剖析出口持续时间对出口产品质量的影响机制，并揭示上述问题的答案，对我国制定转变外贸发展方式方面的政策具有重要的参考价值。令人遗憾的是，出口持续时间和出口产品质量都是国际贸易研究中相对较新的领域，尚无学者对上述问题进行深入的经验分析。

一、出口产品质量和持续时间关系的简评

由于出口量只能简单反映一国的出口能力、生产能力和要素禀赋，并不能体现一国产品的国际分工地位和国际获利能力，更不能体现一国出口产品的构成、出口持续性、技术含量和质量（Rodrik，2006；黄先海等，2010），这使得对出口持续时间和出口品内涵的研究逐渐替代以往简单的“总量分析”，成为出口领域的研究热点。

出口持续时间指产品从进入国际市场到退出国际市场所经历的时间，并且该时间段中该产品并无退出市场的记录（Besedeš & Prusa，2006；陈勇兵等，2012），其能够有效地反映一国产品或企业在国际市场的生存能力，是一国企业和产品综合国际竞争力及应对外部冲击能力（如金融危机）的集中体现（Shao et al.，2012）。已有研究主要集中于两个方面：(1)出口持续时间的测算。虽然对出口持续时间测算的研究分为产品出口持续时间研究（如 Besedeš & Prusa，2006 和 Shao et al.，2012）和企业出口持续时间研究两类（如陈勇兵等，2012），但均得到了较为类似的结果，即产品出口持续的时间往往不长。② (2)出口持续时间的决定因素。Besedeš & Prusa(2006)认为产品差异化是影响贸易持续时间的关键因素，其研究发现：同质产品被市场挤出的概率（hazard rate）比异质产品高 23%。陈勇兵等(2012)则认为企业规模、出口品种类、经营经验、企业生产率等变量均会对出口持续时间产生显

① 上述数据根据 Feenstra&Romalis(2014)测度的 SITC4 位码层面产品质量的加权平均而得，权重为各 SITC4 位码层面出口占各国总出口的份额。

② Shao 等(2012)测度结果显示，中国产品 HS6 位码、HS4 位码和 HS2 位码的出口持续时间分别为 2.87、3.18 和 3.80 年。陈勇兵等(2012)的测度结果显示：中国企业的平均出口持续时间只有 1.6 年。

著影响；Shao 等(2012)则认为建立自由贸易区和提高企业创新能力能延长中国产品的出口持续时间。

出口品内涵是指出口品的技术含量、质量，其能反映一国的国际分工地位和国际获利能力。出口品内涵的研究始于 Hausmann & Rodrik(2003)，经过十多年的发展，出口品内涵的研究逐渐演化为两大类：(1)以出口技术复杂度来衡量出口品内涵，该类研究以 Huasmann 和 Rodrik 等人为代表，其通过构建基于 RCA 指数和出口相似度等方法研究各国的出口技术复杂度。如 Rodrik(2006)基于 RCA 法进行研究后发现，进入新世纪后，中国和印度的出口技术复杂度以“偏离自身发展水平”的形式快速深化。陈晓华和黄先海(2011)剔除“统计假象”后，也发现近几年中国出口技术的复杂度有较大幅度的提升，而产生这种变化的主要动力是物质资本存量规模的扩大。(2)以出口产品质量来衡量出口品内涵。[①] 该类研究以 Feenstra 和 Khandelwal 等人为代表，主要通过嵌套 Logit(如 Khandelwal，2010；施炳展，李坤望，2013)、单位价格法(如 Baldwin & Harrigan，2011)和价格修正法(如 Hallak & Schott，2011)等方法衡量一国的出口产品质量。由于缺乏统一的测度方法，已有研究多专注于对产品质量测度方法的构建，而对出口产品质量演进动因方面的研究相对较少。由于出口技术复杂度强调的是产品间的技术差异(如鞋子与飞机)，而出口产品质量强调的是产品内的技术差异(施炳展，李坤望，2013)，因而其能更好地体现一国出口内涵的变迁过程，这也使得出口产品质量成为当前衡量一国出口品内涵的主流指标。

已有研究对我们深化出口持续时间对出口产品质量影响的认识，具有重要的参考意义和价值，但由于二者的研究历史均相对较短，仍有几个方面有待进一步完善，具体表现为：(1)目前对二者的研究几乎是平行的，尚无学者深入分析二者之间的作用机制，更缺乏相应的经验研究，仅能从已有研究中对二者关系进行模糊推断，为此，推断所得结论的说服力相对有限。(2)目前关于出口持续时间的研究多集中于探索该变量的测度方法和影响因素，尚无学者涉足出口持续时间影响效应方面的研究，而且已有研究只考虑了左删失，并未真正进行过左右删失方面的经验研究。(3)目前关于贸易关系持续时间的研究多基于单个国家对单个国家层面的数据进行，此类研究虽然可以得到一国对部分国家的出口持续时间，但容易放大随机冲击带来的负面

---

① 施炳展和李坤望(2013)指出，该类研究的出现主要得益于当前国际贸易细分数据的可获得性。从现有文献上看，该类研究主要在 2006 年后大量出现，研究历史并不长。

影响。[①]

为弥补上述不足，本书基于 Feenstra & Romalis(2014)整理的 185 个经济体与世界上其他经济体的 SITC4 位码层面的出口数据，在深入分析各经济体 SITC4 位码产品出口持续性的基础上，从左删失和左右删失视角分别探索出口持续时间对出口产品质量的作用机制，以期在降低随机冲击误差的基础上，从更真实的视角揭示二者之间的微观作用机制，并将出口持续时间的研究领域从决定因素拓展到影响效应。

二、变量的选择与测度

(一)数据的来源与处理

为了减少随机冲击带来的误差，本书采用各经济体出口到全世界的数据作为研究对象，数据源于 Feenstra & Romalis(2014)整理的 1995—2011 年 185 个经济体的 SITC4 位码进出口数据。为了提高研究结论的可靠性和说服力，本书并未将 SITC 中所有行业作为研究样本，并删除了以下两类产业：(1)农产品和一些产品质量相对较低的行业，具体为 SITC 标准码中的第〇大类(食物和主要供食用的活动物)、第一大类(饮料和烟草)、第二大类(除燃料外的非食用原料)、第三大类(矿物燃料、润滑剂和原料)和第四大类(动物和植物油，油脂和蜡)；(2)贵金属和产业类别不清晰的产品，具体为 SITC 标准码中的第九大类。为此实际进入本书计算的一共有四大类。

在测算产品出口持续时间时，还应处理以下两方面的问题：(1)数据删失(censoring)问题。对于左删失问题(left censoring)，笔者借鉴 Shao 等(2012)的研究，采用 1996—2011 年有出口记录而 1995 年无出口记录的样本进行分析[②]，另外由于生存分析法能够有效地处理右删失问题(Besedeš & Prusa，2006；Shao et al.，2012)，笔者采用生存分析法处理右删失问题。

① 当前测度出口品持续时间的主流方法均为：若贸易出现 1 个零值，则后续的持续时间重新计算(如 Shao et al.，2012；Besedeš & Prusa，2006)。以中国为例，当中国对 A 国的出口因随机冲击(如军事冲突、金融危机冲击和间断性贸易壁垒)中断一年，而第二年随机冲击消失，贸易又恢复时，第二年的贸易持续时间重新开始计算。实际上中国的该类产品还持续出口到其他国家，在其他国家依然积累了丰富的出口经验。为此，随机冲击在一定程度上也使得中国出口该类产品的平均持续时间和持续能力被低估。本书采用一国出口到全世界的数据，在很大程度上消除了这种随机冲击带来的偏差，反映了各国出口产品更为真实的持续时间。

② 以本书数据为例，本书采取的是 Feenstra & Romalis(2014)整理的 1995—2011 年各经济体出口数据，如果该产品在 1995 年有出口记录，则很难捕捉到该产品的初始出口时间，为此，如果忽略这一问题，就会使得测度价格包含左删失偏误(left censoring)，从而低估各类产品的出口持续时间。

(2)多时间段问题(multiple spells)[①],本书采用各国出口到世界的数据,虽然大大减少了随机冲击带来的多时段问题,但并未消除该问题。为此,笔者借鉴 Besedeš & Prusa(2006)和陈勇兵等(2012)的研究,将单个产品多持续时间段出口等同于独立的持续出口时间段。

表 4-17 报告了经过上述处理后的样本的出口持续时间分布情况,可知52%左右的出口贸易关系持续时间在 1—3 年,而持续 10 年以上的出口关系仅占整体的 10%左右,这一分布结果与 Shao 等(2012)和陈勇兵等(2012)研究所得的样本分布情况较为相似。为此,经过上述处理的样本是科学可靠的。

表 4-17　出口持续时间的分布情况

持续年数	1—3 年	4—6 年	7—9 年	10—12 年	13—16 年	合计
观测数	167369	79324	43436	23980	9004	323113
权重	51.799	24.550	13.443	7.422	2.787	100.000
累积权重	51.799	76.349	89.792	97.214	100.000	—

(二)出口持续时间测度方法的选择与说明

由于生存分析法能有效克服右删失问题,本书采用生存概率来测度各经济体 *SITC*4 位码层面的产品出口持续时间。令 T_{mj} 为 m 经济体 j 产品的出口持续时间,t_{mj} 则表示该产品的特定持续时间段($t_{mj}=1,2,\cdots$)。此时生存函数(survivor function)表示为某一经济体产品出口持续时间超过 t 年的概率,即

$$S(t)=P_r(T>t)=\sum_{t_i>t}p(t_i) \tag{4.21}$$

此时相应的风险函数为:

$$h(t_i)=P_r(T=t_i\mid T\geqslant t_i)=\frac{p(t_i)}{S(t_{i-1})} \tag{4.22}$$

根据 Besedeš & Prusa(2006a)的推导可知,上述生存函数的非参数估计可以通过运用 Kaplan-Meier 乘积极限法得到[②]:

$$\hat{S}(t)=\prod_{t(i)\leqslant t}\frac{n_i-d_i}{n_i} \tag{4.23}$$

其中,n_i 为 i 时期特定的经济体中处于危险状态的时间段的个数,d_i 为同时

① 多时间段问题是指:某产品连续出口一段时间后,退出某国市场一段时间(一年或一年以上),之后又再次进入该国市场。

② 具体推导过程,请参照 Besedeš&Prusa(2006)一文第三部分。

期失败的个数。

（三）出口持续时间的测度结果与分析

结合上述方法和数据，我们从多个方面估算了出口产品的持续时间，图4-1是发达经济体和发展中经济体的出口生存概率，发达经济体各时间段的生存概率明显大于发展中经济体，即经济发展水平较高的经济体往往拥有较长的出口持续时间。图4-2是中国、印度、美国、日本和法国的出口产品在各个时间段的生存概率，可知美国出口品持续时间长于其他国家，中国产品的出口持续时间则长于日本和法国等发达国家，印度出口产品的生存概率则长于日本，这在很大程度上表明，中印两国不仅在出口技术复杂度上有着与发达国家相似的特征[见Rodrik(2006)一文]，还在出口持续时间上具备了与发达国家相似的特征，即出口产品均具有较强的出口持续能力。导致这一现象出现的原因在于：作为发展中大国的中国和印度，借助自身在劳动密集型产业形成的传统优势，以其低廉的价格优势不断赢得国际订单，进而促使其产品有较长的出口持续时间。

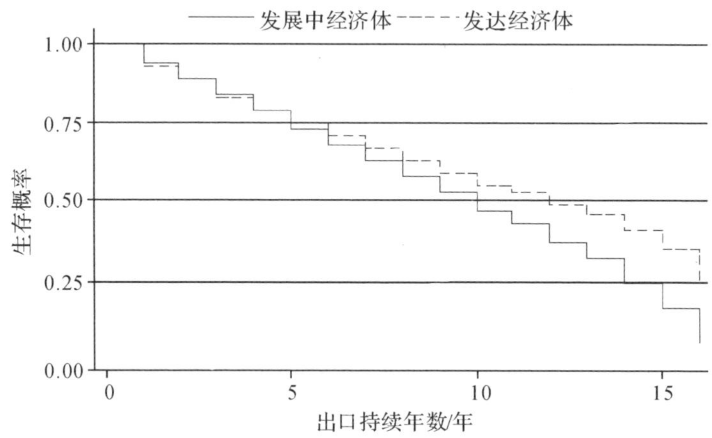

图4-1　发达经济体与发展中经济体出口生存曲线

图4-3是本书所选取的四大类产品的出口生存概率，可知四大类产品的出口生存曲线以“几乎重叠”的形式存在，这表明四大类产品的出口持续时间和生存概率较为接近。这在一定程度上表明：样本“内部差异”引致型偏误对后文整体性回归带来的影响相对较小，即将四类产业放在同一方程中回归，所得结论是相对可靠的。图4-4报告了WTO成员和非WTO成员的出口生存曲线，WTO成员的出口持续性略高于非WTO成员，可见加入经济一体化组织能够提高一国的出口持续时间。

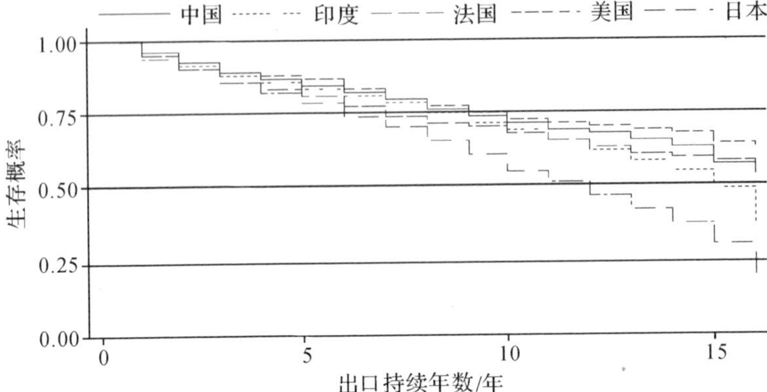

图 4-2　中美日印法出口生存曲线

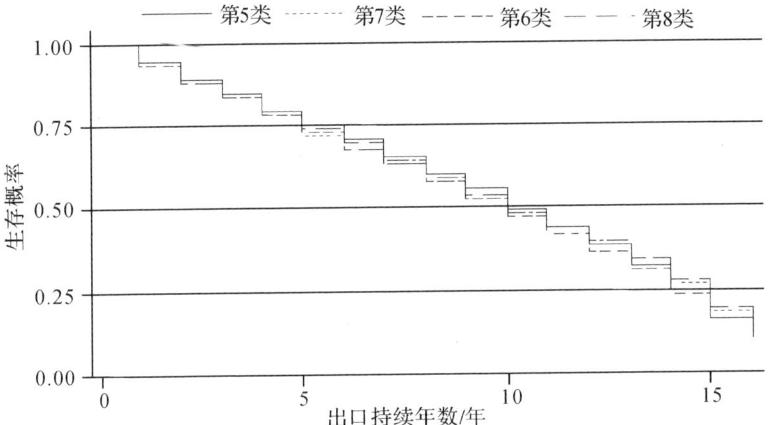

图 4-3　四大类产品出口生存曲线

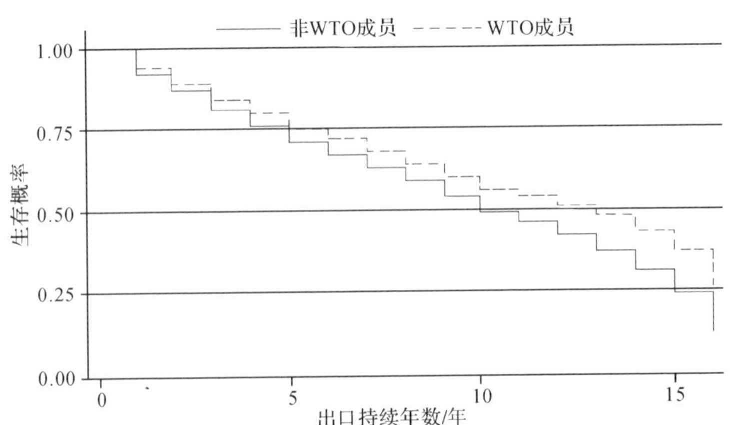

图 4-4　WTO 成员和非 WTO 成员出口生存曲线

（四）其他变量的选择

本书还选取了能反映经济体属性和产品属性的控制变量，刻画出口产品质量。具体有：(1)产品层面的出口量(EXP)。出口量的大小反映的是经济体特定产品的竞争能力和获利规模，本书采用各经济体 SITC4 位码层面产品出口量的自然对数表示。(2)产品价格(P)。产品价格对产品质量的重要影响已被大量的学者所证实(Feenstra & Romalis，2014)，笔者以各经济体 SITC4 位码层面产品的出口价格衡量，实证中用 ln(1+P)表示。(3)经济体发展水平(PGDP)。经济发展水平越高的经济体，越有能力生产资本和技术密集型高质量产品，从而促进出口产品质量的动态变迁，本书采用各经济体人均 GDP 的自然对数表示。(4)经济体出口技术复杂度(FZD)。高技术复杂度产品往往具有更强的获利能力，有助于经济体产品质量的提升。考虑到美国制成品出口技术含量较高，笔者以经济出口品与美国的相似度来衡量各经济体技术复杂度①，实证中用 ln(1+FZD)表示。(5)技术复杂度赶超行为(GC)。技术赶超偏向型经济体更倾向于采用"逆比较优势"的形式改进技术，进而对一国出口产品质量产生影响，本书借鉴杨汝岱和姚洋(2008)的方法进行识别，当一国存在"逆比较优势"赶超时，令 GC 为 1，否则为 0。(6)地理因素。由新经济地理学的基本理论可知，经济体的地理位置会对其参与国际贸易情况产生深远影响，综合新经济地理的基本理论框架，本书采用沿海(YH)和与进口大国相邻(DGXL)来表示地理因素②，实证估计中以虚拟变量表示。(7)是否为 WTO 成员。该变量主要衡量加入经济一体化组织(即制度型地理接近)对一国出口产品质量的影响，采用虚拟变量表示。

在综合考虑上述数据可获得性的基础上，本书选取 150 个经济体

---

① 本书采用 Schott(2008)的方法测度各国出口技术复杂度，原因有二：一方面，基于相似度的测度方法不仅能够体现出口品技术含量，还能规避 RCA 法中"不当赋权"带来的偏误；另一方面，采用非基于人均 GDP 的方法能在一定程度上解决变量间的多重共线性问题。另外 GC 的识别结果根据 Schott(2008)法出口技术复杂度的测度结果以及杨汝岱和姚洋(2008)的赶超识别法测算而得。

② 本书以 2012 年进口排名世界前五的国家为进口大国，分别为美国、中国、英国、德国和日本。与上述国家中的任何一个或多个相邻的经济体被称为有大进口国相邻。与上述五国中任何一国相邻时，DGXL 为 1，否则为 0。

1997—2011 年的样本作为研究对象。① 由于本书研究中所选取的解释变量和控制变量较多，为避免变量间存在过高相关性给估计结果带来多重共线性偏误，笔者先对样本变量进行相关性检验，表 4-18 报告了相应的检验结果。可知出口技术复杂度和经济体的赶超行为有较高的相关性，发达经济体和发展中经济体的相关系数分别达到了 0.678 和 0.818，其他变量间的相关系数均不是很高，最大值并未超越 0.55，为此，其余变量间的多重共线性并不明显。另外发达经济体出口产品质量与出口持续时间的相关系数为正，而发展中经济体该系数为负，这在一定程度上表明：二者之间的关系在发达经济体和发展中经济体中存在较大的差异。为此，后文将二者分别进行回归，以避免"内部差异过大"给估计结果带来有偏影响。

表 4-18　样本变量的 Spearman 相关性估计结果

变量	*ZL*	*CX*	*P*	*GDP*	*FZD*	*EXP*	*GC*	*YH*	*DG*	*WTO*
ZL	1.000	0.031	0.966	0.102	0.002	−0.007	0.015	−0.002	0.024	−0.011
CX	−0.032	1.000	0.007	0.234	−0.086	0.205	−0.022	−0.028	−0.128	−0.044
P	0.978	−0.033	1.000	0.095	0.022	−0.013	0.032	−0.003	0.033	0.004
GDP	0.082	0.184	0.081	1.000	0.070	0.204	−0.073	0.085	0.540	0.173
FZD	0.030	0.135	0.033	0.391	1.000	0.319	**0.678**	−0.071	0.223	0.314
EXP	−0.015	0.393	−0.011	0.158	0.157	1.000	0.185	−0.018	0.152	0.172
GC	0.014	0.075	0.016	0.125	**0.818**	0.092	1.000	−0.208	−0.0340	0.130
GH	0.047	0.031	0.043	0.233	0.181	0.022	0.119	1.000	0.001	−0.133
DG	−0.051	0.035	−0.047	−0.185	0.105	0.071	0.029	−0.155	1.000	0.306
WTO	0.057	−0.030	0.058	−0.044	0.058	−0.061	0.011	0.064	−0.153	1.000

注：右上为发达经济体各变量间的相关性，左下为发展中经济体各变量间的相关性。

① 150 个经济体为：阿富汗、阿尔巴尼亚、阿尔及利亚、安哥拉、阿根廷、亚美尼亚、澳大利亚、奥地利、阿塞拜疆、巴哈马、巴林、孟加拉、巴巴多斯、比利时、白俄罗斯、伯利兹、贝宁、百慕大群岛、玻利维亚、波斯尼亚、巴西、保加利亚、布基纳法索、缅甸、中非、柬埔寨、喀麦隆、加拿大、乍得、智利、中国、哥伦比亚、刚果、哥斯达黎加、克罗地亚、塞浦路斯、捷克、丹麦、吉布提、多米尼加、厄瓜多尔、埃及、爱沙尼亚、埃塞俄比亚、斐济、芬兰、法国、加蓬、冈比亚、鲁吉亚、德国、加纳、直布罗陀、希腊、格陵兰、危地马拉、几内亚、圭亚那、海地、洪都拉斯、中国香港、匈牙利、冰岛、印度、印度尼西亚、伊朗、爱尔兰、以色列、意大利、牙买加、日本、约旦、哈萨克斯坦、肯尼亚、基里巴斯、韩国、科威特、吉尔吉斯斯坦、老挝、拉脱维亚、黎巴嫩、利比里亚、立陶宛、中国澳门、马达加斯加、马拉维、马来西亚、马里、马耳他、毛里求斯、墨西哥、摩尔多瓦、蒙古、摩洛哥、尼泊尔、荷兰、新喀里多尼亚、新西兰、尼加拉瓜、尼日尔、尼日利亚、挪威、阿曼、巴基斯坦、巴拿马、巴布新几内亚、巴拉圭、秘鲁、菲律宾、波兰、葡萄牙、卡塔尔、罗马尼亚、俄罗斯、卢旺达、萨摩亚群岛、沙特阿拉伯、塞内加尔、塞舌尔、塞拉利昂、新加坡、斯洛伐克、斯洛文尼亚、索马里、南非、西班牙、斯里兰卡、苏里南、瑞典、瑞士、叙利亚、塔吉克斯坦、坦桑尼亚、泰国、多哥、特立尼达、突尼斯、土耳其、土库曼斯坦、乌干达、英国、乌克兰、阿联酋、乌拉圭、乌兹别克斯坦、委内瑞拉、越南、也门、赞比亚和津巴布韦。

（五）计量方法的选择

综合分析本书的解释变量、控制变量和被解释变量之间的关系，可以发现其具有以下特征：解释变量、控制变量与被解释变量间可能存在“互为因果”的关系，即内生性。如出口价格的上涨有助于产品质量的提升，而出口产品质量的提升，反过来会对出口价格产生影响。为此，需采用能够有效处理内生性的面板数据估计方法。考虑到本书的样本具有“长跨期、长时间”特征，笔者采用基于工具变量的两阶段最小二乘法（2SLS）进行实证分析，以克服内生性给估计结果带来的偏差。具体估算方程如下：

$$\ln(1+ZL_{it})=a_0+a_1\ln(1+CX_{it})+a_2\ln(1+P_{it})+a_3\ln PGDP_{it}+a_4\ln EXP_{it} +a_5\ln GC_{it}+a_6\ln FZD_{it}+a_7 YH_{it}+a_8 DGXL_{it}+a_9 WTO_{it}+\varepsilon_{it} \quad (4\text{-}24)$$

实证过程中，以解释变量和控制变量的一阶滞后项作为估计方程的工具变量，以克服变量间可能存在的内生性问题；另外，本书的样本数据具有一定的“三维面板数据”特征，有年份、经济体和产业三个维度，在 Stata 中无法进行面板设置（tset），考虑到四大类产品的出口生存概率差异性较小（见图 4-3），我们在综合黄玖立和冼国明（2010）等的类似研究的基础上，将不同经济的异质性产业均视为不同的面板估计截面（具体到 SITC4 位码），以实现“三维面板”的“二维化”；最后为了确保估计结果的可靠性，进一步采用 KP-LM 检验来确定模型工具变量设定的合理性。

三、计量结果与分析

（一）变量间长期均衡关系的确定

虽然出口持续时间与出口产品质量之间的作用关系可以从已有研究中推导出来，但目前仍无相应的经验研究。为防止“无均衡关系”的偏误回归出现，笔者借助 Stata 中的 xtwest 命令从统计学视角对二者进行协整检验，以确保二者长期均衡关系的存在。表 4-19 报告了相应的检验结果，可知在滞后一期和两期的情况下，发展中经济体均通过了至少 1%的显著性检验，发达经济体则至少在 5%的显著性水平上通过了检验，即两者之间存在长期的均衡关系，后文的实证结果是可靠的。

表 4-19　出口持续时间与出口产品质量间长期均衡关系的检验结果①

经济体	发达经济体				发展中经济体			
滞后期数	滞后一期		滞后二期		滞后一期		滞后二期	
检验类型	估计值	Z 值	估计值	Z 值	估计值	Z 值	估计值	Z 值
Gt	−3.70***	−10.82	−5.46***	−25.03	−3.92***	−40.40	−4.267***	−49.278
Ga	−14.14**	−2.18	−13.55**	−1.61	−14.16***	−7.044	−14.27***	−7.402
Pt	−17.65***	−4.61	−25.44***	−13.69	−68.75***	−29.10	−62.35***	−21.657
Pa	−12.04***	−3.36	−10.91**	−2.12	−13.34***	−15.23	−13.25***	−14.902

注：***，**，* 分别表示在 1%、5%和 10%的显著性水平上显著。

（二）左删失视角下的实证估计

本书首先在左删失视角下，分析出口持续时间与出口产品质量的关系，为了确保估计结果的稳健性，我们采用依次加入控制变量的形式进行回归，发现发达经济体出口持续时间平方项的估计结果不显著。为此，笔者在删除平方项的基础上进行再次回归。表 4-20 和表 4-21 分别报告了发达经济体和发展中经济体的实证结果，可知：所有回归的 KP-LM 检验均在至少 1%的显著性水平上拒绝了工具变量不足识别的原假设，为此，工具变量两阶段最小二乘法的估计结果是可靠的。

表 4-20　发达经济体 2SLS 估计结果

系数	(1)	(2)	(3)	(4)	(5)	(6)	(7)
CX	0.01499*** (6.64)	0.0140*** (6.24)	0.0138*** (6.16)	0.0137*** (6.14)	0.0139*** (5.66)	0.0115*** (4.78)	0.0116*** (4.76)
P	0.9135*** (50.3)	0.9137*** (50.4)	0.9136*** (50.4)	0.9135*** (50.5)	0.9137*** (50.03)	0.9129*** (50.3)	0.9128*** (50.4)
PGDP	—	—	—	—	0.0013* (1.78)	0.0031* (1.87)	0.0028* (1.68)
EXP	—	—	—	0.0008* (1.84)	—	0.0011** (2.51)	0.0010** (2.30)
GC	—	—	−0.00547* (−1.93)	—	—	—	−0.0079*** (−2.72)
FZD	—	−0.019** (−2.12)	—	—	—	−0.0301*** (−3.21)	—

① 运用 Stata 13.0 的 xtwest 命令对发达经济体和发展中经济体全样本进行协整检验时，检验结果均显示 too many values。为此，进行协整检验时，笔者对样本进行了简化处理，留存出口持续时间 10 年以上的样本进行协整检验(1995 年为起始年)，虽然样本因此减少，但并不妨碍检验结果的可靠性。后文的回归均通过 Stata 13.0 完成。

续表

系数	(1)	(2)	(3)	(4)	(5)	(6)	(7)
YH	—	0.002 (0.77)	0.00163 (0.62)	0.0032 (1.20)	0.0026 (0.98)	0.0016 (0.60)	0.0011 (0.42)
DGXL	—	−0.0059*** (−3.07)	−0.0068*** (−3.50)	−0.0070*** (−3.53)	−0.0075*** (−3.59)	−0.0084*** (−4.00)	−0.0096*** (−4.41)
WTO	—	0.0085** (2.34)	0.0069** (1.97)	0.0057* (1.69)	0.0070** (1.99)	0.0084** (2.32)	0.0059* (1.69)
C	0.0308* (1.67)	0.0322* (1.68)	0.0326* (1.70)	0.0219 (1.04)	0.0138 (0.84)	0.0020 (0.11)	0.0049 (0.28)
OBS	8338	8338	8338	8338	8338	8338	8338
CR^2	0.9758	0.9762	0.9768	0.9764	0.9763	0.9773	0.9772
F 检验	0.0000	0.0000	0.0000	0.0000	0.0000	0.0000	0.0000
KP-LM	0.0000	0.0000	0.0000	0.0000	0.0000	0.0000	0.0000

注:KP-LM 报告的是 Kleibergen-Paap-LM 检验的概率,F 检验报告的也是概率,CR^2 报告的是 Centered R^2。下表同。

发达经济体解释变量的估计结果显著为正,且通过了至少 1%的显著性检验(见表 4-20),这表明,发达经济体产品的出口持续时间越长,越有利于该产品出口质量的提升。导致上述现象出现的原因可能在于:发达经济体牢牢占据技术含量和质量较高的"产品清单",其借助持续出口获利的形式,不断巩固自身的质量优势,从而使出口持续时间的增加能促进其产品质量提升。这一实证结果还表明,发达国家的出口产品已经处于"高质稳进"的良性循环状态,该循环状态如下:持续出口→企业持续获利→持续研发→产品质量持续提升→出口持续能力提升。这一"高质稳进"的循环模式还能帮助发达经济体牢牢掌握国际分工的主动权,使其长期处于国际价值链的高端。

发展中经济体出口持续时间的估计结果(见表 4-21)显示:出口持续时间与出口产品质量之间呈现出倒 U 形关系,这表明出口持续时间过长,并不利于发展中经济体出口产品质量的提升。对倒 U 形函数进行计算后可以发现,发展中经济体产品持续出口对产品质量的正效应最多只能持续到第 3 年(在 X 轴零值上方),3 年后,出口持续时间将对产品质量表现出显著的负效应。导致这一现象的原因可能在于两个方面:一是"滚动清单"效应,发展中经济体出口"产品清单"中的产品多处于转型期,其通过滚动优化"产品清单"的形式提高自身国际竞争力,出口持续时间越长的产品越有可能处于"滚动清单"的底端,转型经济体企业易将该产品持续出口作为研发更高质量产品的"资金来源",减少了该产品质量改进型研发投入,进而不利于该出口产品质量的提升;二是发展中经济体的"质量革新惰性"效应,发展中经济体企业在出口盈利的情况下往往具有“质量革新惰性”，为此，其很容易满足于产品持续出口给其带来的源源不断的利润，而懒于改进该产品的质量。“质量革新惰性”在发展中经济体出口量的估计结果中也得到了印证，出口量对出口产品质量提升的作用并不显著，即出口量的增加并未促进发展中经济体出口产品质量的提升。在上述两种机制的作用下，不但出口品的质量难以得到提升，还会出现机器老化和技术员工跳槽等现象。

表 4-21　发展中经济体 2SLS 估计结果

系数	(1)	(2)	(3)	(4)	(5)	(6)	(7)
CX	0.0171*** (2.76)	0.0173*** (2.79)	0.0174*** (2.80)	0.0165*** (2.64)	0.0158*** (2.59)	0.0153** (2.48)	0.0152** (2.46)
CX^2	−0.006*** (−3.62)	−0.0061*** (−3.63)	−0.0061*** (−3.65)	−0.0057*** (−3.35)	−0.0056*** (−3.38)	−0.0053*** (−3.16)	−0.0052*** (−3.13)
P	0.885*** (107.8)	0.8853*** (108.0)	0.8854*** (108.1)	0.8855*** (108.2)	0.8851*** (107.5)	0.8851*** (107.3)	0.8851*** (107.3)
PGDP	—	—	—	—	0.0015*** (4.51)	0.0013*** (3.81)	0.0014*** (4.11)
EXP	—	—	—	0.0010 (0.96)	—	0.0008 (0.99)	0.0009 (1.28)
GC	—	—	0.0004** (2.46)	—	—	—	0.0006*** (2.75)
FZD	—	0.0129*** (3.40)	—	—	—	0.0034*** (2.90)	—
YH	—	0.0084*** (10.55)	0.0088*** (10.91)	0.0088*** (10.74)	0.0083*** (10.56)	0.0082*** (10.45)	0.0083*** (10.62)
DGXL	—	−0.0008 (−0.88)	−0.0001 (−0.10)	−0.0006 (−0.66)	0.0012 (1.20)	0.0002 (0.24)	0.0005 (0.63)
WTO	—	0.0025*** (3.34)	0.0028*** (3.60)	0.0028*** (3.67)	0.003*** (3.79)	0.0029*** (3.76)	0.0030*** (3.81)
C	0.0850*** (7.99)	0.0749*** (7.47)	0.0768*** (7.51)	0.0700*** (6.57)	0.0640*** (7.24)	0.0598*** (6.34)	0.0592*** (6.39)
OBS	47545	47545	47545	47545	47545	47545	47545
CR^2	0.9700	0.9723	0.9731	0.9744	0.9742	0.9756	0.9759
F 检验	0.0000	0.0000	0.0000	0.0000	0.0000	0.0000	0.0000
KP-LM	0.0000	0.0000	0.0000	0.0000	0.0000	0.0000	0.0000

综合分析两类经济体控制变量的估计结果，我们还能得到如下结论：一是出口价格和经济发展水平的提升有助于出口产品质量的提升，而出口量的提升仅有助于发达经济体出口产品质量的提升。整体而言，发达经济体出口价格的估计系数明显大于发展中经济体，这在一定程度上表明：出口价格提升对发达经济体质量提升的促进作用大于发展中经济体。综观发展中

经济体和发达经济体的估计结果，我们还可以发现，出口价格是出口产品质量提升的核心动力。这一现象出现的机制可能在于：出口价格越高，企业获利能力越强，企业越倾向于将该产品打造为自身的“主力出口品”，从而会注入更大的精力来提升该产品的质量，如将该产品（甚至其他产品）出口所获得利润更多地投入于产品质量提升型研发。

二是发展中经济体出口技术复杂度的提升有助于产品质量的提升，而发达经济体出口复杂度的提升却不利于出口产品质量的提升。发现这一现象的原因可能在于：出口技术复杂度和出口产品质量是两个不同的概念，前者衡量的是不同编码产品的技术含量，而后者衡量的是同一编码产品（施炳展，李坤望，2013）的技术含量，对于发达经济体而言，出口技术复杂度的升级意味着生产了更多“新”的高技术复杂度产品，而这种“新”产品由于技术并不成熟，其质量并不是特别高[①]，不利于该编码产品质量的整体性提升。对于技术水平较弱的发展中经济体而言，一方面，其并无太多的能力涉足“新”产品，从而降低了上述负效应给其带来的冲击；另一方面，发展中经济体具备“后发选择优势”，其出口技术复杂度提升之路不必完全复制发达经济体的老路，而是可以在借鉴发达经济体成功经验的基础上介入质量和技术复杂度相对较高的“次新”产品，进而实现出口技术复杂度和质量的协同提升。

三是发展中经济体执行赶超战略有利于其产品质量的提升，而这一策略会对发达经济体产生显著的负效应。这表明执行赶超战略不仅有利于发展中经济体出口技术复杂度的升级，还有助于其出口产品质量的提升。导致上述现象出现的内在机制可能在于：一方面，赶超意味着发展方式偏离“比较优势零值曲线”，从而会加剧要素资源错配和要素价格扭曲，如劳动价格扭曲，进而降低劳动者的积极性，不利于出口产品质量的提升；另一方面，结合出口技术复杂度的分析结果可知，发达经济体赶超引致型高技术含量、低质量型“新”产品介入会给出口产品质量带来负向影响，即要素价格扭曲与介入“新”产品的负效应的合力使得发达经济体技术复杂度赶超行为变量的估计系数为负。发展中经济体赶超的结果为介入高技术含量、高质量的“次新”产品，这一行为能给出口产品质量提升带来显著的正效应，从而有效抵消要素价格扭曲和资源错配带来的负向冲击，使得估计系数为正。

---

① 以通信行业产品为例，早期通信行业技术复杂度提升后，发达经济体能够生产出技术复杂度更高的移动电话（新产品），但由于技术不够成熟，移动电话的质量和通话效果比不上传统的固定电话（旧产品），使得电话机行业产品的平均质量下降，进而出现技术复杂度提升与质量下降并存的现象。

四是发达经济体和发展中经济体的大国相邻变量实证结果显示，与进口大国相邻变量的估计系数要么显著为负，要么不显著。这表明与大国接近的地理优势未能促进出口产品质量升级，导致这一现象出现的根本原因可能在于"华盛顿苹果效应"，与大进口国相邻则意味着该国可以借助低"冰山成本"优势，将大量低质量的"苹果"(产品)持续出口到邻国，使得拥有临近大国的位置优势反而不利于一国出口产品质量的提升。另外沿海优势有利于促进发展中经济体产品出口质量的提升，而对发达经济体产品出口质量的提升效应并不显著。加入 WTO 对不同经济体出口产品质量的提升都具有显著的促进效应，这表明"制度型地理接近"具有延长出口持续时间和提升产品质量的双重效果，即"制度型地理接近"既有助于对外贸易方式的转变，也有助于一国消化"过剩产能"。

(三)左右删失视角下的稳健性检验

前文在左删失条件下，从发达经济体和发展中经济体两个层面就出口持续时间对出口产品质量的影响进行了实证分析，即前文的实证分析仅仅考虑了左删失问题，并未考虑右删失问题。为此，本部分以对前文样本进一步做右删失的形式进行稳健性检验①。表 4-22 报告了相应的检验结果。

表 4-22 稳健性检验结果:左右删失视角下的 2SLS 估计结果

系数	发达经济体				发展中经济体			
	(1)	(2)	(6)	(7)	(1)	(2)	(6)	(7)
CX	0.01428*** (5.65)	0.0133*** (5.29)	0.0107*** (4.01)	0.0106*** (3.97)	0.0121** (1.97)	0.0122** (−1.98)	0.0107* (1.72)	0.0108* (1.73)
CX^2	—	—	—	—	−0.0048*** (−2.76)	0.0048*** (−2.76)	0.0042** (2.37)	−0.0042** (−2.39)
P	0.9117*** (43.02)	0.9123*** (43.1)	0.9117*** (43.3)	0.9117*** (43.1)	0.8895*** (95.7)	0.890*** (96.2)	0.8898*** (95.3)	0.8899*** (95.4)
PGDP	—	—	0.0030* (1.77)	0.0027* (1.69)	—	—	0.0009** (2.58)	0.0008** (2.34)
EXP	—	—	0.0014*** (2.66)	0.0012** (2.49)	—	—	0.0008 (1.54)	0.0007 (1.36)
GC	—	—	—	−0.0097*** (−2.96)	—	—	0.0005*** (2.61)	—
FZD	—	−0.0220** (−2.24)	−0.0342*** (−3.28)	—	—	0.0085** (2.20)	—	0.0022** (2.55)
YH	—	0.0021 (0.74)	0.0018 (0.61)	0.0011 (0.37)	—	0.0079*** (9.36)	0.0079*** (9.45)	0.0078*** (9.33)

① 具体做法为:在前文左删失的基础上，保留 1997—2011 年有出口记录，2011 年无出口记录的 SITC4 位码产品，这样使得产品的出口持续时间有始有终，避免了左删失和右删失带来的有偏估计。

续表

系数	发达经济体				发展中经济体			
	(1)	(2)	(6)	(7)	(1)	(2)	(6)	(7)
DGXL	—	−0.0051** (−2.44)	−0.0075*** (−3.33)	−0.0091*** (−3.85)	—	0.00001 (0.02)	0.0008 (0.89)	0.0006 (0.60)
WTO	—	0.0077** (1.97)	0.0073* (1.89)	0.0049* (1.92)	—	0.0026*** (3.13)	0.0030*** (3.40)	0.0029*** (3.39)
C	0.0336 (1.58)	0.0359 (1.63)	0.0058 (0.27)	0.0091 (0.43)	0.0757*** (6.81)	0.0663*** (6.36)	0.0551*** (5.39)	0.0554*** (5.34)
OBS	7263	7263	7263	7263	41701	41701	41701	41701
CR^2	0.9736	0.9753	0.9765	0.9765	0.9723	0.9746	0.9752	0.9747
F 检验	0.0000	0.0000	0.0000	0.0000	0.0000	0.0000	0.0000	0.0000
KP-LM	0.0000	0.0000	0.0000	0.0000	0.0000	0.0000	0.0000	0.0000

注：笔者对表 4-20 和 4-21 中所有的方程都进行了稳健性检验，限于篇幅，仅报告两类经济体各 4 个方程的稳健性检验结果。

对比表 4-22 和前文实证结果，可知两种估计结果在系数预期符号和显著性水平上较为一致，这说明：首先，前文的估计结果是稳健可靠的，所得结论可信度较高；其次，出口持续时间和其他变量对出口产品质量升级的影响，不受样本范围变化的影响，即各因素对出口产品质量的影响不受出口品持续时间长短、存活率和危险率的影响；最后，右删失偏差效应可能远小于左删失，左删失引致型偏差已经被前人（如 Besedeš & Prusa，2006 和 Shao et al.，2012）所证实，而本书分别对左删失和左右删失数据进行实证分析后发现，在左删失的基础上进一步考虑右删失，所得结论并无明显偏差。

第五节 本章小结

本章以优化和拓展 Verhoogen（2007）、Khandelwal（2010）和 Anderson 等（1992）的理论研究为切入点，形成了揭示制造业出口产品质量演进机理的理论分析框架，进而在第三章两种测度方法所得制造业出口产品质量的基础上，以跨国、中国省级区域和产品（持续出口）三个层面为出发点，运用包含工具变量的 2SLS 面板数据模型对制造业出口产品质量的演进机理进行实证分析，并进行了相应的稳健性检验。得到的结论与启示主要有以下九点：

一是制造业出口产品质量升级机理是一个多因素耦合的复杂系统。拓展 Verhoogen（2007）、Khandelwal（2010）和 Anderson 等（1992）的模型后所得到的理论框架表明，在企业利润最大化条件下，制造业出口产品质量演进机理由七个系统性方程共同决定。实证结果也表明：多种经济因素会对制造业出口产品质量产生较为显著的正负向影响。为此，一国出口产品质量升级的步伐与该国的经济体系密切相关，优化制造业所处的国内外环境（如提升熟练劳动力比重、提升企业经营环境和提升 FDI 质量等）能有效促进该国制造业出口产品质量升级，此外发达经济体和发展中经济体制造业出口产品质量的升级机制存在一定的差异。

二是跨国层面和中国省级层面的实证结果均证实经济增长有助于制造业出口产品质量升级。不仅如此，物质资本、人力资本、创新能力提升和外商直接投资等有助于经济增长的因素也同时有助于制造业出口产品质量升级。这一实证结果既证实了 Linder（1961）、Flam & Helpman（1987）、Grossman & Helpman（1991）和 Hummels & Klenow（2005）等理论观点的正确性，也折射出了当前中国经济增速放缓对制造业出口产品质量升级可能产生的消极影响。为此，在经济增速短期内无法快速提升的背景下，中国可以通过加大研发投入强度、提升人力资本质量和充分发挥人口总量优势等手段，逐步弥补经济增速放缓给制造业出口产品质量升级带来的不利影响。

三是进出口因素有利于发展中经济体制造业出口产品质量升级，而对发达经济体的作用力并不显著，中国对外贸易依存度的估计结果显示，中国的出口对制造业出口产品质量升级的作用力具有与发达国家相似的特征。由此可以得到如下启示：首先，出口因素对制造业出口产品质量升级的作用机制并非一成不变，其作用力会因经济体制造业出口产品质量的不同而不同；其次，当一国经济体的出口产品质量较低时，出口扩张可以成为该国制造业出口产品质量升级的一项重要动力，当出口产品质量较高时，制造业出口产品质量升级则更多地依赖于内部创新、技术改进和人力资本积累等因素；最后，中国已经走出了制造业出口产品质量“出口推动型”阶段。为此，当前中国所遭遇的外需疲软对中国制造业出口产品质量升级造成的负向冲击相对有限。

四是异质性贸易地理优势对制造业出口产品质量升级的作用机制存在较大的差异。在“华盛顿苹果效应”的作用下，空间型贸易地理优势并不会对制造业出口产品质量升级产生正效应，而契约型贸易地理优势则能有效地促进一国制造业出口产品质量升级。为此，对于拥有沿海和与大进口国相邻优势的中国而言，在充分发挥上海等地自由贸易区的契约型地理优势的基础上，一方面应积极与其他经济体和国际经济一体化组织建立自由贸易区，另一方面应加大内陆边境省份的开放力度，如鼓励边疆省份与邻国共建自贸区等。以契约型贸易地理优势的正效应弥补空间型贸易地理优势的负效应，最终实现制造业出口产品质量的全面快速升级，促进经济发展方式的转变。

五是人口老龄化会倒逼我国制造业出口产品质量升级，而全面开放二孩政策可能会对我国制造业出口产品质量升级产生一定的负向冲击。本书的实证结果显示：老年人口抚养比和少年儿童抚养比变量对制造业出口产品质量升级的作用分别显著为正和负。为此，随着中国人口老龄化程度的进一步加深，其对中国制造业出口产品质量升级的倒逼效应将日益明显。随着二孩政策的实施，短期内中国少年儿童抚养比势必会呈现出显著的上升趋势，这可能会对中国制造业出口产品质量升级产生一定的冲击，并且当这批新生儿成长为劳动力时，就业市场对他们的吸纳会在一定程度上减缓中国出口产品质量升级的步伐。为此，应进一步提升新生劳动力的技术素养，使之成为中国对外经济发展方式转变和对外经济增长质量提升的重要动力。

六是发达经济体产品出口持续时间对出口产品质量升级的作用，表现为“高质稳进”型正效应，“滚动清单”和“质量革新惰性”使得发展中经济体出口持续时间与出口产品质量之间表现出显著的倒U形关系，最优持续出口时间仅为3年。上述机制表明：持续出口多样化的产品能够使发达经济体在更多的行业占据质量优势，而对于发展中经济体而言，过长的持续出口时间则意味着产品质量的“低端锁定”和“低端下滑”，即“持续出口型”多样化战略对于发达经济体而言是一项“好”战略，其有助于发达经济体出口产品质量形成“高端稳定”的特征，而其对于发展中经济体而言可能是一项“坏”战略。由此上述结论还可以进一步衍生出以下政策含义：作为发展中经济体中产品技术复杂程度较高的国家(Rodrik,2006)，中国应鼓励高质量产品出口多样化，而对于低质量产品，则应鼓励企业进行滚动式更新。

七是出口过度依赖传统优势产品和“质量革新惰性”是近几年中国出口产品质量下降的重要原因。前文运用生存分析法得出的结果表明：得益于传统优势产品的持续出口，中国出口产品的生存概率不仅高于印度等发展中国家，甚至高于法国等发达国家，这在很大程度上造成中国出口产品“过旧”，进而拉低中国出口产品的整体质量。为此，应该进一步发挥“滚动清单”模式在中国出口品质量升级中的作用，使中国逐步走出传统优势产品的出口困境，形成新的“优势产品清单”。另外，还应采用点面结合的鼓励措施提高企业出口产品质量，即在鼓励企业进行质量革新的基础上，重点支持各行业“标杆性”出口企业进行质量创新，使之发挥“质量革新示范”作用，进而带动出口产品质量整体性升级，以逐步消除“产品质量革新惰性”带来的不良影响。上述结论从一个全新的视角为中国出口产品质量的下降提供了解释，在一定程度上深化了施炳展和李坤望(2008)与 Feenstra&Romalis (2014)的研究。

八是出口价格已经成为出口产品质量提升的核心影响因素。左删失条件下的回归结果和左右删失条件下的回归结果均显示:出口价格的估计结果显著为正,且作用力(估计系数)明显大于其他变量。可见:传统意义上的"薄利多销"和"低价竞销"等赢取国际市场和出口持续时间的竞争手段并不利于出口产品质量的提升。为此,急需优化我国出口产品的定价模式,提高我国产品的国际市场势力(market power)。结合本书实证结果和已有的关于国际市场势力的研究,笔者以为可以从以下三个方面着手,以提升我国企业的国际市场势力:(1)培养核心企业或组建企业联盟,以形成出口报价的"领头羊"和"代言人",进而逐步规避同行业企业"内耗型"竞争带来的价格下跌;(2)加快出口"产品清单"更新速度,实现产品差异化竞争,从而降低价格向下竞争的概率和出口对传统优势产品的依赖程度;(3)进一步发挥政府规范市场竞争秩序和企业竞争行为的功能,约束企业的无序竞争和恶性竞争,为产品出口价格逐步攀升提供制度支持。

九是执行出口技术复杂度赶超战略有利于发展中经济体出口产品质量升级。这一机制出现的关键原因在于:发展中经济体的赶超多为介入高质量和高技术复杂度的"次新"产品型赶超。为此,中国可适当加大出口技术复杂度赶超力度,以在更多的领域介入高质量、高技术复杂度的"次新"产品。但是长期采用"次新"产品赶超战略,会使得中国陷入长期的"尾随型"赶超,无法跻身于世界产品"质量阶梯"和"价值链"的高端。因而后期的赶超应采取"次新"产品与"新"产品相结合的方式,进而为赶超式介入"新"产品奠定基础,从而实现中国产品在世界"质量阶梯"上的持续攀升,并使得发达经济体"高质稳进"的良性循环系统逐步植根于中国。

第五章　制造业出口技术复杂度升级的机制分析

国内学者对出口技术复杂度升级机制的研究进行了一定的耕耘，如黄先海等(2010)分析了经济增长和出口对出口技术复杂度升级的作用机制；王永进等(2010)系统分析了基础设施对出口技术复杂度升级的作用机制。已有研究为本章研究奠定了扎实的理论基础和方法基础。本章从跨国和省级双层面揭示了制造业出口技术复杂度升级的机制。此外，本部分还重点刻画了出口品 DVAR、生产性服务业融入制造业环节偏好和城市化等因素对制造业出口技术复杂度升级的作用机理。

第一节　跨国层面升级机制的实证分析

一、出口品 DVAR 与出口技术复杂度升级

改革开放后，得益于“对内改革”和“对外开放”政策的成功运用和劳动力密集型产业的比较优势，中国不仅将产品出口到世界的每一个角落，还“奇迹般”地超越美国和德国等发达经济体成为世界第一大出口国。然而金融危机过后，持续稳健的外需似乎不复存在，外需疲软成为笼罩在中国出口产业头上挥之不去的“阴云”(陈晓华，刘慧，2015)，如 2015 年的出口额下降了 1.8%，2016 年上半年，我国的出口额同比下降了 2.1%，这也使得越来越多的学者意识到优化出口商品结构的重要性，进而将研究重心从出口商品“总量”(quantity)领域转移到商品“构成”(composition)领域(顾国达，方圆，2012；Rodrik，2006；Schott，2008)。为此，出口商品结构迅速成为当前学界研究的热点。

目前学界主要从两个层面剖析出口商品的结构：一是从出口品的国内外价值构成视角分析出口商品结构，即 DVAR；二是从出口品的技术构成视角分析出口商品结构，即出口技术结构(export composition of technology)。

学界(如杨高举,黄先海,2013;魏浩,王聪,2015;苏庆义,2016)普遍认为,提升制造业出口品 DVAR 和优化出口技术结构是实现制造业对外贸易发展方式转变的重要途径,这两个举措也成为当前我国发展经济的两个重要目标。出口品 DVAR 的提升意味着国内零部件或中间品使用比例的增加,然而国内零部件或中间品的技术含量普遍低于世界高端零部件或中间品(陈晓华等,2011;唐海燕,张会清,2009),由此,我们自然会产生一个疑问:提升出口品 DVAR 是否会对出口技术结构产生不利影响?即当前提升出口品 DVAR 和优化出口技术结构两大出口转型升级途径之间是否会存在一定的“潜在冲突”?令人遗憾的是,并未有学者深入挖掘过上述问题的答案,这也使得学界在出口品 DVAR 和出口技术结构协调发展领域显得“束手无策”。为此,本书基于跨国投入产出表和跨国出口数据,深入分析出口品 DVAR 提升对出口技术结构的动态影响,不仅能为当前政府解决外贸发展方式转变问题提供一定的政策参考,还能为该领域的理论发展提供全新的经验证据。

(一)文献简述

从研究脉络上看,对出口品 DVAR 和出口技术结构的研究均源于出口产品“内在构成”领域。Hummels 等(2001)、刘遵义等(2007)、杨高举和黄先海(2013)、Upward 等(2013)与 Koopman 等(2014)试图从“获利面”视角分析一国的出口商品“构成”,其认为出口品 DVAR 的提升能给出口国带来更大的“收益”;Hausmann & Rodrik(2003)、Rdorik(2006)和 Schott(2008)等试图从“获利能力”视角分析一国出口产品的“构成”,其认为出口技术结构的提升意味着一国出口品技术含量的提升,它能有效地提升一国单位产品的获利能力。经过近些年的发展,上述研究逐渐形成了以下两个相对系统的研究领域。

第一,以 Hummels、刘遵义和 Koopman 等为代表的对出口品 DVAR 的研究。这一领域的大量研究出现在 Hummels 等(2001)开创性地构建了出口品 DVAR 的简单计算方法后。现有的研究多集中于两个方面:一是出口品 DVAR 测度方法的构建,如 Hummels 等(2001)、Koopman 等(2014)、刘遵义等(2007)与杨高举和黄先海(2013)等基于非竞争型投入产出表构建了宏观层面的测度方法,Upward 等(2013)、Kee & Tang(2013)和张杰等(2013)则从微观产品层面构建了相应的测度方法。二是出口品 DVAR 的测度与跨国对比分析,如 Kee& Tang(2013)和张杰等(2013)通过匹配中国海关数据和工业企业数据的形式,从微观层面测度了中国出口品 DVAR,魏浩和王聪(2015)则基于 WIOD 数据库的数据,对比分析了中国与部分经济体的出口品 DVAR,发现中国的出口品 DVAR 并不高。

第二,以 Hausmann、Rodrik 和 Schott 的研究为代表的出口技术结构研究。该领域的研究大量出现在 Rodrik(2006)和 Schott(2008)等发现中国出口技术结构存在"异常"之后(陈晓华等,2011)。已有研究主要集中于出口技术结构测度方法的构建(Rodrik,2006;Schott,2008;陈晓华等,2011;姚洋,张晔,2009)、出口技术结构的跨国比较(Rodrik,2006;Schott,2008;黄先海等,2008;杨汝岱,姚洋,2008)、出口技术结构演进的机理(陈晓华等,2011;王永进等,2010;Xu & Lu,2009)和出口技术结构演进的经济效应(Jarreau & Poncet,2012;陈晓华,刘慧,2015)等四个方面,也有部分文献涉及出口技术结构偏离"比较优势零值"的原因(黄先海等,2010;Xu & Lu,2009)、技术结构赶超的影响效应(陈晓华,刘慧,2015)和服务业的出口技术结构(Mishra et al.,2011)。

出口品 DVAR 和出口技术结构领域的已有研究虽为我们理解二者的关系提供了深刻的洞见,但仍存在以下几点缺憾:一是虽然出口品 DVAR 的测度方法已经相对科学和多样化,但该领域的已有研究仍局限于该变量测度方法的构建与测度结果的对比方面,鲜有学者关注出口品 DVAR 对其他经济因素的影响;二是虽然从已有研究能简单推断出出口品 DVAR 变迁对出口技术结构的作用机制[①],对二者关系的揭示也具有较强的现实需求,但并无学者对二者的实际作用机制进行深入的经验剖析,即两个领域的研究处于"几乎平行"和"无明显交集"的状态;三是新经济地理学的研究表明:国际贸易地理优势不仅会对经济体的出口量产生影响,还会对出口品的"内涵"产生一定的影响[②],为此,国际贸易地理优势可能会对出口品 DVAR 和出口技术结构产生一定的影响,但两个领域的现有研究并未考虑国际贸易地理优势方面的因素,所得结论难免存在一定的缺憾。为弥补上述不足,本书借助非竞争型投入产出模型和 Schott(2008)模型的测度结果,在纳入国际贸易地理优势变量的基础上,首次深入剖析出口品 DVAR 演进对出口技术结构的作用机制,以将出口品 DVAR 的研究从"测度方法构建"和"测度结果对比"领域拓展到"影响效应"领域,并改变出口品 DVAR 和出口技术结构"几乎平行"和"无明显交集"的状态,以期为两者交叉领域的理论深

① 一是促进出口技术结构升级,当国内中间品技术含量高于国外中间品时,出口品 DVAR 的提升意味着一国使用了更多国内的中间品,此时出口品 DVAR 提升将推动一国出口技术结构的升级;二是抑制出口技术结构升级,国内中间品技术含量低于国外中间品时,国内中间品使用比例的增加将使得最终出口品的技术含量低于使用国外高技术含量中间品的同类出口品,最终抑制出口技术结构的升级。

② 新经济地理学指出,国际贸易地理优势会降低贸易的"冰山成本",从而促使贸易量增加。与此同时,其还伴随着"华盛顿苹果效应",即促使具有国际贸易地理优势的经济体出口低质量的"差"苹果。

化提供前导型经验证据。

(二)关键变量的测度与描述性统计

1. 跨国层面出口品 DVAR 的测度与分析

综合杨高举和黄先海(2013)、Hummels 等(2011)、刘遵义等(2007)、Upward 等(2013)、Koopman 等(2014)、Kee & Tang(2013)和张杰等(2013)对出口品国内附加值测度方法的阐述和本书的研究目的,笔者采用非竞争型投入产出模型对出口品 DVAR 进行分析。非竞争型投入产出表的基本构造如表 5-1 所示。

表 5-1 非竞争型投入产出表基本结构示意

<table>
<tr><td colspan="3" rowspan="3">投入</td><td colspan="6">产出</td></tr>
<tr><td>中间品</td><td colspan="4">最终品</td><td rowspan="2">国内总产出和进口</td></tr>
<tr><td>部门</td><td>消费</td><td>投资</td><td>出口</td><td>最终合计</td></tr>
<tr><td rowspan="2">中间投入</td><td>国内产品</td><td>部门</td><td>X_{ij}^D</td><td>F^{DC}</td><td>F^{DI}</td><td>F^{DE}</td><td>F^D</td><td>X</td></tr>
<tr><td>国外产品</td><td>部门</td><td>X_{ij}^M</td><td>F^{MC}</td><td>F^{MI}</td><td></td><td>F^M</td><td>X^M</td></tr>
<tr><td colspan="3">增加值</td><td>V_j</td><td colspan="5" rowspan="2"></td></tr>
<tr><td colspan="3">总投入</td><td>X_j^T</td></tr>
</table>

根据非竞争型投入产出表的编制原理,对其行、列分别汇总可以得到三个加总型方程式,分别为 $\sum_{j=1}^{n} X_{ij}^D + F_i^D = X_i$,$\sum_{j=1}^{n} X_{ij}^M + F_i^M = X_i^M$ 和 $\sum_{i=1}^{n} X_{ij}^D + \sum_{i=1}^{n} X_{ij}^M + V_j = X_j^T$。令 $A^D = (a_{ij}^D) = (X_{ij}^D / X_j)$,$A^M = (a_{ij}^M) = (X_{ij}^M / X_j)$,$A_V = (a_j^V) = (V_j / X_j)$,即 A^D 为国内中间品直接消耗系数矩阵,A^M 为进口品中间投入直接消耗系数矩阵,A_V 为附加值系数矩阵,那么三个加总方程式的矩阵形式则可表示如下:

$$A^D X + F^D = X \tag{5.1}$$

$$A^M X + F^M = X^M \tag{5.2}$$

$$\mu A^D + \mu A^M + A_V = I \tag{5.3}$$

其中,X 是总产出矩阵,F^D 为国内产品最终需求矩阵,X^M 为国外产品总进口矩阵,F^M 为进口产品最终需求矩阵,μ 为单位向量。根据公式(5.1)可以得到 $X = (I - A^D)^{-1} F^D = B^D F^D$,其中 $B^D = (I - A^D)^{-1}$ 为非竞争型投入产出模型中的完全需求系数矩阵,其元素表示第 j 个产品部门生产一个单位最终产品,对第 i 个产品部门的总需求量,包括直接需求和间接需求。借助 $B^D =$

$(I-A^D)^{-1}$和附加值系数的行向量 $A_V=(a_j^v)=(V_j/X_j)$，可以得到 $1\times n$ 维的表示各部门完全国内附加值系数(即出口品 $DVAR$)的矩阵：

$$B_V=(b_1^v,b_2^v,\cdots,b_n^v)=A_V(I-A^D)^{-1} \tag{5.4}$$

在产品的生产过程中，对中间投入品除了有直接消耗，还包括多次间接消耗，因此，某一部门完全进口额系数等于直接进口消耗系数和所有间接进口消耗系数的总和。令 a_j^M 表示 j 部门的直接进口消耗系数，b_j^M 表示 j 部门的完全进口消耗系数，则有 $a_j^M=\sum_{i=1}^{n}a_{ij}^M$(或 $A_M=\mu A^M$) 和 $b_j^M=a_j^M+\sum_{i=1}^{n}a_i^M a_{ij}^D+\sum_{i=1}^{n}\sum_{k=1}^{n}a_k^M a_{ki}^D a_{ij}^D+\sum_{i=1}^{n}\sum_{k=1}^{n}\sum_{s=1}^{n}a_s^M a_{sk}^D a_{ki}^D a_{ij}^D+\cdots$[或 $B_M=A_M+A_M A^D+A_M A^D A^D+A_M A^D A^D A^D+\cdots=\mu A^M(I-A^D)^{-1}$]。

由此，结合非竞争型投入产出表，我们可以测算出各部门的完全进口消耗系数。杨高举和黄先海(2013)、魏浩和王聪(2015)及刘遵义等(2007)在非竞争型投入产出模型的基础上，通过严谨的数学方法证明了 $B_V=\mu-B_M$，即各部门的 $DVAR$ 等于 1 减去完全进口额系数。据此，我们可以得到一国各行业的 $DVAR$ 矩阵(即 B_V)，进而可以用制造业各行业的出口额对其加权平均求得该国制造业出口品 $DVSR$，即

$$DVSR=\sum_{j=1}^{m}b_j^V EX_j/\sum_{j=1}^{m}EX_j \tag{5.5}$$

其中，EX_j 为制造业 j 的出口额，m 为投入产出表中制造业的个数。基于前文的测度方法，本书采用 OECD 提供的投入产出表来测算 1997—2011 年 58 个经济体的制造业出口品 $DVAR$①。

表 5-2 报告了部分经济体的出口品 DVAR，可知：首先，多数经济体出口品的 DVAR 呈现出先下降后上升的趋势，而上升的拐点出现在 2008 年的金融危机之后。出现这一现象的原因可能在于，金融危机前以全球价值链为特征的国际分工模式得到了深化和巩固，即全球化趋势持续加强，促使出口品 DVAR 下降，而金融危机过后贸易保护主义抬头，使得出口商更多地使用了国内中间品或零部件，进而使得各经济体出口品 DVAR 呈现出一定的提

① 综合后文控制变量的可获得性和研究目的，本书选择了 58 个经济体作为研究对象，分别为阿根廷、爱尔兰、爱沙尼亚、奥地利、澳大利亚、巴西、保加利亚、比利时、冰岛、波兰、丹麦、德国、俄罗斯、法国、菲律宾、芬兰、哥伦比亚、哥斯达黎加、韩国、荷兰、加拿大、柬埔寨、捷克、克罗地亚、拉脱维亚、立陶宛、罗马尼亚、马耳他、马来西亚、美国、墨西哥、南非、挪威、葡萄牙、日本、瑞典、瑞士、塞浦路斯、沙特阿拉伯、斯洛伐克、斯洛文尼亚、泰国、突尼斯、土耳其、西班牙、希腊、中国香港、新加坡、新西兰、匈牙利、以色列、意大利、印度、印度尼西亚、英国、越南、智利、中国。由于后文借助 Schott(2008)模型测度各经济体出口技术结构时，以美国作为高出口技术结构参照国，测度过程中无法获得美国的出口技术结构，为此后文实证分析的样本为不含美国的 57 个经济体。

升趋势。其次，中国的出口品 DVAR 并不高，不仅低于美日德等发达贸易大国，还低于印度和巴西等发展中大国。最后，2001 年加入 WTO 后，中国的出口品 DVAR 迅速下降，这进一步证实了“全球化会降低出口品 DVAR”的观点，另外印度的出口品 DVAR 下降幅度在样本国中是最高的，达到了 26.67%，这表明，1997—2011 年间印度融入全球生产体系的步伐明显快于其他经济体。值得一提的是，作为“小国”的新加坡和爱尔兰，其出口品 DVAR 始终低于“大国”，这表明，由于国内资源有限，“小国”的出口更依赖于其他经济体的中间品和零配件。

表 5-2　1997—2011 年部分经济体制造业出口品 DVAR 的测度结果

年份	中国	美国	日本	德国	法国	印度	巴西	新加坡	爱尔兰
1997 年	0.7960	0.8256	0.9083	0.7961	0.7467	0.8681	0.8854	0.5157	0.569
1998 年	0.8018	0.8272	0.9124	0.7946	0.7386	0.8653	0.8845	0.5241	0.539
1999 年	0.7784	0.8188	0.9148	0.7815	0.7343	0.8541	0.8544	0.4994	0.5368
2000 年	0.7481	0.8046	0.9037	0.7523	0.6978	0.8441	0.8534	0.4614	0.4950
2001 年	0.7450	0.8183	0.8975	0.7536	0.7040	0.8276	0.8259	0.5675	0.5012
2002 年	0.7061	0.8228	0.8943	0.7655	0.7062	0.8245	0.8358	0.5961	0.5592
2003 年	0.6568	0.8159	0.8906	0.7646	0.7151	0.8085	0.8415	0.6207	0.5507
2004 年	0.6245	0.8055	0.8793	0.7537	0.7023	0.7734	0.8399	0.5809	0.5448
2005 年	0.6195	0.8002	0.8561	0.7342	0.6878	0.7463	0.8530	0.5888	0.5020
2006 年	0.6233	0.7903	0.8300	0.7053	0.6698	0.7140	0.8489	0.6029	0.4946
2007 年	0.6512	0.7881	0.8146	0.7024	0.6642	0.7137	0.8457	0.5712	0.4819
2008 年	0.6764	0.7681	0.8015	0.6942	0.6709	0.6551	0.8327	0.5308	0.4996
2009 年	0.6990	0.8187	0.8549	0.7203	0.7061	0.6823	0.8719	0.5085	0.5294
2010 年	0.6798	0.7972	0.8392	0.7008	0.6799	0.6607	0.8638	0.5125	0.5086
2011 年	0.6881	0.7771	0.8151	0.6894	0.6626	0.6366	0.8561	0.4798	0.5207
均值	0.6996	0.8052	0.8675	0.7406	0.6991	0.7650	0.8529	0.5440	0.5222
增幅(%)	−13.56	−5.87	−10.26	−13.4	−11.26	−26.67	−3.309	−6.961	−8.49

表 5-3 进一步给出了 1997—2011 年中国各细分制造业出口品 DVAR

的测度结果①,可知:首先,1997—2011年间仅有纺织品、皮革及鞋类制造业[行业(2)]与其他制造业及废弃资源和废旧材料回收加工业[行业(16)]的出口品DVAR呈现略微上升的趋势(上升幅度分别为0.106%和0.369%),其余14个亚产业出口品DVAR均呈现下降趋势;其次,从附加值率大小上看,食品、饮料和烟草制造业[行业(1)]、纺织品、皮革及鞋类制造业[行业(2)]与木材及软木制品业[行业(3)]等劳动密集型产业的出口品DVAR明显高于计算机、电子和光学设备制造业[行业(12)]等资本密集型出口品,即

表5-3 1997—2011年中国各细分制造业出口品DVAR的测度结果

行业	1997年	1999年	2001年	2003年	2005年	2007年	2009年	2011年	均值	增幅(%)
(1)	0.9213	0.9229	0.9142	0.8969	0.8943	0.9000	0.9120	0.8924	0.9057	-3.14
(2)	0.8199	0.8231	0.8087	0.7757	0.7791	0.8108	0.8449	0.8207	0.8074	0.11
(3)	0.8903	0.8572	0.8466	0.8370	0.8312	0.8425	0.884	0.8647	0.8522	-2.88
(4)	0.8894	0.8770	0.8656	0.8350	0.8009	0.7909	0.8039	0.7761	0.8294	-12.70
(5)	0.8399	0.8683	0.8111	0.7834	0.7314	0.7286	0.7643	0.7182	0.7782	-14.50
(6)	0.8557	0.8592	0.8277	0.7983	0.7704	0.7690	0.7957	0.7447	0.8003	-13.00
(7)	0.8533	0.8490	0.8209	0.7821	0.7469	0.7480	0.7976	0.7638	0.7924	-10.50
(8)	0.8929	0.8987	0.8772	0.8528	0.8162	0.8068	0.8309	0.7969	0.8456	-10.80
(9)	0.8713	0.8790	0.8683	0.8447	0.8113	0.8126	0.8498	0.8200	0.8425	-5.89
(10)	0.8415	0.8347	0.8144	0.7908	0.7492	0.7509	0.7906	0.7406	0.7867	-12.00
(11)	0.8616	0.8459	0.8215	0.7880	0.7660	0.7712	0.8158	0.7924	0.8047	-8.03
(12)	0.5866	0.5668	0.5357	0.4196	0.3800	0.4254	0.5009	0.4969	0.4828	-15.30
(13)	0.7784	0.7808	0.7589	0.6716	0.6816	0.6893	0.7535	0.7270	0.7280	-6.60
(14)	0.8496	0.8454	0.8192	0.7584	0.7474	0.7421	0.8065	0.7674	0.7881	-9.68
(15)	0.7625	0.7733	0.7442	0.7215	0.7161	0.7109	0.7594	0.7471	0.7399	-2.02
(16)	0.8670	0.8496	0.8475	0.8293	0.8033	0.8617	0.8901	0.8702	0.8510	0.37

① 根据OECD的投入产出表,制造业共有16个亚产业,分别为:(1)食品、饮料和烟草制造业;(2)纺织品、皮革及鞋类制造业;(3)木材及软木制品业;(4)造纸及纸制品、印刷和记录媒介的制造业;(5)炼焦、石油加工及核燃料加工业;(6)化学原料及化学制品制造业;(7)橡胶及塑料制品业;(8)其他非金属矿物质品制造业;(9)基本金属制品业;(10)金属制品制造业(机械设备除外);(11)未列明的机械设备制造业;(12)计算机、电子和光学设备制造业;(13)未列明的电力机械和装置制造业;(14)机动车辆、挂车和半挂车等交通运输设备制造业;(15)其他交通运输设备制造业;(16)其他制造业及废弃资源和废旧材料回收加工业。为免累赘,表5-3中亚产业的名称分别用数字表示。

中国劳动密集型产业出口品 DVAR 明显高于资本密集型，这在一定程度上表明，中国资本密集型产业的出口更依赖于国外高技术含量的中间品和零部件；最后，从出口品 DVAR 的变化幅度上看，中国融入全球价值链程度最大的三个产业分别是化学原料及化学制品制造业[行业(6)]、炼焦、石油加工及核燃料加工业[行业(5)]和计算机、电子和光学设备制造业[行业(12)]。为此，未来要进一步提升出口品 DVAR，可以先从提升上述三大产业高端中间品生产能力着手，以快速扩大出口产业对国内厂商的受益面。

2. 出口品 DVAR 与出口技术结构

对出口技术结构的研究始于 Hausmann、Rodrik 和 Schott 等学者，目前已形成基于人均 GDP 法和基于相似度法两类，由于基于人均 GDP 法容易赋予高收入经济体低技术产品过高的技术含量，而赋予低收入国家高技术产品过低的技术含量(陈晓华，刘慧，2015)，为此，本书采用 Schott(2008)构建的相似度法则来测度制造业出口技术结构，具体方法如下：

$$EXS_{tab} = \left[\min\left(\frac{X_{t1a}}{X_a}, \frac{X_{t1b}}{X_b}\right) + \min\left(\frac{X_{t2a}}{X_a}, \frac{X_{t2b}}{X_b}\right) + \cdots + \min\left(\frac{X_{tna}}{X_a}, \frac{X_{tnb}}{X_b}\right)\right]$$
$$= \left[\sum_p \min\left(\frac{X_{tpa}}{X_a}, \frac{X_{tpb}}{X_b}\right)\right] \tag{5.6}$$

其中，EXS 为出口技术结构，X_{tpb} 和 X_{tpa} 分别为经济体 a 和 b 在 t 年第 p 类产品的出口，X_a 和 X_b 分别为两类经济体的出口额，借鉴陈晓华和刘慧(2015)的研究，笔者将参照国 b 设定为美国，并以经济体出口到美国的 HS 编码数据测度出了 1997—2011 年 57 个经济体的制造业出口技术结构①。

图 5-1 分别从整体、发达经济体和发展中经济体三个层面初步报告了出口品 DVAR 和出口技术结构之间的关系。可知整体层面的拟合曲线斜率显著为负，这在一定程度上表明：出口品 DVAR 的提升不利于世界制造业出口技术结构升级。发达经济体的拟合曲线呈现"不显著"的上升趋势，而发展中经济体的拟合曲线的斜率则呈现显著为负的特征。为此，我们可以在一定程度上推定：出口品 DVAR 对制造业出口技术结构的作用机制在发展中经济体和发达经济体中存在一定的差异。当然上述结论仅仅为无条件相关的描述性统计，后文将通过加入控制变量的形式给出更为准确的结论。

① 其中 1997—2006 年的出口数据源于 NBER 网站，2007—2011 年的出口数据来自联合国统计数据库。HS 编码中制造业的选择根据陈晓华等筛选的十二大类制造业进行测算。

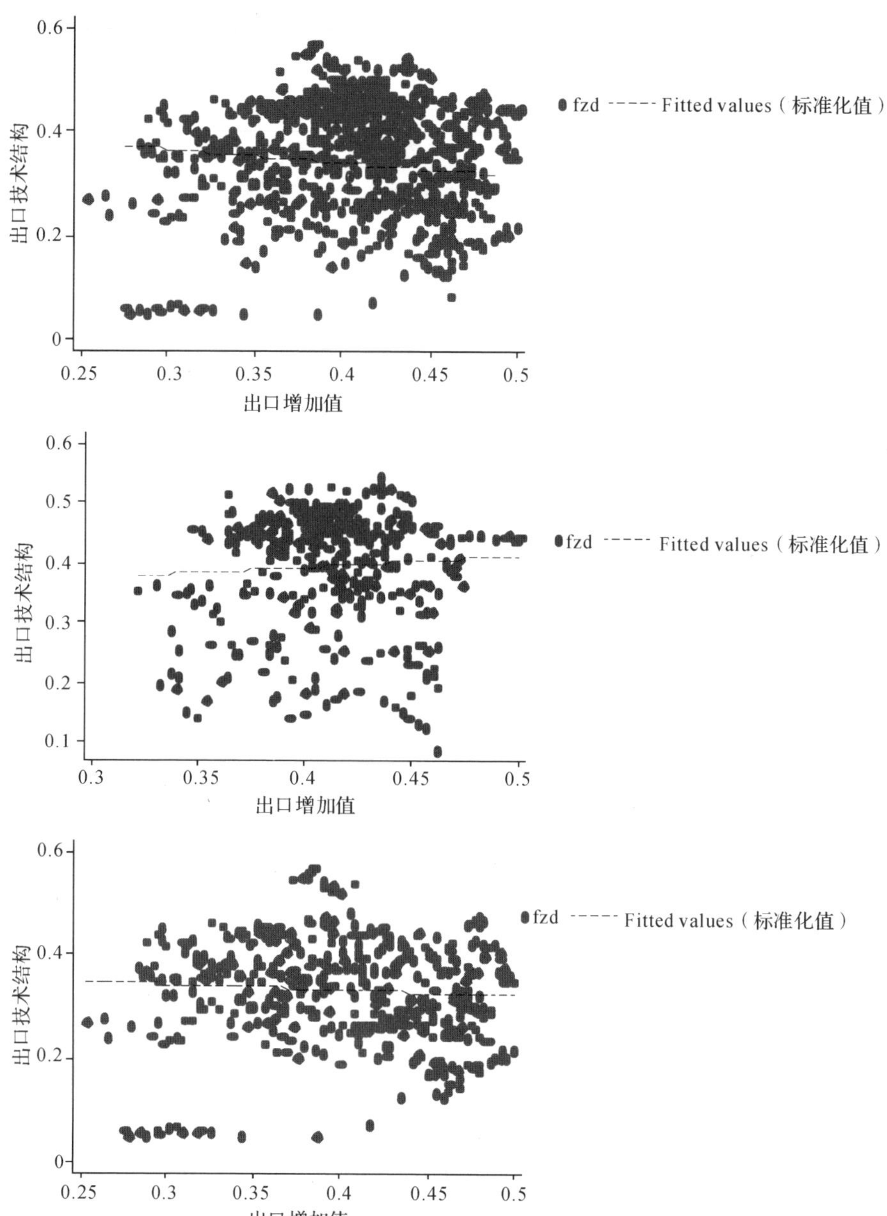

图 5-1　出口品 DVAR 和出口技术结构关系的散点统计

注：上图为所有经济体，中图为发达经济体，下图为发展中经济体。

3. 长期均衡关系的统计分析

虽然从出口品 DVAR 和出口技术结构两个领域的已有研究中能推导出前者对后者的作用机理，但目前并无学者对二者的关系进行实证检验，为防止无长期均衡关系型和无协整关系型伪回归现象的出现，笔者运用 Stata 软件对二者的长期均衡关系进行统计学检验。表 5-4 报告了整体、发达经济体和发展中经济体的检验结果，可知：在滞后一期与二期的情况下，四种检验方法均在 1%的显著性水平上表明二者存在长期的均衡关系和协整关系。为此，对二者进行实证回归时，实证结果中并不存在无长期均衡型伪回归现象。

表 5-4　出口品 DVAR 与出口技术结构长期均衡关系的检验结果

经济体	整体		发达经济体		发展中经济体	
	滞后一期	滞后二期	滞后一期	滞后二期	滞后一期	滞后二期
Gt	−3.117 (0.000)	−4.391 (0.000)	−3.168 (0.000)	−4.659 (0.000)	−3.074 (0.000)	−4.167 (0.000)
Ga	−18.013 (0.000)	−17.419 (0.000)	−17.987 (0.000)	−18.701 (0.000)	−18.035 (0.000)	−16.343 (0.000)
Pt	−21.263 (0.000)	−21.071 (0.000)	−14.501 (0.000)	−15.508 (0.000)	−15.622 (0.000)	−14.951 (0.000)
Pa	−15.084 (0.000)	−14.154 (0.000)	−14.544 (0.000)	−14.054 (0.000)	−15.349 (0.000)	−14.205 (0.000)

（二）计量结果与分析

1.控制变量与计量方法的选择

本书的主要目的是揭示制造业出口品 DVAR 对出口技术结构的影响机理，为此，被解释变量为制造业出口技术结构，解释变量为制造业出口品 DVAR。为了提高实证估计结果的科学性和可靠性，笔者进一步纳入了能够刻画各经济体特征的控制变量，具体有：(1)国际贸易地理优势，地理优势在很大程度上刻画了一个经济体参与国际贸易的便利性，其会对出口技术结构产生深远影响，本书选取了沿海(YH)、与大进口国毗邻(DG)和当年是否为 WTO 成员(WTO)三个变量从空间型和契约型双层面刻画经济体的贸易地理优势，实证中三个变量均以虚拟变量的形式表示①。(2)科研人员存量(RD)，本书以各经济体每百万人口中科研人员存量的自然对数表示。(3)高等教育(EDU)，高等教育是一国积累高技能人才和推动出口技术结构变迁的重要途径，本书以经济体高等院校毛入学率的自然对数表示。(4)经济效率(XL)，经济效率能够有效地刻画一国技术水平特征，本书以每公斤石油产生 GDP(2005 年不变价)的自然对数表示。(5)金融市场深化程度(SS)，金

① 本书以 2012 年进口总额前五的国家为大进口国，分别为美日德英中五国，若一经济体与五国中任何一个毗邻，则其 DG 变量设定为 1，否则为 0。

融市场深化程度会对一国企业融资的便利性和成本产生影响，进而影响企业向高技术环节攀升的能力，实证中借鉴杨荣海(2014)的研究，以上市公司资产总额与GDP之比的自然对数表示。(6)税收(TAX)，低税负不仅能吸引高新技术企业，还能在很大程度上降低创新成果转化的交易成本，进而对出口技术结构产生一定的影响，实证中以各经济体总税收占GDP百分比的自然对数表示。(7)金融危机(JR)，当所在年份大于2007时，该变量设定为1，否则为0。控制变量(2)—(6)中，高等教育变量来自联合国教科文组织统计数据库，其余变量源于世界银行统计数据库。

考虑到出口品DVAR和出口技术结构之间可能存在互为因果关系的内生性问题，笔者采用两阶段最小二乘法(2SLS)进行实证分析，并借鉴邱斌等的研究以内生变量的一期滞后项作为工具变量。另外为确保工具变量的有效性和结果的可靠性，进一步运用Anderson canon LM检验、Cragg-Donald Wald检验和Sargan检验分别对工具变量的不足识别假设(under identification)、弱识别假设(weak identification)和过度识别假设(over identification)进行检验。

2.实证结果与分析

为了科学刻画出口品DVAR对出口技术结构的影响机理，笔者从整体、发达经济体和发展中经济体三个层面对二者的关系分别进行分析，另外为了确保估计结果的稳健可靠，笔者采用交替加入控制变量的形式进行实证检验，表5-5—表5-7报告了相应的检验结果。从LM检验、CD检验和Sargan检验的结果上看，三者均在至少1%的显著性水平上拒绝了工具变量存在瑕疵的原假设，为此，表5-5至表5-7的估计结果是科学的。

出口品DVAR的估计结果显示，出口品DVAR提升对发达经济体和发展中经济体出口技术结构的影响存在较大的差异，整体而言，出口品DVAR的提升不利于世界出口技术结构的升级(见表5-5)，也不利于发展中经济体出口技术结构的升级(见表5-7)，但对发达经济体出口技术结构的作用力并不显著(见表5-6)，即发达经济体出口品DVAR的提升不一定会对其制造业出口技术结构产生不良冲击。导致这一现象出现的原因可能有两个方面：一方面，发展中经济体的技术水平相对较低，其国内中间品和零部件的技术含量远低于世界高端水平，为此，国内中间品和零部件使用比例的提升将显著降低其出口品的技术内涵，进而不利于制造业出口技术结构升级；另一方面，发达经济体的技术水平相对较高，其国内中间品和零部件的技术含量与世界高端水平的差距相对较小，部分发达经济体甚至是技术含量最高的中间品和零部件的生产国，为此，其国内中间品和零部件使用比例的提升对制造业出口技术结构产生的不良冲击相对有限。

表 5-5　整体层面的 2SLS 检验结果

系数	(1)	(2)	(3)	(4)	(5)	(6)	(7)	U 形判断
DVSR	−0.2389*** (4.39)	−0.2623*** (−4.38)	−0.2922*** (−4.48)	−0.3001*** (−4.65)	−0.3065*** (−4.73)	−0.3092*** (−4.81)	−0.3159*** (−4.93)	2.751 (1.04)
$DVSR^2$	—	—	—	—	—	—	—	−3.113 (−1.14)
RD	0.0154*** (4.62)	0.0191*** (3.37)	0.0252*** (4.03)	0.0233*** (3.76)	0.0228*** (6.35)	0.0193*** (5.17)	0.0198*** (5.29)	0.0162*** (3.28)
EDU	—	−0.0114 (−0.92)	0.0058 (0.42)	0.0079 (0.58)	—	—	—	—
XL	0.0379*** (4.63)	0.0388*** (4.09)	0.0385*** (3.81)	0.0260** (2.43)	0.0330*** (3.58)	0.0374*** (4.05)	0.0399*** (4.27)	0.0306*** (3.05)
SS	0.0292*** (11.87)	0.0296*** (10.47)	0.0315*** (11.17)	0.0281*** (9.49)	0.0270*** (10.45)	0.0257*** (9.90)	0.0257*** (9.90)	0.0253*** (9.61)
TAX	—	—	0.0066 (1.33)	0.0030 (0.60)	0.0005 (0.12)	−0.0002 (−0.06)	−0.0003 (−0.08)	−0.0008 (−0.19)
WTO	—	—	—	0.0322*** (3.29)	0.0335*** (3.76)	0.0283*** (3.14)	0.0285*** (3.17)	0.0317*** (3.19)
YH	—	—	—	—	0.0193** (1.99)	0.0196** (2.03)	0.0202** (2.10)	—
DG	—	—	—	—	—	0.0230*** (3.09)	0.0227*** (3.05)	0.0185** (2.21)
JR	—	—	—	—	—	—	−0.0115 (−1.61)	—
C	0.1544*** (3.83)	0.1826*** (3.86)	0.0503 (0.99)	0.0893* (1.73)	0.1088** (2.50)	0.1305*** (2.99)	0.1293*** (2.97)	−0.5527 (−0.93)
CR^2	0.2363	0.2222	0.2788	0.2954	0.3107	0.3225	0.3257	0.3265
F 检验	0.0000	0.0000	0.0000	0.0000	0.0000	0.0000	0.0000	0.0000
LM 检验	565.2***	478.6***	421.2***	421.1***	493.2***	493.2***	493.9***	31.39***
CD 检验	7973.8	7068.8	5164.3	5146.0	4859.9	4852.86	4919.6	32.75
Sargan 检验	0.000	0.000	0.000	0.000	0.000	0.000	0.000	0.000
OBS	608	513	458	458	548	548	548	548

注：*、** 和 *** 分别代表在 10%、5% 和 1% 的显著性水平上显著。以下同。

上述实证结论还给我们带来如下警示效应：对于国内中间品和零部件技术含量并不高的中国而言，过于追求出口品 DVAR 提升可能会对制造业出口技术结构升级产生“侵蚀效应”，即提升出口品 DVAR 和提升出口技术结构的双重目标可能难以两全。最后为了防止出口品 DVAR 对出口技术结构的作用力为非线性而引致的估计偏误，笔者将出口品 DVAR 的平方项也纳入了实证检验中，三个层面实证结果中的平方项和水平项均未能通过显著性检验（见表 5-5 至表 5-7 的最后一列），即非线性关系不成立，这进一步证实了上述结论的可靠性。

表 5-6　发达经济体的 2SLS 检验结果

系数	(1)	(2)	(3)	(4)	(5)	(6)	(7)	U 形判断
DVSR	−0.032 (−0.29)	−0.1323 (−1.30)	0.0762 (0.58)	0.0573 (0.42)	0.0575 (0.41)	−0.0559 (−0.51)	−0.0791 (−0.71)	17.378 (1.36)
$DVSR^2$	—	—	—		—	—	—	−17.334 (−1.37)
RD	0.029*** (3.74)	0.0200** (2.03)	—		—	0.0316*** (3.78)	0.0341*** (3.94)	0.0366 (4.20)
EDU	—	—	0.0810*** (3.15)	0.0791*** (3.04)	0.079*** (2.89)	—	—	—
XL	—	—	0.0772*** (4.84)	0.0761*** (4.72)	0.0761*** (4.40)	—	—	—
SS	0.0414*** (10.72)	0.0407*** (11.45)	—		—	0.0413*** (10.74)	0.0415*** (10.80)	0.0411 (11.05)
TAX	0.0244*** (3.02)	0.0401*** (5.17)	0.0226*** (3.21)	0.0228*** (3.24)	0.0227*** (3.23)	0.0222*** (2.72)	0.0222*** (2.73)	0.0201 (2.52)
WTO	—	0.2043*** (7.16)	0.1295*** (3.94)	0.1356*** (3.86)	0.1356*** (3.83)	—	—	—
YH	—	—	—		0.0002 (0.01)	0.0221 (1.53)	0.0228 (1.58)	0.0110 (0.68)
DG	—	—	—	−0.0058 (−0.49)	−0.0057 (−0.45)	−0.0047 (−0.46)	−0.0057 (−0.55)	−0.0181 (−1.31)
JR	—	—	—		—	—	−0.0110 (−1.06)	—
C	−0.1238 (−1.51)	0.0852 (1.05)	−0.3178** (−2.26)	−0.3006 (−2.07)	−0.3008** (−2.06)	−0.1428* (−1.71)	−0.1490* (−1.78)	−4.501 (−1.41)
CR^2	0.3440	0.4431	0.2033	0.2043	0.2043	0.3496	0.3521	0.3981
F 检验	0.0000	0.0000	0.0000	0.0000	0.0000	0.0000	0.0000	0.0000
LM 检验	258.3***	257.8***	254.4***	251.9***	250.8***	257.7***	256.8***	234.1***
CD 检验	2461.6	2409.9	2393.3	2179.1	2088.2	2395.1	2306.7	2412.1
Sargan 检验	0.000	0.000	0.000	0.000	0.000	0.000	0.000	0.000
OBS	288	288	284	284	284	288	288	288

贸易地理优势的实证结果表明：契约型贸易地理优势（WTO）和空间型贸易地理优势（YH 和 DG）均能显著地促进整体和发展中经济体出口技术结构升级，对发达经济体而言，仅有契约型地理优势对发达经济体出口技术结构有显著的促进作用，空间型贸易地理优势的作用力并不显著。此外发达经济体 WTO 变量的估计系数为 0.1295～0.2043，远大于发展中经济体的估计值（0.0241～0.0499），这在一定程度上表明：契约型贸易地理优势对发达经济体出口技术结构升级的促进作用显著大于发展中经济体。导致这一现象出现的原因可能在于：发达经济体在契约型贸易便利性方面的制度

安排优于发展中经济体，从而使得其融入世界一体化组织给制造业出口技术结构带来的正向效应大于发展中经济体。

表 5-7　发展中经济体的 2SLS 检验结果

系数	(1)	(2)	(3)	(4)	(5)	(6)	(7)	U 形判断
DVSR	−0.3549*** (−6.51)	−0.3655*** (−6.63)	−0.4146*** (−5.86)	−0.4655*** (−7.19)	−0.3036*** (−4.98)	−0.3957*** (−5.23)	−0.2948*** (−4.84)	4.068 (1.07)
$DVSR^2$	—	—	—	—	—	—	—	−4.574 (−1.15)
RD	—	—	—	—	0.0177** (2.50)	0.0192*** (2.73)	0.0217*** (2.93)	0.0211*** (2.66)
EDU	−0.009 (−0.99)	−0.0084 (−0.92)	−0.0087 (−0.87)	−0.0072 (−0.80)	—	—	—	—
XL	—	0.0276** (2.22)	—	0.0311** (2.52)	0.0636*** (4.23)	0.0639*** (4.29)	0.0733*** (4.61)	0.0556*** (3.30)
SS	0.0172*** (5.10)	0.0201*** (5.58)	0.0157*** (4.78)	0.0212*** (5.92)	0.0163*** (4.29)	0.0160*** (4.23)	0.0171*** (4.48)	0.0149*** (3.57)
TAX	—	—	0.0018 (0.34)	—	−0.0082 (−1.45)	−0.0073 (−1.30)	−0.0095* (−1.66)	−0.0082 (−1.42)
WTO	—	—	—	—	0.0241* (1.82)	0.0319** (2.35)	0.0292** (2.16)	0.0499* (1.87)
YH	—	—	0.0262** (2.30)	0.035*** (2.97)	—	0.0271** (2.12)	0.0737*** (6.90)	—
DG	—	—	—	—	0.0712*** (6.68)	0.075*** (7.01)	—	0.0713*** (6.58)
JR	—	—	—	—	—	—	−0.0178* (−1.79)	—
C	0.4652*** (9.53)	0.4060*** (7.03)	0.4743*** (8.67)	0.4134*** (7.24)	0.1710** (2.22)	0.1791** (2.34)	0.1247 (1.53)	−0.8604 (−0.95)
CR^2	0.1490	0.1631	0.1563	0.1836	0.2752	0.2889	0.2839	0.2491
F 检验	0.0000	0.0000	0.0000	0.0000	0.0000	0.0000	0.0000	0.0000
LM 检验	340.8***	336.8***	259.6***	330.1***	242.6***	233.3***	242.8***	239.3***
CD 检验	6670.4	6491.3	2857.6	4634.1	3189.9	2060.7	3213.0	3179.3
Sargan 检验	0.000	0.000	0.000	0.000	0.000	0.000	0.000	0.000
OBS	359	355	285	355	262	262	262	262

综合其他控制变量的估计结果，我们还可以得到如下结论：第一，科研人员存量的提升能显著地提升一国制造业出口技术结构，这一研究结论与Rodrik(2006)和陈晓华等(2011)的研究结论颇为相似，为此，增加和提高科研人员的数量和质量仍然是提升制造业出口技术结构的一个重要途径。但令人遗憾的是，高等院校入学率的提升仅在发达经济体中发挥显著的正效应，对发展中经济体出口技术结构的作用力并不显著。出现这一现象的原因可能在于：一方面，发展中经济体高等院校在人才培养模式、技术前沿性

和产学研结合度方面均明显逊色于发达经济体的高校，这使得发展中经济体高校的毕业生所掌握的技术和技能难以与本国制造业前沿技术对接，进而出现高等教育入学率对发展中经济体出口技术结构升级不敏感的现象；另一方面，发展中经济体的出口技术结构赶超多依赖于发达经济体的高端中间品和零件，呈现出外力依赖型技术赶超特征（陈晓华，刘慧，2015），进而使得发展中经济体的高校无法接触到最高端的技术，高校毕业生只有通过进入企业"再学习"（如成为科研人员）的方式接触到高端技术，进而使得发展中经济体高等教育入学率的估计结果不显著。

第二，税率的上升对发展中经济体出口技术结构的作用力并不显著，但能有效地推动发达经济体出口技术结构升级。税收增加会对制造业出口技术结构产生两个方面的影响：一是倒逼效应，即税率的提升倒逼出口技术结构升级，税率提升往往意味着产品的"非生产型"成本提升，进而会对企业的销量和利润率产生不良冲击，此时部分企业会选择技术含量更高的生产工艺进行生产，以消化和降低上述冲击的负面影响，而企业的这一决策传导到国家层面时，将有效地推动出口技术结构升级；二是抑制效应，税率的提升会"侵占"企业的利润，当企业无意进行生产工艺改进或无法进行工艺改进时，企业收益越高（往往为高技术）的产品受到税率提升的冲击往往越大，为此，企业往往会减产、停产此类产品甚至将其生产转移到他国，进而降低该国出口品中高技术产品的比例，最终不利于制造业出口技术结构的升级。出现上述现象的原因在于：税率提升给发达国家制造业带来的倒逼效应明显大于抑制效应，而在发展中经济体中，倒逼效应和抑制效应呈现"势均力敌"的特征。这也在很大程度上表明，发达经济体制造业将成本转化为技术升级的动力机制明显优于发展中经济体，而发展中经济体的这一机制有较大的改进空间。

第三，金融危机的虚拟变量在发达经济体的实证结果中不显著，但在发展中经济体中，该估计结果显著为负。这表明，金融危机对发展中经济体出口技术结构产生的不良冲击大于发达经济体，即发展中经济体的出口技术结构更容易受到外部经济环境的冲击。出现这一现象的原因可能在于：一方面，发展中经济体出口技术结构升级的核心动力是出口（黄先海等，2010），金融危机过后，贸易保护主义抬头使得发展中经济体的出口遭受了明显的冲击，进而使得发展中经济体出口技术结构升级的核心动力所发挥的效用"大不如前"；另一方面，发达国家"再工业化"政策也使得发展中经济体出口到发达经济体的量也有不同程度的萎缩，发展中经济体出口到发达经济体的产品往往是其高端产品，为此，发达经济体进口量的降低则意味着发展中经济体出口品中高技术含量产品的比例降低，进而会对其出口技术结构升级产生负效应。对于发达经济体而言,其出口技术结构升级的核心动力是经济增长(黄先海等,2010),为此,金融危机引致型贸易冲击对其出口技术结构的影响相对有限。由此可见,转换发展中经济体出口技术结构升级的核心动力是扭转这一不利局面的关键所在。值得一提的是,经济效率和金融市场深化度的提升均能有效地促进制造业的出口技术结构升级,这符合了技术升级的基本规律。

3.稳健性检验

为了进一步确保前文研究结论的可靠性,笔者采用两种方法进行稳健性检验:一是采用变更估计方法的形式进行检验,即采用面板数据混合回归模型(POLS)对前文的样本进行再次实证;二是采用变更被解释变量测度方法的形式进行稳健性检验。根据 Rodrik(2006)、Schott(2008)和陈晓华等(2011)的研究,出口技术结构的测度方法有基于相似度法和基于人均 GDP 法两类,为此,笔者采用人均 GDP 法对各国出口技术结构再次进行测度和回归,以检验前文结论的可靠性,具体测度方法采用刘慧等(2015)构建的基于人均 GDP 的测度方法。表 5-8 报告了相应的稳健性检验结果,可知实证结果与前文仅存以下细微不同:高等教育入学率变量在发展中经济体中的估计结果从不显著变成了显著为正。出现这一现象的原因可能在于:高等教育入学率提升会对经济增长产生显著的正效应,人均 GDP 的加入使得高等教育入学率对出口技术结构的作用机制在一定程度上被这一正效应所"掩饰",进而呈现出一定的"表象型"正效应。其他变量的估计系数在符号方向和显著性上与前文一致。此外,POLS 的估计结果与前文的估计结果在符号方向和显著性上高度一致。为此,我们可以推定:前文的实证结果是稳健可靠的。

表 5-8 稳健性检验结果:基于变更估计方法和变更被解释变量测度方法视角

检验方法	变更估计方法(POLS)			变更被解释变量测度方法					
	整体	发展中	发达	整体		发展中		发达	
方程	(7)	(7)	(7)	(1)	(4)	(1)	(4)	(1)	(4)
DVSR	−0.3186*** (−5.25)	−0.2975*** (−5.03)	−0.0938 (−0.91)	−1.295*** (−6.25)	−1.271*** (−5.73)	−1.592*** (−7.33)	−2.283*** (−9.16)	−2.305 (−1.12)	0.1147 (0.23)
RD	0.0181*** (4.91)	0.0197*** (2.71)	0.0313*** (3.66)	0.0670*** (5.25)	0.0972*** (7.01)	—	—	0.2420*** (7.60)	—
EDU	—	—	—	—	—	0.0625* (1.73)	0.0734** (2.10)	—	0.6416*** (6.86)
XL	0.0406*** (4.42)	0.0683*** (4.47)	—	0.2148*** (6.88)	0.1986*** (5.59)	—	0.2145*** (4.52)	0.2118*** (3.79)	0.4751*** (8.19)

续表

检验方法	变更估计方法(*POLS*)			变更被解释变量测度方法					
	整体	发展中	发达	整体		发展中		发达	
方程	(7)	(7)	(7)	(1)	(4)	(1)	(4)	(1)	(4)
SS	0.0260*** (10.14)	0.0152*** (4.09)	0.0429*** (11.51)	0.1049*** (11.16)	0.1007*** (10.04)	0.0789*** (5.86)	0.1055*** (7.66)	0.1502*** (4.46)	
TAX	0.0021 (0.47)	−0.0078 (−1.39)	0.0238*** (3.20)	—	0.0026 (0.14)	—	—	—	0.0870*** (3.44)
WTO	0.0272*** (3.06)	−0.0078** (2.36)	—	—	0.0898*** (2.61)	—	—	—	0.2544** (2.01)
YH	0.0186* (1.96)	0.0768*** (7.25)	0.0242 (0.69)	—	—	—	0.2151*** (4.74)	—	—
DG	0.0243*** (3.31)		−0.0061 (−0.60)	—	—	—	—	—	0.0016 (0.04)
JR	−0.0125 (−0.73)	−0.019* (−1.90)	−0.0109 (−1.05)	—	—	—	—	—	—
C	0.1358*** (3.18)	0.1533* (1.94)	−0.1329 (−1.65)	9.0243*** (58.68)	8.756*** (52.78)	9.879*** (50.84)	9.511*** (43.29)	7.837*** (8.59)	5.749*** (11.00)
CR^2	—	—	—	0.2537	0.3081	0.1638	0.2508	0.3649	0.3212
AR^2	0.3131	0.2904	0.3452	—	—	—		—	—
F 检验	0.0000	0.0000	0.0000	0.0000	0.0000	0.0000	0.0000	0.0000	0.0000
LM 检验	—	—	—	565.2	504.1	340.8	330.13	279.5	251.9
CD 检验	—	—	—	7973.8	6210.8	6670.4	4634.1	2319.6	2179.1
Sargan 检验	—	—	—	0.000	0.000	0.000	0.000	0.000	0.000
OBS	578	275	306	608	548	359	355	301	284

注：本书对表 5-5 至表 5-7 中的 7 个方程均进行了稳健性检验，限于篇幅给出了表 5-8 所示的稳健性检验结果。

二、生产性服务业融入制造业环节偏好与出口技术复杂度升级

20 世纪 90 年代以来，跨国公司配置全球生产要素实现利益最大化的行为，使得制造业生产过程逐渐被分解为不同的片段和环节，这些片段和环节在空间上分布于不同的经济体，最终形成了以生产分割为代表的新型国际生产网络。生产性服务业植根于制造业的生产分割，其不仅是分散化生产环节成功衔接的关键所在，更是一国制造业生产效率和产品技术内涵提升的重要支撑力量（席强敏等，2015；陈建军，陈菁菁，2011）。为此，各国均不遗余力地发展生产性服务业。如越来越多的经济体用专业化的服务为制造业提供金融保险、运输仓储、商贸和邮电通信方面的服务，推动制造业的转型升级（杨玲，2015）。美国的“再工业化”战略、法国的“新工业法国”战略和

德国的"工业 4.0"战略均将生产性服务业作为工业转型升级的重要支撑产业(席强敏等,2015)。这不仅使得生产性服务业的增长速度超越了制造业,还使得生产性服务业成为服务业中最具活力的部门(王荣艳,齐俊妍,2009)。

生产性服务业快速成长的经验表明,在新型国际生产网络的作用下,生产性服务业只有与生产网络中不同的环节融合,才能发挥其促进产品技术内涵提升的功能。那么不同生产性服务业在融入和支持制造业时,是否有环节偏好?在外需疲软和成本上升等多重不利因素的影响下①,中国出口增速明显放缓,使得制造业陷入了前所未有的困境,而提高出口技术复杂度是制造业突破当前外需疲软和成本上升等"内忧外患"的核心途径(陈晓华,刘慧,2015),而发展生产性服务业已经成为各国提升出口品技术内涵的重要手段(席强敏等,2015)。由此我们还衍生出如下疑惑:生产性服务业的环节偏好会对制造业出口技术复杂度产生什么样的影响?探索上述问题的答案,不仅有助于改进我国生产性服务业和制造业的融合方式,实现生产性服务业和制造业的高效互动,还对我国制定转变经济发展方式、赶超发达国家出口技术复杂度和走出外需疲软与成本上升困境方面的政策均具有较高的参考价值。

(一)文献简述

生产性服务业的概念最早由 Markusen(1989)等提出并完善,其本质是为制造业生产网络的衔接和运转提供各种知识密集型(knowledge intensity)的中间服务(Markusen,1989)。因其具有降低制造业交易成本(谭洪波,2015;赵伟,郑雯雯,2011)、促进制造业集聚与技术进步(高传胜,刘志彪,2005;席强敏等,2015)、优化贸易模式(王荣艳,齐俊妍,2009;Markusen,1989)、提升城市化水平(陈建军等,2009)和加快经济增长(Dall'erba et al.,2009;Micucci & Giacinto,2009)等功能,已有文献从多个角度对其进行了深入的分析与探讨。与本书密切相关的研究主要体现于以下三个方面。

一是对生产性服务业与制造业互动机制的研究。融入制造业既是生产性服务业的立足之本,也是生产性服务业发挥其各项功能的主要途径(Markusen,1989),为此,生产性服务业与制造业的互动机制一直是该领域关注的焦点,所得结论多表明二者具有显著的协同互促效应。如高觉民和李晓慧(2011)的机理与实证结果表明:生产性服务业与制造业间存在显著

① 如 2015 年前三季度中国的总出口量同比下降了 1.8%,3 月份和 4 月份甚至出现了 14.6% 和 6.2%的"大幅度"下降,魏浩和李翀(2014)的研究表明:随着人口红利的逐渐消失,中国城镇平均工资在 2001—2010 年间上升了 2.56 倍。

的相互促进作用，这种促进作用不仅体现于生产性服务业整体层面，还体现于生产性服务业的异质性细分产业上；高传胜和刘志彪(2005)认为长三角地区之所以能先于国内其他地区实现制造业的大量集聚与升级，主要得益于该地区拥有较为发达的生产性服务业；陈建军和陈菁菁(2011)基于空间维度的理论分析框架，对浙江69个城市生产性服务业和制造业的作用机制进行分析后发现，二者的协同定位关系显著存在，即二者存在显著的相互促进关系；Micucci & Giacinto(2009)基于意大利的实证结果表明，生产性服务业与制造业间存在显著的交互影响关系，生产性服务业推动了制造业的发展，而制造业则构成了生产性服务业长期(long-term)增长的重要决定因素(determinants)。

二是生产性服务业对制造业出口的影响研究。生产性服务业可谓当前制造业国际分散化生产的"衔接器"和"润滑剂"，能有效降低国际生产网络各环节相互衔接的交易成本(Eswaran, Kotwal,2002)。以新经济地理学的经典研究结论作为推理依据可知：交通运输类生产性服务业的专业化有助于降低贸易的"冰山成本"，从而对国际贸易产生影响。此外，金融、批发零售和邮政通信等生产性服务业的发展均能有效降低生产企业的成本(赵伟，郑雯雯,2011)。为此，多数学者认为生产性服务业对制造业出口的促进作用主要得益于其所拥有的交易成本削减功能，如Guerrieri & Meliciani(2005)与赵伟和郑雯雯(2011)等。也有部分学者从比较优势视角分析其对制造业出口的正向影响，如王荣艳和齐俊妍(2009)认为在开放经济条件下，国外生产性服务业的发展可以有效地弥补本国高技能人才短缺等不足，从而提高其最终产品的比较优势，促进制造业出口。

三是生产性服务业对制造业技术效率的影响研究。这研究一方向主要从生产性服务业对制造业空间集聚影响的研究中衍生而来，如Eswaran & Kotwal(2002)认为生产性服务业的发展能够推动制造业分工的细化与专业化，进而加快工业化(industrialization)进程和集聚的形成，最终促进制造业的生产技术效率升级。Ramasamy & Yeung(2010)认为生产性服务业的FDI具有显著的尾随制造业FDI特征，二者还同时具有追求集聚效应的特点，并通过相互吸引和协同集聚的方式推动制造业技术提升。国内学者原毅军等(2007)运用博弈论的方法分析制造业和生产性服务业的技术研发策略时也发现，两类产业的技术研发具有相互促进和相互影响的协同创新效应；黄莉芳等(2011)就生产性服务业的前后向关联对制造业的影响进行进一步分析发现，生产性服务业的发展对资本和技术密集型制造业的技术效率均表现出一定的正向促进效应。

综上可知，生产性服务业已经全面融入具有生产分割特征的制造业全球生产网络和价值链(Markusen,1989;王荣艳,齐俊妍,2009),学界也对这一领域进行了大量深入的探讨。全球价值链理论表明制造业不同分割环节的获利能力存在较大差异,在资本逐利性、自身的异质性特征和国家发展战略的驱动下,生产性服务业融入制造业的过程可能会存在环节偏好,如偏好回报率高和政府支持的制造业生产环节。令人遗憾的是,已有研究均局限于生产性服务业总量增长和 FDI 等方面对制造业的影响,尚无学者深入探讨生产性服务业融入制造业时的环节偏好特征,更无学者深入分析这种环节偏好对制造业出口技术复杂度的影响机制。为此,本书的学术贡献在于以下两个方面:一是直接测度出了异质型生产性服务业融入制造业的环节偏好。本书通过修正 Antràs 等(2012)的研究方法,形成了测算生产性服务业融入制造业环节偏好的科学方法,并利用 1997—2011 年间 34 国投入产出数据,测度出了 34 国 8 类异质型生产性服务业融入制造业的环节偏好,既为生产性服务业研究领域提供了一个全新的分析工具,也为学术界研究生产性服务业融入制造业的方式提供了一个前瞻性的研究基础。二是首次揭示了异质型生产性服务业环节偏好对制造业出口技术复杂度的作用机理。当前学术界对生产性服务业和制造业出口技术复杂度给予了极大的关注,但缺少对生产性服务业融入制造业环节偏好的讨论,更缺乏对环节偏好对制造业出口技术复杂度作用机制的系统性研究。本书的研究还将生产性服务业对出口的影响研究从“量”的领域拓展到“质”的领域。

(二)生产性服务业融入制造业环节偏好的测度与分析

1. 测度方法的构建

Markusen(1989)等学者认为国际生产分割程度越深,制造业对生产性服务业生产环节“衔接”功能的需求越高,为此,生产性服务业融入制造业的环节偏好可以体现于其在制造业不同生产环节的投入力度上。考虑到 Antràs 等(2012)提出的上游度指数能有效地测度产业中不同环节投入与最终产品的距离,因而本书基于其方法,以上游度指数来测度异质型生产性服务业融入制造业的环节偏好①。

在 Antràs 等(2012)的测度方法中,假设各产业历年最终产品无存货(no inventories),这一假设将存货的增量等同于产业最终消费,显然会扭曲产业最终产品的实际值。有鉴于此,本书将产业的历年存货从最终消费中析出,以从更为科学的角度分析生产性服务业融入制造业的上游度指数。封闭条件下,生产性服务业的总产出(Y_s)等于该产业存货变动额(I_s)加上作为制造

① 根据 Antràs 等(2012)的研究可以推定:生产性服务业的上游度越高,说明其融入制造业时越偏好上游生产环节,越低则说明其越偏好下游生产环节。

业中间品的投入价值(Z_s)，作为非制造业中间品的投入(L_s)和最终消费品的投入额(F_s)，即

$$Y_s = I_s + L_s + Z_s + F_s \tag{5.7}$$

其中，s 表示第 s 类生产性服务业。假设制造业 j 每增加 1 美元产出需要第 s 类生产性服务业 d_{sj} 美元的中间投入，根据 Antràs 等(2012)的研究和投入产出理论的基本研究结论，式(5.7)可以变换如下：

$$Y_s - I_s - L_s = F_s + Z_s = F_s + \sum_{j=1}^{N} d_{sj}(Y_j - I_j - L_j) \tag{5.8}$$

当制造业 j 的产品又被其他制造业作为中间产品使用时，生产性服务业的投入产出结果可以表示如下：

$$Y_s - I_s - L_s = F_s + \sum_{j=1}^{N} d_{sj} F_j + \sum_{j=1}^{N}\sum_{k=1}^{N} d_{sk} d_{kj} F_j + \sum_{j=1}^{N}\sum_{k=1}^{N}\sum_{l=1}^{N} d_{sl} d_{lk} d_{kj} F_j + \cdots \tag{5.9}$$

基于式(5.9)，我们可以计算出生产性服务业所融入的各环节与制造业最终产品的距离，即生产性服务业融入制造业的上游度。借鉴 Antràs 等(2012)的研究，采用加权平均的处理方式，可得：

$$U_s = 1 \times \frac{F_s}{Y_s - I_s - L_s} + 2 \times \frac{\sum_{j=1}^{N} d_{sj} F_j}{Y_s - I_s - L_s} + 3 \times \frac{\sum_{j=1}^{N}\sum_{k=1}^{N} d_{sk} d_{kj} F_j}{Y_s - I_s - L_s} + 4 \times \frac{\sum_{j=1}^{N}\sum_{k=1}^{N}\sum_{l=1}^{N} d_{sl} d_{lk} d_{kj} F_j}{Y_s - I_s - L_s} + \cdots \tag{5.10}$$

U_s 是生产性服务业 s 融入制造业的上游度，由于式(5.10)的计算过程过于复杂，借鉴 Antràs 等(2012)的研究，本书将其演化为一个简便的线性处理过程[①]，将生产性服务业 s 的上游度以本国制造业的上游度的形式表示为：

$$U_s = 1 + \sum_{j=1}^{N} \frac{d_{sj}(Y_j - I_j - L_j)}{Y_s - I_s - L_s} U_j \tag{5.11}$$

其中，$d_{sj}(Y_j - I_j - L_j)/(Y_s - I_s - L_s)$ 为生产性服务业 s 的总产出中除去存货和非制造业投入品外被制造业 j 购买的份额，U_j 为制造业 j 的上游度。进一步将式(5.11)从封闭状态拓展到开放状态可得：

$$U_s = 1 + \sum_{j=1}^{N} \frac{d_{sj}(Y_j - I_j - L_j) + X_{sj} - M_{sj}}{Y_s - I_s - L_s} U_j = 1 + \sum_{j=1}^{N} \delta_{sj} U_j \tag{5.12}$$

① 具体的处理过程请参照 Antràs 等(2012)一文中附件证明部分。

令 $\delta_{sj}=(d_{sj}Y_j-d_{sj}I_j-d_{sj}L_j+X_{sj}-M_{sj})/(Y_s-I_s-L_s)$ (5.13)

X_{sj} 为生产性服务业 j 出口额中被海外 j 制造业购买的金额，M_{sj} 为生产性服务业 s 进口中被国内制造业 s 购买的金额，由于 X_{sj} 和 M_{sj} 的数据难以获得，本书进行简化处理，令 $\delta_{sj}=X_{sj}/X_s=M_{sj}/M_s$，则式(5.13)可以处理如下：

$$\frac{d_{sj}(Y_j-I_j-L_j)+\delta_{sj}X_s-\delta_{sj}M_s}{Y_s-I_s-L_s}=\delta_{sj}\Rightarrow\delta_{sj}=\frac{d_{sj}(Y_j-I_j-L_j)}{(Y_s-I_s-L_s-X_s+M_s)} \tag{5.14}$$

由式(5.12)和式(5.13)可得：

$$U_s-\sum_{j=1}^{N}\frac{d_{sj}(Y_j-I_j-L_j)}{(Y_s-I_s-L_s-X_s+M_s)}U_j=1 \tag{5.15}$$

其中，$d_{sj}(Y_j-I_j-L_j)/(Y_s-I_s-L_s-X_s+M_s)$ 可以由投入产出表核算而得，由于生产性服务业运转过程中也常需要制造业的产品作为中间投入，因而制造业 j 的上游度也可以采用类似式(5.15)的形式以其他制造业和生产性服务业 i 的上游度表示。为此，式(5.15)实际上可以矩阵化为如下形式：

$$U-DU=1 \tag{5.16}$$

其中，D 为式(5.15)中 U_j 前系数的矩阵，U 为包含生产性服务业和制造业上游度的矩阵，基于式(5.14)和投入产出表，可以估算出异质型生产性服务业融入制造业的环节偏好(上游度)。

2. 数据的来源与处理说明

本书采用 WIOD 数据库中各国的投入产出表数据进行测算，该数据库提供了 40 国 1995—2011 年间包含 35 类产业的投入产出数据。结合本书的研究目的和后文变量数据的可获得性，本书以 34 国 1997—2011 年的投入产出表作为研究对象。根据前文修正后的测度方法，我们仅保留了 WIOD 投入产出表中中的制造业和生产性服务业，以提高测度结果的可靠性。根据 WIOD 提供的产业目录，最终选择的制造业有 14 种，生产性服务业有 8 种。具体国别和产业选择见表 5-9。

表 5-9　国别和产业的选择[①]

国家	制造业	生产性服务业
俄罗斯、加拿大、希腊、斯洛伐克、拉脱维亚、波兰、印尼、芬兰、巴西、墨西哥、爱尔兰、英国、丹麦、瑞典、荷兰、比利时、奥地利、葡萄牙、美国、德国、匈牙利、土耳其、法国、西班牙、捷克、罗马尼亚、澳大利亚、爱沙尼亚、韩国、印度、意大利、日本、保加利亚、中国	C3 食品、饮料和烟草、C4 纺织品、C5 皮制品与鞋类、C6 木制品、C7 纸与印刷品、C8 石油与核燃料、C9 化工产品、C10 塑料产品、C11 其他非金属矿物产业、C12 金属与金属制品、C13 机械制品、C14 电器与光学设备、C15 交通设备制造、C16 制造与回收业	C20 批发和中间商服务业、C21 零售服务业、C23 内陆运输服务业、C24 水运服务业、C25 空运服务业、C26 其他交通支持和辅助服务业、C27 邮电服务业、C28 金融服务业

3. 测度结果与分析

基于前文构建的测度方法和样本，本部分测度了 1997—2011 年间 34 国 8 类生产性服务业融入制造业的上游度。考虑到生产性服务业间也相互有中间品的投入，为排除生产性服务业间的相互投入对生产性服务业融入制造业上游度测算结果的“干扰”，本书以 1 个生产性服务业加 14 个制造业的形式（即 15×15 矩阵）测算各国历年异质型生产性服务业的上游度。即实际测度过程中采用了 4080（15 年×8 产业×34 国）组 15×15 矩阵。表 5-10 报告了 34 国整体层面 8 类生产性服务业的上游度均值。可知，首先，从 2008 年后的值来看，零售服务业（C21）和空运服务业（C25）是上游度指数最低的两个行业，可见这两个行业融入制造业时偏好制造业的中下游环节，这一结果可能与这两个行业的特征有较为密切的关系，零售业服务的制造业对象多为最终产品，空运服务业运费较贵，一般难以为大宗原料提供服务，使得二者倾向于融入制造业中下游环节。其次，2008 年后水运服务业（C24）、金融服务业（C28）是上游度最高的两个行业，这在一定程度上表明二者融入制造业时偏好上游产业。出现这一结果的原因可能在于两个方面：一方面，水运服务业因其运量大、运费低等特征，适用运输于处于制造业上游的大宗原料，进而使得其融入制造业时具有上游化偏好；另一方面，在制造业原料的开发过程中，不仅需要大量的资金，很多原料甚至以期货的形式在金融市场上进行交易，为此，原料交易吸引了大量的金融资源，进而使得金融服务业

---

① 行业前的 C 加数字为该产业在 WIOD 数据库中的行业代码，行业中文名为笔者简单直译，具体英文名请参照 WIOD 数据库中的公开数据。结合中国对生产性服务业的划分方法，C20—C21 可以归类为商务服务业，C23—C26 可以归类为交通运输和现代物流服务业，C27 可以归类为信息服务业，C28 可以归类为金融服务业。

融入制造业的上游度指数偏高；最后，表5-10的结果表明不仅生产性服务业融入制造业具有环节偏好，而且这种偏好还呈现出动态变化的趋势，8个生产性服务业中只有2个生产性服务业融入制造业的上游度呈现出上升趋势，其余6个呈现出一定的下降趋势。

表5-10　1997—2011年各国8类生产性服务业上游度均值

产业	1997	1999	2001	2003	2005	2007	2008	2009	2010	2011	增幅(%)
C20	1.937	1.924	1.916	1.915	1.903	1.890	1.893	1.935	1.924	1.894	−2.220
C21	1.823	1.815	1.815	1.819	1.807	1.796	1.801	1.842	1.835	1.810	−0.713
C23	1.718	1.725	1.770	1.806	1.857	1.797	1.881	1.851	1.891	1.891	10.076
C24	2.052	2.043	2.047	2.065	2.058	2.061	2.153	2.091	2.182	2.253	9.790
C25	1.751	1.739	1.762	1.777	1.723	1.693	1.654	1.630	1.610	1.586	−9.428
C26	2.060	2.066	2.048	2.079	2.089	2.100	2.099	2.016	2.008	2.007	−2.568
C27	2.13	2.114	2.103	2.102	2.084	2.068	2.073	2.086	2.082	2.065	−3.052
C28	2.165	2.144	2.079	2.100	2.089	2.078	2.087	2.101	2.093	2.088	−3.557

为了进一步分析各类生产性服务业上游度的内部变化趋势，我们对生产性服务业融入制造业上游度指数进行了kernel核密度估计，图5-2报告了6类生产性服务业的估计结果。[①] 可知：一是虽然生产性服务业融入制造业表现出一定的环节偏好(见表5-9)，但6类生产性服务业上游度指数均呈现出显著的“中段峰值”特征，即多数国家生产性服务业融入制造业的环节为该行业上游度的“中值”区域；二是商业服务业中的批发和零售服务业均有向“中值”加剧收敛的趋势(见图5-2a和图5-2b)，水运服务业和空运服务业的“峰值”则呈现出显著的下降趋势(见图5-2c和图5-2d)，这表明水运服务业和空运服务业对制造业的支持逐步从“中值”(中游)向两端(上下游)转移；三是水运服务业和空运服务业对制造业提供了“全链条”型支持，虽然整体层面显示，由于行业本身特征，空运服务业偏好支持中下游生产环节，水运服务业偏好支持下游生产环节，但二者对制造业支持的上游度指数下限接近于1，水运服务业对制造业支持的上游度指数上限超过3.5，空运服务业上游度指数的上限接近于3，两者的支持范围远大于其他生产性服务业。

① 为免累赘，我们并没有给出所有生产性服务业的kernel核密度估计结果，交通运输和物流服务业中我们仅给出了水运服务业和空运服务业的估计结果。

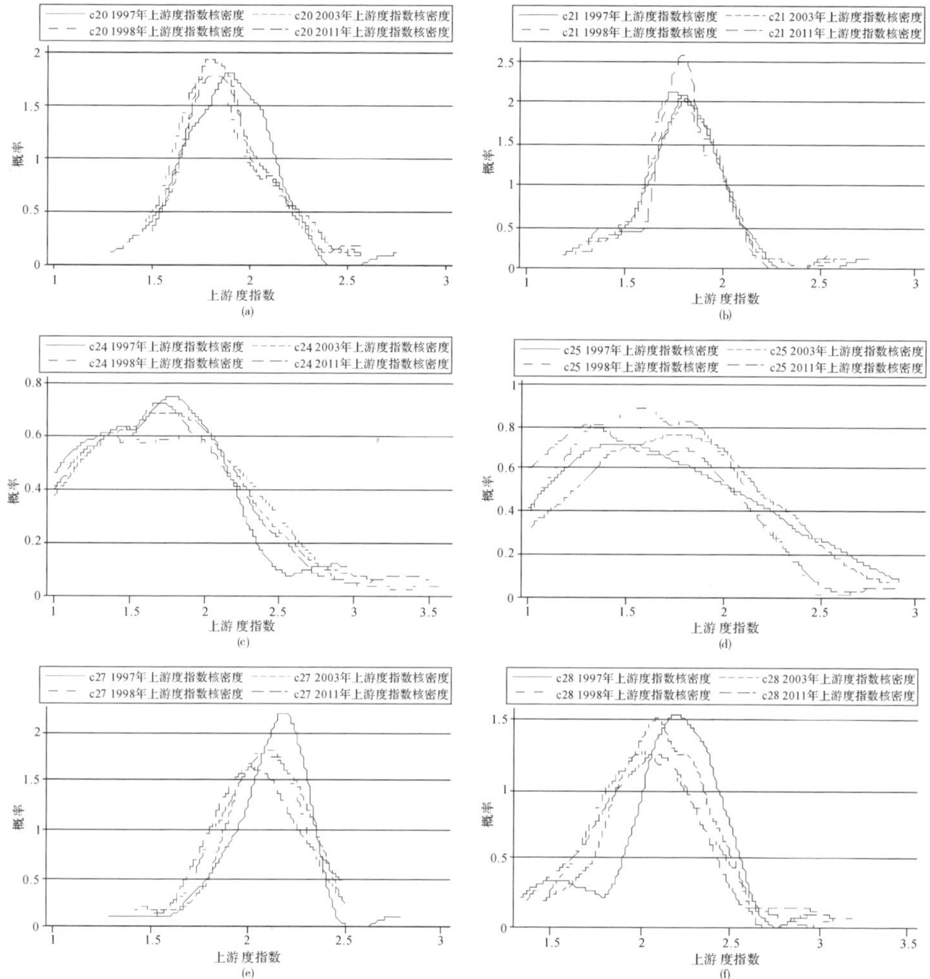

图 5-2 1997—2011 年生产性服务业融入制造业上游度指数的 Kernel 估计结果①

注：a、b、c 分别为 C20、C21、C24；d、e、f 分别为 C25、C27、C28。

表 5-11 中美德英土俄六国 1997—2011 年各类生产性服务业上游度指数

产业	国家								
	中国			美国			德国		
	1997 年	2005 年	2011 年	1997 年	2005 年	2011 年	1997 年	2005 年	2011 年
C20	2.7825	2.4424	2.5792	1.9770	1.8262	1.7362	1.8137	1.7805	1.7857

① 考虑到如果将十五年的 kernel 核密度估计曲线全部置于图中，会出现大量的交叉和重叠，进而影响阅读，故而图中仅给出了四年的曲线。

续表

产业	国家								
	中国			美国			德国		
	1997 年	2005 年	2011 年	1997 年	2005 年	2011 年	1997 年	2005 年	2011 年
C21	2.7611	2.4612	2.5698	1.3018	1.2551	1.1869	1.7060	1.7000	1.7149
C23	2.8683	3.2550	3.5132	1.9430	1.4649	1.3954	1.8689	1.8328	1.9508
C24	3.0387	2.9778	3.1044	2.2687	2.1025	2.0459	1.5958	2.3321	2.3466
C25	2.9154	2.6512	2.9111	1.6014	1.4573	1.3112	1.6418	1.7140	1.6235
C26	2.9226	2.3995	2.4743	2.6672	2.5721	2.4618	2.4515	2.5966	2.5970
C27	2.7910	2.2170	2.3479	2.1772	2.0680	1.9739	1.9337	1.9390	1.8334
C28	2.9943	2.9498	3.1291	2.0981	2.1700	2.1725	2.3255	2.1399	2.0644

产业	国家								
	中国			美国			德国		
	1997 年	2005 年	2011 年	1997 年	2005 年	2011 年	1997 年	2005 年	2011 年
C20	1.7911	1.7208	1.6512	1.6626	1.9767	2.0628	2.1826	2.1604	2.2175
C21	1.7329	1.6591	1.5943	1.666	1.8673	1.9538	2.0644	2.1101	2.1108
C23	2.2183	2.1158	1.9713	1.5538	1.7720	1.7997	2.4355	2.5153	2.5939
C24	1.1905	1.0905	1.054	1.8580	2.2903	2.2711	2.0779	2.1204	1.9989
C25	1.2889	1.5506	1.4643	1.3717	1.6461	1.5233	2.0974	2.1609	2.1542
C26	2.9007	2.8026	2.7093	1.2050	2.4501	2.3756	2.0815	2.1423	2.1712
C27	2.2235	2.1206	2.0555	2.1478	1.6953	1.7542	2.2818	2.4339	2.4559
C28	2.0862	1.8064	1.7435	2.0127	2.1612	2.2093	1.3457	1.5955	1.5895

为了进一步刻画中国与其他国家1997—2011年生产性服务业融入制造业上游度的差异，表5-11报告了中美德英土俄六国8类生产性服务业融入制造业的上游度情况。首先，1997—2011年间中国生产性服务业中除了C26(其他交通支持和辅助服务业)，其余7类生产性服务业的上游度指数均大于其他五国①，可见中国的生产性服务业具有较强的上游环节偏好，这也在另一个侧面表明中国的原料引进和初加工等上游制造业吸收了大量的生产性服务业资源。其次，美国、德国和英国是生产性服务业与制造业高效融合的“典范型国家”，其生产性服务业为制造业的发展注入了大量的资本，而

① 事实上将中国生产性服务业的上游度指数与其他33国对比，中国各类生产性服务业(C26除外)的上游度指数一直是最高的。限于篇幅，本书无法给出所有经济体1997—2011年8类生产性服务业融入制造业的上游度指数。

诸如中国、俄罗斯和土耳其这样的发展中国家，其生产性服务业融入制造业的上游度指数与“典范型国家”差异较大，这表明以中国为代表的发展中国家的生产性服务业融入制造业的机制有较大的改进空间；最后，1997—2011年间中美生产性服务业上游度指数之差中，有5个行业（C20、C23、C24、C25和C28）的呈现扩大趋势，差额分别从1997年的0.8055、0.9253、0.77、1.314和0.8962上升到了2011年的0.843、2.1178、1.0585、1.5999和0.9566。有3个行业（C21、C26和C27）的上游度呈下降趋势，差距分别从1997年的1.4593、0.2554和0.6138下降到了2011年的1.3829、0.0125和0.374，这在一定程度上表明C20、C23、C24、C25和C28等五类生产性服务业融入制造业机制的改进压力大于C21、C26和C27等三类制造业。

（三）变量的选择与模型的设定

1.被解释变量的测度

前文基于新构建的测度方法，测算了1997—2011年34国8类生产性服务业融入制造业的环节偏好。后文将进一步分析这种环节偏好对制造业出口技术复杂度的影响①。为此，本部分先测度出34国1997—2011年制造业的出口技术复杂度。借鉴Schott(2008)的研究，本书基于相似度法则测度各国制造业出口技术复杂度。具体方法如下：

$$\begin{aligned} FZD_{tab} &= \left[\min\left(\frac{V_{t1a}}{V_{ta}},\frac{V_{t1b}}{V_{tb}}\right)+\min\left(\frac{V_{t2a}}{V_{ta}},\frac{V_{t2b}}{V_{tb}}\right)+\cdots+\min\left(\frac{V_{tna}}{V_{ta}},\frac{V_{tnb}}{V_{tb}}\right)\right] \\ &= \left[\sum_{p}\min\left(\frac{V_{tpa}}{V_{ta}},\frac{V_{tpb}}{V_{tb}}\right)\right] \qquad (5.17) \end{aligned}$$

其中，V_{ta}、V_{tb}分别为经济体a和b在t时间的制造业总出口额，V_{tna}、V_{tnb}分别为经济体a和b在t时间第n种制造业的产品出口额，其中b国为高技术复杂度参照国。借鉴陈晓华和刘慧(2015)的研究，本书以美国作为高技术复杂度参照国，并以NBER数据库（1997—2006年）和联合国统计数据库（2007—2011年）中各国出口到美国的数据进行测算。

2.控制变量的选择

为了提高估计结果的可靠性，我们还进一步加入能够刻画各国基本特征的变量作为控制变量。具体为：(1)高等教育(EDU)。高等教育不仅是国民技能提升的主要途径，更决定着一国高素质人才的数量与质量，进而会对该国制造业技术更新和出口技术复杂度产生一定的影响。本书以联合国教

① 陈晓华和刘慧(2015)认为出口技术复杂度是影响一国对外贸易发展方式转变的核心变量，为此，对出口技术复杂度影响的研究结果，还能刻画生产性服务业环节偏好对中国对外贸易发展方式转变的作用机制。

科文组织数据库中各国高等院校入学率的自然对数表示。(2)贸易地理优势。新经济地理学研究表明地理优势可以有效地降低贸易的"冰山成本",进而对一国出口技术复杂度产生一定的影响;笔者以沿海优势(YH)和毗邻大进口国(DG)[①]表示,二者均为虚拟变量。(3)自然资源禀赋(ZY)。根据比较优势理论,自然资源禀赋不仅决定了一国的分工模式,更影响了一国出口商品的构成,为此,自然资源禀赋可能会对制造业出口技术复杂度产生一定的影响,实证中以 WIOD 数据库中采矿产业总产出与制造业总产出百分比的自然对数表示。(4)经济运行情况(JY)。文中以各国就业率百分比的自然对数表示。(5)公司经营环境(SS)。经营环境越好的国家越容易吸引高技术企业的入驻,也有助于本国高技术企业的形成,本书以世界银行数据库中各国上市公司市场资本总额占 GDP 百分比的自然对数表示。(6)经济效率(XL)。经济效率的变迁不仅意味着一国在要素(如资本、人力和自然资源)投入方面的变迁,也可能意味着生产技术的变迁。本书以世界银行数据库中各国每千克石油产生 GDP 的自然对数表示。

考虑到本书的控制变量较多,为避免回归结果出现多重共线性问题,本书对被解释变量,解释变量和控制变量间的相关性进行了检验,检验结果(见表5-12)显示:解释变量与 7 个控制变量的相关性并不高[②],而控制变量间的相关性也不高,为此,变量可能存在的多重性问题在回归结果中可以忽略不计。

表 5-12 各变量的 Spearman 相关性检验结果

产业	*FZD*	*EDU*	*SS*	*ZY*	*JY*	*YH*	*DG*	*XL*
FZD	1.0000							
EDU	0.2013	1.0000						
SS	0.1683	−0.0150	1.0000					
ZY	0.2353	0.1193	0.0487	1.0000				
JY	0.1879	0.0357	0.1380	−0.1197	1.0000			
YH	0.1750	0.2111	0.1130	−0.0452	0.2452	1.0000		
DG	0.3130	0.0057	0.0475	0.2080	0.0017	0.1925	1.0000	
XL	0.2605	0.1324	−0.0144	0.1774	−0.0726	0.1027	−0.0299	1.0000

① 本书以 2012 年进口排名世界前五的国家为进口大国,分别为美国、中国、英国、德国和日本,与上述国家中的任何一个或多个交界的经济体被称为毗邻大进口国。

② 此处的控制变量有 7 个,如果要给出所有的相关性估计结果,表格需横向排版,为免累赘,文中未报告解释变量与控制变量的相关性结果。

3. 回归模型的设定

考虑到一方面出口技术复杂度和生产性服务业融入制造业的环节偏好可能存在互为因果的关系，另一方面4080组15×15矩阵的测度结果表明，发达国家生产性服务业的上游度指数多处于所有样本的中游区域，因而其对出口技术复杂度的作用机制可能呈现倒U形特征。有鉴于此，本书以两阶段最小二乘法进行回归，并将生产性服务业上游度指数自然对数的平方项纳入回归，以自变量的一阶滞后项作为工具变量。回归方程如下：

$$FZD_{it} = \alpha_0 + \alpha_1 SYD_{it} + \alpha_2 SYD_{it}^2 + \alpha_3 EDU_{it} + \beta_m X_{it}^m + \varepsilon_t \qquad (5.18)$$

其中，X为控制变量。实证中进一步采用Anderson canon LM检验和Sargan检验对工具变量进行不足识别（under identification）和过度识别（over identification），以确保回归结果的可靠性。

表5-13　生产性服务业融入制造业的上游度与出口技术复杂度协整关系检验结果①

产业	C20	C21	C23	C24	C25	C26	C27	C28
Gt	−3.537 (0.000)	−2.934 (0.000)	−3.538 (0.000)	−3.490 (0.000)	−4.342 (0.000)	−3.693 (0.000)	−3.923 (0.000)	−3.189 (0.000)
Ga	−13.739 (0.056)	−15.057 (0.003)	−14.216 (0.023)	−13.840 (0.047)	−15.816 (0.000)	−11.966 (0.477)	−17.772 (0.000)	−16.933 (0.000)
Pt	−16.137 (0.000)	−14.753 (0.001)	−16.570 (0.000)	−17.869 (0.000)	−17.716 (0.000)	−14.496 (0.003)	−17.229 (0.000)	−19.069 (0.000)
Pa	−14.099 (0.000)	−15.869 (0.000)	−14.318 (0.000)	−13.639 (0.000)	−12.012 (0.002)	−11.212 (0.015)	−24.169 (0.000)	−16.262 (0.000)

（四）计量结果与分析

1. 解释变量与被解释变量长期均衡关系的确定

考虑到目前尚无学者就生产性服务业融入制造业的环节偏好对出口技术复杂度的影响进行机理与实证分析，二者是否存在长期协整关系并未得到过证实，为防止无协整关系的伪回归结果出现，我们先对生产性服务业融入制造业的上游度与制造业出口技术复杂度进行协整检验。表5-13报告了相应的检验结果，可知C26产业的Ga检验值在10%的水平上不显著，为此，其他交通支持和辅助服务业融入制造业的上游度与制造业出口技术复杂度之间可能并不存在长期均衡关系。出现这一现象的原因可能在于：另外7种生产性服务业的服务对象为全体制造业，而其他交通支持和辅助服务业的

① 本书采用了Stata13.0中的xtwest命令进行协整检验，命令中选择滞后期数为1。被解释变量用ln(1+FZD)表示，解释变量为前文所测得的生产性服务业融入制造业上游度指数的自然对数。后文同。

主要服务对象为交通设备的生产或维修，从而使得其对整体制造业出口技术复杂度的作用效应不显著。后文以另外 7 种生产性服务业的上游度进行实证分析。

2. 异质性生产性服务业的实证结果

考虑到生产性服务业融入制造业上游度对出口技术复杂度的作用机制在不同发展水平的经济体间可能存在一定的差异，本部分从发展中国家和发达国家两个层面对上述机制进行实证分析。表 5-14 和表 5-15 分别报告了发展中国家和发达国家的估计结果，可知所有 LM 检验和 Sargan 检验均分别拒绝了工具变量不足识别和过度识别的原假设，且方程的整体性 F 检验结果也是显著的，为此，表 5-14 和表 5-15 的实证结果是可靠的。

表 5-14　生产性服务业上游度对制造业出口技术复杂度影响的实证结果：发展中国家

产业	C20	C21	C23	C24	C25	C27	C28
SYD	2.831** (2.32)	3.8088** (2.17)	1.485*** (5.57)	0.1642 (0.85)	0.2372** (2.05)	1.246*** (2.62)	0.2848** (2.18)
SYD^2	−2.141** (−2.26)	−3.042** (−2.10)	−1.1838*** (−5.39)	−0.1909 (−0.83)	0.2034** (2.45)	−0.7906** (−2.19)	−0.1662** (−2.49)
EDU	0.0198 (1.48)	0.0157 (1.24)	0.0143 (1.30)	0.0016 (0.13)	−0.0080 (−0.68)	0.0250** (2.10)	−0.0073 (−0.58)
SS	−0.0017 (−0.34)	−0.0047 (−0.97)	−0.0012 (−0.29)	−0.0111* (−1.79)	−0.0148*** (−3.21)	−0.0088* (−1.83)	−0.0116** (−2.62)
ZY	0.1868*** (3.64)	0.1906*** (3.50)	0.1346*** (3.07)	0.1158** (2.46)	0.1445*** (3.50)	0.2262*** (4.93)	0.0883* (1.94)
XL	0.0885*** (5.56)	0.0903*** (5.71)	0.0728*** (4.89)	0.0927*** (5.04)	0.1283*** (7.14)	0.0516*** (2.84)	0.1331*** (6.54)
JY	−0.1063 (−0.80)	−0.0991 (−0.75)	−0.1533 (−1.44)	0.1067 (1.06)	0.0570 (0.56)	0.0481 (0.42)	−0.0659 (−0.53)
YH	−0.0437*** (−2.91)	−0.0559*** (−3.95)	−0.0156** (−2.03)	−0.0503*** (−3.03)	−0.0585*** (−4.14)	−0.0587*** (−4.30)	−0.0767*** (−4.65)
DG	0.1005*** (6.80)	0.1065*** (7.79)	0.0881*** (7.51)	0.1015*** (3.39)	0.1324*** (11.01)	0.1120*** (10.77)	0.1391*** (11.74)
C	1.3917 (1.59)	1.648 (1.64)	1.2015** (2.35)	−0.3173 (−0.68)	−0.0639 (−0.14)	0.3087 (0.52)	0.4452 (0.79)
R^2	0.6482	0.6487	0.7009	0.6189	0.6694	0.6730	0.6417
Prob>F	0.0000	0.0000	0.0000	0.0000	0.0000	0.0000	0.0000
经济体数	14	14	14	14	14	14	14
LM 检验	40.162***	32.027***	105.85***	20.408***	47.999***	72.217***	82.896***
Sargan 检验	0.000	0.000	0.000	0.000	0.000	0.000	0.000
最优值	1.937	1.87	1.872	—	1.792	2.199	2.356

续表

产业	C20	C21	C23	C24	C25	C27	C28
正区间①	(1,3.75)	(1,3.49)	(1,3.51)	—	(1,3.21)	(1,4.84)	(1,5.55)
中国值	2.579	2.57	3.513	3.104	2.911	2.3479	3.1291

生产性服务业融入制造业上游度指数的实证结果表明:首先,发达国家和发展中国家水运服务业的环节偏好对制造业出口技术复杂度的作用效应不明显,水平项和平方项均未通过10%的显著性检验。出现水运服务业上游度对制造业出口技术复杂度作用机制不显著的原因可能在于:虽然其更适合给大宗原料提供服务,但其巨大的运能、较强的货物适应能力和相对低廉的服务费用使得其备受制造业各个环节进出口的欢迎,使得其对制造业出口技术复杂度的促进作用不存在最优环节偏向,从而出现水运服务业上游度估计结果不敏感的现象。其次,其余六种生产性服务业的上游度指数呈现出显著的倒U形关系,即这六种生产性服务业融入制造业时存在促进制造业出口技术复杂度升级的“最优环节”,两类经济体中“最优环节”上游度最高和最低的行业分别为金融服务业和空运服务业,这进一步印证了前文描述性统计的准确性,即金融服务业具有上游偏好,空运服务业具有中下游偏好。再次,结合1991—2011年34国生产性服务业上游度的测度结果可以得到如下发现:一是除中国外,所有国家生产性服务业融入制造业的上游度指数均在正效应区间内,可见,生产性服务业融入制造业不仅能促进出口,还能促进出口技术复杂度升级,其兼备“量增”和“质升”两种功能;二是中国部分生产性服务业(如内陆运输服务业2011年的上游度为3.513,位于正效应区间以外,见表5-14最后两行)融入制造业的上游度偏高,使得中下游产业得到的支持相对较少,进而使得下游使用内陆运输服务业资源的成本较高,最终对制造业出口技术复杂度的提升产生不利影响。最后,对比最优值、中国生产性服务业上游度指数(世界最大值)和前文的kernel核密度估计结果,可知最优值均位于各国生产性服务业融入制造业上游度指数的中值区域附近(美、英、德等国多数生产性服务业的环节偏好值位于该区域),这表明,加大生产性服务业对制造业中游环节的支持,能最大化地促进制造业出口技术复杂度升级。

① 根据前文修正后的上游度测度方法和Antràs等(2012)的研究可知:上游度值最小为1。为此,文中正效应区间从1开始表示。

表 5-15　生产性服务业上游度对制造业出口技术复杂度影响的实证结果：发达国家

产业	C20	C21	C23	C24	C25	C27	C28
SYD	1.9449*** (7.62)	0.6194*** (2.77)	0.3943*** (7.12)	0.1304 (0.31)	0.0896*** (2.61)	0.2231** (2.16)	2.0271*** (4.81)
SYD^2	−1.2904*** (−6.34)	−0.5687** (−2.38)	−0.4786*** (−9.06)	0.1090 (0.36)	−0.1341* (−1.93)	−0.2338** (−2.04)	−1.3915*** (−4.54)
EDU	0.0512** (2.46)	0.0243** (1.99)	0.0365* (1.77)	0.0442* (1.78)	0.0017** (2.07)	0.00465** (2.19)	0.0267** (2.06)
SS	0.0152** (4.65)	0.0300*** (5.77)	0.0348*** (9.90)	0.0207*** (5.40)	0.0247*** (5.57)	0.0193*** (4.50)	0.0187*** (4.71)
ZY	−0.0323 (−1.43)	−0.0103 (−0.43)	0.0242 (1.19)	−0.0167 (−0.73)	−0.0103 (−0.43)	−0.0117 (−0.48)	0.0385 (1.48)
XL	0.0147* (1.90)	0.0286** (2.40)	0.0081** (2.49)	0.0213** (2.23)	0.0391* (1.66)	0.0564*** (3.00)	0.0595** (2.28)
JY	0.0348 (0.45)	−0.1026 (−0.97)	0.2903 (0.42)	0.0341 (0.37)	0.0329 (0.34)	0.0107 (0.11)	−0.0737 (−0.80)
YH	−0.0372*** (−2.94)	−0.0777*** (−3.99)	−0.0159** (−2.21)	−0.0792*** (−5.22)	−0.04903*** (−2.94)	−0.0507*** (−3.07)	−0.0196*** (−3.45)
DG	−0.0291*** (−3.59)	−0.0241** (−2.59)	0.0056 (0.68)	0.0010 (0.12)	−0.0196* (−1.74)	−0.0210*** (−2.26)	−0.0123 (−1.38)
C	−0.6709* (−1.71)	0.6790 (1.39)	−0.9628** (−2.36)	0.313 (0.76)	0.2907 (0.63)	0.2855 (0.47)	0.1564 (0.36)
R^2	0.4820	0.2146	0.4571	0.3521	0.2028	0.2001	0.2905
Prob>F	0.0000	0.0000	0.0000	0.0000	0.0000	0.0000	0.0000
经济体数	19	19	19	19	19	19	19
LM 检验	182.722***	54.377***	147.134***	178.139***	81.804***	151.071***	153.202***
Sargan 检验	0.000	0.000	0.000	0.000	0.000	0.000	0.000
最优值	2.1246	1.7239	1.51	—	1.397	1.611	2.072
正区间	(1,4.51)	(1,2.97)	(1,2.28)	—	(1,1.95)	(1,2.59)	(1,4.29)

综合对比发达国家和发展中国家控制变量的估计结果，我们还可以有如下发现：一是发展中国家的高等教育变量仅在邮电服务业的估计结果中显著，而发达国家的高等教育变量则在七个生产性服务业的估计结果中均显著为正。这表明，发达国家高等教育促进制造业出口技术复杂度升级的机制明显优于发展中国家。出现这一现象的原因可能在于两个方面：一是高技术的原创国多为发达国家，而发达国家高技术的原创多来源于其人力资本积累，从而使得其高等教育对制造业出口技术复杂度升级产生显著的正效应，而发展中国家的技术多源于发达国家的技术输出，原创技术相对少于发达国家，即制造业出口技术复杂度升级往往源于技术引进和高技术中间品的进口，最终导致高等教育对制造业出口技术复杂度升级的作用力不

突出，甚至不敏感；二是发展中国家高等教育的质量往往低于发达国家，使得受过高等教育的人才支撑起制造业技术研发和创新的能力相对有限，最终导致其对制造业出口技术复杂度升级的作用力小于发达国家。

二是发达国家的企业经营环境变量显著为正，而发展中国家该变量的估计系数在 7 个回归方程中，要么不显著，要么为负。本书采用各国上市公司市场资本总额占 GDP 百分比的自然对数表示，为此，可以推定：发达国家股票市场有效承担了资金投入与制造业出口技术复杂度升级之间“媒介”和“桥梁”的角色，发展中国家股票市场运行对制造业出口技术复杂度升级的作用相对有限，甚至在一定条件下表现出负效应。出现这一现象的原因可能在于：发展中国家的资本市场运行机制并不完善，使得其未能发挥促进出口技术复杂度升级的功能，甚至还成为投机资本的“过度集聚地”，不但未能发挥“媒介”和“桥梁”功能，反而在一定程度上“侵占”了发展制造业所需的资本，最终不利于制造业出口技术复杂度升级。

三是资源要素禀赋显著地促进了发展中国家制造业出口技术结构升级，而对发达国家的作用机制不显著，经济运行效率的提升能显著地提升两类经济体的出口技术复杂度，经济运行状况的好坏对两类经济体出口技术复杂度升级的作用不显著。自然资源系数估计值在发展中国家显著，而在发达国家不显著的原因可能在于：出口自然资源有助于发展中国家获得引进技术和高端中间品的资金，进而推动其出口技术复杂度升级，而发达国家的出口技术复杂度的提升更多地依赖于国内技术研发和创新，使得资源产品出口对发达国家出口技术复杂度升级的作用力相对有限。经济运行状况对出口技术复杂度的作用力不显著则表明，当前中国所面临的经济增速放缓和外需疲软等不利于就业扩大的因素，不会对我国出口技术复杂度深化产生负效应。

四是沿海地理优势对发达国家和发展中国家出口技术复杂度的升级产生了显著的负效应，而毗邻大进口国地理优势对发达国家具有负效应，对发展中国家则表现出正效应。出现上述负效应的原因可能在于：拥有地理优势的经济体在出口中只需付出更少的“冰山成本”，在“华盛顿苹果效应”的作用下，相比其他拥有高“冰山成本”的国家，其更具备出口低品质（低技术复杂度）产品的比较优势，最终使得贸易地理优势对制造业出口技术复杂度升级产生不利影响。毗邻大进口国优势对发展中国家产生正效应的原因可能在于：因“冰山成本”和劳动力成本优势的存在，沿海和与大进口国相邻的发展中国家更容易吸收到来自发达国家的 FDI，高技术复杂度 FDI 的流入往往会对发展中国家制造业出口技术复杂度升级产生显著的正效应，毗邻大进口国地理优势对 FDI 产生的吸引力大于沿海地理优势，最终使得拥有毗邻大进口国优势的发展中国家 FDI 流入的正效应大于“华盛顿苹果效应”的负效应。同理,发展中国家沿海地理优势呈现负效应是由于“华盛顿苹果效应”大于 FDI 的正效应。

3.稳健性检验

为了进一步确保前文实证结果的稳健性,本书通过替代被解释变量的形式进行稳健性检验,考虑到出口技术复杂度实际上刻画的是一国出口品中不同技术含量产品的比重,而高技术产品出口比重的提升往往会有助于一国出口技术复杂度的提升,为此,本书以高技术产品出口占比作为替代变量进行稳健性检验。表 5-16 和表 5-17 报告了相应的检验结果。稳健性检验结果中仅有一点与前文估计结果略微不同,即发展中国家的回归方程中高等教育变量估计系数显著的个数由 1 个变为 0 个,发达国家的显著个数则由 7 个变为 3 个。出现这一现象的原因可能在于:技术含量越高的产品的出口比重提升,所需要的人才素质越高,而这种高素质人才不仅需要接受高等教育“训练”,还需要接受公司式“训练”,进而使得高等教育对高技术产品出口比重提升的敏感度不高。整体而言,变更被解释变量后,其他变量的估计系数及正负号与表 5-14 和表 5-15 中的估计结果基本一致。为此,可以推定前文的估计结果与分析结论是稳健可靠的。

表 5-16 高技术产品出口占比为被解释变量的稳健性检验结果:发展中国家

产业	C20	C21	C23	C24	C25	C27	C28
SYD	5.8655** (2.45)	9.503* (1.80)	4.0223*** (4.40)	0.4304 (0.69)	0.8028** (2.09)	2.5867* (1.61)	1.3576* (1.88)
SYD^2	−4.5234** (−2.44)	−7.864* (−1.82)	−3.2814*** (−4.36)	−0.4281 (−0.57)	−0.6914** (−2.48)	1.520** (2.24)	1.3590** (2.25)
EDU	0.0480 (1.07)	0.0360 (0.86)	0.0445 (1.17)	0.0268 (0.67)	−0.0155 (−0.39)	0.0804 (0.99)	−0.0268 (−0.65)
SS	−0.0132 (−0.75)	−0.0155 (−0.99)	−0.0053 (−0.36)	−0.0270 (−1.34)	−0.0493*** (−3.19)	−0.0335** (−2.05)	−0.0413*** (−2.83)
ZY	0.58282*** (3.42)	0.5266*** (2.95)	0.4769*** (3.18)	0.4446*** (2.91)	0.5612*** (4.08)	0.7823*** (5.03)	0.3434** (2.30)
XL	0.2906*** (5.51)	0.2893*** (5.57)	0.2466*** (4.82)	0.2818*** (4.73)	0.4089*** (6.84)	0.1767*** (2.87)	0.4512*** (6.79)
JY	−0.1302 (−0.29)	−0.1426 (−0.34)	−0.3347 (−0.92)	0.2607 (0.80)	0.0938 (0.28)	0.2335 (0.61)	−0.3876 (−0.96)
YH	−0.1786*** (−3.59)	−0.1994*** (−4.26)	−0.0884* (−1.69)	−0.1746*** (−3.24)	−0.2111*** (−4.47)	−0.2088*** (−4.51)	−0.2811*** (−5.19)
DG	0.3487*** (7.11)	0.3498*** (8.06)	0.2970*** (7.38)	0.3524*** (3.62)	0.4266*** (10.63)	0.3624*** (10.28)	0.4589*** (11.83)
C	5.156* (1.78)	6.2978** (2.05)	5.4634*** (3.12)	1.7586 (1.17)	2.6984* (1.71)	2.7265 (1.35)	5.1112*** (2.79)

续表

产业	C20	C21	C23	C24	C25	C27	C28
R^2	0.6263	0.6281	0.6601	0.6124	0.6447	0.6367	0.6275
Prob>F	0.0000	0.0000	0.0000	0.0000	0.0000	0.0000	0.0000
经济体数	14	14	14	14	14	14	14
LM 检验	40.217***	38.351***	106.231***	20.442***	48.158***	72.639***	86.300***
Sargan 检验	0.0000	0.0000	0.0000	0.0000	0.0000	0.0000	0.0000

表 5-17　高技术产品出口占比为被解释变量的稳健性检验结果:发达国家

产业	C20	C21	C23	C24	C25	C27	C28
SYD	7.3657*** (8.76)	2.107*** (2.64)	1.2476*** (6.45)	0.2143 (0.15)	0.1652** (2.33)	1.1281** (2.24)	6.8716*** (4.86)
SYD^2	−4.9685*** (−7.41)	−3.2581** (2.58)	−1.542*** (−8.36)	0.5021 (0.47)	0.3017*** (2.64)	−1.1507** (−2.35)	−4.6719*** (−4.54)
EDU	0.1693** (2.46)	−0.1153 (−1.46)	0.1492** (2.07)	0.1716** (1.98)	−0.0289 (−0.34)	−0.0042 (−0.05)	−0.1088 (−1.28)
SS	0.0538*** (4.99)	0.1077*** (7.93)	0.1205*** (9.80)	0.0750*** (5.59)	0.0851*** (5.57)	0.0718*** (4.85)	0.0653*** (4.88)
ZY	−0.0995 (−1.34)	0.0102 (0.13)	0.0722 (1.02)	−0.0635 (−0.80)	−0.0401 (−0.48)	−0.0491 (−0.58)	0.1206 (1.38)
XL	0.0021** (2.04)	0.0307*** (3.14)	0.1023* (1.76)	0.1404** (2.31)	0.2134*** (2.63)	0.2502*** (3.86)	0.2627*** (4.53)
JY	0.0723 (0.28)	1.1093 (0.44)	0.8852 (0.99)	0.0711 (0.22)	0.0413 (0.12)	−0.0017 (−0.01)	−0.3082 (−0.99)
YH	−0.14920*** (−3.57)	−0.2249*** (−4.39)	−0.0781* (−1.70)	−0.2847*** (−5.38)	−0.1867*** (−3.24)	−0.1918*** (−3.37)	−0.0852* (−1.65)
DG	−0.1090*** (−4.08)	−0.0628** (−2.08)	0.0061 (0.21)	−0.0129 (−0.42)	−0.0843*** (−2.16)	−0.0845*** (−2.64)	−0.0566* (−1.87)
C	0.3109 (0.24)	−0.7964 (−0.48)	−0.0195 (−0.01)	4.0868*** (2.85)	4.0648** (2.56)	4.534** (2.18)	3.4912** (2.40)
R^2	0.5427	0.3478	0.4618	0.3597	0.2292	0.2286	0.3468
Prob>F	0.000	0.000	0.000	0.000	0.000	0.000	0.000
经济体数	19	19	19	19	19	19	19
LM 检验	182.760***	164.197***	147.169***	178.301***	81.918***	151.072***	154.151***
Sargan 检验	0.0000	0.0000	0.0000	0.0000	0.0000	0.0000	0.0023

第二节 省级层面升级机制的实证分析：基于中国快速城市化视角的实证

一、城市化相关研究

（一）城市化的概念

城市化是工业化建设发展的产物，从地域上体现为农村人口向城市人口的迁移过程，是经济发展的显著特征。伴随着人类社会发展的多样性和复杂性，学者们将城市化发展逐渐定义为一个多维度、多领域的复合社会现象，涉及科学研究的多个方面，因此一直未能有一个令学者普遍接受的城市化概念定义。根据侧重点的不同，经济学家研究的主要方向有城市化建设和经济结构、发展水平以及其他经济指标之间的关系，如 Krugman（1996）认为城市化是人口由农村向城市转移集中，经济机构由农业向非农业倾斜的过程。地理学家则注重探讨城市化发展引发的一系列社会问题，如人口结构调整、碳排放量等，着力强调城市化扩张过程的可持续性。根据研究可以得出：城市化是一个复杂的系统演进过程，涉及人口、经济、社会、空间、居住环境等多个重要因素（Friedman，2006），不仅仅是人口、生产的集聚，更是社会文化的扩散。具体而言，城市化是指农村人口向城市集中，第二、第三产业向城市集聚，城市生产生活方式和文化意识向农村扩散，整体城乡地域空间结构发生转化的过程（李长亮，2014）。

（二）城市化水平度量的相关研究

城市化发展水平通常用城市化率表示，城市化率的测度指标一般可分为两种，一种为单一型指标，另一种为复合型指标。单一型是指采用城镇人口或城市建成区面积占总人口或总面积的比例表示城市化水平，这种方法计算简便，所需数据单一，从一定程度上能够清晰地描述人口流动、城市建设的状况，因此被广大学者和政府所接受。但是不可否认的是，单一型指标由于其算法简单，仍存在一些缺点：一是统计口径过于狭隘，在研究城市化定义时可以看出，城市化本身是一个复杂的多方面综合演进过程，其不仅仅涉及人口或者城区建设，而单一型指标无法反映复杂的变化过程；二是单一型指标提供的信息量过少，如城市化率变化可能是由于农村人口迁徙，或者是由于城市人口自然增长。因此，在描述城市化水平和发展状况时，部分学者试图构建一种全面的综合评价体系，即复合型指标。然而，虽然复合型指标能够相对准确且全面地刻画城市化水平，但是对于基础指标，学者们根据自身的研究重点有着千差万别的选择。

联合国人口委员会公布的“World Urbanization Prospects”报告不仅关注了人口结构的迁移，还重点关注了经济、景观、社会文化等要素的转变，其测度结果显示，发达国家的综合城市化水平要普遍高于发展中国家，而发展中国家的城市化建设增速要快于发达国家。裴青(1988)从经济、社会、环境三个方面选取十二个指标，包含经济密度、智力指数、医疗指数、燃料普及率、交通指数以及大气尘降负荷等，并采用德尔菲赋值法考察了河北省各城市的城市化综合水平。测度结果表明，河北省的城市化综合水平在全国范围内处于中等，省内平原城市的城市化综合水平高于山区城市。方创琳等(2011)从经济、社会、空间三方面提出了由三类指标、十二项具体指数组成的城市化发展质量综合测度的三维指标球及判别标准值，其具体指数为：经济效率、经济结构、经济发展代价、经济增长动力、人类发展、社会保障、基础设施发展、城乡一体化、水资源保障、建设用地保障、能源保障、生态环境保障。根据测算结果评价了1980年来中国城市化发展质量，并揭示了空间分异特征存在的原因，更进一步指出人口城市化水平的测度方法并不能体现城市化发展质量，同时城市化发展质量与城市规模也没有对应关系。

(三)城市化影响效应的相关研究

不同学科对城市化研究的侧重点不同，因此形成了多样化的理论学派，本部分主要梳理从经济学角度出发讨论城市化的影响效应的相关研究。学术界已有的对城市化建设影响效应的研究主要有以下几个方面。

城市化的经济增长效应。已有大量研究指出人均收入和城市化水平之间存在正相关关系(Fay & Opal, 1999)，更有学者指出城市地区在全国收入和产出中所占的比重较人口和面积的比重要高的现状(Weiss, 2001)。结合中国人口红利消失的现实背景，中国经济增长与宏观稳定课题组(2009)从理论分析出发结合实证，研究了城市化建设对产业竞争力的影响，结果表明城市化建设的积聚效应会对工业和服务业的竞争力产生促进作用，工资成本的上升会对工业和服务业竞争力产生抑制作用。Chen(2007)基于1960—2010年间中国城市化演进过程的数据进行定量分析，结果表明中国城市化与经济发展水平基本协调，但近年来城市化建设呈现冒进状态。

城市化的技术进步效应。早在1971年，Higgs就对美国1870—1920年间的城市化水平和专利申请书数据进行了估算，结果表明二者之间有显著密切的关联。随着研究的发展，后又有较多文献指出，城市化对于促进知识外溢具有促进作用。Berliant等(2002)对前人的模型进行了拓展，进而发现城市中各企业之间的知识外溢随城市间距离的增大而减小。Wheeler(2006)的研究指出，城市化可以使工人进行工作搜索和学习更好的知识，快速提高自身的生产效率和工资水平，以促进地区技术进步。Carlino 等(2007)研究发现，城市的就业密度和专利密度之间具有显著的正相关关系。

城市化的居民收入效应。Lu(2002)以农业劳动生产力测度二元经济结构，并研究其对收入分配的影响，实证结果表明，部门间劳动力流动产生的潜在收益越大，则城乡收入差距越大。Hertel 等(2006)根据 CGE 动态模型分析了户籍制度改革对城乡收入差距的影响，结果表明户籍改革以及非农劳动力的流动均可缩小城乡收入差距。Fan 等(2011)认为，开放政策的不平等导致了城乡发展的不均衡，进而导致了城乡收入的不平等，而政府对市场扭曲的不作为，对劳动保护的不关注，对经济良性发展的过度干预是扩大城乡收入差距，引起收入分配不公的重要因素(Kanbur，2005；Wang，2007)。林毅夫等(2003)、叶志强等(2011)的研究结果表明，优先注重工业发展、城乡人口结构的不平衡、金融发展的差距是中国城乡收入差距不断扩大的主要原因。

(四)城市化与出口的相关研究

综合已有研究可以看出，学界在出口技术复杂度和城市化这两个单独的研究领域有着非常多的文献资料。然而，已有的城市化相关研究大多侧重于对地区城市化水平的测度，鲜有研究将城市化和出口技术复杂度联系起来。本部分梳理了关于出口对城市化影响的研究。

从转移剩余劳动力方面来看，有学者认为对外开放贸易政策可以促进剩余劳动力转移，促进人口结构调整，推动城市化建设。如范剑勇等(2004)以新经济地理学为框架，分析了中西部地区的农村劳动力向外省转移行为的具体属性，如转移数量、转移到了哪些行业等，结果表明沿海地区容易吸引大量中西部地区农村劳动力转移，这种人口结构变化促进了沿海地区的城市化建设，而出现这种现象的原因在于沿海地区具有较高的开放程度，使得该地区产业具有较强的集聚能力；赵玉碧、汤茂林(2013)基于统计和 ArcGIS 的方法实证分析了江苏城市化总体发展动因，结果表明江苏省城市化的发展与其对外贸易存在显著的相关性，而传统农业对城市化发展的促进作用正在逐步降低，第三产业发展的促进作用正在逐步提升。

从需求方面来看，学者们普遍认为出口贸易刺激了国内的工业生产，进而带动了与工业化同步的城市化建设，促进了城市化水平的提高。如陈波翀等(2004)基于封闭条件假设下中国工业产值和国际贸易对城市化建设的贡献程度数据，研究了 1996 年以来中国城市化快速发展的动因，结果表明，国际贸易促进了资源的跨空间转移，影响了工业化生产的技术、资源投入，进而间接推动了中国的城市化。王婧、方创琳(2011)对中国 23 个城市群进行综合比较分析，研究其发育的新型动因，分析结果表明，其有五种新型驱动力，其中，对外开放程度越高，城市吸纳产业和技术转移的数量就越多，能力就越强，其城市群的发育程度就越高。

（五）已有研究简评

一是虽然城市化和出口技术复杂度均是经济学界研究的热点课题，但是对二者的交叉领域仍然缺乏探讨分析。已有城市化相关研究大多集中于对特定地区或城市的城市化水平的综合型指标的构建与测评，或以单一型指标测度并与经济增长、资源环境等问题搭建桥梁，鲜有研究将其与出口技术复杂度相关联，导致对二者相互关系的研究缺乏可借鉴的理论模型以及经验分析。

二是虽然已有文献在进出口贸易对城市化的推进作用方面有较多研究，并形成了科学的理论和实证结果，但是关于城市化对进出口影响的系统研究偏少，对其影响机理也未从理论和实证两方面进行深入研究，致使城市化在出口技术复杂度升级中的作用完全缺失。

三是中国空间跨度较大，各区域之间的城市化水平与出口技术复杂度存在较大差异，且已有文献对出口技术复杂度的分析大多从整体层面出发，鲜有文献基于要素密集异质性视角对此进行分别分析，因此城市化对不同要素密集型制造业出口技术复杂度升级的影响可能存在差异。

二、理论模型

本部分借鉴王永进（2010）在不完全契约条件下的理论框架，将城市化纳入出口技术复杂度升级的理论机制中，全面考虑城市化这一综合变量的作用效应，阐述城市化进程影响出口技术复杂度升级的微观机制。

（一）消费需求

对于消费需求而言，沿用 Chaney（2005）的分析思路，假设劳动是经济体中唯一的生产要素，劳动者数量为 L，且劳动者的偏好均为 CES 形式：

$$U = q_0^{1-\mu}\left[\int_{\omega\in\Omega} q(\omega)^{\frac{\sigma-1}{\sigma}} d\omega\right]^{\frac{\sigma}{\sigma-1}\mu} \tag{5.19}$$

其中，q_0 为同质产品[①]的需求，μ 表示差异化产品的支出比重，Ω 代表可以消费的商品集合，$q(\omega)$ 表示对差异化产品 ω 的需求，σ 表示差异化产品之间的需求替代弹性，且 $\sigma>1$。以 q_0 为计价物，则国内消费品价格指数可表示为 $P=\left[\int p(\omega)^{1-\sigma} d\omega\right]^{\frac{1}{1-\sigma}}$。其中 $p(\omega)$ 表示差异化产品 ω 的价格。

① 假设该部门产品的生产满足规模报酬不变性质，且投入产出系数为 1。

进而差异化产品 ω 的需求函数为：

$$q(\omega)=\mu L\frac{p(\omega)^{-\sigma}}{p^{1-\sigma}} \tag{5.20}$$

企业 ω 的总收益为：

$$r(\omega)=\mu L\left[\frac{p(\omega)}{p}\right]^{1-\sigma} \tag{5.21}$$

（二）企业生产

对于企业生产而言，以 x 测度企业的生产效率水平，即投入 1 单位的中间品可产出 x 单位的最终品。另外，企业获取国际客户需要进行建立营销网络，搭建销售服务等一系列运营，设定该部门的沉没成本为 f_e。

接下来，以具体不同产品属性的种类数代表出口技术复杂度（Levin & Tadelis，2010）。例如，布料染色工艺会因为湿度、温度等因素的不同而出现成品的细微差别，在颜色代码前四位相同时最后两位代表了最终成品的细微差距①。将产品属性记为 ε_k，假设有 m 种类型，且交易双方在签约时只能规定产品类型，无法细致至属性。

进一步，借鉴 Bolton & Dewatripont（2005）的研究：产品属性 ε_k 由特定的中间投入 α_l 决定。根据帕累托最优的生产决策，特定的经济环境与特定的要素投入相对应时的决策安排才是最优的。这表明在签约后，经济环境发生变化会导致之前按合同做出的决策失效，需要重新调整，即契约是不完全的。例如，服装厂买方在事前需要购买色号为蓝＃000080 的布料，但是在合约签订后，无法预料的事件导致原色号的布料并不能达到预期状态时，购买其他色号的布料可能才是最优选择。

假定特定状态发生的概率为 $1-\gamma$，那么经济环境不发生变化的概率为 γ^m，即出口企业将重新调整生产的概率为 $1-\gamma^m$。一旦事情状况发生转变，企业只有重新调整生产要素的投入以满足进口商新一轮的要求，才能收回前期投入的货款，而短期调整会引发一系列的“调整成本”，例如库存调整成本、新生产要素的投入成本等。假设调整成本为 $S(\theta)$，θ 代表城市化水平。仅以城市化建设带来的便利的基础设施条件，完善的生产、金融服务而言，城市化水平的提高能够使企业更加迅速和高效率地寻找和布局中间投入要素，降低调整成本（Shirley & Winston，2004）。因此，$S(\theta)$ 为城市化水平 θ 的减函数，即 $S'(\theta)<0$。

则企业预期利润函数为：

---

① 如＃000080 和＃00008B 代表了海军蓝和深蓝色。

$$E[\pi_e(x)]=\gamma^m[p_1(x)q_1(x)-\beta_1]+(1-\gamma^m)[p_2(x)q_2(x)-S(\theta)\beta_1]-f_e \tag{5.22}$$

其中，β 表示国际贸易的运输成本，$p_i(x)$ 和 $q_i(x)$ 表示企业出口的价格和数量。

对式(5.22)求导得企业的预期出口数量函数：

$$E(q_e(x))=[\gamma^m+(1-\gamma^m)S(\theta)^{-\sigma}]q(x) \tag{5.23}$$

其中，$q(x)$ 表示城市化建设下的出口数量。由于 $S'(\theta)<0$，因此 $\partial E(q_e(x))/\partial\theta>0$，即城市化水平越高，企业的预期出口数量越多，说明城市化促进出口数量提升。

对式(5.23)求二阶偏导得 $\frac{\partial^2 E(q_e(x))}{\partial\theta\partial m}>0$，即出口技术复杂度越高的产品，其出口数量受城市化水平影响越大。

根据上述理论模型分析可以得到命题：企业产品的出口数量随城市化水平的提升而增加，并且出口技术复杂度越高的产品，受城市化影响越大。

根据新新贸易理论，出口深化和出口广化均可以促进出口贸易增长(Melitz，2003；Chaney，2008)。由上述分析可知，城市化水平的提高提升了出口深度，技术复杂度越高的产品，其受影响程度越大。因此，城市化建设能够提升出口技术复杂度。

(三)城市化的双向作用

考虑到本书的解释变量为城市化水平这一综合变量，以 θ 代表城市化水平，并不能从单一方面直接认定 $S(\theta)$ 为 θ 的减函数。

城市化水平的提高除了有优化要素配置，提高基础设施质量，完善经济市场这些正向作用，还会导致企业外部成本上升。劳动力向第二、第三产业转移会使得城市人口较为密集，进而生产成本和管理成本随之增加(中国经济增长与宏观稳定课题组，2009)，使调整成本随城市化水平的提升而增加；政府主导城市化建设过程中颁布的政策对经济发展产生了过度干预，土地、资本、劳动力等要素市场的扭曲使社会中“寻租”现象盛行，企业很可能通过与政府建立关系获取利润(踪家峰等，2013)，而忽略出口技术复杂度升级。

若 $S(\theta)$ 为城市化水平 θ 的增函数，即 $S'(\theta)>0$。对式(5.23)求导得 $\partial E(q_e(x))/\partial\theta<0$，即城市化水平越高，企业的预期出口数量越少。

综上所述，城市化主要通过以下两条途径对企业调整成本产生影响：一是城市化带来的市场完善效应直接降低调整成本；二是城市化通过住房成本和工资成本等外部成本效应间接增加调整成本。总之，城市化水平对企业面对不完全契约条件下生产的调整成本具有两方面影响，进而对出口技术复杂度的影响也存在两种相反的作用。另外，对于不同要素密集型的产业，城市化进程带来的影响也会不同。具体还需结合现实数据进行研究。

三、省级层面制造业出口技术复杂度与综合城市化水平测度分析

(一)制造业出口技术复杂度的测度及分析

1. 制造业行业选择与数据来源

本部分数据来源于国研网《国际贸易研究及决策支持系统》，同时为了保证实证结果的有效性和可靠性，本书参照陈晓华(2010)的研究对 HS 编码中二十二类商品进行了处理①，最终纳入制造业出口技术复杂度计算的商品共有 12 类。在此基础上，本书再借鉴 OECD 产业划分标准，将其划分为资本密集型商品和劳动密集型商品。资本密集型商品为第六、七、十、十三、十五至十八类②，劳动密集型为第八、九、十一、十二类③。

2. 制造业出口技术复杂度测度方法

本书借鉴并优化 Schott(2008)基于出口相似度指标的方法测度中国各省份的制造业出口技术复杂度。其具体方法为：

$$ES_{txy}=\left[\min\left(\frac{V_{t1x}}{V_x},\frac{V_{t1y}}{V_y}\right)+\min\left(\frac{V_{t2x}}{V_x},\frac{V_{t2y}}{V_y}\right)+\cdots+\min\left(\frac{V_{tnx}}{V_x},\frac{V_{tny}}{V_y}\right)\right]\times 100\%$$
$$=\left[\sum_p \min\left(\frac{V_{tpx}}{V_x},\frac{V_{tpy}}{V_y}\right)\right]\times 100\% \tag{5.24}$$

其中，ES_{txy} 为 t 时间 x、y 两个经济体的特定产业的出口相似度，V_{tpx}、V_{tpy} 分别为 x、y 这两个经济体 p 系列产品的出口额，V_x、V_y 分别为 x、y 这两个经济体该产业的总出口值。该方法的关键在于选择一个相对合适的发达参照国。选取的参照国出口技术复杂度越高，经测算得出的另一经济体的出口技术复杂度越精确，因此本书选取美国这一发达国家作为参照国。在实际测算时，本书选取同数据系统内最近年份美国出口至中国的产业数据为参考标准，这在一定程度上避免了因数据统计口径不同造成的误差，以此能更精确地测算出中国各省份制造业出口技术复杂度的演进过程。改进后的测算方法如下：

---

① 剔除不属于制造业的商品，包括第二十类和第二十二类等，具体为革和毛皮及制品、木及制品、纺织原料及纺织制品、鞋帽伞等；剔除一些各国技术含量相当的初等品，包括第一、第二、第三、第四以及第五类，具体为活动物、动物产品、植物产品、动植物油、食品和矿产品；剔除不能体现出口技术复杂度提升的商品，包括第十四类和第二十一类，具体为珠宝贵金属及制品仿品、艺术品和收藏品及古物。

② 具体为化学工业产品、塑料橡胶及其制品、木浆及纸制品、矿物材料制品、贱金属及其制品、机电音像设备及其零件附件、运输设备、光学、医疗等仪器。

③ 具体为革和毛皮及制品、木及制品、纺织原料及纺织制品、鞋帽伞等。

$$EX_{txy} = \left[\sum_{p}\min\left(\frac{V_{tpx}}{V_x}, \frac{V_{2015pUtC}}{V_{2015UtC}}\right)\right] \times 100\% \qquad (5.25)$$

3.制造业出口技术复杂度测度结果与分析

根据以上的行业分类和测度方法，本书测算了中国 31 个省区市资本密集型和劳动密集型制造业的出口技术复杂度，表 5-18 显示了部分省份和年份资本密集型制造业出口技术复杂度的测度结果。由表 5-18 可知：首先，从出口技术复杂度数值上看，近年来中国大部分省份的资本密集型制造业出口技术复杂度一直保持稳步增长，全国层面各地区均值从 2002 的 0.484 增长到了 2015 年的 0.589，增幅为 17.81%，说明中国正在逐步向制造业技术大国迈进；其次，从各省市区域划分上看，中国各省份中资本密集型制造业出口技术复杂度较高的城市一直分布在东部沿海地区，以 2015 年复杂度排名前五的省份为例，北京、天津、江苏、福建、上海均在东部且具有天然的沿海优势，更易引入并学习高技术外资，由此也可解释为何中国各省份的技术复杂度存在由东向西逐级递减的现状；最后，从出口技术复杂度增幅上看，在大多数呈现增长态势的省份中，甘肃和贵州的增幅最大，分别从 2002 年的 0.186 和 0.197 增长到了 2015 年的 0.554 和 0.715。作为中国经济、交通、科技等中心的上海却出现了增幅为负的情况，从 2002 年的 0.788 下降到了 2015 年的 0.747，增幅为 −5.53%，不过观察具体数值后可以发现，虽然出现了负增长的情况，但是在 2002 年，上海市资本密集型制造业出口技术复杂度已经高达 0.788，是那时最高的城市，而其多年来一直保持较高水平的出口技术复杂度，说明中国资本密集型制造业出口技术复杂度的升级可能遇到了瓶颈期。

表 5-18　中国部分地区 2002—2015 年资本密集型制造业出口技术复杂度

省份	区	2002 年	2004 年	2006 年	2008 年	2010 年	2012 年	2013 年	2014 年	2015 年	增幅(%)
北京	东	0.764	0.746	0.759	0.747	0.758	0.788	0.786	0.804	0.816	6.44
天津	东	0.661	0.677	0.668	0.685	0.724	0.759	0.778	0.776	0.774	14.65
江苏	东	0.656	0.665	0.696	0.718	0.691	0.733	0.756	0.753	0.763	13.98
福建	东	0.585	0.580	0.621	0.773	0.767	0.726	0.730	0.741	0.754	22.40
上海	东	0.788	0.695	0.668	0.596	0.607	0.645	0.661	0.706	0.747	−5.53
东部均值		0.652	0.603	0.629	0.627	0.653	0.657	0.659	0.658	0.648	−0.71
中部均值		0.456	0.434	0.449	0.459	0.520	0.569	0.604	0.616	0.637	39.74
西部均值		0.348	0.353	0.351	0.368	0.433	0.436	0.469	0.493	0.502	44.34
全国均值		0.484	0.460	0.475	0.483	0.534	0.549	0.571	0.583	0.589	17.81

注：为节约篇幅，该表仅选取 2015 年资本密集型制造业出口技术复杂度排名前五的地区，并且仅报告了部分年份的测度结果。下表同。

表 5-19 显示了部分省份和年份劳动密集型制造业出口技术复杂度的测度结果。由表 5-19 可知：首先，从出口技术复杂度数值上看，中国各地区的劳动密集型出口技术复杂度整体上比资本密集型制造业出口技术复杂度低，且从整体层面上看，全国均值呈现下降趋势，从 2002 年的 0.394 下降至 2015 年的 0.354，降幅为 10.15%，其可能的原因在于，相比于资本密集型制造业，劳动密集型制造业具有价值加成低、投入回报率低等特点，因此劳动密集型制造业企业并不倾向于提升出口技术复杂度；其次，从区域划分上看，劳动密集型制造业出口技术复杂度较高的省份分布较为分散，除了具有东部沿海地理优势的江苏、东部人口基数较大的山东，其余省份则分布在中西部地区，均有人口众多、经济落后的特点；最后，从出口技术复杂度增幅上看，在呈现增长态势的省份中，增幅最大的省份为福建和江西，分别从 2002 年的 0.268 和 0.212 增长至 2015 年的 0.347 和 0.269，增幅分别为 29.48% 和 26.89%，虽然这两个省份的增幅较大，但是由于增长基数的出口技术复杂度较低，所以即便增幅较大，其最终并没有排名前列。

表 5-19　中国部分地区 2002—2015 年劳动密集型制造业出口技术复杂度

省份	区	2002 年	2004 年	2006 年	2008 年	2010 年	2012 年	2013 年	2014 年	2015 年	增幅(%)
广西	西	0.516	0.530	0.584	0.543	0.588	0.554	0.561	0.448	0.603	16.82
吉林	中	0.560	0.559	0.569	0.524	0.541	0.559	0.586	0.584	0.585	4.48
山东	东	0.423	0.487	0.511	0.491	0.503	0.497	0.509	0.505	0.485	14.67
江苏	东	0.449	0.473	0.478	0.475	0.489	0.488	0.488	0.481	0.480	6.78
陕西	西	0.428	0.444	0.411	0.435	0.451	0.421	0.462	0.426	0.461	7.55
东部均值		0.385	0.388	0.402	0.368	0.372	0.367	0.369	0.373	0.370	−3.97
中部均值		0.433	0.428	0.450	0.398	0.386	0.382	0.381	0.370	0.378	−12.69
西部均值		0.375	0.336	0.334	0.326	0.317	0.308	0.312	0.304	0.325	−13.49
全国均值		0.394	0.378	0.388	0.359	0.354	0.348	0.350	0.346	0.354	−9.96

（二）城市化水平测度

1. 城市化综合评价指标体系的构建

目前城市化水平的衡量方法可分为单因素指标法和复合指标法。其中，单因素指标法主要包括人口指标法和土地指标法。然而，现实中的城市化是一个复杂的多方面系统演进的过程，因此本书选择复合指标法来衡量城市化水平。为了准确刻画城市化水平，构建指标体系时应坚持四个原则：系统整体性、目的科学性、定量可比性以及数据可得性。在借鉴相关文献的研究成果的基础上，本书最终构建了一个包含4个一级指标，16个二级指标的综合指标体系。其中：一级指标包括人口城市化、经济城市化、空间城市化和社会城市化；二级指标包括人口自然增长率、人均GDP、城镇密度和生活垃圾无害化处理率等。由于各个二级指标具有不同的量纲，不能直接比较，则在综合计算之前应对数据进行标准化处理。由于城市化水平最多不能超过1，则城市化二级指标需分布在0到1之间，具体无量化公式为：

$$X'_{ij}=(X_{ij}-\min X_j)/(\max X_j-\min X_j) \tag{5.26}$$

$$X'_{ij}=(\max X_j-X_{ij})/(\max X_j-\min X_j) \tag{5.27}$$

其中，i表示年份，j表示特定二级指标，X_{ij}为数据初始值，X'_{ij}为标准化值，$\min X_j$为特定二级指标的最小值，$\max X_j$为特定二级指标的最大值。当指标为正向指标时，采用式(5.26)进行计算；当指标为逆向指标时，采用式(5.27)进行计算。

2.综合评价体系中权重的确定

在城市化进程中，各个二级指标的效用并不相同，因此还需要给各指标赋予不同的权重。在确定权重时，考虑到任何赋权法都有相应的局限性，并且主观赋权法比客观赋权法更易受到人为干扰，更具有主观随意性，因此，本书选用三种客观赋权法，即变异系数法、熵值法以及均方差法求得权重，然后计算三者的平均值，并将其作为最终计算的综合权重。

采用变异系数法时，需利用标准化处理后的数据计算其变异系数，具体计算公式如下：

$$X_j=\sigma_{ij}/\overline{x_{ij}} \tag{5.28}$$

其中，X_j为特定指标j的变异系数，σ_{ij}为该类指标的标准差，$\overline{x_{ij}}$为该类指标的平均值。进而其权重为：

$$W_j = X_j/\sum_{j=1}^{n}X_j \tag{5.29}$$

采用熵值法时，需利用标准化处理后的数据计算不同方案的贡献度，第一步计算的是基础数据对特定指标j的贡献度P_{ij}，具体计算公式如下：

$$P_{ij} = x_{ij}/\sum_{i=1}^{n}x_{ij} \tag{5.30}$$

第二步计算的是相应的贡献总量E_j，具体计算公式如下：

$$E_j =- K\sum_{j=1}^{n}P_{ij}\ln(P_{ij}) \tag{5.31}$$

$$D_j=1-E_j \tag{5.32}$$

其中，K表示常数，且$K=1/\ln(m)$，m为j类指标数据个数。由表达式可以看出：当某个基础数据对j类指标的贡献率趋于一致时，E_j趋于1，此时的权重最小。最后定义 D_j 为基础数据对 j 类指标贡献度的一致性程度。进而其权重为：

$$W_j = D_j / \sum_{j=1}^{n} D_j \tag{5.33}$$

采用均方差法时，需利用标准化处理后的数据计算其均值 $\overline{x_{ij}}$，进而计算 j 类指标的均方差，具体公式如下：

$$\sigma_j = \sqrt{\sum_{i=1}^{n} (x_{ij} - \overline{x_{ij}})^2} \tag{5.34}$$

进而其权重为：

$$W_j = \sigma_j / \sum_{j=1}^{n} \sigma_j \tag{5.35}$$

最终，根据三种客观赋值法算得的权重，取其平均值即为本书所需的综合权重，具体结果见表 5-20。

表 5-20 城市化水平综合评价指标及权重

一级指标	①	②	③	④	二级指标	①	②	③	④
人口城市化	14%	7%	17%	13%	非农业人口/总人口(%)	27%	29%	28%	28%
					第三产业从业人员比重(%)	23%	18%	19%	20%
					城镇人口密度(人/km^2)	31%	36%	28%	32%
					人口自然成长率(‰)	20%	16%	25%	20%
经济城市化	45%	63%	26%	45%	人均 GDP(元)	21%	19%	27%	23%
					人均工业总产值(元)	20%	19%	26%	22%
					人均地方财政收入(元)	31%	34%	24%	29%
					全社会固定资产投资(亿元)	27%	29%	23%	27%
空间城市化	25%	21%	28%	25%	城镇密度(个/万)	28%	33%	31%	31%
					每万人拥有建成区面积(km^2)	26%	24%	23%	25%
					人均公园绿地面积(m^2)	15%	9%	19%	14%
					交通线路密度(km/km^2)	30%	34%	27%	31%
社会城市化	16%	9%	28%	18%	生活垃圾无害化处理率(%)	28%	28%	32%	29%
					城市用水普及率(%)	14%	8%	15%	12%
					城市燃气普及率(%)	19%	14%	25%	19%
					每万人医院床位数(张)	39%	50%	28%	39%

注：①②③分别为以变异系数法、熵值法以及均方差法求得权重，④为前三种权重的平均值。

3. 综合城市化水平测度结果与分析

在得到经标准化处理的数据及综合权重后，本书计算了中国 31 个省份 2002—2014 年的城市化水平，部分省份和年份的测度结果见表 5-21。由表可知：首先，从数值上看，近年来中国大部分省份的综合城市化水平有突飞猛进的增长，全国层面的均值从 2002 年的 0.191 提升到了 2014 年的 0.480，增幅为 151%，巨大的增幅印证了中国改革开放以来在城市化推进工作中的付出，说明了中国正在逐步向强国迈进。其次，从区域上看，综合城市化水平排名靠前的城市均分布在东部地区，其次是中部地区，最后为西部地区，这也与中国当下现实相符。根据学界对城市化过程的分类，东部地区的上海和江苏两个省份已经步入城市化发展阶段的后期，说明中国正努力向发达国家靠近。最后，从不同测度方法得出的结果上看，中国城市化水平的均值为 0.480，并不如背景介绍中以常住人口比重计算的城镇化率 0.574 那般高，说明以单一型指标测度城市化水平的确具有狭隘性，更突出本书采用综合评价体系的科学性和可靠性。

表 5-21　中国部分地区 2002—2015 年综合城市化水平(不含港澳台地区)

省份	2002 年	2004 年	2006 年	2008 年	2010 年	2011 年	2012 年	2013 年	2014 年	增幅(%)
上海	0.415	0.480	0.566	0.638	0.626	0.641	0.669	0.691	0.722	74
江苏	0.277	0.329	0.385	0.465	0.540	0.586	0.626	0.670	0.711	157
天津	0.326	0.362	0.425	0.488	0.547	0.593	0.624	0.652	0.684	110
北京	0.401	0.441	0.496	0.535	0.549	0.578	0.601	0.625	0.650	62
山东	0.229	0.278	0.370	0.429	0.497	0.531	0.572	0.608	0.645	182
广东	0.269	0.317	0.352	0.417	0.462	0.490	0.521	0.555	0.590	119
浙江	0.272	0.315	0.348	0.415	0.462	0.493	0.523	0.553	0.581	114
辽宁	0.262	0.287	0.337	0.391	0.455	0.498	0.538	0.568	0.579	121
福建	0.208	0.244	0.257	0.328	0.379	0.413	0.447	0.482	0.513	147
河南	0.182	0.227	0.284	0.341	0.392	0.414	0.443	0.475	0.504	178
内蒙古	0.125	0.159	0.206	0.268	0.353	0.398	0.437	0.468	0.497	299
湖北	0.174	0.190	0.240	0.289	0.343	0.378	0.416	0.462	0.496	185
重庆	0.106	0.137	0.215	0.285	0.358	0.410	0.436	0.457	0.490	360
陕西	0.142	0.171	0.241	0.290	0.348	0.392	0.416	0.449	0.475	235
安徽	0.183	0.190	0.242	0.296	0.356	0.388	0.422	0.452	0.474	159

续表

省份	2002 年	2004 年	2006 年	2008 年	2010 年	2011 年	2012 年	2013 年	2014 年	增幅（%）
河北	0.187	0.210	0.251	0.304	0.359	0.384	0.411	0.434	0.457	144
湖南	0.131	0.162	0.224	0.271	0.329	0.363	0.393	0.420	0.450	244
宁夏	0.148	0.182	0.277	0.278	0.349	0.364	0.380	0.422	0.441	198
山西	0.181	0.190	0.242	0.296	0.350	0.378	0.400	0.424	0.438	142
江西	0.168	0.194	0.236	0.291	0.338	0.361	0.388	0.410	0.433	158
吉林	0.182	0.198	0.220	0.272	0.323	0.358	0.384	0.412	0.432	137
四川	0.098	0.153	0.190	0.246	0.306	0.339	0.370	0.403	0.429	338
新疆	0.170	0.193	0.241	0.284	0.327	0.359	0.378	0.400	0.422	149
海南	0.224	0.237	0.235	0.250	0.293	0.335	0.366	0.384	0.404	80
黑龙江	0.171	0.186	0.227	0.268	0.321	0.341	0.363	0.380	0.387	126
广西	0.132	0.158	0.189	0.236	0.285	0.306	0.328	0.348	0.366	178
青海	0.163	0.187	0.201	0.222	0.245	0.289	0.312	0.334	0.355	117
贵州	0.085	0.108	0.158	0.190	0.238	0.264	0.295	0.331	0.351	311
云南	0.139	0.152	0.154	0.219	0.257	0.266	0.294	0.314	0.337	143
甘肃	0.083	0.162	0.154	0.187	0.222	0.241	0.268	0.285	0.312	274
西藏	0.093	0.086	0.112	0.167	0.178	0.200	0.190	0.219	0.238	155
均值	0.191	0.222	0.267	0.318	0.367	0.398	0.426	0.454	0.480	150

四、实证结果与分析

（一）模型设定

本书使用 2002—2014 年省级层面面板数据进行计量分析，其模型为：

$$es_{ct} = \alpha_{ct} urban_{ct} + \beta_{ct} control_{ct} + \varepsilon_{ct} \quad (5.36)$$

其中，es_{ct} 表示各地区的制造业出口技术复杂度，$urban_{ct}$ 表示各地区的城市化水平，$control_{ct}$ 表示各控制变量，ε_{ct} 为误差项。

本书目的为分析城市化进程对制造业要素密集偏向型制造业出口技术复杂度的作用机制，因而被解释变量为中国各省份的制造业要素密集偏向型出口技术复杂度，按照要素密集偏向型的不同，分为资本密集偏向型和劳动密集偏向型制造业的出口技术复杂度，分别记为 *esk* 和 *esl*。解释变量为各省份的综合城市化水平，记为 *urban*。其相应的测度方法和数据来源前文已报告。

同时，为精准刻画不同区域城市化对制造业出口技术复杂度的影响，加强实证分析过程的可靠性，本书主要选取对制造业出口技术复杂度有重要影响的变量作为控制变量，具体有：(1)固定资本存量(k)。企业的固定资本投入可以有效地提升硬件设备等生产必需工具的质量，是提升出口技术复杂度的一种方式，实证中在张军等(2004)估算的2000年省级数据的基础上，采用永续盘存法持续测算至最新年份表示。(2)研发投入(rd)。研发活动的经费投入是地区对高技术产业的重要财力支撑，是科技创新和发展的基本要素，在企业提升产品的技术复杂度中起到了极其重要的作用，实证中采用各地区研发投入占GDP的比重表示，数据资料来源于《中国科技统计年鉴》。(3)外商直接投资(fdi)。在全球化生产的现在，跨国公司能够在全球范围内进行资源配置，由于技术具有“外溢效应”和“学习效应”，本国企业在接受跨国公司投资的，还能促进自身出口产品技术复杂度的升级，实证中采用各地区外商直接投资企业投资总额占GDP的比重表示，数据来源于《中国统计年鉴》。(4)就业率(employ)。就业率在一定程度上和地区的经济发展水平密切相关，而已有文献表明经济发展对出口技术复杂度升级具有明显的促进作用，实证中采用总就业人数占地区总人数的比重表示，数据来源于《中国统计年鉴》。(5)金融发展水平(fin)。金融发展水平较高的地区对应有相对完善的金融体系，进而企业能够以较低的成本从较广的渠道获得投资，从而提高对高技术产品的研发投入，促进出口技术复杂度升级，实证中以各地区存贷款总额表示，数据来源于《中国金融年鉴》以及各地区统计年鉴。为消除数值之间的差异，对变量 k、fdi、fin 进行均值化处理。表5-22报告了主要变量的描述性统计结果。由于西藏某些变量的数据缺失，因此实证分析中没有包含该地区。

表 5-22　关键变量的描述性统计

变量	样本数	均值	标准差	最小值	最大值
esk	390	0.5060263	0.1798691	0.0611491	0.8040879
esl	390	0.3692054	0.1053536	0.1354926	0.7402207
urban	390	0.3286832	0.1364667	0.0833180	0.7217500
k	390	1.0000000	1.0039890	0.0372688	5.7981460
rd	390	0.0127986	0.0102734	0.0017493	0.0648164
fdi	390	0.4199860	0.5269390	0.0473300	5.7053790
employ	390	0.5382535	0.0764917	0.3682415	0.7384517
fin	390	1.0000000	1.071488	0.0308485	6.5086490

（二）实证检验

1. 多重共线性检验

为避免各控制变量和主要解释变量之间存在相关性而对实证结果产生干扰，在进行实证分析之前，需要对模型所选取的各变量进行多重共线性检验，再考虑以何种形式将它们加入模型进行分析。本书采用方差膨胀因子，即 VIF 来检测各变量之间的多重共线性，相关检验结果如表 5-23 所示。判断标准为：当 0<VIF<10 时，不存在多重共线性；当 10≤VIF<100 时，存在较强的多重共线性；当 VIF≥100 时，存在严重的多重共线性。结果表明，无论是在全国层面，还是在区域层面，各变量之间均不存在多重共线性。因此在文后的回归中，可以任意添减控制变量。

表 5-23　全国、东部、中西部层面的 VIF 计算结果

变量	全国层面		东部地区		中西部地区	
	VIF	1/VIF	VIF	1/VIF	VIF	1/VIF
urban	3.98	0.251126	3.88	0.257962	3.03	0.329588
k	6.31	0.158467	6.03	0.165786	7.24	0.138164
rd	2.70	0.370972	3.23	0.309605	1.50	0.667192
fdi	1.22	0.819584	1.29	0.775792	1.17	0.855970
employ	1.39	0.720121	1.54	0.650844	1.42	0.702645
fin	6.32	0.158337	5.38	0.185866	7.49	0.133436

2. 平稳性检验

因独立非平稳时间序列易产生统计显著性的虚假回归问题，故本书还对模型的变量进行了平稳性检验。同时为了提高检验结果的可靠性和稳健性，本书同时采用时间序列的 PP 检验和面板数据的 IPS 检验两种方法来对被解释变量、解释变量以及控制变量进行平稳性检验。表 5-24 报告了全国、东部和中西部层面的估计结果。由表可知，在水平状态下，被解释变量、解释变量以及控制变量都有单位根。因此，本书对各变量的一阶差分进行进一步检验。结果表明，在 1%的显著性水平上，各变量均拒绝了存在单位根的原假设。由此可见，被解释变量、解释变量以及控制变量均在同阶平稳。

表 5-24　全国、东部、中西部层面的单位根检验结果

变量	全国		东部		中西部		单位根
	PP	IPS	PP	IPS	PP	IPS	
urban	1.7241 (1.0000)	17.7652 (1.0000)	1.2183 (1.0000)	10.5354 (1.0000)	0.5058 (1.0000)	14.3068 (1.0000)	是
Durban	227.2862 (0.0000)	−6.5442 (0.0000)	77.0593 (0.0000)	−3.8061 (0.0001)	150.2269 (0.0000)	−5.3272 (0.0000)	否
esk	62.4030 (0.3908)	2.5859 (0.9951)	28.0234 (0.1749)	0.0303 (0.5121)	34.3797 (0.6376)	3.2262 (0.9994)	是
Desk	319.8109 (0.0000)	−7.2310 (0.0000)	95.0302 (0.0000)	−4.5270 (0.0000)	224.7807 (0.0000)	−5.6416 (0.0000)	否
esl	115.9082 (0.0000)	−1.8986 (0.0288)	34.8066 (0.0406)	−0.6651 (0.2530)	81.1016 (0.0001)	−1.8796 (0.0301)	是
Desl	317.0419 (0.0000)	−7.4542 (0.0000)	107.9266 (0.0000)	−4.2487 (0.0000)	209.1154 (0.0000)	−6.1338 (0.0000)	否

注：括号外为检验的统计量，括号内为检验结果的相应概率，D表示一阶差分处理。若概率值 $p<0.01$，则表明该检验结果拒绝存在单位根的原假设。

3. 协整检验

基于前文综述和理论部分分析，我们能简单得出城市化进程对制造业出口技术复杂度的作用机制，但是目前尚无学者对这两者的关系进行实证分析，因此为了避免出现伪回归，即无长期均衡关系分析，本书进一步从统计学视角对两者进行协整检验。同时，结合前文对出口技术复杂度的分类，此处分别对资本密集型和劳动密集型制造业出口技术复杂度进行检验。表5-25报告了相应的结果，结果表明，在滞后一期和滞后二期的情况下，两种要素密集型制造业出口技术复杂度的三种检验的结果均在至少5%的显著性水平上拒绝了“无长期均衡关系”的假设。因此，可以推定出城市化进程与两种要素密集型制造业出口技术复杂度之间存在长期均衡关系。

表 5-25　城市化与出口技术复杂度的协整检验结果

复杂度	资本密集型				劳动密集型			
滞后期数	滞后一期		滞后二期		滞后一期		滞后二期	
检验类型	估计值	P值	估计值	P值	估计值	P值	估计值	P值
Gt	−2.000	0.000	−1.336	0.029	−2.408	0.000	−1.423	0.009
Pt	−13.057	0.000	−8.208	0.000	−13.533	0.000	−4.969	0.031
Pa	−7.738	0.000	−3.408	0.000	−7.765	0.000	−2.513	0.003

（三）实证回归

1. 全国层面的估计结果

本部分从国家层面角度出发，采用两阶段最小二乘法，研究城市化进程对制造业出口技术复杂度的作用机制，同时为了避免解释变量的内生性问题对结果产生影响，实证分析中还采用城市化水平数值的一期滞后项作为工具变量进行回归，并对模型的不足识别、过度识别和工具变量的弱识别进行各项检验。另外，由前文理论分析部分可知，城市化对出口技术复杂度存在两种相反的作用机制，因此从全国层面进行分析时，本书纳入解释变量的平方项进行回归，探求“倒 U”效果是否存在，则计量估计模型为：

$$es_{ct} = \alpha_{ct} urban_{ct} + \gamma_{ct} urban_{ct}^2 + \beta_{ct} control_{ct} + \varepsilon_{ct} \tag{5.37}$$

其中，$urban_{ct}^2$ 为 $urban_{ct}$ 的平方项，其他变量保持不变。另外，为了进一步验证“倒 U”结果的稳健性，本书还将“高城市化水平＋高技术复杂度”的城市①作为参照，对比验证。表 5-26 报告了全国层面资本密集型制造业出口技术复杂度的回归结果。

表 5-26　全国层面资本密集型制造业出口技术复杂度回归结果

变量	(1)	(2)	(3)	(4)	(5)	(6)
urban	1.556*** (4.95)	1.628*** (6.73)	1.590*** (6.82)	1.671*** (6.52)	1.629*** (6.67)	−0.187*** (−2.82)
$urban^2$	−1.046*** (−3.05)	−2.053*** (−7.09)	−2.241*** (−7.46)	−2.151*** (−6.22)	−2.311*** (−7.13)	—
k	0.015* (1.66)	0.044*** (4.64)	0.062*** (5.81)	0.052*** (4.66)	0.062*** (4.06)	0.021*** (3.70)
rd	—	9.174*** (9.30)	9.478*** (9.93)	9.549*** (9.52)	9.517*** (9.23)	2.785*** (6.47)
fdi	—	—	0.077*** (2.98)	—	0.075*** (2.87)	—
employ	—	—	—	−0.172 (−1.66)	−0.094 (−1.05)	—
fin	—	—	—	—	0.005 (0.37)	—
cons	0.089 (1.46)	0.062 (1.45)	0.046 (1.08)	0.141** (2.18)	0.088 (1.38)	0.689*** (24.02)
OBS	300	360	360	360	372	48

① 根据前文测度结果，选取资本密集型制造业出口技术复杂度前五与综合城市化水平前五中重合的省份，分别为上海、江苏、天津、北京。

续表

变量	(1)	(2)	(3)	(4)	(5)	(6)
R^2	0.37	0.48	0.53	0.49	0.53	0.47
LM检验	0.0000	0.0000	0.0000	0.0000	0.0000	0.0000
CD检验	2270.903****	4954.344****	4974.817****	4984.852****	4865.617****	1891.024****
Hansen检验	0.000	0.000	0.000	0.000	0.000	0.000

由表5-26中的列(1)—(5)可知,无论控制变量的个数和种类如何变化,城市化水平这一最关键的解释变量始终和资本密集型制造业出口技术复杂度保持正相关关系,而其平方项始终和资本密集型制造业出口技术复杂度保持负相关关系,且所有系数均至少在1%的显著性水平上显著,其他控制变量的加入仅改变了其系数估计值,这在一定程度上验证了此结果的稳健性。因此,上述回归结果表明城市化水平与资本密集型制造业出口技术复杂度之间呈倒U形曲线关系。在城市化水平处于初期探索阶段时,可以通过提升地区基础设施建设、提供良好的运营市场和人力资源促进资本密集型制造业出口技术复杂度提升,此时,外部运营成本虽然有所上升,但是并未挤占研发等有利于复杂度升级的投入。随着建设升级,城市化水平逐渐提高,外部经营成本增长迅速,人力资源、厂房设备、经营用地等方面均有庞大的开支,进而出现了抑制资本密集型制造业出口技术复杂度升级的现象。同时,由列(6)可知,在高城市化水平与高资本密集型出口技术复杂度的城市,这种负向效果已经存在,虽然其在系数估计值上只有全国层面正向作用的10%左右。

对于其他控制变量而言,资本存量变量的系数估计值均为正,除列(1)只有10%的显著性水平外,其他均至少在1%的显著性水平上显著,说明资本存量对制造业资本密集型出口技术复杂度升级具有显著正效应。可能的原因在于固定资本投入可以提升生产过程中设备器具的技术含量,进而促进出口技术复杂度升级。

研发投入变量的系数估计值均为正,且均至少在1%的显著性水平上具有显著影响,说明研发投入对资本密集型制造业出口技术复杂度升级具有显著的正效应。可能的原因在于研发投入能够使企业积累甚至创造知识,促进产品和工艺的创新,进而提升出口技术复杂度。

外商直接投资变量的系数估计值均为正,且均至少在1%的显著性水平上具有显著影响,说明外商直接投资对资本密集型制造业出口技术复杂度升级具有显著的正效应。可能的原因在于:在全球化生产的背景下,跨国公司能够在全球范围内配置资源，对于中国而言，大量的 FDI 来源于发达国家，意味着跨国公司的高技术产品也随之流入中国，间接导致了中国出口技术复杂度提升；除“溢出效应”外，优质 FDI 的流入也可以产生“学习效应”，促使企业提升自身技术能力以更好地匹配外资进行生产。

就业率变量的系数估计值为负，金融发展水平变量的系数估计值为正，但均未通过显著性水平检验。可能的原因在于全国层面的就业率和金融发展水平差距较大，导致二者对资本密集型制造业出口技术复杂度的影响不显著。

表 5-27 报告了全国层面的回归结果。由列(1)—(5)可知，无论控制变量的个数和种类如何变化，城市化水平这一最关键的解释变量始终和劳动密集型制造业出口技术复杂度保持负相关关系，且所有系数均至少在 1%的显著性水平上显著，而其平方项的回归系数虽然为正，但均未通过显著性水平检验。其他控制变量的加入仅改变了系数的估计值，并没有改变其显著性，这在一定程度上验证了此结果的稳健性。因此，上述回归结果表明，城市化水平与劳动密集型制造业出口技术复杂度之间存在负相关关系，且并不存在 U 形关系。出现这种与资本密集型制造业具有不同检验结果的现象的原因可能是：劳动密集型企业对劳动力的依赖性较大，而劳动力成本随着城市化进程的推进会有大幅增长，从而在城市化水平并不高的状态下就会挤占企业的利润以及研发投入，不利于该类企业的出口技术复杂度升级。另外，与资本密集型采用“双高”城市作为对照组不同的是，本处由于已经证实 U 形关系不存在，因此仅采用高劳动密集型出口技术复杂度城市①作为对照。由列(6)可知，在劳动密集型出口技术复杂度高的地区，城市化进程带来的负向作用反而消失，并且转化为显著的正效应，这说明劳动密集型企业可以通过提高自身产品的技术复杂度来扭转城市化进程带来的不利影响。

表 5-27　全国层面劳动密集型制造业出口技术复杂度回归结果

变量	(1)	(2)	(3)	(4)	(5)	(6)
urban	−0.509** (−2.50)	−0.472** (−2.32)	−0.484** (−2.41)	−0.475** (−2.27)	−0.601*** (−2.91)	0.384** (2.07)
$urban^2$	0.338 (1.50)	0.104 (0.45)	0.046 (0.19)	0.111 (0.45)	0.225 (0.90)	—
k	0.047*** (8.16)	0.054*** (8.07)	0.059*** (8.16)	0.053*** (6.73)	0.084*** (8.04)	0.193*** (8.45)
rd	—	1.996*** (3.76)	2.092*** (4.01)	1.970*** (3.43)	3.156*** (4.69)	—

① 根据前文测度结果，选取劳动密集型制造业出口技术复杂度前五中除城市化水平较高的省份以外的省份，分别为：广西、吉林、山东、陕西。

续表

Vars	(1)	(2)	(3)	(4)	(5)	(6)
fdi	—	—	0.024** (2.11)	—	0.030** (2.26)	0.360*** (4.59)
employ	—	—	—	0.012 (0.15)	0.051 (0.63)	0.403** (2.43)
fin	—	—		—	−0.035*** (−3.40)	−0.355*** (−8.73)
cons	0.445*** (11.06)	0.430*** (10.64)	0.425*** (10.55)	0.425*** (8.69)	0.408*** (8.34)	0.150 (1.15)
OBS	360	360	360	360	360	48
R^2	0.11	0.12	0.13	0.12	0.16	0.59
LM检验	0.0000	0.0000	0.0000	0.0000	0.0000	0.0000
CD检验	4968.904****	4954.344****	4974.817****	4984.852****	4865.617****	219.391****
Hansen检验	0.000	0.000	0.000	0.000	0.000	0.000

对于其他控制变量而言，资本存量、研发投入和外商直接投资变量的系数估计值均为正，且资本存量和研发投入变量均至少在1%的显著性水平上具有显著影响，而外商直接投资变量则是在至少5%的显著性水平上具有显著影响，说明资本存量、研发投入和外商直接投资对制造业劳动密集型出口技术复杂度具有显著的正效应。这一点与前文所述的资本密集型制造业的情况相同，说明在中国制造业出口技术复杂度的升级依赖于物质资本存量、研发资金和外商资本的投入。值得关注的是，在加入相同数量和种类的控制变量的条件下，研发投入和外商直接投资对资本密集型制造业出口技术复杂度的系数估计值远远大于劳动密集型，说明资本密集型企业的技术复杂度升级更依赖于自身内部条件的升级，因为研发和外资投入的增加，均是直接促进企业制造高技术含量产品的因素。

另外，就业率变量的系数估计值为正，但未通过显著性检验，说明与资本密集型制造业一样，在差距较大的全国层面，就业率对劳动密集型制造业出口技术复杂度的影响并不显著。金融发展水平变量的系数估计值为负，且至少在1%的显著性水平上具有显著影响，说明金融的发展对制造业劳动密集型出口技术复杂度的升级具有显著的负效应。

2. 区域层面的回归结果

由于中国地域广阔，各省份之间的经济发展水平差异较大，为更精确地分析各地区城市化进程对制造业出口技术复杂度的作用机制，本部分从区域层面出发，将31个省份按照东部和中西部分类，采用两阶段最小二乘法，进一步研究城市化进程带来的影响。表5-28报告了资本密集型的回归结果，其中列(1)—(3)为东部地区，列(4)—(6)为中西部地区。

表 5-28 区域层面资本密集型制造业出口技术复杂度回归结果

变量	东部地区			中西部地区		
	(1)	(2)	(3)	(4)	(5)	(6)
urban	1.761*** (4.03)	1.746*** (3.88)	1.527*** (3.36)	1.690*** (2.68)	1.255** (2.17)	1.747*** (3.64)
urban^2	−1.429*** (−3.04)	−1.583*** (−3.24)	−1.545*** (−3.23)	−3.215*** (−3.01)	−2.736*** (−2.81)	−3.730*** (−4.54)
k	−0.002*** (−3.25)	−0.054*** (−5.84)	−0.030** (−2.44)	0.181*** (6.71)	0.076** (2.21)	0.147*** (4.62)
rd	—	—	2.418*** (3.66)	—	—	17.305*** (9.43)
fdi	0.006 (0.38)	—	0.009 (0.52)	0.204** (2.02)	—	0.051 (0.65)
employ	0.372*** (4.22)	0.284*** (3.33)	0.241*** (2.46)	−0.231 (−0.94)	−0.393*** (−2.97)	−0.405*** (−3.57)
fin	—	0.041*** (5.26)	0.026*** (3.30)	—	0.186** (2.53)	0.030 (0.49)
cons	−0.002 (−0.01)	0.057 (0.56)	0.105 (0.93)	0.187 (1.60)	0.357*** (3.16)	0.182* (1.78)
OBS	132	132	132	228	228	228
R^2	0.38	0.44	0.47	0.33	0.37	0.54
LM 检验	0.0000	0.0000	0.0000	0.0000	0.0000	0.0000
CD 检验	1162.685****	1156.250****	1125.544****	1798.482****	1760.828****	1721.050****
Hansen 检验	0.000	0.000	0.000	0.000	0.000	0.000

由表可知，无论控制变量的个数和种类如何变化，在东部地区和中西部地区，城市化水平这一最关键的解释变量始终和资本密集型制造业出口技术复杂度保持正相关关系，而其平方项始终和资本密集型制造业出口技术复杂度保持负相关关系，且所有系数均至少在1%的显著性水平上具有显著影响，其他控制变量的加入仅改变了系数估计值。回归结果表明，在区域层面，城市化水平与资本密集型制造业出口技术复杂度之间仍然呈倒U形曲线关系，这更进一步论证了前文结果的可靠性。

对于其他控制变量而言，资本存量变量在东部地区的系数估计值为负，在中西部地区的系数估计值为正，且均至少在1%的显著性水平上具有显著影响。说明在固定资本存量较多的东部地区，其对资本密集型制造业出口技术复杂度升级具有负向作用，而在资本存量相对较为稀缺的中西部地区，其正向作用仍然显著，表明固定资本存量对资本密集型制造业出口技术复杂度升级的作用存在边际递减规律，同时，该结果还说明企业不能过分依赖于用硬件设备的堆积提升出口技术复杂度。

研发投入变量的系数估计值均为正，且至少在1%的显著性水平上显著，说明无论在东部地区还是中西部地区，研发投入对资本密集型制造业出口技术复杂度升级都具有显著的正效应。同时，对比两列数据可以发现，中西部地区的系数估计值远远大于东部地区，表明在技术复杂度相对较低的中西部地区，注重研发投入，增加科研费用可以有效地提升该地区的技术复杂度。

外商直接投资的系数估计值均为正，但仅在中西部地区至少在5%的显著性水平上显著，而在东部地区未通过显著性检验，说明外商直接投资对东部地区资本密集型制造业出口技术复杂度的影响并不显著。可能的原因在于外企的母公司和子公司之间内部贸易越来越多，垂直分工问题越来越突出，而中国在商品的生产过程中多扮演“装配车间”的角色，因此导致外商直接投资对东部地区制造业出口技术复杂度的提升不显著；而在中西部地区，技术复杂度原本偏低，虽然仅是装配过程，但仍给出口品带来了技术加成，最终提升了该地区的技术复杂度。

就业率的系数估计值在东部地区为正，且均至少在1%的显著性水平上显著，而在中西部地区为负，且有两列至少在1%的显著性水平上显著，说明就业率提升对东部地区资本密集型制造业出口技术复杂度升级具有显著的正效应，对中西部地区具有显著的负效应。可能的原因在于，在东部地区，就业率的提升意味着经济发展状况的优化，投资高技术含量企业能力的提升，并且在东部地区人才质量相对较好，两者协同作用促进了出口技术复杂度升级；而在中西部地区，就业率的提升可能并不等同于经济状况的好转，而是由于政策等动力驱使，社会相对低级劳动力的就业率提高，但是高技术人才数量并未增加，反而出现了负向作用。

金融发展水平的系数估计值为正，在东部地区均至少在1%的显著性水平上显著，而在中西部地区至少在5%的显著性水平上显著，说明在区域层面金融发展对资本密集型制造业出口技术复杂度升级具有显著的正效应，这点与前文全国层面的结果不相同，可能的原因在于，金融发展水平的提高可以有效降低企业的融资难度，使得企业能够以更低的成本和更广的渠道获取运营资金，进而提升相应的固定资本、研发投入，改进企业技术水平和创新能力，最终提高出口技术复杂度。

由于在全国层面分析中已经得出在劳动密集型制造业中，城市化进程对出口技术复杂度升级并无 U 形影响的结论，因此本部分区域层面的回归未将城市化变量的平方项纳入。表 5-29 报告了劳动密集型的回归结果，其中列(1)—(3)为东部地区，列(4)—(6)为中西部地区。

表 5-29　区域层面劳动密集型制造业出口技术复杂度回归结果

变量	东部地区			中西部地区		
	(1)	(2)	(3)	(4)	(5)	(6)
urban	−0.157*** (−4.45)	−0.169*** (−2.60)	−0.155** (−2.28)	−0.621*** (−5.46)	−0.730*** (−6.28)	−0.674*** (−6.12)
k	0.037*** (5.42)	0.038*** (4.36)	0.069*** (7.77)	0.098*** (4.94)	0.057** (2.08)	0.078*** (2.67)
rd	—	0.097 (0.20)	1.422** (2.24)	—	—	2.455* (1.68)
fdi	−0.004 (−0.73)	—	0.001 (0.16)	0.291*** (2.82)	—	0.263** (2.53)
employ	−0.175*** (−2.71)	−0.169** (−2.21)	−0.159** (−1.97)	0.181* (1.79)	0.097 (0.81)	0.134 (1.28)
fin	—	—	−0.037*** (−4.22)	—	0.069* (1.79)	0.033 (0.81)
cons	0.488*** (12.77)	0.483*** (10.13)	0.464*** (9.45)	0.310*** (5.32)	0.428*** (6.64)	0.327*** (5.57)
OBS	132	132	132	228	228	228
R^2	0.25	0.25	0.36	0.20	0.15	0.22
LM 检验	0.0000	0.0000	0.0000	0.0000	0.0000	0.0000
CD 检验	9006.617****	3637.925****	3656.376****	5726.592****	5567.440****	5413.411****
Hansen 检验	0.000	0.000	0.000	0.000	0.000	0.000

由表 5-29 可知，无论控制变量的个数和种类如何变化，在东部地区和中西部地区，城市化水平这一最关键的解释变量始终和劳动密集型制造业出口技术复杂度保持负相关，且列(3)只有 5%的显著性水平，其他估计值均至少在 1%的显著性水平上显著，其他控制变量的加入仅改变了系数估计值。回归结果表明，在区域层面，城市化水平与劳动密集型制造业出口技术复杂度之间仍然呈负向作用关系，这进一步论证了前文结果的可靠性。

对于其他控制变量而言，资本存量的系数估计值为正，且均至少在 1%的显著性水平上显著，说明在区域层面，资本存量对劳动密集型制造业出口技术复杂度升级仍然具有显著的正效应，这一结果与前文全国层面的结果相同。同时对比系数可以发现，中西部地区的系数估计值大于东部西区，同样说明固定资本存量对劳动密集型制造业出口技术复杂度的影响存在边际递减规律。结合资本密集型的分析可以推导出，在整个制造业中，提升技术复杂度不能完全依赖于固定资本投入等外部条件。

研发投入变量的系数估计值为正，在东部地区至少在5%的显著性水平上显著，而在中西部地区则至少在10%的显著性水平上显著，说明在区域层面，研发投入对劳动密集型制造业出口技术复杂度升级具有正效应，但并不如前文整体层面显著。

外商直接投资变量的系数估计值为正，但在东部地区未通过显著性检验，仅在中西部地区至少在5%的显著性水平上显著，说明仅在中西部地区，外商直接投资对劳动密集型制造业出口技术复杂度升级具有显著的正效应。这一点与资本密集型的区域层面回归结果类似。

金融发展水平变量的系数估计值在东部地区为负，且至少在1%的显著性水平上显著，而在中西部地区为正，且至少在10%的显著性水平上显著，说明在东部地区金融发展对劳动密集型制造业出口技术复杂度升级具有显著的负效应，而在中西部地区具有显著的正效应。

3.城市化一级指标回归结果

鉴于前文采用综合评价体系测度城市化水平，本部分采用体系中的一级指标进行回归分析，以进一步验证城市化进程对制造业出口技术复杂度的作用机制。

表5-30报告了全国层面的回归结果，其中列(1)—(4)为资本密集型制造业出口技术复杂度，列(5)—(8)为劳动密集型制造业出口技术复杂度。由表可知，人口城市化对资本密集型制造业出口技术复杂度具有至少在1%显著性水平上显著的正效应，对劳动密集型制造业出口技术复杂度具有至少在1%的显著性水平上显著的负效应，说明人口质量提升对资本密集型制造业出口技术复杂度升级有促进作用，但是对劳动密集型制造业出口技术复杂度升级有抑制作用。这也印证了前文综合城市化水平对资本和劳动密集型制造业出口技术复杂度作用机制的不同正是由对人口的依赖程度的不同造成的。

表5-30　全国层面一级指标资本、劳动密集型回归结果

变量	资本密集型				劳动密集型			
	(1)	(2)	(3)	(4)	(5)	(6)	(7)	(8)
x	0.516*** (5.50)	—	—	—	−0.406*** (−7.62)	—	—	—

续表

变量	资本密集型				劳动密集型			
	(1)	(2)	(3)	(4)	(5)	(6)	(7)	(8)
y	—	0.587*** (13.56)	—	—	—	0.010 (0.32)	—	—
z	—	—	0.685*** (15.96)	—	—	—	0.108*** (3.22)	—
w	—	—	—	0.495*** (9.70)	—	—	—	−0.062* (−1.75)
cons	0.303*** (7.81)	0.388*** (29.65)	0.253*** (13.29)	0.215*** (6.94)	0.528*** (22.71)	0.365*** (36.32)	0.327*** (20.76)	0.403*** (17.56)
OBS	360	360	360	360	360	360	360	360
R^2	0.06	0.28	0.29	0.17	0.12	0.00	0.03	0.01
LM检验	0.0000	0.0000	0.0000	0.0000	0.0000	0.0000	0.0000	0.0000
CD检验	1910.36****	5.3e+04****	2.7e+04****	5382.97****	1910.36****	5.3e+04****	2.7e+04****	5382.97****
Hansen检验	0.000	0.000	0.000	0.000	0.000	0.000	0.000	0.000

经济城市化对资本密集型制造业出口技术复杂度具有至少1%显著性水平的正效应，对劳动密集型制造业出口技术复杂度无显著影响，说明资本密集型制造业出口技术复杂度对经济城市化的敏感度较高，经济的稳定发展可以给企业提供持续的资本投入，而对于资本密集型企业而言，这一点无疑是关键的，因此经济城市化对资本密集型制造业出口技术复杂度升级具有促进作用。

空间城市化对资本密集型和劳动密集型制造业出口技术复杂度均具有至少1%显著性水平的正效应，说明城市建设提升对两类出口技术复杂度均具有促进作用。这也印证了前文理论分析中基础设施完善能够有效地促进制造业出口技术复杂度升级的结论。

社会城市化对资本密集型制造业出口技术复杂度具有至少1%显著性水平的正效应，对劳动密集型制造业出口技术复杂度具有至少10%显著性水平的负效应，说明社会城市化对资本密集型制造业出口技术复杂度具有促进作用，但是对劳动密集型制造业出口技术复杂度升级具有抑制作用。

类似于前文，本部分一级指标回归同样进行了区域层面的分析。表5-31和表5-32报告了相应的回归结果，其中列(1)—(4)为资本密集型出口技术复杂度，列(5)—(8)为劳动密集型出口技术复杂度。由表可知，在东部地区和中西部地区，人口城市化、经济城市化、空间城市化、社会城市化对两类要素密集型出口技术复杂度的作用机制和全国层面保持一致，这在一定程度上印证了本书实证结果的可靠性。

表 5-31　东部地区一级指标资本、劳动密集型回归结果

变量	资本密集型				劳动密集型			
	(1)	(2)	(3)	(4)	(5)	(6)	(7)	(8)
x	0.272*** (2.75)	—	—	—	−0.355*** (−5.81)	—	—	—
y	—	0.258*** (5.53)	—	—	—	0.016 (0.49)	—	—
z	—	—	0.406*** (5.59)	—	—	—	0.208** (2.40)	—
w	—	—	—	0.353*** (4.41)	—	—	—	−0.006 (−0.13)
cons	0.523*** (11.90)	0.558*** (29.16)	0.429*** (10.73)	0.404*** (7.25)	0.526*** (18.95)	0.371*** (30.12)	0.321*** (13.66)	0.380*** (11.34)
OBS	132	132	132	132	132	132	132	132
R^2	0.04	0.20	0.25	0.16	0.16	0.00	0.05	0.00
LM检验	0.0000	0.0000	0.0000	0.0000	0.0000	0.0000	0.0000	0.0000
CD检验	1214.43****	1.7e+04****	4819.94****	1370.55****	1214.43****	1.7e+04****	4819.94****	1370.55****
Hansen检验	0.000	0.000	0.000	0.000	0.000	0.000	0.000	0.000

表 5-32　中西部地区一级指标资本、劳动密集型回归结果

变量	资本密集型				劳动密集型			
	(1)	(2)	(3)	(4)	(5)	(6)	(7)	(8)
x	0.322*** (2.99)	—	—	—	−0.483*** (−6.72)	—	—	—
y	—	0.570*** (4.91)	—	—	—	−0.072 (−1.02)	—	—
z	—	—	0.580*** (6.78)	—	—	—	0.164*** (2.62)	—
w	—	—	—	0.266** (4.07)	—	—	—	−0.123*** (−2.60)
cons	0.310*** (7.27)	0.351*** (18.47)	0.264*** (9.64)	0.287*** (7.90)	0.546*** (18.17)	0.372*** (25.32)	0.314*** (14.31)	0.429*** (15.12)
OBS	228	228	228	228	228	228	228	228
R^2	0.03	0.13	0.15	0.07	0.12	0.00	0.01	0.03
LM检验	0.0000	0.0000	0.0000	0.0000	0.0000	0.0000	0.0000	0.0000
CD检验	940.301****	2.2e+04****	1.1e+04****	3489.25****	940.30****	2.2e+04****	1.1e+04****	3489.25****
Hansen检验	0.000	0.000	0.000	0.000	0.000	0.000	0.000	0.000

另外，本书对所有的回归模型均进行了不足识别、过度识别和工具变量弱识别检验，KP 检验、CD 检验以及 Hansen 检验的结果分别拒绝了不足识别、过度识别和弱识别的原假设，可见本书的实证分析较好地刻画了现实情况，从而得出的结论具有很好的现实指导意义。

4. 稳健性检验

为了进一步检验前文回归结果的稳健性，本部分以城镇人口占总人口比重替代前文的城市化水平，并继续采用 2SLS 方法进行稳健性检验。表 5-33 和表 5-34 报告了回归结果，其中列(1)—(2)为全国层面，列(3)—(4)为东部地区，列(5)—(6)为中西部地区，列(7)为前文所选的对比城市。

表 5-33　资本密集型制造业出口技术复杂度稳健性检验结果

变量	全国		东部		中西部		对照组
	(1)	(2)	(3)	(4)	(5)	(6)	(7)
people	1.806*** (5.31)	1.854*** (5.26)	3.489*** (6.18)	3.249*** (6.21)	2.533** (1.99)	2.323* (1.83)	−0.268*** (−3.35)
people^2	−1.517*** (−5.28)	−1.401*** (−4.80)	−2.590*** (−6.11)	−2.361*** (−5.91)	−2.933** (−2.04)	−2.822** (−2.00)	—
k	0.040** (2.51)	0.028* (1.82)	−0.029*** (−2.89)	−0.024** (−2.54)	0.097*** (2.82)	0.098*** (2.99)	0.004 (1.04)
rd	9.140*** (8.33)	7.329*** (6.62)	3.642*** (5.74)	3.096*** (4.34)	15.945*** (7.47)	17.003*** (7.48)	3.410*** (6.69)
fdi	0.045** (2.11)	—	−0.015* (−1.79)	—	0.138 (1.14)	—	—
employ	—	0.203** (2.20)	—	0.252*** (2.85)	—	−0.326** (−2.52)	—
fin	−0.005 (−0.38)	0.002 (0.01)	0.016** (2.07)	0.013* (1.62)	−0.013 (−0.25)	0.004 (0.07)	—
cons	−0.167* (−1.83)	−0.286** (−2.54)	−0.522*** (−2.94)	−0.608*** (−3.92)	−0.344 (−1.31)	−0.096 (−0.32)	0.799*** (15.89)
Obs	270	270	99	99	171	171	36
R^2	0.49	0.48	0.55	0.57	0.48	0.49	0.50
LM 检验	0.0000	0.0000	0.0000	0.0000	0.0000	0.0000	0.0003
CD 检验	2667.43****	2749.74****	467.02****	397.81****	3261.14****	3249.90****	700.53****
Hansen 检验	0.000	0.000	0.000	0.000	0.000	0.000	0.000

表 5-34 劳动密集型制造业出口技术复杂度稳健性检验结果

变量	全国		东部		中西部		对照组
	(1)	(2)	(3)	(4)	(5)	(6)	(7)
people	−0.241*** (−3.68)	−0.172*** (−2.94)	−0.117** (−2.14)	−0.144** (−2.42)	−0.431*** (−3.73)	−0.284** (−2.37)	0.548** (2.02)
k	0.060*** (6.26)	0.055*** (5.65)	0.060*** (7.93)	0.058*** (7.99)	0.080*** (2.90)	0.043* (1.84)	0.147*** (4.54)
rd	3.280*** (4.62)	2.706*** (3.93)	1.926*** (2.92)	2.120*** (3.13)	3.581** (2.28)	4.186** (2.49)	—
fdi	0.027** (2.22)	—	0.008 (1.24)	—	0.518*** (4.29)	—	0.322*** (7.26)
employ	—	0.008 (0.10)	—	−0.131 (−1.37)	—	0.048 (0.35)	0.795*** (3.38)
fin	−0.033*** (−3.29)	−0.029*** (−2.88)	−0.037*** (−4.44)	−0.035*** (−4.05)	−0.036 (−1.09)	−0.012 (−0.40)	−0.281*** (−6.94)
cons	0.394*** (13.85)	0.374*** (6.41)	0.370*** (10.37)	0.460*** (6.63)	0.375*** (7.77)	0.380*** (4.25)	−0.183 (−0.78)
OBS	270	270	99	99	171	171	36
R^2	0.17	0.15	0.44	0.44	0.24	0.11	0.70
LM 检验	0.0000	0.000	0.0000	0.0000	0.0000	0.0000	0.0002
CD 检验	2.1e+04****	2.1e+04****	3638.24****	3268.11****	2.1e+04****	1.9e+04****	768.46****
Hansen 检验	0.000	0.000	0.000	0.000	0.000	0.000	0.000

由表 5-34 可知，由城镇人口衡量的城市化水平与资本密集型制造业出口技术复杂度之间仍然呈倒 U 形曲线关系，在“双高”城市，负向效应已经出现；城市化水平与劳动密集型制造业出口技术复杂度之间同样呈负向效应，并且，在复杂度较高的城市，负向作用同样可以被扭转为正效应。对于其他控制变量，其效应和显著性基本和前文保持一致。因此，我们可以推定前文的估计结果是稳健可靠的。

第三节 本章小结

本部分从跨国和省级区域层面细致分析了制造业出口技术复杂度的升级机制，跨国层面的研究结论主要体现在以下几个方面：一是中国制造业出口品 DVAR 并不高，资本密集型产业出口品 DVAR 明显低于劳动密集型产业，并且令人遗憾的是，大力提升出口品 DVAR 可能会对制造业出口技术结构升级产生不良冲击，为此，当前提升制造业出口品 DVAR 和优化出口技术结构的双重目标之间可能存在“潜在冲突”，而出现“潜在冲突”的关键诱因是国内中间品和零部件的技术含量偏低；二是提高科研人员的数量和质量能有效地推动制造业出口技术结构升级，外力依赖型技术赶超教学和产学研结合度低等原因使得发展中经济体高等教育对制造业出口技术结构升级的作用力并不显著；三是发达经济体制造业已经形成了良好的成本倒逼技术升级的动力机制，而发展中经济体并未形成上述机制，这促使税率提升对制造业出口技术结构的作用机制在发达经济体和发展中经济体存在较大的差异，并且发展中经济体出口技术结构的升级更容易受到诸如金融危机等外部因素的冲击；四是贸易地理优势对不同经济体制造业出口技术结构的作用机制并不相同，契约型贸易地理优势和空间型贸易地理优势均能有效地促进发展中经济体出口技术结构升级，而空间型贸易地理优势对发达经济体制造业出口技术结构升级的作用力并不显著；五是生产性服务业融入制造业生产环节时，兼备“量增”和“质升”两种功能，多数生产性服务业的“质升”功能具有一定的最优融合环节，多位于各国生产性服务业融入制造上游度的“中值”区域，即生产性服务业融入制造业生产环节偏好位于该区域的经济体，其生产性服务业对制造业出口技术复杂度升级的促进作用最大，生产性服务业过于偏好上游或者下游，虽能促进制造业出口技术复杂度升级，但其促进效果明显不及偏好中游环节；六是中国生产性服务业融入制造业生产环节时，具有较为显著的上游环节偏好，中国多数生产性服务业的上游度不仅在所有样本国中最高，部分生产性服务业（如内陆运输服务业）的上游度甚至超出了正效应区间；七是发展中国家的高等教育和资本市场并未完全发挥其促进制造业出口技术复杂度升级的功能，其症结可能在于，高技术含量中间品的过度引进使得发展中国家高等教育与制造业出口技术复杂度升级脱节，不健全的资本市场运行机制使得资金无法与制造业科学有效地对接；八是“冰山成本”引致的“华盛顿苹果效应”和 FDI 使得贸易地理优势对制造业出口技术复杂度的作用效应在发达国家和发展中国家存在较大差异，沿海和毗邻大进口国的贸易地理优势不利于发达国家制造业出口技术复杂度升级，沿海贸易地理优势不利于发展中国家制造业出口技术复杂度升级，而毗邻大进口国贸易地理优势则有助于制造业出口技术复杂度升级。

省级区域层面的研究结论主要有：首先，中国各地区资本密集型制造业出口技术复杂度一直保持稳步增长，技术复杂度较高的省份一直分布在具有天然沿海地理优势的东部沿海地区，整体分布上存在由东向西逐渐减少的现状，而增幅呈现由东向西逐渐递增的现状，这可能与目前中国资本密集型制造业出口技术复杂度升级遇到上升过程的瓶颈期有关；中国各省份劳动密集型制造业出口技术复杂度在整体上比资本密集型制造业出口技术复杂度低，且全国均值呈现降低趋势，其可能的原因在于，相比于资本密集型制造业，劳动密集型制造业具有价值加成低、投入回报率低等特点，因此企业并不倾向于提升制造业出口技术复杂度。其次，城市化对不同要素密集型制造业出口技术复杂度的影响也不同，对于资本密集型制造业而言，城市化水平与其之间呈“倒 U”形曲线关系。在城市化水平处于初期探索阶段时，可以通过提升地区基础设施建设、提供良好的运营市场和人力资源等方式促进资本密集型制造业出口技术复杂度提升，但随着建设的升级，城市化水平逐渐提高，外部经营成本增长迅速，人力资源、厂房设备、经营用地等方面均有庞大的开支，进而出现抑制资本密集型制造业出口技术复杂度升级的现象；对于劳动密集型制造业而言，城市化水平与其之间存在负向关系。劳动密集型企业对劳动力的依赖性较大，而劳动力成本随着城市化进程的推进会有大幅增长，从而在城市化水平并不高的状态下挤占企业的利润以及研发投入，不利于该类企业出口技术复杂度的升级。最后，固定资本存量、研发投入、外商直接投资的增加对两类制造业出口技术复杂度升级均有促进作用，是当前中国制造业出口技术复杂度实现惊人飞跃的重要因素。就固定资本存量而言，其对出口技术复杂度升级的带动作用存在边际递减规律，在资本密集型制造业较为发达的东部地区，该促进作用已经转化为抑制作用。在三种促进因素中，研发投入的影响力度最大，说明提升制造业出口技术复杂度的关键还是在于自主创新。而就业率与金融发展水平对不同要素密集型制造业的出口技术复杂度的作用不同，并且在区域上也具有较大差异。

第六章　制造业出口产品质量升级的经济效应分析

实现制造业产品质量快速升级是我国实现经济发展方式转变、经济增长质量提升和经济科学可持续发展的关键所在，也是我国突破当前外需疲软和成本上升等“内忧外患”的重要途径。为此，学界对“如何提升制造业产品质量”和“制造业产品质量升级的影响因素”进行了大量而深入的研究。事实上，制造业出口产品质量的提升不仅意味着一国出口品品质和技术内涵的提升，还往往意味着一国国际竞争优势的变迁，从而可能对一国传统(习惯性)的增长模式产生一定的影响，因而制造业出口产品质量的变迁可能会对一国经济产生较为深远的影响。然而令人遗憾的是，目前对制造业出口产品质量升级经济效应的研究较为少见。为此，本部分基于前文产品质量的测度结果，从跨国和中国省级层面就制造业出口产品质量升级的相关经济效应进行实证分析。具体为在构建制造业出口产品质量升级经济效应实证模型的基础上，一方面，基于前文需求函数残差法所得出口产品质量均值前100的经济体的相关经济变量，运用DOLS模型深入分析制造业出口产品质量升级对经济增长、出口、进口、FDI和专利申请量等经济因素的影响，并分析其动态影响效果；另一方面，基于省级制造业出口产品质量的测度结果(需求函数残差法)，深入分析制造业出口产品质量升级的收入分配和出口效应。①

① 考虑到笔者对出口产品质量升级对经济增长、进口、FDI和专利申请量的影响在跨国层面已经进行过分析，笔者并未累赘地对省级区域层面出口产品质量对经济增长、进口、FDI和专利申请量的影响进行研究，而是详细分析了省级层面出口产品质量变迁的收入分配效应。另外考虑到当前中国面临较为严峻的外需疲软困境，且前文省级层面的实证分析中对外开放变量对出口产品质量升级的作用力并不显著，笔者进一步分析了升级层面出口产品质量升级的出口效应。

第一节　跨国层面制造业出口产品质量升级的经济效应分析

理解出口产品质量升级的影响效应是制定提升制造业产品质量和转变制造业增长方式方面科学有效政策的重要基础。为此，揭示制造业出口产品质量升级的经济效应显得尤为重要。本部分借助 Kao & Chiang(2000)构建的 DOLS 估计法，从跨国层面就出口产品质量升级对经济增长、出口、进口、外商直接投资和专利申请量的影响进行实证分析，以为后文提出政策启示提供影响效应视角的经验证据。

一、估计方法的选择与变量协整分析

根据前文跨国和省级区域层面动因分析的结论可知，经济增长、进出口、外商直接投资和专利申请量均会对出口产品质量产生一定的影响，即制造业出口产品质量与经济增长、进出口、外商直接投资及专利申请量等经济因素之间可能存在因果关系，存在一定的内生性。因而此处所采用的实证方法需能有效校正变量间的内生性，以规避可能存在的内生性给实证结果带来的“有偏影响”，提高实证结果的可靠性。考虑到 Kao & Chiang(2000)提出的基于超前项和滞后项的 DOLS 估计法不仅能够有效地处理变量间的内生性，还无需加入其他控制变量（马兹晖，2008；韩民春，樊琦，2007；刘慧等，2015），能够有效地规避“工具变量和控制变量不易获得之殇”，为此，本书借鉴马兹晖（2008）、韩民春和樊琦（2007）及刘慧等（2015）的研究，采用 Kao & Chiang(2000)的 DOLS 估计法进行实证分析。

Kao & Chiang(2000)提出了完全修正法（FMOLS）、动态法（DOLS）与偏向修正法（BOLS）三种方法来研究两个变量间的协整关系，虽然三种估计方法的基本原理较为相似，但 Kao & Chiang(2000)、马兹晖（2008）、韩民春和樊琦（2007）及刘慧等（2015）在对比三种估计方法后认为：DOLS 估计法明显优于另外两种，其优点主要体现为两个方面，一是对被解释变量和解释变量的要求相对较低，只要解释变量和被解释变量的单位根检验为同阶平稳，并具有协整关系，则实证估计所得的估计系数就是有效的，这在很大程度上杜绝了伪回归现象和不当工具变量带来的有偏影响；二是该估计方法能有效地克服变量间的内生性，并且在无控制变量的情况下纳入控制变量的间接影响，提高估计结果的可靠性，该方法不仅考虑了解释变量的限制，还考虑了解释变量的若干阶滞后项（lag）和超前项（lead），而滞后项和超前项的变动在一定程度上“充当”了控制变量的角色，控制了其他因素对被解释变量的影响。根据 Kao & Chiang(2000)、马兹晖(2008)、韩民春和樊琦(2007)及刘慧等(2015)的研究，本书构建如下 DOLS 模型：

$$y_{it} = a_i + \beta x_{it} + \sum_{j=-l}^{l} c_{ij} \Delta x_{it+j} + \varepsilon_{it} \tag{6.1}$$

其中，c_{ij} 为误差修正系数，l 为解释变量滞后阶数，为一个大于 0 的常数，Δ 为一阶项，ε 为随机扰动项，β 为解释变量的估计系数，y 和 x 分别为被解释变量和解释变量。综合 Kao & Chiang(2000)、马兹晖(2008)、韩民春和樊琦(2007)与刘慧等(2015)关于 DOLS 估计法的阐述，本书在分析制造业出口产品质量升级的经济效应时，将 l 的取值范围设定为 1 到 4，即构建以下 20 个计量方程式进行实证估计。

$$\ln PGDP_{it} = \beta_1 \ln Q_{it} + c_1^1 \Delta \ln Q_t + c_2^1 \Delta \ln Q_{t-1} + c_3^1 \Delta \ln Q_{t+1} + \varepsilon_{it}^1 \tag{6.2}$$

$$\begin{aligned}\ln PGDP_{it} = {} & \beta_2 \ln Q_{it} + c_1^2 \Delta \ln Q_t + c_2^2 \Delta \ln Q_{t-1} + c_3^2 \Delta \ln Q_{t+1} \\ & + c_4^2 \Delta \ln Q_{t-2} + c_5^2 \Delta \ln Q_{t+2} + \varepsilon_{it}^2\end{aligned} \tag{6.3}$$

$$\begin{aligned}\ln PGDP_{it} = {} & \beta_3 \ln Q_{it} + c_1^3 \Delta \ln Q_t + c_2^3 \Delta \ln Q_{t-1} + c_3^3 \Delta \ln Q_{t+1} + c_4^3 \Delta \ln Q_{t-2} \\ & + c_5^3 \Delta \ln Q_{t+2} + c_6^3 \Delta \ln Q_{t-3} + c_7^3 \Delta \ln Q_{t+3} + \varepsilon_{it}^3\end{aligned} \tag{6.4}$$

$$\begin{aligned}\ln PGDP_{it} = {} & \beta_4 \ln Q_{it} + c_1^4 \Delta \ln Q_t + c_2^4 \Delta \ln Q_{t-1} + c_3^4 \Delta \ln Q_{t+1} + c_4^4 \Delta \ln Q_{t-2} \\ & + c_5^4 \Delta \ln Q_{t+2} + c_6^4 \Delta \ln Q_{t-3} + c_7^4 \Delta \ln Q_{t+3} + c_8^4 \Delta \ln Q_{t-4} \\ & + c_9^4 \Delta \ln Q_{t+4} + \varepsilon_{it}^4\end{aligned} \tag{6.5}$$

$$\ln EX_{it} = \beta_5 \ln Q_{it} + c_1^5 \Delta \ln Q_t + c_2^5 \Delta \ln Q_{t-1} + c_3^5 \Delta \ln Q_{t+1} + \varepsilon_{it}^5 \tag{6.6}$$

$$\begin{aligned}\ln EX_{it} = {} & \beta_6 \ln Q_{it} + c_1^6 \Delta \ln Q_t + c_2^6 \Delta \ln Q_{t-1} + c_3^6 \Delta \ln Q_{t+1} \\ & + c_4^6 \Delta \ln Q_{t-2} + c_5^6 \Delta \ln Q_{t+2} + \varepsilon_{it}^6\end{aligned} \tag{6.7}$$

$$\begin{aligned}\ln EX_{it} = {} & \beta_7 \ln Q_{it} + c_1^7 \Delta \ln Q_t + c_2^7 \Delta \ln Q_{t-1} + c_3^7 \Delta \ln Q_{t+1} + c_4^7 \Delta \ln Q_{t-2} \\ & + c_5^7 \Delta \ln Q_{t+2} + c_6^7 \Delta \ln Q_{t-3} + c_7^7 \Delta \ln Q_{t+3} + \varepsilon_{it}^7\end{aligned} \tag{6.8}$$

$$\begin{aligned}\ln EX_{it} = {} & \beta_8 \ln Q_{it} + c_1^8 \Delta \ln Q_t + c_2^8 \Delta \ln Q_{t-1} + c_3^8 \Delta \ln Q_{t+1} \\ & + c_4^8 \Delta \ln Q_{t-2} + c_5^8 \Delta \ln Q_{t+2} + c_6^8 \Delta \ln Q_{t-3} + c_7^8 \Delta \ln Q_{t+3} \\ & + c_8^8 \Delta \ln Q_{t-4} + c_9^8 \Delta \ln Q_{t+4} + \varepsilon_{it}^8\end{aligned} \tag{6.9}$$

$$\ln IM_{it} = \beta_9 \ln Q_{it} + c_1^9 \Delta \ln Q_t + c_2^9 \Delta \ln Q_{t-1} + c_3^9 \Delta \ln Q_{t+1} + \varepsilon_{it}^9 \tag{6.10}$$

$$\begin{aligned}\ln IM_{it} = {} & \beta_{10} \ln Q_{it} + c_1^{10} \Delta \ln Q_t + c_2^{10} \Delta \ln Q_{t-1} + c_3^{10} \Delta \ln Q_{t+1} \\ & + c_4^{10} \Delta \ln Q_{t-2} + c_5^{10} \Delta \ln Q_{t+2} + \varepsilon_{it}^{10}\end{aligned} \tag{6.11}$$

$$\begin{aligned}\ln IM_{it} = {} & \beta_{11} \ln Q_{it} + c_1^{11} \Delta \ln Q_t + c_2^{11} \Delta \ln Q_{t-1} + c_3^{11} \Delta \ln Q_{t+1} + c_4^{11} \Delta \ln Q_{t-2} \\ & + c_5^{11} \Delta \ln Q_{t+2} + c_6^{11} \Delta \ln Q_{t-3} + c_7^{11} \Delta \ln Q_{t+3} + \varepsilon_{it}^{11}\end{aligned} \tag{6.12}$$

$$\begin{aligned}\ln IM_{it} = {} & \beta_{12} \ln Q_{it} + c_1^{12} \Delta \ln Q_t + c_2^{12} \Delta \ln Q_{t-1} + c_3^{12} \Delta \ln Q_{t+1} + c_4^{12} \Delta \ln Q_{t-2} \\ & + c_5^{12} \Delta \ln Q_{t+2} + c_6^{12} \Delta \ln Q_{t-3} + c_7^{12} \Delta \ln Q_{t+3} + c_8^{12} \Delta \ln Q_{t-4} \\ & + c_9^{12} \Delta \ln Q_{t+4} + \varepsilon_{it}^{12}\end{aligned} \tag{6.13}$$

$$\ln FDI_{it} = \beta_{13} \ln Q_{it} + c_1^{13} \Delta \ln Q_t + c_2^{13} \Delta \ln Q_{t-1} + c_3^{13} \Delta \ln Q_{t+1} + \varepsilon_{it}^{13} \tag{6.14}$$

$$\ln FDI_{it} = \beta_{14}\ln Q_{it} + c_1^{14}\Delta\ln Q_t + c_2^{14}\Delta\ln Q_{t-1} + c_3^{14}\Delta\ln Q_{t+1} + c_4^{14}\Delta\ln Q_{t-2} + c_5^{14}\Delta\ln Q_{t+2} + \varepsilon_{it}^{14} \quad (6.15)$$

$$\ln FDI_{it} = \beta_{15}\ln Q_{it} + c_1^{15}\Delta\ln Q_t + c_2^{15}\Delta\ln Q_{t-1} + c_3^{15}\Delta\ln Q_{t+1} + c_4^{15}\Delta\ln Q_{t-2} + c_5^{15}\Delta\ln Q_{t+2} + c_6^{15}\Delta\ln Q_{t-3} + c_7^{15}\Delta\ln Q_{t+3} + \varepsilon_{it}^{15} \quad (6.16)$$

$$\ln FDI_{it} = \beta_{16}\ln Q_{it} + c_1^{16}\Delta\ln Q_t + c_2^{16}\Delta\ln Q_{t-1} + c_3^{16}\Delta\ln Q_{t+1} + c_4^{16}\Delta\ln Q_{t-2} + c_5^{16}\Delta\ln Q_{t+2} + c_6^{16}\Delta\ln Q_{t-3} + c_7^{16}\Delta\ln Q_{t+3} + c_8^{16}\Delta\ln Q_{t-4} + c_9^{16}\Delta\ln Q_{t+4} + \varepsilon_{it}^{16} \quad (6.17)$$

$$\ln PAT_{it} = \beta_{17}\ln Q_{it} + c_1^{17}\Delta\ln Q_t + c_2^{17}\Delta\ln Q_{t-1} + c_3^{17}\Delta\ln Q_{t+1} + \varepsilon_{it}^{17} \quad (6.18)$$

$$\ln PAT_{it} = \beta_{18}\ln Q_{it} + c_1^{18}\Delta\ln Q_t + c_2^{18}\Delta\ln Q_{t-1} + c_3^{18}\Delta\ln Q_{t+1} + c_4^{18}\Delta\ln Q_{t-2} + c_5^{18}\Delta\ln Q_{t+2} + \varepsilon_{it}^{18} \quad (6.19)$$

$$\ln PAT_{it} = \beta_{19}\ln Q_{it} + c_1^{19}\Delta\ln Q_t + c_2^{19}\Delta\ln Q_{t-1} + c_3^{19}\Delta\ln Q_{t+1} + c_4^{19}\Delta\ln Q_{t-2} + c_5^{19}\Delta\ln Q_{t+2} + c_6^{19}\Delta\ln Q_{t-3} + c_7^{19}\Delta\ln Q_{t+3} + \varepsilon_{it}^{19} \quad (6.20)$$

$$\ln PAT_{it} = \beta_{20}\ln Q_{it} + c_1^{20}\Delta\ln Q_t + c_2^{20}\Delta\ln Q_{t-1} + c_3^{20}\Delta\ln Q_{t+1} + c_4^{20}\Delta\ln Q_{t-2} + c_5^{20}\Delta\ln Q_{t+2} + c_6^{20}\Delta\ln Q_{t-3} + c_7^{20}\Delta\ln Q_{t+3} + c_8^{20}\Delta\ln Q_{t-4} + c_9^{20}\Delta\ln Q_{t+4} + \varepsilon_{it}^{20} \quad (6.21)$$

其中，$PGDP$、EX、IM、FDI、PAT 和 Q 分别代表各样本国的经济增长（人均 GDP）、出口、进口、外商直接投资、专利申请量和产品出口质量，ln 为取自然对数。Kao & Chiang(2000)、马兹晖(2008)指出包含 Δ 的解释变量在一定程度上充当了水平项的“控制变量”，因而实证过程中只需关注方程中 β 值的大小和显著性，该系数刻画的是出口产品质量对各因素的实际影响效应[①]。考虑到一方面后文要进一步考察制造业出口产品质量演进的动态经济效应，另一方面 l 的取值范围为 1 到 4，这对解释变量和被解释变量的时间跨度提出了更高的要求，为此，笔者对跨国层面制造业出口产品质量和相关经济变量指标的时间跨度进行了拓展，将本部分所涉及的被解释变量和解释变量的样本区间延伸为 1989—2012 年（共 24 年），以提高动态经济效应和水平经济效应估计结果的可靠性。

根据 Kao & Chiang(2000)、马兹晖(2008)、韩民春和樊琦(2007)与刘慧等(2015)的观点，要运用 DOLS 法分析制造业出口产品质量升级的经济效应，需先确保各变量同阶平稳且具有协整关系，为此我们进一步对上述变量的平稳性和协整关系进行检验。为了确保平稳性检验的可靠性，本书借助 Eviews 软件结合 LLC 检验、IPS 检验、ADF-Fisher 检验和 PP-Fisher 检验

① 基于 Kao & Chiang(2000)和马兹晖(2008)研究中的这一观点，在后文的实证分析中，笔者只关注 β 系数的估计结果，而不分析包含 Δ 的解释变量的估计系数和显著性。

等四种检验方法对跨国层面各变量的平稳性进行检验。① 表 6-1 报告了各变量的平稳性检验结果,可知,首先,水平情况下各变量未能在 1%的显著性水平上同时通过四种检验,即在水平条件下各变量存在显著的单位根;其次,在一阶条件下,各变量均能在 1%的显著性水平上通过四种检验,即各变量均为一阶平稳,即为 I(1)过程。可见各变量同阶平稳,符合"变量同阶平稳"的基本条件。

表 6-1 相关变量的平稳性检验结果

检验方法	LLC	IPS	Fisher-ADF	Fisher-PP	单位根
ln*Q*	−1.02513(0.1527)	−2.89823(0.0019)	174.368(0.0000)	192.341(0.0000)	是
*D*ln*Q*	−16.5031(0.0000)	−18.7447(0.0000)	531.137(0.0000)	1295.52(0.0000)	否
ln*PGDP*	1.13737(0.8723)	1.78703(0.9630)	86.1508(0.8367)	73.8647(0.9768)	是
*D*ln*PGDP*	−37.6897(0.0000)	−19.5909(0.0000)	728.032(0.0000)	647.517(0.0000)	否
ln*EX*	0.97905(0.8362)	4.76423(1.0000)	49.2542(1.0000)	60.6827(0.9989)	是
*D*ln*EX*	−15.5631(0.0000)	−11.7588(0.0000)	324.643(0.0000)	536.196(0.0000)	否
ln*IM*	−0.00387(0.4985)	3.67316(0.9999)	54.4533(0.9999)	61.0715(0.9987)	是
*D*ln*IM*	−14.2791(0.0000)	−10.8531(0.0000)	299.799(0.0000)	506.565(0.0000)	否
ln*FDI*	−0.59710(0.2752)	−0.05703(0.4773)	113.559(0.1066)	182.276(0.0000)	是
*D*ln*FDI*	−13.4158(0.0000)	−14.2038(0.0000)	422.376(0.0000)	1543.32(0.0000)	否
ln*PAT*	−0.05996(0.4761)	−1.32873(0.0920)	132.970(0.0292)	191.778(0.0000)	是
*D*ln*PAT*	−21.0714(0.0000)	−18.0896(0.0000)	688.826(0.0000)	1058.24(0.0000)	否

注:括号内为各统计变量的概率,括号外为相应的统计量,D 为一阶差分。

在对出口产品质量升级经济效应进行实证分析之前,我们还需进一步确认各变量之间是否符合"存在协整关系"这一条件,学术界常用的面板数据协整检验方法主要有两类:一类是 Pedroni(1999)提出的检验方法,共有 Panel v 检验、Panel PP 检验、Panel rho 检验、Panel ADF 检验、Group rho 检验、Group PP 检验和 Group ADF 检验等 7 种;另一类是 Kao(1999)提出的 ADF 检验。考虑到 Pedroni(1999)提出的 7 种检验中,不仅各类检验的原假设和方向存在一定的差异,而且检验过程对数据要求过高,其在检验过程中

① 表 6-1 的所有检验和实证分析均通过 Eviews 软件实现。

往往容易出现个体偏差(项本武,2009)①,为此,笔者采用 Kao(1999)提出的 ADF 检验来考察各变量是否符合“存在协整关系”的要求。表 6-2 报告了 Kao(1999)ADF 检验的结果,可知制造业出口产品质量与经济增长、出口、进口、FDI 和专利申请量的 Kao(1999)ADF 检验统计量分别在 0.0031、0.0094、0.0095、0.0000 和 0.0046 的显著性水平上通过了检验,即均在至少 1%的显著性水平上拒绝了不存在协整关系的原假设,可见各变量均满足“存在协整关系”的基本要求,因而后文可以运用 DOLS 估计法分析制造业出口产品质量升级对各经济因素的影响效应。

表 6-2　相关变量的协整检验结果

检验对象	产品质量与经济增长	产品质量与出口	产品质量与进口	产品质量与 FDI	产品质量与专利申请量
Kao-ADF	2.732088 (0.0031)	2.348343 (0.0094)	2.343795 (0.0095)	6.773651 (0.0000)	2.605995 (0.0046)

注:括号外为各检验的统计量,括号内为相应的概率。

二、制造业出口产品质量升级对经济增长的影响分析

经济增长是一国实现从低收入国家向高收入国家转变,从低技术国家向高技术国家转变,从发展中国家向发达国家转变和从低质量产品生产国向高质量产品生产国转变的本质动力和根本途径。经济增长能够使得一国更有能力投资于非传统的高技术、高质量和高附加值产品,进而最终提高一国的福利和生活水平。为此,经济增长始终是学界关注的热点问题。当前中国正处于以“增长速度换档期、结构调整阵痛期和前期刺激政策消化期”三期叠加为特征的新常态时期,提升出口产品质量被视为新常态条件下,应对“内外困境”的重要手段。为此,深入分析制造业出口产品质量升级对经济增长的影响,对我国经济实现健康和持续增长具有较强的现实参考价值。

借鉴 Kao & Chiang(2000)的研究,笔者采用了式(6.2)—式(6.5),对制造业出口产品质量升级的经济增长效应进行了实证分析(即 l 取 1,2,3,4),另外为了进一步确保估计结果的稳健可靠,笔者采用 LLC 检验、IPS 检验、ADF-Fisher 检验和 PP-Fisher 检验对各滞后期方程的残差进行了平稳性检验。另外为了确保实证结果的准确性,此处借鉴刘慧等(2015)的研究,采用

① 项本武(2009)的研究表明,运用 Pedroni(1999)提出的检验方法进行检验会出现与残差稳健性检验法冲突的情况,其文中运用 Pedroni(1999)构建的 7 种检验方法对变量间协整关系进行检验时,有 1～3 个检验结果拒绝了存在协整关系的原假设,而残差检验则拒绝了不存在协整关系的原假设。出现这一现象的本质原因可能在于 Pedroni(1999)构建的 7 种检验方法在方向和假设上存在一定的差异。

似然统计卡方值来确定面板数据的实证过程为随机效应或固定效应。表5-3报告了相应的实证结果。可知：首先，四个滞后期中的卡方值均未通过1%的显著性检验，为此，此处采用随机效应进行分析；其次，各滞后期方程残差的四种平稳性检验均在1%的显著性水平上拒绝了存在单位根的原假设，为此，方程整体具有较高的可信度；再次，在 l 分别取1,2,3,4的情况下各出口产品质量的估计系数均显著为正，l 取值不同的方程实际上在一定程度上构成了"互为稳健性检验"的关系，因而表6-3的估计结果是稳健可靠的；最后，从估计系数上看，在 l 分别取1,2,3,4的情况下出口产品质量水平项的估计结果分别为5.761860、6.187918、6.613385和7.255199，且均在至少1%的水平上通过了显著性检验，这表明出口质量升级能有效地促进经济增长。为此，提升产品质量可以成为促进我国经济持续增长的一个重要举措。

表6-3　产品质量升级对经济增长影响的实证结果

系数	$l=1$	$l=2$	$l=3$	$l=4$
C	5.893419*** (20.64259)	5.642068*** (17.97959)	5.391388*** (15.63596)	5.018663*** (13.26520)
$\ln Q$	5.761860*** (11.98911)	6.187918*** (11.72318)	6.613385*** (11.41220)	7.255199*** (11.40724)
$\Delta\ln Q_t$	−2.409377*** (−2.857552)	−1.868908** (−2.001960)	−2.589656*** (−2.482035)	−3.375533*** (−3.037119)
$\Delta\ln Q_{t-1}$	−1.036913 (−1.164728)	−2.099594** (−2.077695)	−3.199313*** (−2.820621)	−3.969514*** (−3.349948)
$\Delta\ln Q_{t+1}$	1.974087** (2.407077)	2.377596*** (2.763711)	3.326660*** (3.473692)	3.399609*** (3.042094)
$\Delta\ln Q_{t-2}$	—	−1.556937 (−1.505541)	−2.820287** (−2.528654)	−3.554323*** (−2.887401)
$\Delta\ln Q_{t+2}$	—	1.601464* (1.937118)	1.998790** (2.236365)	3.544008*** (3.518229)
$\Delta\ln Q_{t-3}$	—	—	−1.890222* (−1.677919)	−3.461348*** (−2.898467)
$\Delta\ln Q_{t+3}$	—	—	1.547031* (1.801755)	2.509696*** (2.745199)
$\Delta\ln Q_{t-4}$	—	—	—	−2.371088** (−1.974506)
$\Delta\ln Q_{t+4}$	—	—	—	1.926134** (2.221154)
似然统计卡方值	4.044 (0.9999)	3.558 (0.9999)	3.850 (0.9991)	4.097 (0.9948)
模型的选择	随机效应	随机效应	随机效应	随机效应

续表

系数	$l=1$	$l=2$	$l=3$	$l=4$
R^2	0.123255	0.129957	0.136531	0.152376
F(Prob)	0.000000	0.000000	0.000000	0.000000
LLC	−17.1223 (0.0000)	−20.6938 (0.0000)	−25.2234 (0.0000)	−16.1852 (0.0000)
IPS	−15.4570 (0.0000)	−16.3891 (0.0000)	−16.6188 (0.0000)	−11.5103 (0.0000)
ADF-Fisher	443.672 (0.0000)	466.110 (0.0000)	401.057 (0.0000)	313.967 (0.0000)
PP-Fisher	578.827 (0.0000)	443.726 (0.0000)	429.955 (0.0000)	347.551 (0.0000)
样本经济体	100	100	100	100

由于本书所选取的制造业出口产品质量和经济增长变量的时间跨度较长(1989—2012 年,共计 24 年),笔者进一步分析制造业出口产品质量升级对经济增长的动态影响效应,以更深刻地揭示制造业出口产品质量对经济增长的影响机制。为确保样本容量足够大,笔者以 11 年为时间段,将 1989—2012 年分割为 1989—1999 年、1995—2005 年和 2002—2012 年三个时间段。表 6-4 报告了相应的估计结果。① 虽然制造业出口产品质量水平项均通过了至少 5%的显著性检验,但出口产品质量升级对经济增长的作用系数已经从 1989—1999 年的 14.69046 下降到了 1995—2005 年的 3.587987,并进一步下降到了 2002—2012 年的 1.887387。这在一定程度上表明,制造业出口产品质量升级对世界经济增长的作用力呈现显著的下降趋势。导致这一现象出现的原因可能在于:本书测度的产品质量为制造业产品的质量,而随着世界经济的发展,经济服务化的趋势日益明显,在发达国家和部分发展中国家,制造业在经济中的比重日益降低,这使得制造业产品质量升级对经济增长的促进作用被服务业的发展所“冲淡”,进而出现制造业出口产品质量对经济增长作用力日益降低的现象。值得一提的是,2002—2012 年制造业出口产品质量的估计系数仍然达到了 1.887387,为此,提升制造业出口产品质量仍可以成为促进一国经济增长的重要手段。

① 由于动态分析过程中分段样本的年份数仅为 11 年,而滞后和超前期数均为 4 年,这使得方程残差的样本量较小,Eviews 软件无法给出残差的单位根检验结果。为此,此处并未进行残差的单位根检验。后文同。

表 6-4 产品质量升级对经济增长的动态影响

系数	1989—1999 年	1995—2005 年	2002—2012 年
C	0.372791 (0.144075)	11.00654*** (3.309494)	8.344312*** (3.537217)
$\ln Q$	14.69046*** (3.393744)	3.587987*** (2.682014)	1.887387** (2.071655)
$\Delta\ln Q_t$	−4.809074** (−2.329431)	6.254525** (2.058171)	5.128285** (2.295136)
$\Delta\ln Q_{t-1}$	−4.917714** (−2.284353)	7.690255*** (2.937923)	6.895015** (2.511080)
$\Delta\ln Q_{t+1}$	5.738771** (2.219760)	−1.409432 (−0.421190)	5.924470 (0.643222)
$\Delta\ln Q_{t-2}$	−3.911122* (−1.785751)	5.939512** (2.514697)	5.305706*** (3.562954)
$\Delta\ln Q_{t+2}$	1.894701 (0.833444)	−2.622677 (−1.104715)	6.259037 (0.915660)
$\Delta\ln Q_{t-3}$	−3.157002 (−1.485180)	3.112373 (1.505837)	4.126242 (0.727435)
$\Delta\ln Q_{t+3}$	−0.387947 (−0.218592)	−2.342689 (−1.211853)	2.346268 (0.536875)
$\Delta\ln Q_{t-4}$	−1.966154 (−1.021060)	1.657733 (0.989387)	3.207508 (1.271643)
$\Delta\ln Q_{t+4}$	0.027072 (0.017963)	0.530496 (0.366308)	−1.281069 (−0.635215)
似然统计卡方值	1.360442 (0.1621)	115.638459 (0.0000)	120.8447 (0.0000)
模型的选择	随机效应	固定效应	固定效应
R^2	0.168814	0.232853	0.758150
样本经济体	100	100	100

三、制造业出口产品质量升级对出口的影响分析

在过去的四十年里，得益于“对外开放”与“对内改革”相结合政策的成功运用，中国出口贸易迅速发展，出口总额从 1978 年的 97.5 亿美元上升到了 2015 年的 14.14 万亿元，使得中国成为世界第一大出口国。贸易领域的不俗表现为中国创造了经济学界所津津乐道的“中国经济奇迹”(Rodrik，2006)，然而金融危机过后，外需疲软似乎成为悬在我国制造业企业头上挥之不去的“阴云”，在 2014 年的 2 月和 3 月甚至出现了出口额分别同比下降

18.1%和6.6%的情形；2015年3月、4月和5月的出口量则分别同比下降了14.6%、6.2%和2.8%，2015年全年的出口额甚至下降了1.8%。外需的持续疲软主要源于低迷的国际经济，但在很大程度上还源于中国出口品品质过低，这使得出口品的“可替代性”较强，进而使得劳动力和土地等资源要素价格上涨后，部分需求被生产组装成本更低的东南亚国家所替代(刘慧，2013a)，可见出口品的“质”对出口品的“量”可能会产生较为深远的影响。为此，本部分基于前文跨国层面出口产品质量的测度结果，对出口产品质量升级的出口效应进行实证分析，以期对我国制定走出外需疲软困境的政策提供一定的参考和经验证据。

表6-5报告了l分别取1,2,3,4时[式(6.6)—式(6.9)]，制造业出口产品质量升级对出口影响的实证估计结果，可知：首先，与经济增长方程的似然估计值不同的是，出口方程中的似然值均至少通过了1%的显著性检验，为此，应采用固定效应模型进行实证分析；其次，四个方程残差的四种单位根检验均在1%的显著性水平上显著，证实了估计结果的可靠性；最后，制造业出口产品质量水平项的估计结果均在至少1%的显著性水平上显著为正，这表明，制造业出口产品质量升级能够显著地提高一国的出口量，即“质”的升级能显著地推动“量”的提升，这一实证结果与Brooks(2006)基于企业异质性层面得到的推论较为一致。导致这一现象的原因可能在于：一国产品质量的上升意味着该国产品国际竞争力的提升，从而能为该国产品赢得更多的国际客户，最终推动一国出口额的扩大。由此可见，进一步提升我国制造业出口产品质量，能有效地缓解外需疲软给我国出口型制造业企业带来的冲击，使得中国制造业逐步走出外需疲软引致型“困境”。

表6-5　产品质量升级对出口影响的实证结果

系数	$l=1$	$l=2$	$l=3$	$l=4$
C	2.702452*** (7.807523)	2.114566*** (4.837435)	1.632265*** (3.019169)	1.081300* (1.657913)
$\ln Q$	3.679651*** (6.247928)	4.701433*** (6.324745)	5.547058*** (6.032573)	6.528078*** (5.881229)
$\Delta \ln Q_t$	−2.302430*** (−3.160160)	−3.076810*** (−3.828067)	−3.136862*** (−3.585550)	−3.898850*** (−3.986113)
$\Delta \ln Q_{t-1}$	−1.484728** (−2.133204)	−2.082291*** (−2.612330)	−2.901152*** (−3.233289)	−3.623171*** (−3.993900)
$\Delta \ln Q_{t+1}$	−0.363530 (−0.646339)	−0.390777 (−0.668406)	−0.233709 (−0.353226)	−0.183135 (−0.236093)

续表

系数	$l=1$	$l=2$	$l=3$	$l=4$
$\Delta\ln Q_{t-2}$	—	−2.061048** (−2.414008)	−2.797864*** (−3.064699)	−4.132156*** (−4.053352)
$\Delta\ln Q_{t+2}$	—	−0.096620 (−0.165422)	−0.297742 (−0.483320)	−0.304347 (−0.462054)
$\Delta\ln Q_{t-3}$	—	—	−2.220750** (−2.454262)	−2.872589*** (−2.848461)
$\Delta\ln Q_{t+3}$	—	—	−0.354940 (−0.608194)	−0.316679 (−0.537636)
$\Delta\ln Q_{t-4}$	—	—	—	−1.623053* (−1.814769)
$\Delta\ln Q_{t+4}$	—	—	—	−0.092741 (−0.166066)
似然统计卡方值	152.328 (0.0000)	151.047 (0.0000)	152.940 (0.0000)	174.740 (0.0000)
模型的选择	固定效应	固定效应	固定效应	固定效应
R^2	0.164294	0.181242	0.204855	0.258349
F(Prob)	0.000000	0.000000	0.000000	0.000000
LLC	−18.3077 (0.0000)	−16.0896 (0.0000)	−29.7761 (0.0000)	−17.4395 (0.0000)
IPS	−12.2931 (0.0000)	−10.2521 (0.0000)	−10.3213 (0.0000)	−9.43585 (0.0000)
ADF-Fisher	361.311 (0.0000)	315.822 (0.0000)	256.540 (0.0000)	278.924 (0.0000)
PP-Fisher	490.603 (0.0000)	415.259 (0.0000)	288.853 (0.0000)	338.874 (0.0000)
样本经济体	100	100	100	100

表 6-6 进一步报告了制造业出口产品质量升级对出口的动态影响效应，可知出口产品质量水平项的估计系数均通过了至少 5％的显著性检验，制造业出口产品质量升级对出口量影响系数已经从 1989—1999 年的 2.660753 上升到了 2002—2012 年的 6.487895，这在一定程度上表明，制造业出口产品质量提升对出口量的边际作用呈现出上升趋势。这一估计结果出现的原因可能在于：一方面，根据林德尔提出的相似需求理论，随着经济水平的提升，消费者会对高质量的产品提出更高的需求，从而使得制造业出口产品质量对出口额的影响力增大；另一方面，进入 21 世纪后，随着各国产品生产能力的提升，特定产品的生产能力往往会被多个国家所拥有，出口产品质量构

成了各国出口品差异性的核心特征变量，从而使得制造业出口产品质量对出口量的边际作用呈现一定的上升趋势。

表 6-6　产品质量升级对出口的动态影响

系数	1989—1999 年	1995—2005 年	2002—2012 年
C	2.706757*** (3.423509)	5.230712*** (19.36299)	61.08229*** (2.840409)
$\ln Q$	2.660753** (1.989182)	1.164952** (2.474890)	6.487895** (2.040159)
$\Delta\ln Q_t$	−0.893949 (−1.195173)	0.672132** (2.605851)	33.84661** (2.365053)
$\Delta\ln Q_{t-1}$	−0.970365 (−1.415395)	0.740909*** (3.066772)	20.59538** (2.280947)
$\Delta\ln Q_{t+1}$	1.219558 (1.645354)	−0.447839* (−1.787670)	32.64296 (0.448051)
$\Delta\ln Q_{t-2}$	−1.147013 (−1.532213)	0.558596*** (3.626909)	13.36372 (0.292998)
$\Delta\ln Q_{t+2}$	1.039844* (1.790113)	−0.471817** (−2.517427)	15.39850 (0.297678)
$\Delta\ln Q_{t-3}$	−0.790562 (−1.344509)	0.529479 (3.141707)	−0.255437 (−0.011651)
$\Delta\ln Q_{t+3}$	0.422356 (0.884406)	−0.362175*** (−2.720563)	11.27878 (0.376601)
$\Delta\ln Q_{t-4}$	−0.590764 (−1.299302)	0.261328** (2.387070)	4.399843 (0.677096)
$\Delta\ln Q_{t+4}$	−0.395633 (−1.301585)	−0.155465* (−1.71422)	6.675743 (0.670781)
似然统计卡方值	0.497232 (0.9415)	0.993386 (0.5158)	0.568002 (0.9663)
模型选择	随机效应	随机效应	随机效应
R^2	0.161760	0.185844	0.599273
F(Prob)	0.00000	0.005493	0.000109
样本经济体	100	100	100

四、制造业出口产品质量升级对进口的影响分析

进口在一国的经济发展中扮演着重要的角色，其不仅为一国的经济发展提供了本国无法生产或产能不够的原料，还扩大了本国消费者的产品选择范围，提高了本国的福利水平。此外，进口的多少还意味着一国在国际市

场上的“花费情况”，对一国的贸易收支平衡、汇率水平和经济的稳定发挥着重要的作用。然而令人遗憾的是，尚无学者深入分析制造业出口产品质量升级对进口的影响机制，弥补这一研究不足成为本部分努力的方向。

表 6-7 报告了制造业出口产品质量升级对进口的影响，在 l 分别取 1，2，3，4 的情况下，出口产品质量水平项的估计系数均显著为正（通过了至少 1% 的显著性检验），可见制造业出口产品质量升级有助于推动一国进口量的提升，产生这一现象的原因可能在于两个方面：一方面制造业出口产品质量的提升有助于一国出口量的提升，进而有助于提升一国的进口能力（外汇增多），推动一国进口量的提升；另一方面在全球价值链生产模式下，各国的生产逐渐被“片段化”，制造业出口产品质量升级在推动一国出口量持续提升的同时，也使得各国需进口更多的“片段化”原料，最终推动进口量扩大。另外表 6-7 中各个方程的残差也通过了相应的平稳性检验，可见前文的估计结果是稳健可靠的。

表 6-7　产品质量升级对进口影响的实证结果

系数	$l=1$	$l=2$	$l=3$	$l=4$
C	3.060688*** (9.191996)	2.543610*** (6.071750)	2.289754*** (4.393306)	1.898199*** (2.990216)
$\ln Q$	3.123051*** (5.512439)	4.026406*** (5.651970)	4.483622*** (5.057954)	5.187438*** (4.801544)
$\Delta\ln Q_t$	−2.095396*** (−2.989677)	−2.753064*** (−3.574083)	−3.009001*** (−3.567702)	−3.337728*** (−3.505978)
$\Delta\ln Q_{t-1}$	−1.460780** (−2.181754)	−2.079305*** (−2.721913)	−2.706677*** (−3.129078)	−3.308416*** (−3.746914)
$\Delta\ln Q_{t+1}$	−0.421433 (−0.778905)	−0.480173 (−0.856996)	−0.463581 (−0.726789)	−0.562695 (−0.745297)
$\Delta\ln Q_{t-2}$	—	−1.788241** (−2.185477)	−2.385150*** (−2.710086)	−3.497160*** (−3.524507)
$\Delta\ln Q_{t+2}$	—	−0.114762 (−0.205017)	−0.449959 (−0.757660)	−0.490093 (−0.764446)
$\Delta\ln Q_{t-3}$	—	—	−1.986252** (−2.276993)	−2.541118*** (−2.588850)
$\Delta\ln Q_{t+3}$	—	—	−0.257740 (−0.458115)	−0.272589 (−0.475470)
$\Delta\ln Q_{t-4}$	—	—	—	−1.586310* (−1.822309)
$\Delta\ln Q_{t+4}$	—	—	—	−0.040129 (−0.073827)

续表

系数	$l=1$	$l=2$	$l=3$	$l=4$
似然统计卡方值	151.455 (0.0000)	161.536 (0.0000)	168.725 (0.0000)	201.607 (0.0000)
模型的选择	固定效应	固定效应	固定效应	固定效应
R^2	0.161218	0.189440	0.218773	0.286020
F(Prob)	0.000000	0.000000	0.000000	0.000000
LLC	−19.3669 (0.0000)	−18.4074 (0.0000)	−17.1637 (0.0000)	−18.2134 (0.0000)
IPS	−13.4421 (0.0000)	−11.8620 (0.0000)	−8.54057 (0.0000)	−9.56271 (0.0000)
ADF-Fisher	378.970 (0.0000)	337.591 (0.0000)	250.518 (0.0000)	280.867 (0.0000)
PP-Fisher	445.044 (0.0000)	391.146 (0.0000)	291.992 (0.0000)	334.691 (0.0000)
样本经济体	100	100	100	100

表 6-8 报告了制造业出口产品质量升级对进口的动态影响，可知出口产品质量水平项的估计结果均通过了至少 10% 的显著性检验，其估计值先从 1989—1999 年的 1.008193 上升到 1995—2005 年的 4.821854，后又下降到 2002—2012 年的 1.828573。制造业出口产品质量作用力先上升后下降的原因可能在于：出口产品质量升级虽然在短期内能引致"片段化"原料进口额的增加，但长期大量进口不仅会使得一国为特定的"片段化"原料支出过多的外汇成本，还会使得一国的生产和出口过度依赖外部"片段化"原料，从而使得本国经济易受外部经济波动的影响，为此，该国往往会采取一些"反制"措施，如进行生产替代，以减少对该原料的外部依赖；此外本国制造业出口产品质量的提升，也会促使一些原本依赖国外高质量原料的厂商转向本国质量提升后厂商下订单，进而产生一定的进口替代效应。两股替代效应的存在在一定程度上降低了质量升级对进口量的边际作用。

表 6-8　产品质量升级对进口的动态影响

系数	1989—1999 年	1995—2005 年	2002—2012 年
C	3.767562*** (5.641858)	−0.447513** (−2.061070)	6.537096*** (8.779997)
ln$Q$	1.008193* (1.879919)	4.821854*** (19.60113)	1.828573** (2.447123)

续表

系数	1989—1999 年	1995—2005 年	2002—2012 年
$\Delta\ln Q_t$	−0.635876 (−1.129422)	0.187114 (0.788602)	1.266518 (1.534075)
$\Delta\ln Q_{t-1}$	−1.091993** (−2.048561)	0.127244 (0.606767)	0.238063** (2.317704)
$\Delta\ln Q_{t+1}$	0.279853 (0.382035)	−0.267965 (−1.086278)	0.710793 (1.101616)
$\Delta\ln Q_{t-2}$	−1.415217** (−2.253376)	0.130177* (1.720332)	0.062602 (0.098640)
$\Delta\ln Q_{t+2}$	0.453249 (0.61748)	−0.375291* (−1.798744)	−0.033192** (−2.057279)
$\Delta\ln Q_{t-3}$	−1.231994** (−2.384876)	0.090595 (0.579407)	−0.321822 (−0.712323)
$\Delta\ln Q_{t+3}$	−0.298020 (−0.569480)	−0.279746* (−1.688990)	−0.690853** (−2.344697)
$\Delta\ln Q_{t-4}$	−0.922459** (−2.307128)	0.179334 (1.521142)	−0.075932 (−0.276247)
$\Delta\ln Q_{t+4}$	−0.212018 (−0.727446)	−0.136480 (−1.197478)	−0.094475 (−0.458044)
似然统计卡方值	0.392386 (0.9824)	0.756455 (0.8198)	1.138253 (0.3492)
模型的选择	随机效应	随机效应	随机效应
R^2	0.135055	0.103961	0.245502
F(Prob)	0.002453	0.001455	0.005839
样本经济体	100	100	100

五、制造业出口产品质量升级对 FDI 的影响分析

外商直接投资(FDI)不仅对一国经济发展水平具有重要的影响，还有助于推动一国制造业技术升级，如 Xu & Lu(2009)指出，近些年中国制造业出口技术复杂度的快速升级，在很大程度上得益于外资的大量流入，特别是来自 OECD 国家的外资；陈晓华等(2011)的研究也表明，外商直接投资不仅促进了我国的经济增长，还对我国东中西部制造业产品技术内涵的提升发挥了重要的作用。此外，一国制造业出口产品质量的提升，往往意味着该国制造业生产水平和加工能力的提升，意味着其更有能力生产高端的非传统的产品，从而对外资产生新的吸引力(如美国的硅谷)。为此，出口产品质量的变迁势必会对外商直接投资产生一定的影响。本部分以揭示制造业出口产品质量

升级对外商直接投资的影响机制为目标，借助 DOLS 方法进行实证检验。

表 6-9 报告了制造业出口产品质量升级对外商直接投资影响的实证估计结果。可知：似然估计值均在至少 1%的显著性水平上拒绝了随机效应模型，因而此处采用固定效应模型进行实证回归；在 l 取不同值的情况下，各方程的残差均在 1%的显著性水平上通过了四个平稳性检验方法的检验，为此，实证方程所得结论是相对可靠的；出口产品质量水平项的估计结果均显著为正且通过了至少 1%的显著性检验，这表明，制造业出口产品质量的提升有助于增加外商直接投资的流入量。可见，在执行提升基础设施、提供优惠政策和提供配套产业等相关吸引外资政策的同时，大力提升制造业出口产品质量也是吸引外资进入的一项重要措施，而且这种措施无须为外资提供“有形或无形”的优惠措施，进而可以减少本国的让利行为，并最大化本国利益。

表 6-9　产品质量升级对 FDI 影响的实证结果

系数	$l=1$	$l=2$	$l=3$	$l=4$
C	17.25446*** (24.07303)	15.74474*** (19.13654)	15.69455*** (15.99261)	14.71055*** (12.83393)
$\ln Q$	8.476168*** (7.040197)	11.06558*** (8.005206)	11.16579*** (6.772881)	12.89255*** (6.692588)
$\Delta\ln Q_t$	−2.655350** (−2.093996)	−4.141446*** (−3.001905)	−4.677892*** (−3.258937)	−5.617371*** (−3.747119)
$\Delta\ln Q_{t-1}$	−1.546184 (−1.303785)	−3.098459** (−2.485692)	−4.525871*** (−3.167633)	−5.525466*** (−3.910969)
$\Delta\ln Q_{t+1}$	2.361740* (1.829484)	2.539856** (1.969207)	1.648895 (1.184552)	2.093835 (1.368853)
$\Delta\ln Q_{t-2}$	—	−1.813169 (−1.468533)	−2.386657* (−1.801906)	−4.266962*** (−2.861944)
$\Delta\ln Q_{t+2}$	—	1.806826 (1.464875)	0.978462 (0.752292)	1.859393 (1.371233)
$\Delta\ln Q_{t-3}$	—	—	−2.077468 (−1.572073)	−2.967486** (−2.125867)
$\Delta\ln Q_{t+3}$	—	—	−0.263878 (−0.210848)	0.595355 (0.480578)
$\Delta\ln Q_{t-4}$	—	—	—	0.131548 (0.098697)
$\Delta\ln Q_{t+4}$	—	—	—	0.864113 (0.735636)
似然统计卡方值	290.818 (0.0000)	308.033 (0.0000)	317.634 (0.0000)	351.616 (0.0000)

续表

系数	l=1	l=2	l=3	l=4
模型的选择	固定效应	固定效应	固定效应	固定效应
R^2	0.415563	0.455925	0.479801	0.529792
F(Prob)	0.000000	0.000000	0.000000	0.000000
LLC	−27.8829 (0.0000)	−24.6931 (0.0000)	−22.6668 (0.0000)	−22.1195 (0.0000)
IPS	−23.9677 (0.0000)	−21.0238 (0.0000)	−18.7106 (0.0000)	−16.6149 (0.0000)
ADF-Fisher	669.838 (0.0000)	570.136 (0.0000)	486.349 (0.0000)	429.937 (0.0000)
PP-Fisher	1241.87 (0.0000)	773.827 (0.0000)	608.630 (0.0000)	516.295 (0.0000)
样本经济体	100	100	100	100

表6-10报告了制造业出口产品质量升级对FDI的动态影响，三个方程的似然估计值均显示其应选择随机效应模型，为此，本书采用随机效应模型进行实证分析。出口产品质量水平项的实证估计系数从1989—1999年的23.70976下降到了1995—2005年的6.961458，并进一步下降到了2002—2012年的6.518692。各估计系数均通过了至少5%的显著性检验，可见出口产品质量升级虽能增加外商直接投资的流入量，但其对外商直接投资的边际作用力呈现出一定的下降趋势。出现这一现象的原因可能在于：跨国公司在选择对外投资区域时，不仅需要考察一国的产品生产水平，还要考察一国的产品生产成本。外资的集聚容易使得一国的生产成本持续上升（如硅谷），而生产成本是影响企业对外投资决策的重要因素之一，这使得制造业出口产品质量升级对外商直接投资的边际效用在成本的挤压下，呈现出一定的递减趋势。

表6-10　产品质量升级对FDI的动态影响

系数	1989—1999年	1995—2005年	2002—2012年
C	7.437311** (2.001706)	19.89545*** (4.365971)	19.42620*** (5.569750)
$\ln Q$	23.70976*** (3.799955)	6.961458** (2.502635)	6.518692** (2.109850)
$\Delta \ln Q_t$	−6.225696** (−2.141397)	4.099817 (0.965661)	0.684984 (0.176420)

续表

系数	1989—1999 年	1995—2005 年	2002—2012 年
$\Delta\ln Q_{t-1}$	−5.278129** (−2.267847)	2.627841 (0.737230)	−2.142641** (−2.381941)
$\Delta\ln Q_{t+1}$	7.340221** (1.993493)	−2.889843 (−0.785452)	−0.564041 (−0.182855)
$\Delta\ln Q_{t-2}$	−3.377666 (−1.375559)	1.260807 (0.408619)	−1.095465 (−0.360120)
$\Delta\ln Q_{t+2}$	6.474822 (1.617614)	−3.189199 (−0.982293)	1.255099 (0.508600)
$\Delta\ln Q_{t-3}$	−2.265997 (−0.959030)	−1.669771 (−0.598836)	−3.676375* (−1.915457)
$\Delta\ln Q_{t+3}$	3.681869 (1.206020)	−0.413895 (−0.166868)	−0.414761** (−2.190966)
$\Delta\ln Q_{t-4}$	−0.112109 (−0.065833)	0.829252 (0.396622)	1.029473 (1.113940)
$\Delta\ln Q_{t+4}$	1.681916 (0.752620)	−1.448913 (−0.798214)	−1.844125 (−1.617761)
似然统计卡方值	0.576347 (0.9521)	1.015277 (0.4988)	1.321269 (0.2092)
模型的选择	随机效应	随机效应	随机效应
R^2	0.400344	0.367172	0.330722
F(Prob)	0.000012	0.000142	0.000211
样本经济体	100	100	100

六、制造业出口产品质量升级对专利申请量的影响分析

专利申请量是体现一国技术创新能力的重要指标之一，如美日欧等高技术经济体每年的专利申请量都位居世界前列。为此，考察出口产品质量升级对专利申请量的作用机制，还能在很大程度上刻画出制造业出口产品质量升级对一国技术创新能力的影响。表 6-11 报告了制造业出口产品质量升级对专利申请量影响的估计结果，可知：各估计方程均为随机效应过程，且各方程的残差均在 1%的显著性水平上拒绝了存在单位根的原假设。从估计系数上看，出口产品质量水平项的估计结果均通过了至少 1%的显著性检验，且为正，但是估计系数较小，均小于 0.001，为此，可以推定制造业出口产品质量升级虽然会对专利申请量产生正效应，但正效应的边际力度非常小。

表 6-11　产品质量升级对专利申请量影响的实证结果

系数	$l=1$	$l=2$	$l=3$	$l=4$
C	−8.73E-05 (−1.048208)	−0.000115 (−1.217137)	−0.000132 (−1.239163)	−0.000158 (−1.288300)
$\ln Q$	0.000474*** (3.383499)	0.000530*** (3.335732)	0.000573*** (3.185274)	0.000632*** (3.065152)
$\Delta\ln Q_t$	−0.000208 (−0.847845)	−0.000278 (−0.988455)	−0.000569* (−1.757277)	−0.000849** (−2.345071)
$\Delta\ln Q_{t-1}$	−0.000160 (−0.630269)	−0.000407 (−1.379407)	−0.000794* (−2.354982)	−0.000897** (−2.438867)
$\Delta\ln Q_{t+1}$	9.77E-05 (0.405488)	0.000130 (0.497814)	0.000107 (0.354401)	0.000115 (0.310964)
$\Delta\ln Q_{t-2}$	—	−0.000581* (−1.917412)	−0.000795** (−2.387725)	−0.000952** (−2.502779)
$\Delta\ln Q_{t+2}$	—	9.88E-05 (0.392756)	8.22E-05 (0.291778)	0.000132 (0.395102)
$\Delta\ln Q_{t-3}$	—	—	−0.000514 (−1.52508)	−0.000610 (−1.643937)
$\Delta\ln Q_{t+3}$	—	—	−0.000168 (−0.622846)	−9.03E-05 (−0.297508)
$\Delta\ln Q_{t-4}$	—	—	—	−0.000415 (−1.107291)
$\Delta\ln Q_{t+4}$	—	—	—	−4.13E-05 (−0.143709)
似然统计卡方值	25.436626 (0.1852)	22.301354 (0.2189)	18.680 (0.2856)	14.353 (0.4237)
模型的选择	随机效应	随机效应	随机效应	随机效应
R^2	0.010640	0.013757	0.019834	0.023705
F(Prob)	0.000163	0.000155	0.000145	0.046449
LLC	−4.87342 (0.0000)	−5.40046 (0.0000)	−16.5666 (0.0000)	−14.8907 (0.0000)
IPS	−3.24139 (0.0006)	−5.46669 (0.0000)	−17.3215 (0.0000)	−13.7562 (0.0000)
ADF-Fisher	342.099 (0.0000)	227.438 (0.0000)	461.720 (0.0000)	365.415 (0.0000)
PP-Fisher	135.974 (0.0193)	434.811 (0.0000)	462.173 (0.0000)	398.666 (0.0000)
样本经济体	100	100	100	100

表 6-12 进一步报告了制造业出口产品质量升级对专利申请量的动态影响的实证结果。1989—1999 年制造业出口产品质量水平项的估计结果虽为正,但 t 值并未通过 10%的显著性检验,1995—2005 年和 2002—2012 年两个时间段的估计结果为正且通过了至少 5%的显著性检验。从估计系数上看,后两个时间段的估计系数值依然较小,即对专利申请量的边际作用力相对有限。

表 6-12　产品质量升级对专利申请量的动态影响

系数	1989—1999 年	1995—2005 年	2002—2012 年
C	−0.000369 (−0.850984)	−0.000268** (−2.184790)	0.000717** (2.527014)
$\ln Q$	0.000856 (1.150182)	0.000925** (2.373161)	0.000810** (2.351836)
$\Delta\ln Q_t$	−0.000876** (−1.985701)	0.001044* (1.727029)	−0.001299 (−0.853940)
$\Delta\ln Q_{t-1}$	−0.000555 (−1.316940)	0.000781 (0.617121)	−0.002044 (−1.603879)
$\Delta\ln Q_{t+1}$	−8.71E-05 (−0.192825)	0.001623 (1.101464)	−0.002787** (−2.311022)
$\Delta\ln Q_{t-2}$	−0.000438 (−1.126494)	0.000682 (0.632104)	−0.002079** (−2.064143)
$\Delta\ln Q_{t+2}$	−0.000165 (−0.425203)	0.000899 (0.729251)	−0.001699 * (−1.687164)
$\Delta\ln Q_{t-3}$	−0.000225 (−0.692978)	0.000950 (1.045680)	−0.000951 (−1.283181)
$\Delta\ln Q_{t+3}$	−0.000227 (−0.840152)	0.000645 (0.657769)	−0.001280 (−1.490139)
$\Delta\ln Q_{t-4}$	−0.000487** (−2.068931)	0.000244 (0.366734)	0.000129 (0.281914)
$\Delta\ln Q_{t+4}$	7.75E-05 (0.457027)	0.001071* (1.683360)	−0.000520 (−0.992925)
似然统计卡方值	1.331516 (0.1786)	1.436322 (0.1146)	102.414389 (0.0000)
模型的选择	随机效应	随机效应	固定效应
R^2	0.294721	0.191544	0.137995
样本经济体	100	100	100

第二节　中国制造业出口产品质量升级的经济效应分析

长期以来，数量巨大、价格低廉的劳动力资源一直是中国的要素禀赋优势，这也使得中国制造业凭借劳动力优势快速地嵌入全球价值链。然而中国制造业多介入低技术含量、低附加值的全球价值链低端环节，使得中国出口品的技术含量和质量相对较低。为此，中国政府和企业长期致力于提升制造业出口产品的质量。与跨国层面制造业出口产品质量升级影响效应研究较为相似的是，鲜有学者深入分析中国制造业出口产品质量升级的经济效应。考虑到前文基于跨国层面分析了产品质量升级对经济增长、进口、外商直接投资和专利申请量的影响，且中国省级层面的实证结果与跨国层面较为相似，笔者在此处略去对出口产品质量升级对经济增长、进口、外商直接投资和专利申请量影响的研究①，从省级区域层面分析了制造业出口产品质量升级对收入分配和出口的影响。②

一、中国制造业出口产品质量升级的收入分配效应分析

改革开放四十年来，中国经济取得了前所未有的快速增长，中国也一跃成为世界第一大出口国。根据 Stolper-Samuelson 定理，出口的增长会提高丰裕度较高的要素在收入分配中的比重（刘慧，2013b；陈晓华，范良聪，2011）。然而，在中国出口快速增长的过程中，劳动收入占 GDP 的比重则在不断下降，从 1992 年的 54.6%下降到了 2008 年的 39.73%，资本收入占比则从 1992 年的 31%上升到了 2008 年的 45.45%。作为一个劳动力资源丰富的国家，中国出口的增长并未带来劳动收入的增长。不仅如此，劳动收入占比正在逐年下降。为何会存在这一与理论相悖的经济现象呢？学者们尝试从以下的角度对此进行解释。

一是从产业结构的角度解释，如罗长远和张军（2009）分析了劳动收入占比下降的原因，并发现产业结构的变化会加剧劳动收入占比的波动，这是因为我国目前处在产业结构转型升级的特殊历史时期，劳动收入占比正处于下行区间；二是从技术进步的角度解释，如王永进和盛丹（2010）指出由于

① 笔者通过实证研究发现：省级层面出口产品质量升级对经济增长、进口、外商直接投资和专利申请量的影响效应与跨国层面基本一致，为免赘述，笔者在省级层面略去了该部分的实证结果。

② 后文实证分析中 2SLS 估计和系统 GMM 估计的实证结果通过 Stata 软件计算而得，DOLS 的估计结果通过 Eviews 软件计算而得。

资本与技能之间存在互补效应机制，技能偏向型技术进步会提高资本收益，从而导致劳动收入占比下降；三是从国际贸易的角度解释，李坤望和冯冰(2012)区分了进口贸易和出口贸易的影响，分别探讨了其对劳动收入占比的影响，研究发现两者均对劳动收入占比有负向影响，区别在于前者更加显著。张莉等(2012)通过理论推导和实证研究，揭示了国际贸易如何通过影响技术偏向最终来影响要素收入份额。

制造业出口产品质量升级同时具备产业结构变迁和收入变迁效应，因而出口产品质量的升级势必会对一国的劳动收入占比产生影响(刘慧，2014)。然而令人遗憾的是，由于出口产品质量测度方法到近些年才逐渐健全，目前尚无学者深入分析制造业出口产品质量升级的收入分配效应。随着中国经济的发展和"收入倍增计划"的提出，对这一问题进行的研究显得日益迫切。为此，本部分以省级面板数据为基础，借助 GMM 估计法从中国整体、东部和中西部三个层面揭示制造业出口产品质量升级的收入分配效应。

(一)模型设定与变量的选择

本部分基于前文 31 个省级区域制造业出口产品质量的测度结果，分析制造业出口产品质量升级对劳动收入占比的影响。考虑到出口产品质量和劳动收入占比之间可能存在一定的内生性问题，本书采用面板数据 2SLS 法进行实证分析，此处借鉴邱斌等(2014)的研究，将预定内生变量的一阶滞后项作为相应变量的工具变量，以获得一致有效的估计。设定线性模型如下：

$$Ls_{jt}=C+\lambda Q++\beta_j Z_{jt}+\varepsilon_{jt} \tag{6.22}$$

其中，j 表示省份，t 表示时间，Ls_{jt} 为省级区域劳动收入占比，Z_{jt} 为影响劳动收入占比的其他控制变量，C 为省份截距项，刻画各省份不随时间变化的个体因素的影响，ε_{jt} 为残差项，Q 为制造业出口产品质量，此处采用第三章中基于需求函数残差法测度所得结果表示。另外为了准确刻画制造业出口产品质量升级的收入分配效应，本书还选取了其他影响各地区工业行业劳动收入占比的变量作为控制变量，具体包括：

(1)出口变量(CK)。根据 Stolper-Samuelson 定理，劳动丰裕型经济的出口扩大往往会推动其劳动收入占比的增加，为此，加入出口变量作为控制变量，还能进一步检验 Stolper-Samuelson 定理在中国的适用性。实证中以各省级区域 2002—2008 年出口额的绝对值表示。

(2)区域开放程度(OPEN)。该变量用省级区域对外贸易总额与 GDP 之比来衡量。区域开放程度越高，越有机会学习到国外先进的技术知识(Acemoglu，2000)，从而促进区域内技术进步，影响劳动收入占比。

(3)外商直接投资(FDI)。为了吸引外商投资，地方政府往往会制定各种针对外资的优惠政策，这极大强化了外资的谈判能力，而劳动力因户籍制度等因素的约束存在流动的障碍，这又弱化了劳动者的讨价还价能力（罗长远，张军，2009），为此，该因素可能会降低劳动收入占比。

(4)人力资本(HR)。Diwan(2000)研究认为，在富裕国家，人力资本的积累对劳动收入占比的提升有促进作用，而在贫穷国家则相反，加入这一变量也能验证 Diwan(2000)的观点在中国的适用性。本书以省级区域就业人口中大学生的人数（含大专）表示。

(5)物质资本存量(WZ)。王永进和盛丹(2010)指出物质资本积累在促进技能偏向型技术进步的同时也促进了物质资本偏向型技术进步，技能会提高劳动收入占比，物质则降低劳动收入占比，总的来说前者的效应大于后者，因此，物质资本积累可能会推动劳动收入占比的下降。此处采用前文第四章中物质资本存量的测度结果表示。

(6)各地区经济发展水平(PGDP)。该变量用人均 GDP 来衡量。经济发展水平会显著影响劳动收入占比（王永进，盛丹，2010），其对劳动收入占比的作用力呈现 U 形规律（李稻葵等，2009；罗长远，张军，2009），在经济发展初期，劳动收入占比逐渐下降，但在经济发展的后期，劳动收入占比则不断提高。李坤望和冯冰(2012)认为，出现 U 形规律是因为劳动和资本在部门间转移的过程中面临不同的阻力，并且其会随经济发展水平的变化而变化。我国正处于 U 形曲线的下行区间，因此，本书预计该项变量系数为负。

为了降低异方差给实证结果带来的有偏影响，笔者进一步对被解释变量、解释变量和控制变量进行了对数处理。

（二）实证结果与分析

基于前文的测度结果和选取的变量，本书运用面板数据 2SLS 估计法从全国整体、东部和中西部三个层面就制造业出口产品质量升级对收入分配的影响进行了实证分析。实证中笔者进一步运用 Anderson-canon LM 检验(LM 检验)、Cragg-Donald Wald F 检验(CD 检验)和 Sargan 检验对工具变量进行识别不足检验、弱识别检验和过度识别检验，以确保工具变量和实证结果的可靠性；另外，为防止本书所选的控制变量间存在过高的相关性，笔者在实证中以依次加入各控制变量的形式进行回归。

表 6-13、表 6-14 和表 6-15 分别报告了全国层面、东部省份和中西部省份的实证结果。首先，LM 检验、CD 检验和 sargan 检验均在至少 1%的显著性水平上拒绝了不足识别、弱识别和过度识别的原假设，即工具变量较好地起到了克服内生性的作用，因而三个层面的实证结果均是可靠的。制造业出口产品质量变量的估计结果表明：全国层面和中西部地区各方程制造业出口产品质量的估计系数均显著为负，且通过了至少 10%的显著性检验，而东部地区出口产品质量的系数未能通过 10%的显著性检验，这表明：全国层

面和中西部地区出口产品质量升级会对劳动收入占比产生显著的负效应，不利于劳动收入占比的提升，而东部地区出口产品质量升级对劳动收入占比的作用力并不显著，不会明显降低或提升劳动收入占比。出口产品质量升级会对劳动收入占比产生两个方面的影响：一方面，出口产品质量升级往往意味着企业使用了更高的技术或更多的资本进行生产，进而在一定程度上“挤占”劳动力就业岗位，减少劳动力就业的数量，从而对劳动收入占比产生不利影响；另一方面，出口产品质量的升级往往会帮助厂商赢得国际需求，国际需求的扩大势必要求厂商扩大产能，而在短期内厂商无法快速增加生产设备，故只能以增加劳动力的形式（资本和劳动力具有可替代性）扩大产能，进而在一定程度上提高了劳动收入占比。为此，出现东部地区不显著和中西部地区显著为负现象的原因可能在于：中西部地区产业的劳动密集型程度显著高于东部地区，且中西部地区的出口规模小于东部，进而使得中西部地区制造业出口产品质量升级给劳动收入占比带来的负效应明显大于正效应，而给东部地区带来的正效应与负效应处于“势均力敌”的状态。

表 6-13　中国制造业出口产品质量升级的收入分配效应：全国层面

系数	(1)	(2)	(3)	(4)	(5)	(6)
Q	−0.0997** (−2.14)	−0.1933*** (−4.36)	−0.1326*** (−2.85)	−0.1840*** (−4.01)	−0.1005* (−1.96)	−0.1237* (−1.93)
CK	−0.0348** (−4.08)					
$OPEN$		0.0025 (0.19)				
FDI			−0.0322*** (−3.06)			
HR				−0.0194 (−0.83)		
WZ					−0.0620*** (−3.19)	
$PGDP$						−0.1377*** (−5.59)
C	5.2175*** (12.56)	5.661*** (12.86)	5.242*** (11.97)	5.681*** (13.02)	5.314*** (12.37)	3.824*** (6.68)
LM 检验	79.365***	80.462***	79.713***	80.240***	78.801***	50.442***
CD 检验	1386.9***	1842.3***	1506.2***	1728.4***	1227.6***	481.01***
Sargan 检验	0.000	0.000	0.000	0.000	0.000	0.000
CR^2	0.3212	0.1848	0.2678	0.1915	0.2760	0.3646

表 6-14　中国制造业出口产品质量升级的收入分配效应:东部

系数	(1)	(2)	(3)	(4)	(5)	(6)
Q	0.0043 (0.06)	−0.1010 (−1.52)	−0.0249 (−0.36)	−0.0700 (−1.00)	−0.0246 (−0.35)	0.0801 (1.27)
CK	−0.0384*** (−2.64)	—	—	—	—	—
$OPEN$	—	0.0364* (1.77)	—	—	—	—
FDI	—	—	−0.0446** (−2.09)	—	—	—
HR	—	—	—	−0.0164 (−0.57)	—	—
WZ	—	—	—	—	−0.0485** (−2.06)	—
$PGDP$	—	—	—	—	—	−0.1763*** (−4.84)
C	4.2345*** (6.73)	4.593*** (7.06)	4.240*** (6.49)	4.4856*** (6.65)	4.4044*** (6.86)	4.6875*** (9.03)
LM 检验	30.489***	30.895***	30.688***	30.925***	30.659***	30.256***
CD 检验	364.192***	440.337***	398.143***	446.999***	392.862***	330.837***
Sargan 检验	0.000	0.000	0.000	0.000	0.000	0.000
CR^2	0.2099	0.1389	0.1584	0.0610	0.1544	0.4432

表 6-15　中国制造业出口产品质量升级的收入分配效应:中西部

系数	(1)	(2)	(3)	(4)	(5)	(6)
Q	−0.1738** (−2.57)	−0.2289*** (−4.29)	−0.2242*** (−3.74)	−0.2225*** (−3.99)	−0.1787** (−2.24)	−0.0729** (−2.11)
CK	−0.0267** (−2.12)	—	—	—	—	—
$OPEN$	—	−0.0259 (−1.61)	—	—	—	—
FDI	—	—	0.0039 (0.19)	—	—	—
HR	—	—	—	0.0098 (0.26)	—	—
WZ	—	—	—	—	−0.0288 (−0.70)	—
$PGDP$	—	—	—	—	—	−0.1631*** (−3.39)

续表

系数	(1)	(2)	(3)	(4)	(5)	(6)
C	5.8453*** (10.89)	6.1302*** (11.52)	5.985*** (10.77)	5.9351*** (11.00)	5.810*** (10.13)	6.0271*** (12.56)
LM 检验	48.442***	49.344***	49.028***	49.281***	47.548***	48.120***
CD 检验	909.178***	1430.3***	1193.1***	1376.1***	661.07***	802.00***
Sargan 检验	0.000	0.000	0.000	0.000	0.000	0.000
CR^2	0.2548	0.2689	0.2328	0.2334	0.2435	0.3834

综合分析控制变量的实证结果，我们还可以得到如下发现。

一是出口变量在整体、东部和中西部三个层面的估计结果均显著为负，这表明出口的扩大不利于全国和各区域层面劳动收入占比的提升。我国是传统的劳动密集型经济体，根据 Stolper-Samuelson 定理，中国出口的扩大将有助于劳动力收入占比的提升，而本书的实证结果却得到了相反的结论。这在一定程度上表明：Stolper-Samuelson 定理在中国并不适用。提高劳动收入占比是扩大消费、确保经济稳定的重要措施，为此，应在不断鼓励企业出口的同时，及时关注出口给劳动收入占比带来的冲击，以实现出口与劳动收入占比的同步提升。

二是外商直接投资量和国内物质资本存量的增大均会对东部地区和全国层面的劳动收入占比产生显著的负效应。这在一定程度上表明：资本要素投入量的增大会显著挤占劳动者的收入占比。但从长期来看，资本投入量的增加往往会促进生产技术的升级，虽然其会在短期内增加资本产出占比，"挤占"劳动收入占比，但技术的升级为劳动者提供了更多的技能提升机会，随着劳动者技能的提升和高技能劳动供给的增加，劳动者的收入占比会逐步提高（王永进，盛丹，2010）。为此，从长期来看，外商直接投资和国内物质资本投资的增加对劳动收入占比的"削弱作用"会逐渐降低。

三是人力资本变量在三个层面的估计结果中均不显著，这表明：人力资本的提升并不会显著改变劳动收入占比。根据 Diwan(2000)的研究可知，随着高技能劳动力供给的增加，劳动收入占比会逐步提升，而本书的研究表明 Diwan(2000)的推论在中国省级区域层面并无明显证据。出现这一现象的原因可能在于：近些年，我国通过不断加大国内投资和吸引外资的形式促进经济增长，投资在我国 GDP 中占据较大的比重，投资的增加势必引起资本收入占比的提升，进而"冲淡"人力资本供给增加给收入占比带来的正效应。

四是人均 GDP 变量在三个层面的估计结果均显著为负（均通过了至少1%的显著性检验），这表明中国经济增长对劳动收入占比的作用力尚未跨过 U 形区间的顶点，经济发展水平提升对劳动收入占比的作用力仍处于负效应区间，这还在一定程度上表明中国的经济增长在收入分配上具有资本偏向型特征，即经济增长会推动资本收入占比提升。上述结论一方面证实了保持经济快速增长的重要性(当前中国经济处于以三期叠加为特征的新常态，经济增速明显放缓，为此，只有切实保障经济的稳健增长才能使得中国经济发展水平早日跨越 U 形曲线的顶点，进入正效应区间)，另一方面也让我们得到了如下启示：我国在稳步加快经济发展的同时，应通过二次分配等形式适当向劳动力转移部分收益或利润，以降低经济增长对劳动收入占比的冲击。

(三)核心变量的稳健性检验

跨国层面的出口产品质量升级经济效应的实证估计借鉴了 Kao & Chiang(2000)、马兹晖(2008)、韩民春和樊琦(2007)与刘慧等(2015)的研究，采用 DOLS 模型进行分析，l 分别取 1，2，3，4，对 l 取不同的值，起到了有效的互为稳健性检验的效果，且残差平稳性检验也能起到一定的稳健性检验效果。而此处仅采用 2SLS 估计法进行回归，为了进一步确保实证检验估计结果中核心变量估计结果的稳健可靠，笔者进一步采用 DOLS 估计进行稳健性检验。考虑到此处运用 2002—2008 年省级层面数据进行回归，时间跨度相对较短，笔者将 DOLS 模型中 l 的值设定为 1。表 6-16 报告了相应的检验结果。可知方程的似然估计值均在 1%的显著性水平上拒绝了选择随机效应模型的原假设，为此，此处采用固定效应模型。制造业出口产品质量水平项的估计结果在全国整体层面和中西部层面均显著为负(通过了至少 5%的显著性检验)，而东部地区的实证结果并未通过 10%的显著性检验，这一系数的实证估计结果在显著性和系数符号上与前文 2SLS 估计法估计的结果一致，为此，前文的估计结果是稳健可靠的。

表 6-16　中国制造业出口产品质量升级的收入分配效应：稳健性检验

系数	整体	东部	中西部
C	5.047148*** (7.888894)	4.222214*** (6.120627)	0.155459*** (4.670915)
$\ln Q$	−0.140845** (−2.304268)	−0.051369 (−0.733527)	−0.658902*** (−6.598153)
$\Delta\ln Q_t$	0.108230 (0.837884)	0.062866 (0.920359)	−0.844088*** (−7.735918)
$\Delta\ln Q_{t-1}$	0.113044 (1.006073)	−0.003104 (−0.036932)	−0.454379*** (−3.344647)

续表

系数	整体	东部	中西部
$\Delta\ln Q_{t+1}$	−0.003228 (−0.035742)	0.069215 (1.319946)	2.673324*** (7.737638)
似然统计卡方值	519.55 (0.0000)	398.41 (0.0000)	72.37 (0.0000)
模型的选择	固定效应	固定效应	固定效应
R^2	0.996806	0.998833	0.814947
F(Prob)	0.000000	0.000000	0.000000
OBS	28	11	17

二、中国制造业出口产品质量升级的出口效应分析

(一)估计方法的选择

本部分的主要目的是借助前文基于剩余需求函数法所得2002—2008年31个省级区域制造业出口产品质量的测度结果,检验中国制造业出口产品质量升级对出口的影响。根据Metliz(2003)的企业异质性理论观点,企业在出口时将面临一定的沉没成本,因而企业前一期的出口状态对后一期的出口有着显著的影响(赵伟等,2011;汤二子,孙振,2012),为此,笔者在实证研究中将各省级区域出口的前一期项纳入出口效应的研究中。此时如果简单地采用OLS方法估计产品质量对出口效应的影响,则可能得到有偏的估计结果。因此,本书采用动态面板数据模型的GMM估计方法来解决这一问题。动态面板数据模型的GMM估计法由如下两个方程构成:

$$\ln EX_{it}=\alpha\ln EX_{i,t-1}+\beta\ln Q_{it}+\lambda_i x_{it}+\mu_{it} \tag{6.23}$$

$$\Delta\ln EX_{it}=\alpha\Delta\ln EX_{i,t-1}+\beta\Delta\ln Q_{it}+\lambda_i\Delta x_{it}+\mu_{it} \tag{6.24}$$

其中,$\mu_{it}=\nu_i+\varepsilon_{it}$,$E(\nu_i)=E(\varepsilon_{it})=E(\nu_i\cdot\varepsilon_{it})=0$,式(6.23)为水平方程,式(6.24)为差分方程,$\ln EX$为省级区域出口额,Q为制造业出口产品质量,此处以第三章中基于需求函数残差法所得制造业出口产品质量表示,X为控制变量。GMM方法包括差分GMM和系统GMM,差分GMM是在假设$E(y_{i,t-1}\Delta\mu_{it})=0$的前提下,引入$y_{i,t-l}(l\geqslant 1)$这一内生变量的水平滞后项,将其作为差分项的工具变量。而系统GMM则是在假设$E(\Delta y_{i,t-1}\mu_{it})=0$的前提下,引入$\Delta y_{i,t-l}(l\geqslant 1)$这一内生变量的差分滞后项,将其作为水平项的工具变量。系统GMM既能体现变量的水平变化信息又能体现变量的差分变化信息,因此系统GMM往往比差分GMM能得出更加有效的估计结果(沈坤荣,余吉祥,2011)。有鉴于此,本书采用系统GMM进行估计。为了

确保系统 GMM 估计结果的科学可靠，笔者进一步采用了 2SLS 估计法对制造业出口产品质量升级的出口效应进行再次检验，另外，本书在 GMM 估计和 2SLS 估计中依然将出口产品质量的一阶滞后项作为工具变量，并从中国整体、东部和中西部地区三个层面进行实证分析。

（二）实证估计结果与分析

表 6-17 报告了中国整体、东部和中西部地区三个层面系统 GMM 估计与 2SLS 估计的结果，估计结果的相关统计量的值表明：Wald 检验通过了 1%的显著水平检验，这表明系统 GMM 估计结果整体上是显著可靠的，Hansen 检验结果也表明系统 GMM 估计中工具变量是有效的。2SLS 估计的 LM 检验、CD 检验和 Sargan 检验结果均证实了估计方程中工具变量的有效性。

表 6-17　中国制造业出口产品质量升级对出口影响的实证分析结果

估计方法	系统 GMM 估计			2SLS 估计		
区域	整体	东部	中西部	整体	东部	中西部
Q	0.1796*** (3.08)	0.16542*** (3.01)	0.1268*** (2.91)	2.689*** (5.16)	1.7025*** (5.37)	2.141*** (2.85)
L. CK	0.8860*** (20.40)	0.9048*** (24.70)	0.9254*** (28.61)	—	—	—
C	—	—	—	−12.979** (−2.52)	−4.137 (−1.33)	−6.220 (−0.83)
Hansen	0.149	0.122	0.302	—	—	—
Wald	2.45e+06***	4.02e+06***	2.55e+06***	—	—	—
LM 检验	—	—	—	80.454***	49.354***	30.976***
CD 检验	—	—	—	1860.6***	1469.39***	474.49***
Sargan 检验	—	—	—	0.000	0.000	0.000
CR^2	—	—	—	0.2350	0.3566	0.2116

从制造业出口产品质量的估计系数上看，中国整体、东部和中西部地区三个层面的两种估计方法的估计结果均显著为正，且通过了至少 1%的显著性检验，这表明制造业出口产品质量升级能有效地促进制造业出口规模的扩大。综合前文的研究结论可知：虽然出口扩大未能有效地促进中国制造业出口产品质量升级，但质量升级能有效地促进出口规模扩大。出现这一现象的原因可能在于：一方面，制造业出口产品质量升级往往意味着制造业产品国际竞争力的提升，进而为制造业企业赢得更多的国际订单，促进出口规模的扩大；另一方面，中国制造业企业可能存在一定的“质量革新惰性”，

出口的扩大一般有助于企业总利润的增加，在持续获得外部利润的情况下，企业会满足于现有收益，而懒于进行技术革新和质量提升活动（赵伟等，2011），最终使得出口扩大对制造业出口产品质量升级的作用力不显著。

出口变量的前一期项的估计系数在系统 GMM 的估计结果中为正，且均通过了至少 1%的显著性检验，这表明：前一期的出口量对后一期的出口量有显著的正向影响，即前一期的出口经验对后一期的出口具有较大的促进作用，中国的制造业出口存在较为明显的学习效应。为此，多渠道开拓当前制造业的出口路径，能在一定程度上缓解下一年度的外需疲软，因而应鼓励出口型制造企业积极进行出口边际广化和地理广化等形式的探索性出口扩张。

（三）稳健性检验

为了进一步确保系统 GMM 和 2SLS 实证检验估计结果的稳健可靠，笔者进一步采用 DOLS 估计进行稳健性检验。与前文中全国层面收入分配效应估计结果的稳健性检验一致的是，此处将 DOLS 模型中 l 的值设定为 1。表6-18报告了 DOLS 估计法的稳健性检验结果，可知中国整体、东部和中西部地区的估计结果中制造业出口产品质量水平项的估计系数均为正，且通过了至少 1%的显著性检验，这与系统 GMM 估计和 2SLS 估计的实证结果高度一致，为此，可以推定前文的实证结论是科学稳健的。

表 6-18　中国制造业出口产品质量升级的出口效应：DOLS 估计法的稳健性检验

系数	整体	东部	中西部
C	−44.83035*** (−5.161310)	−8.989367 (−0.453879)	−44.39963** (−2.335341)
$\ln Q$	6.410787*** (6.711728)	2.651259** (2.367867)	6.932646*** (3.413280)
$\Delta\ln Q_t$	−3.083027* (−1.910588)	0.250861** (2.167942)	−12.13178*** (−2.724208)
$\Delta\ln Q_{t-1}$	−2.404648* (−1.733041)	0.757671 (0.677648)	−4.029103 (−1.533230)
$\Delta\ln Q_{t+1}$	5.402995*** (4.754425)	2.323274 (0.772249)	−3.771747 (−0.656632)
似然统计卡方值	117.823 (0.0000)	212.691 (0.0000)	124.059 (0.0000)
模型的选择	固定效应	固定效应	固定效应
R^2	0.995204	0.799040	0.996607
F(Prob)	0.000000	0.000010	0.000001
OBS	31	11	20

第三节　本章小结

本部分基于前文跨国层面制造业出口产品质量的测度结果，综合借鉴Kao & Chiang(2000)、马兹晖(2008)、韩民春、樊琦(2007)和刘慧等(2015)关于动态OLS估计法的已有研究，在对变量进行平稳性检验和协整检验的基础上，运用能够克服内生性问题的动态OLS估计法从跨国层面就制造业出口产品质量升级对经济增长、进出口量、外商直接投资和专利申请量的影响进行实证分析，并进一步从不同时间段的视角，分析制造业出口产品质量升级的动态经济影响，在此基础上，从中国省级区域层面分析了出口产品质量演进对中国劳动收入占比和出口的作用机制。得到的结论与启示主要有以下几点。

一是制造业出口产品质量升级能够有效地促进一国经济增长，但促进效应的边际作用力呈现出一定的下降趋势。而导致边际效应递减的一个重要原因可能是经济服务化。为此，在新常态背景下，中国在不断提升制造业出口产品质量的同时，还应加大对服务业发展的关注力度，进而从更多元的视角推动我国经济增长。二是制造业出口产品质量升级能够有效地推动进出口额增长，其对出口的边际作用力呈现出上升趋势，而对进口的边际作用力呈现出下降趋势，可见提升制造业出口产品质量既能够有效地起到“补短板”的作用，进而降低对外部原料的依赖程度，又能在很大程度上弱化我国当前的外力依赖型技术和质量赶超机制，从而逐步形成内生型技术和质量赶超模式，最终推动经济增长方式快速转变。三是制造业出口产品质量升级能有效地促进外商直接投资的流入，但与出口产品质量升级对经济增长的作用力相似，其对外商直接投资的边际作用力也呈现出一定的下降趋势，制造业出口产品质量的提升对外商直接投资的正向促进作用也具有“无福利外流”特征。为此，中国在“营造各种优惠”以吸收外资的同时，应加大制造业出口产品质量的升级力度，以在一定程度上降低“经济收益和福利转让”的额度。四是制造业出口产品质量升级虽然能够提升一国的专利申请量，但水平项的估计系数均小于0.001，因而其对一国技术创新能力提升的作用水平相对有限。五是东部省份制造业出口产品质量升级不会给劳动收入占比产生不良冲击，而中西部省份制造业出口产品质量升级则会降低劳动收入占比。为此，在不断推出提升制造业出口产品质量政策的同时，应适当关注中西部地区的劳动收入占比，借助二次分配等手段缓解产品质量升级给中西部地区劳动力收入占比带来的冲击；六是Stolper-Samuelson定理在中国并不适用，三个层面的实证结果均显示：作为劳动密集型产业较为发达的国家，中国出口规模的扩大并不能提升劳动收入占比。七是中国资本存量（见前文物质资本存量和 FDI 的估计结果）的提升和经济发展水平的提升均不利于劳动收入占比的提升，考虑到经济发展水平对劳动收入占比的作用机制为 U 型。这一机制会逐步改善，而资本投入在未来中国的经济发展中将继续发挥重要的作用，为此，应适当优化劳动力和资本间的收入分配机制，提高劳动者的收入和劳动积极性，最终使人力资本更好地促进制造业出口产品质量升级。最后，虽然出口规模扩大未能促进中国制造业出口产品质量升级，但出口产品质量升级能有效地促进出口规模的扩大，而导致这一现象出现的原因在于：出口产品质量升级具有提升出口竞争优势的效果，而出口规模扩大容易引发中国制造业的"质量革新惰性"。由此可以得到两个方面的启示：一方面，提升制造业出口产品质量可以成为当前中国走出外需疲软困境的一个重要手段；另一方面，应积极治理和改变中国制造业的"质量革新惰性"，以形成出口规模扩大与产品质量升级的良性互动机制，实现中国出口的"量""质"同升。

第七章　制造业出口技术复杂度升级的经济效应分析

出口技术复杂度的升级往往意味着出口品的品质或技术含量的提升，这将为出口品进一步拓宽国际市场奠定基础，也势必会提高出口产品的国际竞争力和国际需求量，为此，其会对经济系统中相应的经济变量产生影响。有鉴于此，本部分系统分析出口技术复杂度升级对工资差距、能源效率和资本回报率等经济变量的作用机制，以刻画出出口技术复杂度升级的经济效应。

第一节　制造业出口技术复杂度升级的工资差距效应

一、模型与变量的选择

出口技术复杂度只是影响熟练与非熟练劳动力相对工资差距的变量之一，其他变量对其相对工资差距也会产生一定的影响，比如外商直接投资、区域开放程度等。国外的实证分析主要采用熟练劳动力需求估计法、GDP函数估计法以及零利润条件估计法等三种方法（王中华，代中强，2008）来研究技术进步对熟练与非熟练劳动力相对工资差距的作用。然而，GDP函数估计法以及零利润条件估计法的运用对数据有较高的要求，因此，考虑到数据的可获得性，本书选择第一种方法来研究出口技术复杂度等因素对中国省级区域熟练与非熟练劳动力相对工资差距的影响。

中国的出口技术复杂度对中国制造业部门的熟练与非熟练劳动力需求会有相应的影响，从而使得熟练与非熟练劳动力的相对工资差距有所变化。笔者基于省级面板数据，根据生产以及成本函数推导出实证分析模型，以分析出口技术复杂度对中国熟练与非熟练劳动力相对工资差距的影响。

（一）模型设定

根据 Feenstra & Hanson(2001)建立的回归模型，我们假定生产商品 m

需要投入熟练劳动力 L_{mh}、非熟练劳动力 L_{ml} 以及资本 K_m 三种生产要素，则生产函数可以写作 $Y_m=F(L_{mh},L_{ml},K_m,Z_m)$，其中 Z_m 是影响产量的各种外生结构性变量，例如出口技术复杂度、外商直接投资、对外开放程度等。因为资本存量在短期内是固定不变的，企业是在成本最小化的情况下进行劳动力组合的最优决策，所以其成本函数可表示为：

$$C_m(w_h,w_l,Y_m,K_m,Z_m)=min(w_hL_{mh}+w_lL_{ml}) \tag{7.1}$$

其中，$Y_m=F(L_{mh},L_{ml},K_m,Z_m)$，$w_h$ 为熟练劳动力的工资，w_l 为非熟练劳动力的工资。将这个成本函数展开为对数型二次泰勒级数，定义 $w_j=(w_h,w_l)$，$x_i=(Y_m,K_m,Z_m)$，可得出线性超越对数成本函数：

$$\begin{aligned}\ln C_m &= \alpha_0^m+\sum_{a=1}^{n}\alpha_a^m\ln w_a+\sum_{v=1}^{m}\beta_v^m\ln x_v+\frac{1}{2}\sum_{a=1}^{n}\sum_{b=1}^{n}\delta_{ab}^m\ln w_a\ln w_b\\&\quad+\frac{1}{2}\sum_{v=1}^{m}\sum_{u=1}^{m}\phi_{vu}^m\ln x_v\ln x_u+\sum_{a=1}^{n}\sum_{v=1}^{m}\gamma_{av}^m\ln w_a\ln x_v\end{aligned} \tag{7.2}$$

其中，n 是成本最小化时劳动力投入的最优数量，v 是模型中前定变量的数量（包括产出、资本投入和结构性外生变量）。对式（7.2）中的 w_a 求一阶偏导，即$\partial\ln C_m/\partial\ln w_a=w_aL_{ma}/C_m$，可得到生产商品 m 的劳动力要素 a 的工资成本份额，即

$$s_{ma}=\alpha_a^m+\sum_{b=1}^{n}\delta_{ab}^m\ln w_b+\sum_{v=1}^{m}\phi_{av}^m\ln x_v \tag{7.3}$$

在式（7.3）中，要素 a 的成本份额可表示为：

$s_{ma}=\partial\ln C_m/\partial\ln w_a=w_aL_{ma}/(w_hL_{mh}+w_lL_{ml})$，其中企业 m 选择的最优劳动力要素 a 的数量用 L_{ma} 表示。

在三要素模型当中，企业要想使成本最小化，需选择最优的熟练劳动力以及非熟练劳动力数量。从式（7.3）中我们可知：熟练劳动力的成本份额主要取决于熟练与非熟练劳动力的工资率、实际产出、物质资本投入和 Z_m（即外生结构性变量）。在使用面板数据对熟练劳动力的工资份额进行估计时，Machin 和 Van 等学者都认为截面之间的工资差距所承载的信息量太少，不能够完全解释成本份额变动或劳动力工资的结构，主要原因在于：劳动力工资结构的差异在很大程度上取决于劳动者的教育培训和技能方面。因此，可将工资率项的影响归因于截面固定效应和常数项。这样熟练劳动力的工资份额就可以表示成：

$$s_{mh}=\phi_0+\phi_m+\phi_K\ln K_m+\phi_Y\ln Y_m+\phi_Z\ln Z_m \tag{7.4}$$

其中 ϕ_0 表示常数项，ϕ_m 表示截面固定效应。企业 m 熟练劳动力的工资份额回归式，其中外生结构性变量 Z_m 主要包括出口技术复杂度、外商直接投资、总资产贡献率以及区域开放程度等变量。然而，影响熟练劳动力工资份额

的 Z_m 应主要包含出口技术复杂度 TS。在对外开放的条件下，中国制造业的出口技术复杂度不但与本行业的 FDI 有关，还与总资产贡献率以及区域开放程度有关。据此，可得出制造业在不同省份 i 和不同时期 t 的熟练劳动力的工资份额回归式：

$$s_{it}=\beta_0+\beta_i+\beta_1\ln(K_{it})+\beta_2\ln Y_{it}+\beta_3\ln TS_{it}+\beta_4\ln FDI_{it}+\beta_5\ln(TS_{it}*FDI_{it})+\beta_6\ln RC_{it}+\beta_7\ln OPEN_{it}+\varepsilon_{it} \quad (7.5)$$

式(7.5)表示的是本书的静态估计方程，其反映了中国制造业的实际物质资本投入、产出、出口技术复杂度、外商直接投资、总资产贡献率和区域开放程度对工资差距的静态影响。为进一步估计制造业出口技术复杂度、外商直接投资、总资产贡献率和区域开放程度对熟练与非熟练劳动力相对工资差距作用的动态效应，并反映中国制造业熟练与非熟练劳动力相对工资差距的变动趋势，将式(7.5)转为动态形式：

$$s_{it}=\beta_i+\sum_{j1}\beta_{1j1}s_{i,t-j1}+\sum_{j2}\beta_{2j2}\ln K_{i,t-j2}+\sum_{j3}\beta_{3j3}\ln Y_{i,t-j3}+\sum_{j4}\beta_{4j4}\ln TS_{i,t-j4}+\sum_{j5}\beta_{5j5}\ln FDI_{i,t-j5}+\sum_{j6}\beta_{6j6}\ln(TS*FDI)_{i,t-j6}+\sum_{j7}\beta_{7j7}\ln RC_{i,t-j7}+\sum_{j8}\beta_{8j8}\ln OPEN_{i,t-j8}+\varepsilon_{it} \quad (7.6)$$

式(7.6)是本书的动态估计方程，反映了中国制造业出口技术复杂度、外商直接投资、总资产贡献率和区域开放程度对其相对工资影响的动态性以及滞后性。其中，动态模型中被解释变量和解释变量的滞后阶数用 $j_m(m=1,2,\cdots,8)$表示。根据 t 统计量的显著性可知滞后阶数。

笔者借鉴 Feenstra & Hanson(2001)的研究，着重从以下几个方面对式(7.4)进行拓展，进而建立本书的计量经济模型：(1)结合以往文献有关出口技术复杂度影响工资差距正反两方面的观点，分别就资本密集偏向型出口技术复杂度和劳动密集偏向型出口技术复杂度对工资差距的影响对中国 31 个省份制造业的面板数据进行重新检验。(2)考虑到 FDI 对出口技术复杂度的影响较大，本书将设置 FDI 及其与出口技术复杂度的乘积项考察其对工资差距的独立和共同影响。(3)总资产贡献率可以衡量各省制造业的经济利润及其综合盈利能力，本书将其作为控制变量。(4)在目前开放型经济日益成熟的条件下，区域开放程度是限制熟练劳动力要素收益的重要因素，地区开放程度越高，其学习到国外技术偏向型知识的概率就越大，从而将会影响区域内的技术进步(潘士远，2007)，进而对其相对工资差距产生影响。

(二)变量选取

1. 相对工资差距。模型的被解释变量是 31 个省级区域内部制造业的熟练与非熟练劳动力的相对工资差距。由于很难获取制造业按照工作划分或教育水平统计的熟练劳动力人数，因此本书借鉴喻美辞（2010）的做法以制造业大中型企业科技活动人员代替熟练劳动力，其平均工资与非科技活动人员平均工资的比值即为工资差距，即

$$s=\frac{S_{c_i}}{C_i}\Big/\frac{S_{f_i}-S_{c_i}}{F_i-C_i} \tag{7.7}$$

其中，S_{c_i} 代表制造业中大中型企业科技活动人员总工资，S_{f_i} 代表制造业中大中型企业的科技与非科技活动人员总工资，C_i 代表制造业中大中型企业的科技活动人员总数，F_i 代表制造业中大中型企业的科技与非科技活动人员总数。对应数据来源于《中国科技统计年鉴》和《中国劳动统计年鉴》，实证中用 $\ln(1+S)$ 表示。

2. 出口技术复杂度。解释变量主要有两个：一是资本密集偏向型制造业出口技术复杂度，记为 TSK；二是劳动密集偏向型制造业出口技术复杂度，记为 TSL。本书基于海关信息网的出口数据以及国研网 HS 标准出口数据，并结合 Schott（2008）基于相似度的新型测算方法，测度出了 31 个省份的出口技术复杂度（已在前文中测出），实证中这两个变量用 $\ln(1+TSK)$ 和 $\ln(1+TSL)$ 表示。

3. 物质资本投入（K）。本书采用张军等（2004）的做法，选取了固定资产净值年均余额作为物质资本投入的衡量指标，并以各省工业品的出产价格指数换算成以 2002 年为基期的不变价格，测度出了 31 个省级区域 2002—2012 年的物质资本投入，数据来自《中国经济与社会发展统计数据库》，实证中用 $\ln K$ 表示。

4. 实际产出（Y）。采用各省年工业增加值表示实际产出，并以各省工业品的出产价格指数换算成以 2002 年为基期的不变价格，数据来自《中国经济与社会发展统计数据库》，实证中用 $\ln Y$ 表示。

5. 外商直接投资（FDI）。FDI 往往会给当地带来新的技术，新技术的溢出效应会促进其出口技术复杂度的变迁，从而对其相对工资差距产生一定的影响。FDI 以各省级区域 FDI 总额占 GDP 之比衡量。数据来源于《中国经济与社会发展统计数据库》，实证中用 $\ln FDI$ 表示。

6. 总资产贡献率（RC）。总资产贡献率可以衡量各省制造业的经济利润及其综合盈利能力，反映了各省制造业的管理水平以及经营业绩。刘杰（2002）研究发现：行业利润率对于工资的影响比行业规模更能反映现实问题，因此本书用总资产贡献率代表行业规模。一般认为总资产贡献率越高的企业，其为了不让熟练劳动力工人流失，越倾向于支付高额工资，其工资水平也会越高，从而使得熟练劳动力和非熟练劳动力的相对工资差距有所扩大，因此我们可预计总资产贡献率对熟练与非熟练劳动力的相对工资差

距有正向的作用。相关数据来自《中国经济与社会发展统计数据库》,实证中用 ln*RC* 表示。

7. 区域开放程度(OPEN)。*OPEN* 为以各省级区域制造业进出口贸易总额衡量的区域开放程度,反映的是各地区制造业贸易发展水平的不均衡性。相关数据来自《中国统计年鉴》,实证中用 ln*OPEN* 表示。

在收集完上述数据之后,为了降低异方差给回归结果带来的有偏影响,更好地分析各变量之间的弹性大小,本书对所有变量都取自然对数。所有变量的描述性统计结果如表 7-1 所示。

表 7-1 变量的描述性统计

变量	*Max*	*Min*	*Mean*	*Std. Dev.*	*Obs*
ln*S*	1.4094	0.5711	0.9469	0.1480	341
ln*TSK*	0.2769	0.0385	0.4979	0.1232	341
ln*TSL*	0.1618	0.0042	0.0913	0.0454	341
ln*K*	16.757	4.9272	8.4384	1.9632	341
ln*Y*	10.158	2.4553	7.6968	1.3977	341
ln*FDI*	15.089	5.6801	11.817	1.8674	341
ln*TSK* * *FDI*	10.551	4.3480	14.651	2.3450	341
ln*TSL* * *FDI*	9.2581	3.8038	12.952	2.2872	341
ln*RC*	3.6609	1.6094	2.5298	0.3556	341
ln*OPEN*	9.4755	18.404	14.215	1.8369	341

(三)描述性统计

为了可以更直观地看到要素密集偏向型产业的出口技术复杂度升级和熟练与非熟练劳动力相对工资差距之间的关系,本书分别从全国以及东、中西部地区层面画出了资本、劳动密集偏向型产业的出口技术复杂度和熟练与非熟练劳动力相对工资差距之间的散点图以及两者之间简单的线性拟合曲线。

从图 7-1 中可以看出,在全国层面,资本密集偏向型产业的出口技术复杂度和熟练与非熟练劳动力相对工资差距之间存在正相关,而劳动密集偏向型产业的拟合曲线比较平坦,这表明不同要素密集型产业的出口技术复杂度对其相对工资差距的作用效应并不相同。从图 7-2 中可以看出,东、中西部地区的资本以及劳动密集偏向型产业的出口技术复杂度与其相对工资差距都表现出正相关,但东部地区的资本以及劳动密集偏向型产业的出口技术复杂度对熟练与非熟练劳动力相对工资差距的正向作用显然大于中西部地区，由此可见，出口技术复杂度升级对其相对工资差距的影响具有显著的区域差异性，而且国家层面的要素密集偏向型产业的出口技术复杂度对其相对工资差距的作用主要来源于东部地区。当然，仅仅画出解释变量与被解释变量的散点图还不够，还需要引入其他的控制变量，运用系统 GMM 估计方法做进一步的分析，这样才能使得结果更为精确。

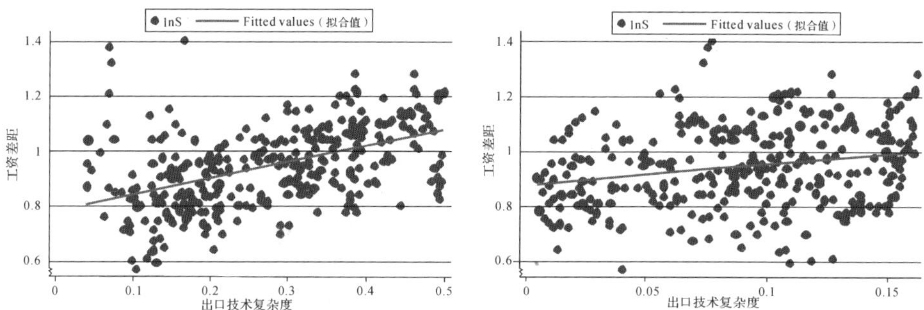

图 7-1　工资差距与要素密集偏向型出口技术复杂度的散点图：全国层面

注：左图为资本密集型散点图、右图为劳动密集型散点图。

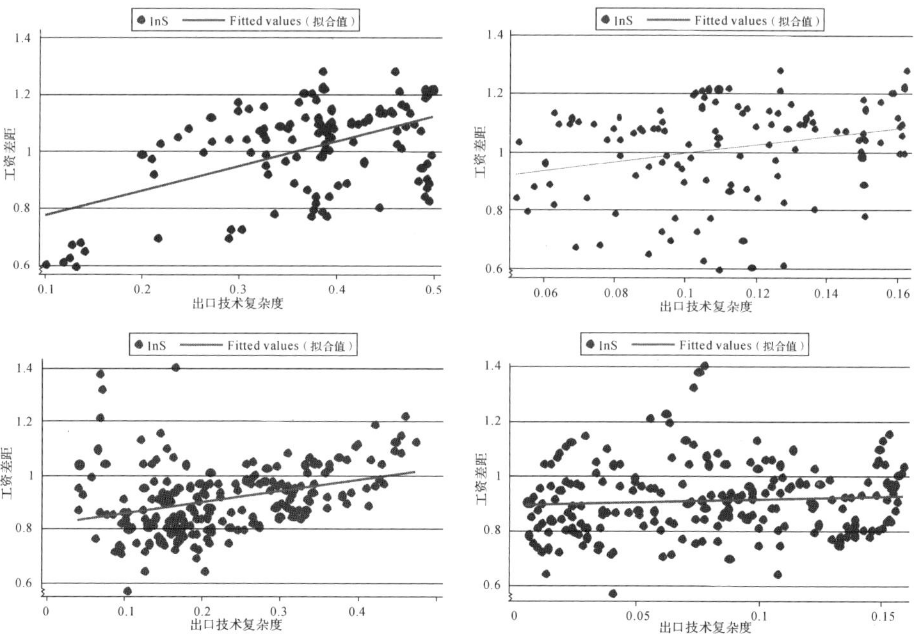

图 7-2　工资差距与要素密集偏向型出口技术复杂度的散点统计：东部、中西部地区

注：上左、上右分别表示东部地区的资本、劳动密集型散点图；

下左、下右分别表示中西部地区的资本、劳动密集型散点图。

二、计量结果与分析

本书主要运用系统 GMM 估计方法和前面章节所获得的相关变量从国家和区域两个层面就要素密集度偏向型产业的出口技术复杂度对制造业熟练与非熟练劳动力的相对工资差距的影响进行实证分析，最后运用工具变量和固定效应模型对各层面的回归结果进行稳健性检验。根据所获得的省份面板数据，我们将这 31 个省份具体划分为东部①和中西部②两大地区。

笔者在运用系统 GMM 估计方法前首先对全国以及东、中西部区域的各个变量做平稳性检验。为了使得检验结果更加可靠，笔者同时采用 ADF 检验、LLC 检验、PP 检验和 IPS 检验来对被解释变量、解释变量以及控制变量的平稳性进行检验。表 7-2 显示了全国以及东、中西部区域被解释变量以及解释变量的平稳性估计结果。可知：在水平状况下，被解释变量以及解释变量都有单位根，所以，本书对被解释变量以及解释变量的一阶差分进一步进行检验，结果表明：在 1％的显著性水平上，被解释变量和解释变量均拒绝了存在单位根的原假设，可见，被解释变量和解释变量均为同阶平稳。全国以及东、中西部区域的控制变量的平稳性检验得到了与被解释变量与解释变量相同的结论，此处不再列出。

表 7-2　被解释变量、解释变量及各控制变量的单位根检验结果

检验方法	ADF-Fisher	LLC	PP-Fisher	IPS	单位根
全　国					
ln*S*	−0.1471 (0.5585)	−2.6317 (0.0042)	2.0640 (0.0195)	4.7657 (1.0000)	是
*D*ln*S*	10.1575 (0.0000)	−4.1987 (0.0000)	58.4516 (0.0000)	−7.9203 (0.0000)	否
ln*TSK*	1.5802 (0.0570)	−1.2108 (0.1130)	7.0379 (0.0000)	4.6809 (1.0000)	是
*D*ln*TSK*	6.7176 (0.0000)	−7.1845 (0.0000)	15.1553 (0.0000)	−5.1758 (0.0000)	否
ln*TSL*	10.5169 (0.0000)	−7.6029 (0.0000)	14.7253 (0.0000)	−1.4140 (0.0787)	否
*D*ln*TSL*	7.4053 (0.0000)	−4.6047 (0.0000)	22.8582 (0.0000)	−3.2801 (0.0005)	否

① 东部地区包括北京、河北、辽宁、天津、山东、江苏、上海、福建、浙江、广东和海南等 11 个省市。

② 中西部地区包括内蒙古、山西、吉林、黑龙江、安徽、江西、河南、湖北、湖南、四川、贵州、云南、西藏、广西、陕西、甘肃、宁夏、青海、新疆和重庆等 19 个省区市。

续表

检验方法	ADF-Fisher	LLC	PP-Fisher	IPS	单位根
ln*S*	−1.1051 (0.8655)	−0.7050 (0.2404)	−0.4208 (0.6630)	1.4748 (0.9299)	是
*D*ln*S*	6.0576 (0.0000)	−3.7520 (0.0001)	24.3176 (0.0000)	−4.8106 (0.0000)	否
ln*TSK*	3.0437 (0.0012)	−4.3707 (0.0000)	11.8543 (0.0000)	0.8734 (0.8088)	是
*D*ln*TSK*	3.7269 (0.0001)	−4.9156 (0.0000)	12.2424 (0.0000)	−2.5259 (0.0058)	否
ln*TSL*	3.8946 (0.0000)	−4.1435 (0.0000)	4.6938 (0.0000)	−2.8775 (0.0020)	否
*D*ln*TSL*	1.8973 (0.0289)	−4.7007 (0.0000)	1.8371 (0.0331)	−1.6268 (0.0519)	否
中西部地区					
ln*S*	0.6365 (0.2622)	−2.6059 (0.0046)	2.8817 (0.0020)	4.8395 (1.0000)	是
*D*ln*S*	8.1535 (0.0000)	−2.6028 (0.0046)	54.7372 (0.0000)	−6.2930 (0.0000)	否
ln*TSK*	−0.2899 (0.6141)	1.9346 (0.9735)	−0.0292 (0.5117)	5.1800 (1.0000)	是
*D*ln*TSK*	5.5993 (0.0000)	−5.4799 (0.0000)	9.7891 (0.0000)	−4.5706 (0.0000)	否
ln*TSL*	10.2051 (0.0000)	−7.4623 (0.0000)	14.8519 (0.0000)	0.3736 (0.6457)	是
*D*ln*TSL*	7.8125 (0.0000)	−1.8818 (0.0299)	27.0958 (0.0000)	−2.8772 (0.0020)	否

注：括号内是各检验结果的相应概率，经处理过的一阶差分用 *D* 表示，括号外则是各检验方法的相应统计量。概率值小于 0.01 表明该检验在 1% 的显著性水平上显著，概率值小于 0.05 表明该变量在 5% 的显著性水平上显著，概率值小于 0.1 表明该变量在 10% 的显著性水平上显著。

本书在进行面板数据模型的回归分析时，不但要确保被解释变量、解释变量以及控制变量通过平稳性检验，而且还要确保被解释变量、解释变量以及控制变量间具有协整关系，以确保被解释变量与解释变量以及各控制变量之间存在长期稳定关系，以防估计结果出现“伪回归”现象。因此，笔者进一步通过 Kao-ADF 检验就资本和劳动密集偏向型对全国以及东、中西部区域的所有变量进行协整检验。结果表明(见表 7-3 和表 7-4)：资本和劳动密集偏向型在全国以及东、中西部区域至少在 10% 的显著性水平上拒绝了不存在协整关系的原假设，即被解释变量与解释变量以及各控制变量之间存在长期稳定关系。

表 7-3　资本密集偏向型全国以及东、中西部区域面板协整检验结果

检验方法		全　国		东　部		中西部	
		Statistic	*Prob*	*Statistic*	*Prob*	*Statistic*	*Prob*
Kao(1999)	Kao-ADF	−1.9978	0.0229	−2.6984	0.0035	−4.8813	0.0000

表 7-4　劳动密集偏向型全国以及东、中西部区域面板协整检验结果

检验方法		全　国		东　部		中西部	
		Statistic	*Prob*	*Statistic*	*Prob*	*Statistic*	*Prob*
Kao(1999)	Kao-ADF	−1.6233	0.0523	−2.3226	0.0101	−4.4220	0.0000

（一）国家层面的估计结果分析

动态面板模型的解释变量中包含因变量的滞后项 S_{it-1}，这使得模型存在内生性问题，如果采用固定效应模型就会导致最小二乘估计是有偏的。于是笔者选用广义矩估计方法(GMM)来克服模型中存在的内生性问题。考虑到差分广义矩估计法(DIF-GMM)会由于工具变量较弱的问题产生估计偏误，而使用系统广义矩估计法能减少估计结果的偏误，因此，笔者采用系统 GMM 估计方法对模型进行估计(见表 7-6)，以反映出口技术复杂度对我国制造业相对工资差距影响的动态调整特征以及相对工资差距的变动趋势。同时为了确保系统 GMM 估计结果的有效性，笔者采用 Arellano & Bover(1994)提出的两种检验方法对工具变量和估计结果的有效性进行鉴别。一是二阶序列相关检验 AR(2)，该检验主要用于判断系统 GMM 估计的残差是否存在序列相关，当二阶段自回归不存在序列相关时，该方程的估计结果是有效的；二是过度识别约束检验，该检验主要是用来判断系统 GMM 估计中所采用的工具变量是否整体有效，实证中采用 Sargan 检验进行判定。

表 7-5 报告了资本密集偏向型产业出口技术复杂度对工资差距的系统 GMM 估计结果。从 6 个回归模型的检验结果中我们可以发现，Sargan 过度识别检验结果并不能拒绝工具变量有效的原假设，并且从 AR(2)的概率值可知，二阶序列相关检验结果也支持回归方程不存在二阶序列相关的原假设，所以模型假设是合理的且工具变量也是有效的。

表 7-5 资本密集偏向型产业出口技术复杂度对工资差距的系统 GMM 估计

变量	资本密集型					
	模型 1	模型 2	模型 3	模型 4	模型 5	模型 6
$S_{i,t-1}$	0.8919*** (68.22)	0.8696*** (74.49)	0.8068*** (31.18)	0.7894*** (43.19)	0.8014*** (25.16)	0.8285*** (18.81)
ln*TSK*	0.1859*** (6.12)	0.1290*** (4.90)	0.0660*** (4.51)	0.2112*** (4.66)	0.2520** (2.24)	0.2599** (2.56)
ln*K*		0.0070*** (2.56)			0.0051*** (2.56)	0.0054** (2.32)
ln*Y*			0.0195*** (6.95)	0.0263*** (5.96)	0.0277*** (5.63)	0.0476*** (12.82)
ln*FDI*				0.0282*** (2.83)	0.0381* (1.70)	0.0460** (2.20)
ln*TSK* * *FDI*				−0.0325*** (−4.01)	−0.0437** (−2.11)	−0.0510*** (−2.82)
ln*RC*					−0.0228*** (−3.65)	−0.0248*** (−3.44)
ln*OPEN*						−0.0195*** (−5.50)
OBS	310	310	310	310	310	310
AR(2)	0.1966	0.1966	0.2026	0.2183	0.1601	0.1794
Sargan 检验	0.9988	0.9988	0.9993	0.9999	0.9998	0.9998
Wald	0.0000***	0.0000***	0.0000***	0.0000***	0.0000***	0.0000***

注：使用 Stata12.0 得到该估计结果。***，**，* 分别表示在 1%、5%以及 10%的显著性水平上显著，括号内为 Z 统计量，AR(2)、Sargan 以及 Wald 分别代表二阶相关检验、Sargan 检验以及 Wald 检验的概率值，以下同。

模型 1、2、3、4、5、6 的回归结果具有很好的一致性，$S_{i,t-1}$ 的系数都在 1%的显著性水平上显著，表明前期的工资差距会影响熟练劳动力的相对需求。资本密集偏向型产业的出口技术复杂度的估计系数显著为正，三个估计结果都在 5%的显著性水平上显著，表明资本密集偏向型产业的出口技术复杂度升级有利于增加中国制造业熟练劳动力的工资份额，资本密集偏向型产业出口技术复杂度每升级 1%，熟练与非熟练劳动力的相对工资差距就扩大 0.2083%，随着中国制造业出口技术复杂度的不断升级，对熟练劳动力的需求将会不断增加，从而提高了熟练劳动力的工资份额，扩大了其相对工资差距。

在各控制变量中，制造业吸引外商直接投资在 6 个模型中均显著地增加了中国熟练与非熟练劳动力的相对工资差距，对此的解释可能有：一方面，FDI进入后，对高质量劳动力的需求不断增加，而新增加的劳动需求主要是对熟练劳动力的需求，从而使得熟练劳动力的工资上涨幅度较大，最终导致熟练与非熟练劳动力的相对工资差距扩大。另一方面，20世纪以来，中国制造业主要以加工生产模式为主，对于那些高技术水平的研发设计、材料和设备的进口必然会使制造业对熟练劳动力的需求有所增加，从而使得熟练劳动力的工资增加。相反，出口技术复杂度和外商直接投资交叉项的系数却为负，这表明外商直接投资因素和出口技术复杂度的交互作用会缩小工资差距。原因在于FDI的引进会给我国带来知识和技术溢出，从而推动我国技术革新，因此缩小了熟练与非熟练劳动力的相对工资差距，相应地对两者的需求也将会慢慢地趋向于平衡。

物质资本投入和产出均能显著地增加我国熟练劳动力的工资份额，表明我国制造业的物质资本投入和熟练劳动力投入间具有一定的互补性。总资产贡献率在1%的显著性水平上减少了熟练劳动力的工资份额，这与我们之前预期的结果正好相反，这里可能的原因是：较大的利润额使企业有更多的资本去代替劳动，因此会不断增加产量，减少对熟练劳动力的需求，或者产量不变，减少对熟练劳动力的需求，当劳动力相对数量减少或者绝对数量减少时，熟练与非熟练劳动力的相对工资差距就会缩小。区域开放程度的上升显著减少了熟练劳动力的工资份额，表明过度依赖对外贸易反而不利于我国熟练劳动力工资份额的增加，这与S-S定理对发展中国家的对外贸易对收入分配作用的结论相同，即增加了非熟练劳动力的工资份额。

从表7-6中可知，AR(2)、Sargan和Wald检验均表明工具变量的选择和模型的设定是合理的。从估计系数可以看出，6个模型中劳动密集偏向型产业出口技术复杂度的系数均在至少5%的显著性水平上显著为正。这表明劳动密集偏向型产业的出口技术复杂度对其相对工资差距也具有显著的正向影响。其他变量的估计结果和资本密集偏向型产业的估计结果相似。

表7-6 劳动密集偏向型产业出口技术复杂度对工资差距的系统GMM估计

变量	模型1	模型2	模型3	模型4	模型5	模型6
$S_{i,t-1}$	0.9972*** (179.90)	0.9228*** (44.74)	0.8197*** (29.81)	0.8315*** (24.50)	0.8642*** (19.79)	0.8592*** (16.45)
$\ln TSL$	0.2845*** (3.22)	0.1212*** (3.12)	0.0869** (2.15)	0.4321*** (3.03)	0.9055** (2.56)	0.9321** (2.53)
$\ln K$		0.0094*** (3.72)			0.0058** (2.03)	0.0046 (1.54)

续表

变量	模型 1	模型 2	模型 3	模型 4	模型 5	模型 6
lnY			0.0224*** (8.72)	0.0201*** (5.47)	0.0221*** (4.66)	0.0394*** (9.31)
lnFDI				0.0212** (2.38)	0.0394** (2.19)	0.0421** (2.42)
lnTSL * FDI				−0.0208** (−2.53)	−0.0440** (−2.51)	−0.0454** (−2.52)
lnRC					−0.0241*** (−3.94)	−0.0234*** (−3.32)
lnOPEN						−0.0159*** (−4.42)
OBS	310	310	310	310	310	310
AR(2)	0.2140	0.2140	0.2153	0.2170	0.1673	0.1816
Sargan 检验	0.9993	0.9993	0.9985	0.9998	0.9998	0.9998
Wald	0.0000***	0.0000***	0.0000***	0.0000***	0.0000***	0.0000***

（二）区域层面的估计结果分析

表 7-7、表 7-8 分别给出了中国资本密集偏向型以及劳动密集偏向型的东部、中西部地区的系统 GMM 估计结果，从系统 GMM 估计结果的检验上看，各个方程的 Sargan 过度识别以及 AR(2) 相关检验结果均表明工具变量是有效的，且系统 GMM 模型设定也是合理的。同时，检验系数联合显著性的 Wald 检验的结果也都在 1%的显著性水平上拒绝了原假设，所以我们可以确定区域层面的估计结果也是可靠的。

由表 7-7 可知，从资本密集偏向型产业出口技术复杂度的估计结果上看，东部地区以及中西部地区资本密集偏向型产业出口技术复杂度的升级对熟练与非熟练劳动力相对工资差距的影响与全国层面是一致的，即资本密集偏向型产业出口技术复杂度的提升对熟练与非熟练劳动力相对工资差距表现为正相关。不一样的是，资本密集偏向型产业出口技术复杂度的估计系数中，东部地区的估计系数显然大于中西部地区，由东部地区的模型 3 可知，资本密集偏向型产业的出口技术复杂度每升级 1%，熟练与非熟练劳动力的相对工资差距就上升 9.2351%。由此可以推断出，东部地区资本密集偏向型产业出口技术复杂度的升级对熟练与非熟练劳动力的相对工资差距的扩大作用大于中西部地区。可能的主要原因有：一方面，东部地区的资本密集偏向型产业的比重高于中西部地区，对熟练劳动力工人的需求较大，从而提高了熟练劳动力工人的工资，扩大了熟练与非熟练劳动力的相对工资差距；另一方面，东部地区的经济相对于中西部地区来说发展较快，对外贸易程度也较高，使得东部地区更多地进口国外高技术含量的产品，使其出口技术复杂度提升的速度高于中西部地区，大大促进了东部地区熟练劳动力工人工资的提高，最终使得熟练与非熟练劳动力的相对工资差距不断地扩大。而在中西部地区影响较小的原因可能是中西部地区在工业基础设施以及制度等方面相对来说比较滞后，进而影响资本密集偏向型产业出口技术复杂度升级效应的发挥。

表 7-7　资本密集偏向型产业出口技术复杂度对工资差距的系统 GMM 估计

变量	东部地区			中西部地区		
	模型 1	模型 2	模型 3	模型 1	模型 2	模型 3
$S_{i,t-1}$	0.7776*** (17.49)	0.3237* (1.75)	0.3046 (1.07)	0.9419*** (44.16)	1.0325*** (13.75)	0.9639*** (12.13)
ln*TSK*	0.2113* (1.67)	1.2173* (1.89)	9.2351* (1.88)	0.1280*** (6.51)	0.2331** (2.31)	0.3245* (1.84)
ln*Y*		0.1482*** (3.19)	0.1782** (2.51)		0.0221*** (4.17)	0.0534*** (4.44)
ln*FDI*		0.0307* (1.86)	2.5497* (1.91)		0.0343** (2.45)	0.0551* (1.66)
ln*TSK* * *FDI*		0.0438** (2.48)	−2.4292* (−1.91)		−0.0488*** (−3.81)	−0.0717** (−2.44)
ln*RC*			0.0051 (0.12)			−0.0288*** (−4.65)
ln*OPEN*			−0.1655** (−2.19)			−0.0160*** (−2.83)
OBS	110	110	110	200	200	200
AR(2)	0.4170	0.3513	0.4664	0.2265	0.2914	0.3370
Sargan 检验	1.0000	1.0000	1.0000	1.0000	1.0000	1.0000
Wald	0.0000***	0.0000***	0.0000***	0.0000***	0.0000***	0.0000***

从各控制变量上来看，与国家层面估计结果不同的是：一是外商直接投资的增加对东部地区熟练与非熟练劳动力相对工资差距的扩大效应比较大，而对中西部地区熟练与非熟练劳动力相对工资差距的扩大效应并不明显，出现这种现象的原因主要在于，东部地区的外资企业投资比较多，引进的高技术产品相对也较多，使得其对熟练劳动力工人的需求也较大，促进了相对工资差距的扩大。而中西部地区的外商直接投资数量并不多，因此应逐步加大中西部地区的外商直接投资数量。

二是中西部地区的总资产贡献率对熟练与非熟练劳动力相对工资差距表现为负效应，且通过1%的显著性检验，而东部地区的总资产贡献率对熟练与非熟练劳动力相对工资差距表现出正相关，且不显著。

由表7-8可知，在东部地区和中西部地区，劳动密集偏向型产业的出口技术复杂度升级对熟练与非熟练劳动力相对工资差距表现出正向效应，且东部地区劳动密集偏向型产业的出口技术复杂度对其相对工资差距的影响显然大于中西部地区，其余控制变量的估计结果与资本密集偏向型产业出口技术复杂度的估计结果相似。

表7-8 劳动密集偏向型产业出口技术复杂度对工资差距的系统GMM估计

变量	东部地区			中西部地区		
	模型1	模型2	模型3	模型1	模型2	模型3
$S_{i,t-1}$	0.7764*** (17.61)	0.4182*** (3.01)	0.5382* (1.84)	0.9895*** (45.45)	1.0427*** (16.35)	1.0130*** (11.23)
ln*TSL*	0.1545* (1.71)	18.2055* (1.81)	21.9825** (2.07)	0.1885*** (3.68)	1.3860** (2.47)	1.2363* (1.81)
ln*Y*		0.0433* (1.84)	0.0840* (1.73)		0.0135* (1.71)	0.0770*** (4.26)
ln*FDI*		1.7109* (1.86)	2.0670** (2.08)		0.0480** (1.98)	0.0553 (1.40)
ln*TSL* * *FDI*		−1.7028* (−1.85)	−2.0658** (−2.08)		−0.0596*** (−2.84)	−0.0754** (−2.32)
ln*RC*			0.0275 (0.55)			−0.0500*** (−3.66)
ln*OPEN*			−0.0366* (−1.71)			−0.0262* (−1.80)
OBS	110	110	110	200	200	200
AR(2)	0.4177	0.3630	0.3805	0.2586	0.3111	0.1568
Sargan检验	1.0000	1.0000	1.0000	1.0000	1.0000	1.0000
Wald	0.0000***	0.0000***	0.0000***	0.0000***	0.0000***	0.0000***

（三）稳健性检验

为了确保估计结果的稳健可靠，本书对资本密集偏向型以及劳动密集偏向型的估计结果分别从全国层面以及区域层面做了进一步的稳健性检验。钱学锋和陈勇兵（2009）的研究指出：可以采用工具变量固定效应模型面板数据估计法检验系统GMM的估计结果是否可靠、稳健。因此，本书采用工具变量法的固定效应模型估计法进行检验，并以解释变量和控制变量的一阶滞后项作为工具变量进行回归。表 7-9 和表 7-10 分别报告了资本偏向型和劳动密集型相关方程的稳健性检验结果①，结果可知：采用工具变量固定效应模型得到的估计结果与系统 GMM 的估计结果在显著性以及系数的正负号上大体一致。因此，前述资本密集偏向型以及劳动密集偏向型的系统 GMM 估计结果是稳健可靠的。

表 7-9　资本偏向型稳健性检验结果

变量	全国层面		东部层面		中西部层面	
	模型 1	模型 6	模型 1	模型 6	模型 1	模型 6
C	0.7115*** (38.92)	0.2370*** (2.73)	0.5834*** (9.84)	−0.8148*** (−3.39)	0.7313*** (43.46)	0.3158*** (3.21)
ln*TS*	0.8499*** (13.11)	0.4235*** (2.98)	1.1527*** (7.27)	0.7631* (1.76)	0.7994*** (11.06)	0.5450*** (3.54)
ln*K*		−0.0059 (−1.08)				
ln*Y*		0.1111*** (8.57)		0.0547* (1.97)		0.0995*** (6.87)
ln*FDI*		0.1010*** (3.59)		0.1711* (1.91)		0.1311*** (4.28)
ln*TS* * *FDI*		−0.0870*** (−3.18)		−0.1528* (−1.76)		−0.1139*** (−3.78)
ln*RC*		−0.0437*** (−3.60)		0.0319 (1.34)		−0.0461*** (−3.22)
ln*OPEN*		0.0287*** (2.96)		0.0418** (2.41).		0.0350*** (2.99)
OBS	341	341	121	121	220	220
R^2	0.3575	0.7598	0.3265	0.7734	0.3807	0.7650
F 检验	0.0000	0.0000	0.0000	0.0000	0.0000	0.0000

注：括号内为 t 统计量。

① 笔者对表 7-5 和表 7-6 所有的模型均进行了稳健型检验，为了避免累赘，最终只给出了各估计结果中模型 1 和模型 6 的稳健性检验结果。

表 7-10 劳动偏向型稳健性检验结果

变量	全国层面		东部层面		中西部层面	
	模型 1	模型 6	模型 1	模型 6	模型 1	模型 6
C	0.7341*** (44.17)	0.3773*** (3.70)	0.5409*** (6.16)	−1.1596** (−3.01)	0.6841*** (32.23)	0.4577*** (4.16)
ln*TS*	0.6464*** (13.09)	0.6258*** (3.67)	1.0442*** (5.38)	1.2477** (2.01)	0.7851*** (10.92)	0.7928*** (4.26)
ln*K*		−0.0058 (−1.07)				
ln*Y*		0.1118*** (8.89)		0.0510* (1.85)		0.1029*** (7.39)
ln*FDI*		0.1738*** (4.23)		0.3353* (1.95)		0.2163*** (4.87)
ln*TS* * *FDI*		−0.1582*** (−3.95)		−0.3188* (−1.88)		0.1956*** (4.53)
ln*RC*		−0.0359** (−2.96)		0.0307 (1.29)		−0.0353** (−2.46)
ln*OPEN*		0.0283*** (3.00)		0.0460*** (2.75).		0.0359*** (3.13)
OBS	341	341	121	121	220	220
R^2	0.3565	0.7639	0.2100	0.7757	0.3748	0.7717
F 检验	0.0000	0.0000	0.0000	0.0000	0.0000	0.0000

第二节 制造业出口技术复杂度升级的能源效率效应

一、关键变量的测度与特征分析

本部分主要在对出口技术结构测度过程中所选取的方法、数据来源以及数据处理方式进行解释说明的基础上，采用基于省级层面的出口技术结构测度方法，从时间序列方面对 2003—2013 年间，各省份的出口技术结构水平测度结果进行分析，并从三大区域层面，对各省份 2003—2013 年间出口技术结构呈现出的特征进行对比分析。

(一)制造业出口技术结构测度方法选取与数据来源

目前在对出口技术结构进行测度时，多采用修正后的 Hausmann(2005)或 Schott(2006)的关于出口技术结构的测度方法，鉴于所要测度的是中国省级区域间出口技术结构差异，而 Schott(2006)的出口相似度法相对适用于跨国层面的比较，为避免在将我国的统计标准与国际上通用的 HS 码进行对接时产生数据丢失，或因标准不一致产生统计偏差，最终选择采用 Hausmann (2005)构建的显示性比较优势指数法测度各省出口技术结构，即

$$PRODY_i = \sum_{j=1}^{n} \frac{x_{ij}/x_j}{\sum_j x_{ij}/X_j} Y_j \tag{7.8}$$

其中，x_{ij} 为 j 地区 i 产业的出口值，X_j 是 j 地区的总出口额，Y_j 是 j 地区的人均 GDP，$PRODY_i$ 是 j 地区产业 i 的出口技术结构。根据式(7.8)，各地区出口技术结构测度方法如下：

$$\begin{aligned} TS_{jt} &= \frac{x_{1jt}}{EX_{jt}} PRODY_{1t} + \frac{x_{2jt}}{EX_{jt}} PRODY_{2t} + \cdots + \frac{x_{njt}}{EX_{jt}} PRODY_{nt} \\ &= \sum_{i=1}^{n} \frac{x_{ijt}}{EX_{jt}} PRODY_{it} \end{aligned} \tag{7.9}$$

其中，x_{ijt} 表示 t 年 j 省属于某一要素密集型产业 i 的出口额，EX_{jt} 为 j 省劳动或资本要素密集型产品总出额，TS_{jt} 代表 t 年 j 地区整体或劳动(资本)密集型产业的出口技术结构。

本书以中国 30 个省份的相关变量(由于西藏出口数据缺失，研究时未将其纳入)作为研究对象，采用中国制造业亚产业出口交货值数据，对各省劳动密集型和资本密集型制造业的出口技术结构进行测度，数据主要来自国研网工业统计数据库。由于 2002 年和 2011 年的《国民经济行业分类》存在差异，而本书研究所涉及年份中，执行 2002 年行业划分标准的年份占较大比重，因而实际分析中根据 2002 年行业分类标准对 2011 年行业分类标准中的部分行业进行删减，并将部分统计口径存在差异的行业进行合并。如在 2002 年的《国民经济行业分类》(GB/T4754-2002)中，交通运输设备制造业包含汽车制造与修理以及飞机制造与修理等，而在根据 2011 年《国民经济行业分类》(GB/T4754-2011)得到的数据中，有关金属制品、机械和设备修理业(行业代码：43)的数据全部来自铁路、船舶、航空航天等运输设备修理(行业代码：434)，以及航空航天器修理(行业代码：4343)。

为此，笔者将《国民经济行业分类》(GB/T4754-2011)中的汽车制造业，铁路、船舶、航空航天和其他运输设备制造业(行业代码：36)，以及金属制品、机械和设备修理业(行业代码：43)统一并入交通运输设备制造业，进而使得不同年份样本数据的行业分类标准较为一致。统一后的制造业行业代码如表 7-11 所示。

表 7-11 调整后的制造业行业分类

行业代码	行业名称	行业代码	行业名称
(13)	农副食品加工业	(29)	橡胶和塑料制品业
(14)	食品制造业	(30)	非金属矿物制品业
(15)	酒、饮料和精制茶制造业	(31)	黑色金属冶炼和压延加工业
(16)	烟草制品业	(32)	有色金属冶炼和压延加工业
(17)	纺织业	(33)	金属制品业
(18)	纺织服装、服饰业	(34)	通用设备制造业
(19)	皮革、毛皮、羽毛及其制品和制鞋业	(35)	专用设备制造业
(20)	木材加工和木、竹、藤、棕、草制品业	(36)	汽车制造业
(21)	家具制造业	(37)	铁路、船舶、航空航天和其他运输设备制造业
(22)	造纸和纸制品业	(38)	电气机械和器材制造业
(23)	印刷和记录媒介复制业	(39)	计算机、通信和其他电子设备制造业
(24)	文教、工美、体育和娱乐用品制造业	(40)	仪器仪表制造业
(25)	石油加工、炼焦和核燃料加工业	(41)	其他制造业
(26)	化学原料和化学制品制造业	(42)	废弃资源综合利用业
(27)	医药制造业	(43)	金属制品、机械和设备修理业
(28)	化学纤维制造业		

(二)制造业出口技术结构对比分析

根据式(7.8)和式(7.9),2003－2013 年 30 个省份的出口技术结构如表 7-12 所示,因篇幅有限,表格中仅给出各省份未区分要素密集度的制造业出口技术结构,东部、中部和西部地区的划分标准为国家统计局常用划分标准。由表 7-12 可知,2003—2013 年间,东部地区出口技术结构水平始终显著高于中西部地区,而西部地区的出口技术结构水平同其经济发展水平一样均低于东中部地区。2003—2013 年间,各地区出口技术结构水平均呈现出不同程度的提升,其中东部与中部出口技术结构水平之间的差距先扩大后缩小,且各地区出口技术结构水平的上升幅度也各不相同。

表 7-12　2003—2013 年间各省份出口技术结构水平

单位：元

省份	2003 年	2004 年	2005 年	2006 年	2007 年	2008 年	2009 年	2010 年	2011 年	2012 年	2013 年	平均
北京	16412	20229	24039	28643	34241	38041	40751	44100	46572	48792	52381	35836
天津	15905	20072	23071	26552	31423	33693	36398	40966	45339	47977	51458	33896
河北	11435	13374	15259	17665	20446	24435	28110	33340	39412	43825	47871	26834
辽宁	13219	15083	16820	19187	22821	26126	28614	34014	39981	43631	47088	27871
上海	15779	19595	22180	25936	31248	35153	37607	42104	45818	48237	51579	34113
江苏	15226	18818	21316	24772	29378	32957	36181	40572	44967	47731	51112	33003
浙江	12694	15246	17255	20924	24317	27606	29713	34852	40829	45066	49063	28870
福建	14235	17306	19373	22745	26468	30340	32670	37364	42202	45117	48732	30596
山东	12300	14639	16635	19795	23751	27924	30609	35356	40392	43888	47503	28436
广东	15778	19324	22153	26080	30659	34506	37113	41335	45496	48004	51512	33814
海南	11620	13436	15647	17767	18801	23816	24215	29306	36762	40008	42209	24872
东部平均	14055	17011	19432	22733	26687	30418	32907	37574	42524	45661	49137	30740
山西	10662	11935	14782	16586	19570	25138	31775	34499	40894	48028	51885	27796
吉林	10463	12863	14125	16586	19840	23308	25684	30738	37313	41796	45896	25328
黑龙江	12693	14581	16139	18254	21100	24767	27756	31763	39457	44618	47429	27142
安徽	11769	13950	15798	17928	21527	24992	27840	32806	40035	44199	48101	27177
江西	11296	13557	15446	17993	21808	25257	28385	33004	38842	42692	46735	26819
河南	10655	12283	14182	16201	18889	22714	26570	31021	41629	47794	51548	26681
湖北	11789	13166	15828	20507	23617	27080	30404	34945	41047	45188	47637	28292
湖南	10383	12420	14498	16383	19590	23266	25762	31014	38042	42958	47937	25659
中部平均	11214	13094	15100	17555	20743	24565	28022	32474	39657	44659	48396	26862
甘肃	9488	10024	12362	14213	17868	21388	23806	28579	34979	39142	45240	23372
广西	10063	11858	14248	16106	19438	24476	27318	32769	38040	43003	47035	25850
贵州	11389	14465	16081	15742	17502	21643	25133	29213	35195	37537	41648	24141
内蒙古	9811	11809	16635	18789	18735	22704	25545	31021	36844	43066	46829	25617
宁夏	9740	11582	13187	14652	18145	21483	23977	29093	35487	39140	43411	23627
青海	9193	11145	13190	12509	17575	21548	27288	30963	37207	41847	43524	24181
新疆	10643	12551	14275	17083	20234	23078	25451	30066	36867	41169	44787	25110
重庆	9988	12271	14080	16848	20147	24072	27535	33767	45090	49015	52594	27764
四川	13484	14701	16200	19246	23071	28868	32879	39787	45885	48935	52147	30473

续表

省份	2003 年	2004 年	2005 年	2006 年	2007 年	2008 年	2009 年	2010 年	2011 年	2012 年	2013 年	平均
云南	8778	10169	12244	13882	16311	20155	22414	26933	32553	36079	40332	21805
陕西	12981	16228	16140	18503	20547	24796	28045	33632	39447	43303	47151	27343
西部平均	10505	12437	14422	16143	19052	23110	26308	31438	37963	42021	45882	25389

图 7-3 报告了三个地区 2004—2013 年间的出口技术结构增长率。由图可以发现，2004—2013 年间，中国各地区出口技术结构增长率始终为正，但在不同阶段增长率呈现出不同的趋势。其中 2008 年，仅有东部地区出口技术结构增长率有所下降，中西部地区仍呈现上升趋势，直到 2009 年中西部地区才同步表现出下降趋势，说明开放程度较高的东部受 2008 年金融危机影响的时间最长，程度最深。2009—2011 年间三大区域的出口技术结构增长率呈现恢复性上升，而 2011 年过后又呈现出同步下降趋势。可能主要是因为 2009 年世界贸易增长受 2008 年金融危机影响大幅回落，2010 年国际金融市场信心逐步恢复，世界贸易活动得到恢复，全球贸易呈现高速的恢复性增长，使得中国 2009—2011 年间的出口技术结构增长率也表现出持续上升的态势。然而随着 2011 年全球经济复苏步伐的放缓，外贸形势更加严峻，导致出口技术结构水平的增长速度再次下滑。此外，初始时东部地区的出口技术结构增长率为 21.03%，高于中部地区的 16.76% 以及西部地区的 18.39%，但随着时间的推移，特别是 2008 年金融危机给东部地区出口带来的影响，以及在国内部分产业开始由东部沿海向中西部内陆转移的现实背景下，中西部地区的增长率后来居上，呈现出超越东部地区的迹象。2003—2013 年间，东部地区的出口技术结构整体增长率为 249.6%，而中部地区和

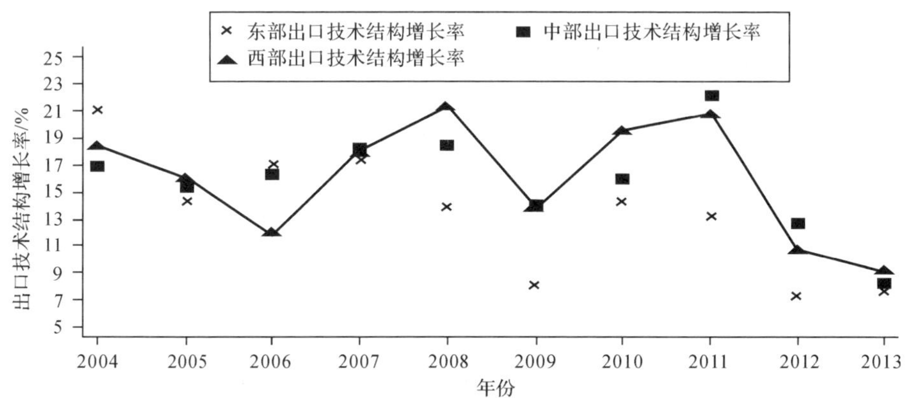

图 7-3　东中西部地区出口技术结构增长率(2004—2013 年)

西部地区则分别为331.56%和336.76%。

（三）能源效率测度方法选取与数据来源

鉴于能源效率受区域性因素的影响较大，能源效率表现出明显的地区差异，中国东部地区的经济发展水平、技术水平、对外开放程度等对能源效率产生影响的要素水平显著高于中西部地区，因此对不同区域的能源效率进行分析更加符合现实意义。本部分以中国各省份为研究对象，从区域层面对东中西部地区能源效率水平进行测度与评价，主要包括两个方面的内容：一是能源效率测度方法选取与数据来源；二是中国各省份能源效率水平分析。

考虑到全要素能源效率指标在测度能源效率时，能够避免因只考虑单一要素投入带来的问题，相比单要素能源效率指标考虑的因素更加全面，测度的结果也相对更加符合生产实际，因而最终选取全要素能源效率指标作为衡量各省份能源利用率的工具。而非参数法的数据包络分析法（DEA）不需要预先设定生产函数的具体形式，也不需要对所研究样本的无效率分布做假设，为此，本书采用DEA模型对各省能源效率进行测度与分析。

基于DEA建立的能源效率模型是运用数学中的线性规划对能源投入产出效率进行评价，其以相对效率理论为基础，测度的是既定投入下实际产出与潜在最大产出之间的距离或者既定产出下实际投入与潜在的最小投入之间的距离，以此测量各决策单元的效率。由于潜在的最小投入（最大产出）是无法观测到的，因此在实际研究中通常采用绩效最好的决策单元的投入（产出）来代替潜在的投入（产出）。鉴于可从投入角度或产出角度对其效率进行测度，本书将根据相关文献（Farrell，1957；Charnes et al.，1978；魏楚，2009）对能源效率测度评价方法进行分析。

1.投入导向型。Farrell（1957）采用一个简单的例子对技术效率进行了解释，即在规模报酬不变的前提假设下，单个公司为生产单一产品（y），采用两种投入（x_1、x_2）。

图7-4中CD代表完全有效率公司的产出等高线，表示该类公司处于生产前沿线上。G点则表示一个给定的公司为生产单位产品采用一定量的投入，该公司的技术非有效性可采用FG之间的距离表示。技术非有效性是指可在不减少产出的条件下通过等比例减少投入数量的方式来获得同样的产出。对G点而言，技术非有效性可采用FG/OG表示，因而其技术效率TE_I如下所示：

$$TE_I = OF/OG = 1 - FG/OG \tag{7.10}$$

技术效率TE_1的取值范围在0～1之间，当TE_1取值为1时，如图7-4中点F所示，表示其是完全技术有效的。类似F点的所有有效技术点共同

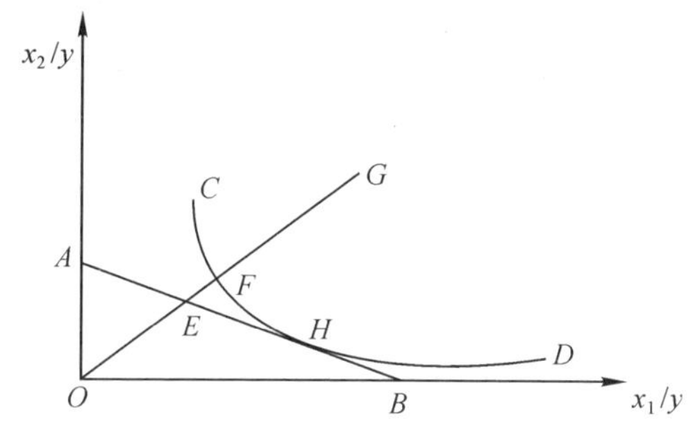

图 7-4 技术效率与分配效率曲线

构成了生产前沿面 CD。

假设投入价格信息已知，如图 7-4 的 AB 所示，分配效率 AE 也可通过计算得到。对于位于 G 点的公司的分配效率，可采用下列比率表示：

$$AE_I = OE/OF \tag{7.11}$$

EF 之间的距离表示如果 F 点在生产过程采用 H 点的分配效率，那么生产成本的减少，不是因为技术有效性，而是因为 F 点的分配无效性。全经济效率 EE 可采用下列比率表示：

$$EE_I = OE/OG \tag{7.12}$$

EG 之间的距离表示成本的减少。因此，整体的经济效率可用生产的技术效率和分配效率表示，即

$$EE_I = TE_I \times AE_I = (OF/OG) \times (OE/OF) = OE/OG \tag{7.13}$$

上述函数是在完全技术有效的假设前提下构建的，但是实际过程中完全技术有效的情况几乎没有，因此完全有效的等值曲线一般需要根据样本数据进行估算得到。Farrell(1957)建议采用两种方法构建完全有效的等值曲线：(1)构建一个非参数分段线性凸面等值曲线，如图 7-5 所示，样本中不可观测的点将位于等值曲线的左侧或下方；(2)通过拟合数据构建一个如 Cobb-Douglas 形式的参数函数，也可使样本中不可观测的点位于等值曲线的左侧或下方。

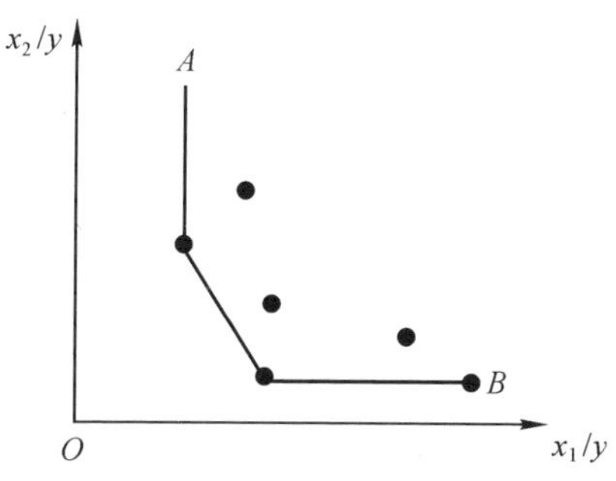

图 7-5 分段线性凸面等值曲线

2. 产出导向型。为进一步分析产出导向型生产效率，Farrell(1957)采用包括两项产出（y_1、y_2）和单一投入（x）的例子进行具体分析。如图 7-6 所示，在规模报酬不变的假设前提下，采用二维空间中单位产出的生产可能曲线 AB 表示，因为 AB 代表了生产可能性以上的区域，而点 E 位于单位产出曲线 AB 以下，表示非有效单位。

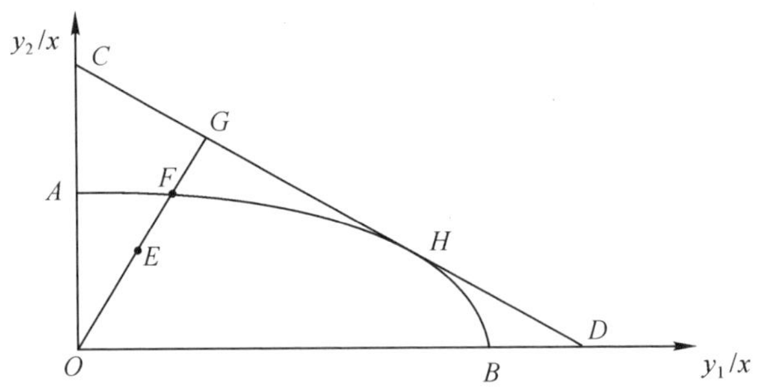

图 7-6　产出导向型技术和配置效率

在产出导向型生产效率下，EF 之间的距离表示技术非有效性，意味着不需要增加投入，就可实现产出量的增加。因此，在产出导向型下，技术效率 TE_O 可采用下列比值表示：

$$TE_O = OE/OF \tag{7.14}$$

如果给出价格信息，可绘制收益等高线 CD，且配置效率 AE_O 可定义为如下比率：

$$AE_O = OF/OG \tag{7.15}$$

进一步分析，整体的经济效率 EE_O 可采用技术效率与配置效率的乘积表示，即

$$EE_O = OE/OG = (OE/OF) \times (OF/OG) = TE_O \times AE_O \tag{7.16}$$

无论是技术效率、配置效率还是经济效率，三者的取值范围都在 0～1 之间，同时由于结果均采用比值表示，因此测度单位的变化对效率值的测度无影响。

投入导向型和产出导向型技术效率之间的差异，可通过单一产出和单一投入的例子进行对比分析，如图 7-7 所示。

图 7-7(a)中 $f(x)$表示规模报酬递减曲线，D 点为非效率点。在投入导向型方法下，AC/AD 表示技术效率，而在产出导向型下，技术效率采用 BD/BE 表示。如图 7-7(b)所示，对于非效率点 D，在规模报酬不变的条件下，$AC/AD = BD/BE$，两类技术效率是一致的，但在规模报酬递减或规模报酬递增条件下，投入导向型和产出导向型的技术效率不再保持一致。

3. 投入导向型下规模报酬不变（CRS）的 DEA 模型。数据包络法

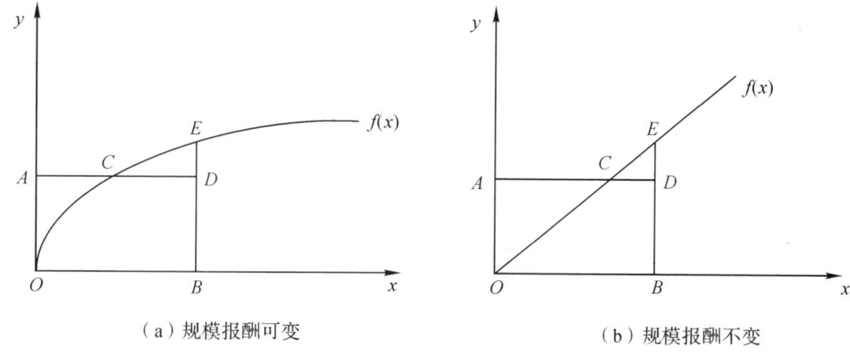

图 7-7　投入和产出导向型技术效率测算以及规模报酬

(DEA)是由 Charnes、Cooper 和 Rhodes(1979)在 Farrell(1957)的生产效率理论基础上提出的评价生产效率的非参数方法。此后,学者在该方法的基础上,通过对假设条件进行修正,对 CRS 模型进行了不同程度的扩展,如 Banker、Charnes 和 Cooper(1984)提出了规模报酬可变(VRS)条件下的 DEA 模型。基于投入导向的规模报酬不变 CRS 模型是提出最早且目前运用最普遍的 DEA 基本模型,其基本原理如下所示。

假定有 N 个决策单元,每个决策单元都有 M 种投入要素,共生产出 S 种产出,分别用向量 $x_i=(x_{1i},x_{2i},\cdots,x_{mi})^T$ 和 $y_i=(y_{1i},y_{2i},\cdots,y_{si})^T$ 代表决策单元的投入和产出,则对每个决策单元可获得其所有产出与所有投入之间的比值,如 $\mu^T y_i/v^T x_i$。其中:$\mu=(w_1,w_2,\cdots,w_s)^T$ 是产出权重的一个 $S\times 1$ 向量,$v=(v_1,v_2,\cdots,v_m)^T$ 是投入权重的一个 $M\times 1$ 向量,则决策单元 i 的效率评价模型为:

$$\begin{aligned}&\max_{\mu,v}(u^T y_i/v^T x_i)\\&\text{s. t. } u^T y_j/v^T x_j\leqslant 1, j=1,2,\cdots,N\\&u^T, v^T\geqslant 0\end{aligned}\tag{7.17}$$

为避免该问题有无穷多个解,限定 $v^T x_i=1$,即可将上式转化为:

$$\begin{aligned}&\max x_{\mu,v}(\mu^T y_i)\\&\text{s. t. } v^T x_i=1\\&\mu^T y_j-v^T x_j\leqslant 0, j=1,2,\cdots,N\\&\mu^T, v^T\geqslant 0\end{aligned}\tag{7.18}$$

利于线性规划中的对偶性质,可将决策单元 i 的效率评价问题转化为求解下列线性规划问题:

$$
\begin{aligned}
&\max_{\theta,\lambda}\theta \\
&\text{s.t.}\quad -y_i+Y\lambda\geqslant 0 \\
&\theta x_i-X\lambda\geqslant 0 \\
&\lambda\geqslant 0
\end{aligned}
\tag{7.19}
$$

在这里 λ 为 $N\times 1$ 的常数向量，θ 是决策单元 i 的效率值，是一个标量，$\theta\leqslant 1$，当 $\theta=1$ 时，决策单元 i 位于前沿面上，说明其是技术有效的。

4. DEA 模型下的全要素能源相对效率。此处结合上文以及魏楚、沈满洪(2007)在 CRS 假设下基于投入导向型 DEA 模型对能源效率进行分析的过程，将能源纳入投入端，作为投入要素的一种，以测度全要素能源效率。在 DEA 模型中，非参数前沿面分段线性方法可能会使得分段线性前沿面与轴线平行。如图 7-8 所示，x_2 表示能源投入，x_1 代表除能源外的其他投入，位于前沿面包络线 AB 上的 D、F 是有效的，而 AB 上方的 G、H 则是非有效的。

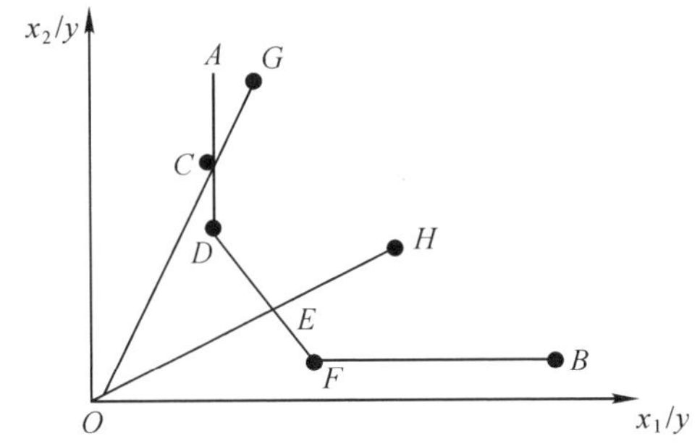

图 7-8　能源效率测度和投入的松弛变量

根据 Farrell(1957)对技术效率的定义可知，决策单元 G 和决策单元 H 的技术效率分别为 OC/OG、OE/OH。而前沿面包络线 AB 上的点 C 不是一个效率点，因为可通过 CD 减少能源投入量获得同样的产出，在研究中通常称这种可改进的投入为松弛变量。参考魏楚、沈满洪(2007)的研究，将松弛问题视作要素在配置中的无效率，进而点 G 要素无效损失由两部分构成：技术无效率 CG 和配置无效率 CD。总的无效率损失为两者之和 GD，即为点 G 达到有效点 D 需要调整的能源数量。因此，能源效率可定义为目标能源投入与实际能源投入数量之间的比值，即

$$
EE_I'=\frac{AE_I-LE_I}{AE_I}=\frac{TE_I}{AE_I}
\tag{7.20}
$$

其中，AE_I、LE_I、TE_I 分别为投入导向下实际能源投入数量、能源损失数量和目标能源投入数量。

（四）能源效率水平对比分析

利用数据包络分析软件 DEAP2.1，可以测度基于规模报酬不变 CRS 假设下投入导向型 DEA 模型的效率水平。结合式（7.20）以及魏楚、沈满洪（2007）关于省级能源效率的测度方法，可以计算得到 2003—2013 年间 30 个省份的能源效率，如表 7-13 所示。

表 7-13　2003—2013 年各省份能源效率水平

省份	2003 年	2004 年	2005 年	2006 年	2007 年	2008 年	2009 年	2010 年	2011 年	2012 年	2013 年	均值
北京	1.000	1.000	1.000	1.000	1.000	1.000	1.000	1.000	1.000	1.000	1.000	1.000
天津	0.907	0.927	0.922	0.966	0.909	0.915	0.976	0.926	0.904	0.875	0.913	0.922
河北	0.655	0.717	0.750	0.742	0.711	0.707	0.692	0.681	0.700	0.717	0.708	0.707
辽宁	1.000	0.993	0.850	0.838	0.797	0.794	0.775	0.779	0.788	0.783	0.771	0.834
上海	1.000	1.000	1.000	1.000	1.000	1.000	1.000	1.000	1.000	1.000	1.000	1.000
江苏	0.921	0.875	0.829	0.860	0.849	0.849	0.864	0.864	0.881	0.892	0.889	0.870
浙江	0.839	0.875	0.902	0.883	0.878	0.868	0.860	0.855	0.866	0.880	0.856	0.869
福建	0.926	0.887	0.871	0.849	0.831	0.835	0.813	0.829	0.835	0.842	0.846	0.851
山东	0.666	0.692	0.710	0.709	0.708	0.713	0.748	0.743	0.738	0.737	0.754	0.720
广东	1.000	1.000	1.000	1.000	1.000	1.000	1.000	1.000	1.000	1.000	1.000	1.000
海南	0.850	0.865	0.887	0.846	0.821	0.800	0.812	0.822	0.788	0.790	0.780	0.824
东部地区	0.888	0.894	0.884	0.881	0.864	0.862	0.867	0.864	0.864	0.865	0.865	0.872
山西	0.611	0.733	0.762	0.737	0.719	0.693	0.685	0.649	0.683	0.687	0.670	0.693
吉林	0.766	0.811	0.806	0.762	0.680	0.679	0.649	0.637	0.627	0.635	0.612	0.697
黑龙江	0.834	0.881	0.892	0.890	0.848	0.827	0.808	0.724	0.749	0.768	0.745	0.815
安徽	0.935	0.939	0.895	0.826	0.782	0.780	0.780	0.800	0.828	0.862	0.866	0.845
江西	0.848	0.780	0.761	0.753	0.777	0.799	0.810	0.802	0.825	0.863	0.841	0.805
河南	0.748	0.785	0.829	0.829	0.771	0.736	0.703	0.655	0.641	0.629	0.635	0.724
湖北	0.716	0.735	0.743	0.735	0.715	0.736	0.751	0.768	0.799	0.809	0.818	0.757
湖南	0.842	0.859	0.878	0.845	0.828	0.847	0.837	0.825	0.826	0.836	0.834	0.841
中部地区	0.788	0.815	0.821	0.797	0.765	0.762	0.753	0.732	0.747	0.761	0.752	0.772
内蒙古	0.762	0.816	0.810	0.771	0.768	0.801	0.859	0.810	0.777	0.760	0.697	0.785
广西	0.820	0.826	0.851	0.807	0.789	0.780	0.776	0.699	0.684	0.677	0.652	0.760
重庆	0.611	0.581	0.547	0.590	0.579	0.591	0.614	0.649	0.685	0.731	0.765	0.631
四川	0.738	0.748	0.754	0.733	0.722	0.714	0.727	0.734	0.771	0.799	0.815	0.750

续表

省份	2003 年	2004 年	2005 年	2006 年	2007 年	2008 年	2009 年	2010 年	2011 年	2012 年	2013 年	均值
贵州	0.527	0.571	0.579	0.593	0.606	0.638	0.676	0.683	0.715	0.753	0.797	0.649
云南	0.903	0.867	0.802	0.726	0.671	0.659	0.690	0.669	0.650	0.649	0.651	0.722
陕西	0.595	0.591	0.685	0.724	0.763	0.798	0.851	0.843	0.661	0.687	0.707	0.719
甘肃	0.564	0.633	0.930	0.863	0.859	0.832	0.843	0.812	0.702	0.743	0.756	0.776
青海	0.437	0.439	0.445	0.445	0.459	0.498	0.533	0.532	0.561	0.581	0.563	0.499
宁夏	0.479	0.490	0.479	0.456	0.457	0.509	0.548	0.553	0.563	0.592	0.578	0.519
新疆	0.619	0.622	0.608	0.602	0.599	0.600	0.613	0.591	0.653	0.680	0.670	0.623
西部地区	0.641	0.653	0.681	0.665	0.661	0.675	0.703	0.689	0.675	0.696	0.696	0.676
全国	0.771	0.785	0.793	0.779	0.763	0.767	0.776	0.764	0.763	0.775	0.773	0.774

由表 7-13 可知，东中西部地区的能源效率呈现出东高西低的特征，区域间能源效率存在较大差异，相对东部地区而言，中西部地区节能减排的潜力较大。2003—2013 年间能效最高的省份分别为北京、上海和广东，能效水平均为 1，即落于当前所有被评价单元的最优集合区间，处于前沿曲线上，但并不意味着这些省份不存在能源效率提升空间，只是在 CRS 假设下，与中国其他省份相比，DEA 是相对有效的。无独有偶，这几个省份是东部地区经济较发达的省份，对外开放力度高于中西部地区，同时出口技术结构水平也位于全国前列，其通过引进先进的技术设备和创新等手段促使能源效率得到提升，并长期居于能效水平前列。除此之外，其他省份都未达到能源效率前沿，均存在改进的余地。其中能源效率最低的省份是青海，能源效率值虽有一段时间超过 0.5，但平均能源效率仅为 0.499，与北京、上海和广东相比，能源效率平均水平较低，仅为其一半左右。与魏楚和沈满洪(2007)发现的 2003—2004 年大多省份能源效率水平处于上升阶段的结论相同，由表 7-13 和图 7-9 也可发现 2003—2004 年间多数地区能源效率水平趋于上升，但此后各地区的能源效率水平呈现出各自的特征。

在空间层面上，参照国家统计局的东中西部地区划分标准，对三个地区的整体能源效率水平进行分析，研究能源效率的区域差异。由表 7-13 和图 7-9 可知，东部地区 2003—2013 年间除河北和山东外，其余地区能源效率水平均高于 0.8，整体能源效率水平在 0.86～0.89 之间波动，波动幅度较小，说明东部地区能源效率水平变化不大，多年来一直维持较高水平。其中 2003 年其平均能源效率水平为 0.888，而到 2013 年时则下降为 0.865，能源效率水平在一定程度上呈现出下降趋势。可能主要是因为随着地区经济的发展，作为国内出口主力区域的东部地区，每年将生产大量生产生活用品，

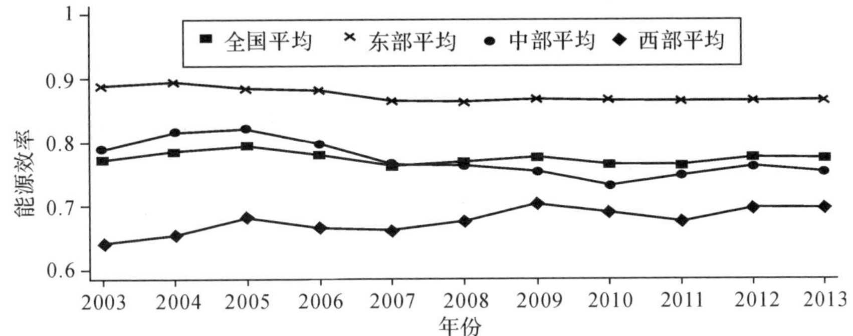

图 7-9　全国以及东中西部地区能源效率水平演进(2003—2013 年)

工业产值占 GDP 比重高于其他地区,其产业结构趋于工业化,在工业化生产过程中往往需要投入大量的能源,且能源产出效率相对较低。同时由于我国生产技术创新研发周期较长,早期国内的生产厂商掌握的高新技术往往是国外发达经济体在产业转移过程中带来的,近年来随着国外对知识产权保护的重视,国外先进的生产技术不易获取,而国内研发创新又处于起步阶段,技术水平提升对能源效率的促进作用被工业化生产对能源效率的抑制作用所抵消,最终使得东部地区能源效率的提升受到限制。中部地区 2003—2013 年间能源效率平均水平在 0.73～0.83 之间波动,相比东西部地区而言波动幅度较大,且 2003 年为 0.788,2013 年则为 0.752,也呈现降低趋势。与东部和中部地区不同的是,西部地区能源效率水平低于东中部地区,在 0.64～0.71 之间波动,但其 2003 年的整体能源效率水平为 0.641,到 2013 年则为 0.696,表现出上升态势。

由表 7-14 东中西部地区能源效率增长率也可知,东中部地区能源效率均出现下降趋势,而西部地区则表现为上升,西部地区与东中西部地区之间的能源效率水平差距在逐渐缩小。这可能是因为国内部分产业开始由东部地区向中西部地区转移,而一方面东部地区经济技术水平高于中西部地区,另一方面东部地区资源相对贫瘠,资源的相对稀缺使得其为弥补自身资源约束缺陷,将充分利用技术革新的优势,更高效率地利用能源,随着产业的转移能源利用技术也将被转移至西部资源富裕地区,最终将极大地节约西部地区的能源投入,促进其能源效率的提升。

表 7-14　东、中、西部地区能源效率增长率

单位:%

年份	2004 年	2005 年	2006 年	2007 年	2008 年	2009 年	2010 年	2011 年	2012 年	2013 年	整体
东部地区	0.692	−1.111	−0.309	−1.931	−0.244	0.625	−0.422	0.008	0.160	−0.005	−2.535
中部地区	3.546	0.627	−2.873	−4.018	−0.396	−1.209	−2.700	2.001	1.863	−1.121	−4.455
西部地区	1.847	4.257	−2.409	−0.534	2.068	4.149	−2.007	−1.998	3.096	−0.013	8.467
全国	1.812	1.015	−1.670	−2.070	0.445	1.283	−1.541	−0.148	1.559	−0.292	0.039

注:整体为 2004—2013 年的总增长率。

为进一步分析 2003—2013 年间中国各省份能源效率的分布和发展趋势,本书对我国 30 个省区市的能源效率进行 Kernel 密度估计,如图 7-10 所示。可以发现:首先,历年的 Kernel 曲线主要集中在 0.4—0.8,跨度为 0.4 左右,说明各地区间能源效率水平差异较大;其次,历年的 Kernel 曲线呈现单峰特征,且峰顶出现左移现象,表明随着年份的推移,部分地区能源效率水平呈现降低态势;再次,历年 Kernel 曲线"峰点值"出现先上升后下降的趋势,且 Kernel 曲线由扁平状逐渐演变成尖峰状,各省份能源效率差距在一定程度上呈现出缩小趋势。

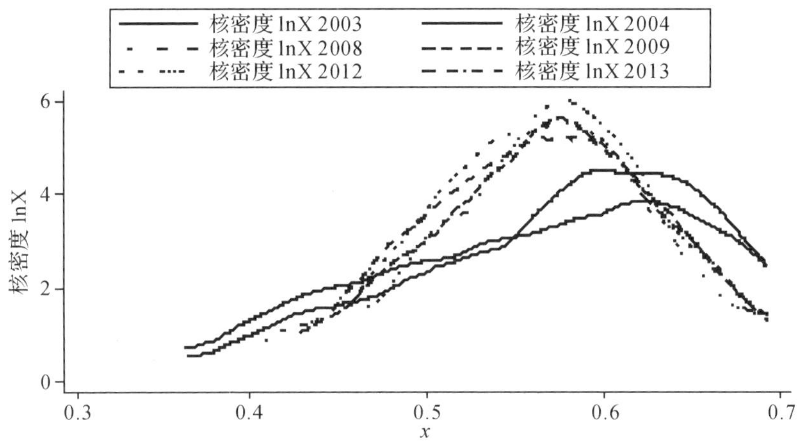

图 7-10　2003—2013 年能源效率的核密度估计曲线

(五)制造业出口技术结构与能源效率关系:特征事实分析

有关出口技术结构与能源效率两者之间的关系,根据从全国以及东中西部地区层面对两者之间的关系的描述性分析中可以发现(如图 7-11 至图 7-14 所示),出口技术结构与能源效率之间在全国以及东中部地区存在正比例关系,能源效率水平随出口技术结构水平的提升也表现出上升趋势。与

全国和东西部地区拟合图所呈现出的关系不同，中部地区出口技术结构与能源效率水平之间表现为反比例关系，随着出口技术结构的提升，能源效率水平不升反降。根据本书采用的测度方法以及前人的研究结果可以发现，出口技术结构与各地区的经济发展水平相匹配，也呈现出东部高于中部，西部最低的特征。而出口技术结构处于较低水平时，能源效率随出口技术结构水平的提升同步提升，当达到一定水平后，能源效率与出口技术结构之间存在相反的趋势，但当技术结构水平位居前列时，能源效率水平再次呈现上升态势。因此，可初步猜想，出口技术结构与能源效率之间存在 N 型关系。为了更准确地刻画两者之间的关系，还需采用计量模型对两者进行回归分析，以更准确地考察两者之间的关系，以及制造业出口技术结构对能源效率的作用机制。

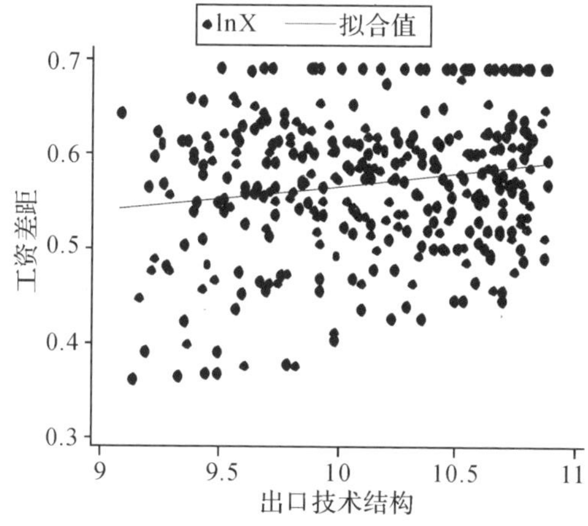

图 7-11　我国各区域出口技术结构与能源效率散点分布

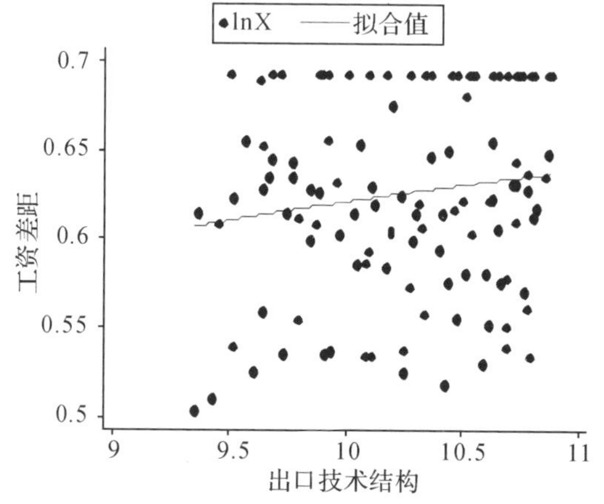

图 7-12　东部各区域出口技术结构与能源效率散点分布

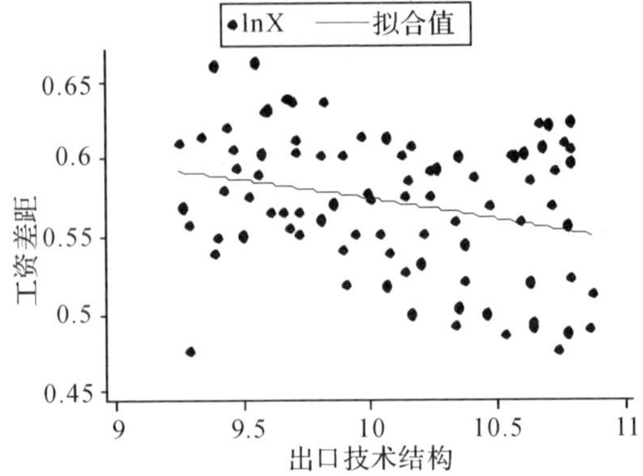

图 7-13　中部各区域出口技术结构与能源效率散点分布

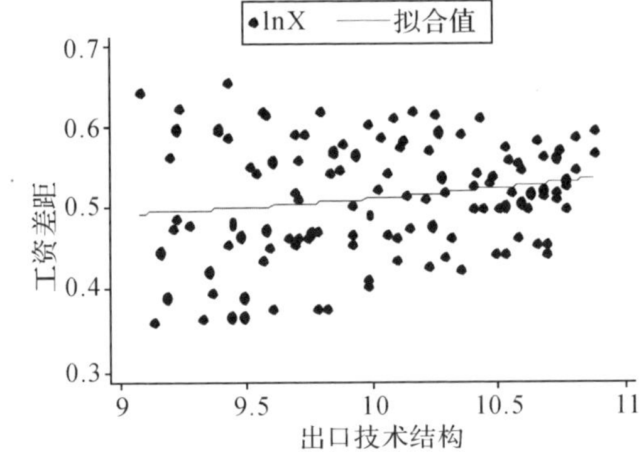

图 7-14　西部各区域出口技术结构与能源效率散点分布

二、中国制造业出口技术结构对能源效率影响的实证分析

(一)出口技术结构演进对能源效率影响的机理简析

在众多关于能源效率影响因素的研究中,技术进步往往被认为是影响能源效率的重要原因之一。广义的技术进步对能源效率的影响不仅仅体现在能源技术改进上,更多的是体现在能源作为生产要素,在生产投入产出过程中的表现,即以不变投入获得更多产出或者以更少的要素投入获得同样产出的过程改进(李廉水,周勇,2006)。已有研究发现,在实际经济体系中,技术进步能够通过改善资本、劳动生产力的途径来提高能源效率,同时还能促进产业结构优化,提高能源效率。根据内生增长理论有关技术进步的定义可知,人力资本和科研投入是技术进步最重要的来源(李激扬,2012)。新产品研发不仅能使企业获得新的技术、新的产品和设备,还能促进企业消化

吸收新技术的能力。而新技术、新设备和新产品的出现，往往会带来能源的节约，即在相同产出下节约能源投入或者同样投入下带来产出的扩张（李廉水，周勇，2006）。与此同时，技术进步使得新兴部门得以迅速发展，产业结构不断得到优化升级，产业中能耗较大、技术水平落后的传统型工业企业被使用新技术、新设备和生产新产品的企业所替代，致使企业向技术水平更高、更加节能的产业集聚，进而促进能源资源的集约使用，促进能源效率的提升。

然而学界在对技术进步与能源效率之间的关系大力深耕时发现，由于回弹效应的存在，技术进步在一定程度上可能不利于能源效率持续提升。能源效率的回弹效应是指技术进步虽然可以通过要素间的替代效应，减少投入要素，直接提高能源效率，但技术进步同时能够促进经济增长，增加能源投入，特别是部分以能源大规模投入作为增长支撑的地区，新增加的能源需求将部分或完全抵消技术进步所节约的能源（王志华，陈圻，2014；李强等，2014）。部分学者对技术进步对能源效率的回弹效应进行了深入分析，如宋旭光、席玮（2010）根据能源回弹效应的强度，将能源回弹效应划分为弱回弹效应、强回弹效应和回火效应，其中弱回弹效应表示技术进步带来的新能源需求只是很少地“挤出”了技术进步所节约的能源，强回弹效应则表示新产生的能源需求很大一部分“挤出”了所节约的能量，而回火效应意味着新产生的能源需求完全“挤出”了技术进步所节约的能源。由于能源效率回弹效应的存在，技术进步对于能源效率可能并不始终具有正向促进作用。

因此，结合技术进步对能源效率的作用路径可知，出口技术结构演进对能源效率的作用机制也相对比较复杂，作用方向和作用力度可能因出口技术结构所处的水平和阶段的不同而不同。一方面，出口技术结构演进过程将会使得出口企业向高技术、高附加值产业集聚，传统产业中能源消耗较大、技术水平相对较低的工业企业将被迫淘汰或者被技术水平更高、更加节能的企业所取代，降低行业能源消耗，而出口技术结构水平提升也意味着出口企业整体生产技术水平的提高，生产技术进步往往能够节约生产过程中的能源消费量，从而有利于能源利用率的提升；另一方面，出口技术结构水平提升，意味着出口向技术相对较高的产品转移，在出口市场同类产品中更加具有竞争优势，出口的国家和出口规模将增加，推动企业生产加工产品数量的扩大，从而引致更多的能源需求，导致能源消费增加，抵消出口技术结构水平提升带来的能源节约效应，对能源效率提升产生不利影响。由于出口技术结构演进对能源效率有正负两种不同的作用方向，中国各省份出口技术结构实际所处水平对能源效率提升产生的是正向作用还是负向作用，主要取决于两方面作用的综合结果。

（二）计量模型设定

由各省基于 CRS-DEA 分析所得的能源效率测度结果可以发现，2003—2013 年间各省份能源效率虽有波动，但波动幅度均较小，而且一般效率水平变动不是一蹴而就的，其在很大程度上依赖于前期的水平，因此考虑到能源效率水平变化的特征，本书采用不仅能较好处理内生性问题，还能将被解释变量的一期滞后项纳入实证方程的动态面板数据模型进行估计，方程如下：

$$\mathrm{NX}_{it} = \gamma_0 + \alpha NX_{i,t-1} + \sum_{i=1}^{n}\beta_i X_{it} + \gamma_i + \varepsilon_{it} \tag{7.21}$$

NX_{it}代表 i 地区 t 年的能源效率水平，X_{it} 为自变量。γ_i 表示区域效应，ε_{it} 为残差。实证中采用系统 GMM 法，对式(7.21)进行一阶差分可知：

$$\Delta\mathrm{NX}_{it} = \alpha\Delta\,\mathrm{NX}_{i,t-1} + \sum_{i=1}^{n}\beta_i\Delta X_{it} + \Delta\varepsilon_{it} \tag{7.22}$$

根据该式可知，可选取 $\Delta\mathrm{NX}_{i,t-1}$ 与高度相关而 $\Delta\varepsilon_{it}$ 不相关的 $\mathrm{NX}_{i,t-2}$，$\Delta\mathrm{NX}_{i,t-2}$作为工具变量，此时矩条件方程为：

$$f(\beta) = \sum_{i=1}^{n} f_i(\beta) = \sum_{i=1}^{n} z_i\varepsilon_i(\beta) \tag{7.23}$$

其中，残差项 $\varepsilon_i(\beta)$如下所示：

$$\varepsilon_{it}(\beta) = \Delta\mathrm{NX}_{it} - \alpha\Delta_{\mathrm{N}}\mathrm{X}_{i,t-1} - \sum_{i=1}^{n}\beta_i\Delta X_{it} \tag{7.24}$$

样本矩加权距离最小化目标函数构建如下：

$$S(\alpha) = \Big[\sum_{i=1}^{n} z_i\varepsilon_i(\beta)\Big]' H\Big[\sum_{i=1}^{n} z_i\varepsilon_i(\beta)\Big] = f(\beta)' H f(\beta) \tag{7.25}$$

通过对目标函数反复迭代，可求解出自变量系数。

（三）控制变量选择

在控制变量的选取上，本书选取既能够反映区域经济基本特征又可能对能源效率产生影响的经济变量作为控制变量，而部分对能源效率产生重要作用的变量如能源消费结构、技术进步以及能源价格等未被纳入实证分析框架，一方面是因为部分变量和出口技术结构变量之间的相关度较高，为保证实证结果的有效性而未将其纳入，另一方面由于数据难以获取，特别是部分省级层面数据的缺失，为避免因数据质量存在问题而带来的误差，也未将其纳入。因此最终采用的控制变量包括：

(1)能源工业投资(NI)。增加能源工业投资有利于改善能源供给，是解决能源供需矛盾的重要手段，本书采用城镇工业能源投资作为其代理变量，实证中采用 $\ln(NI)$表示，数据来源于国研网重点行业数据库。

(2)城镇化水平(UB)。一方面随着新增人口涌入城市，原有的各项基础设施和生产生活资料必然不能满足这部分新增人口全部的生产生活需求，为解决新增人口生产生活所需必然会消耗大量能源，不利于能源效率的提升，另一方面根据已有研究可知，城镇化可通过投资带动人力资本积累、技术创新和技术进步以及能源消费结构等途径对能源效率水平产生促进作用（王蕾，魏后凯，2014）。本书采用各地区非农业人口占总人口比例衡量城镇化水平，实证中采用 ln(1+UB)，数据来自宏观经济数据库。

（3）出口依存度（CY）。出口依存度反映了某一地区的对外开放程度，一方面对外开放度越高，国外能源技术的溢出效应越可以通过直接或间接途径促进出口国能源效率的提高，另一方面某一地区为实现经济快速发展而实施的出口导向性政策可能使得其一味追求出口规模的扩大而忽视能源效率，通过粗放的能源投入模式实现出口量的快速增长，不利于本地区能源效率的提升。本书以各省出口交货值与当年区域总产值之比作为出口依存度的代理变量，实证中采用 ln(1+CY)表示，数据来自国研网统计数据库。

（4）产业结构（CJ）。本书采用各省份第三产业占生产总值的比重作为衡量指标，实证中采用 ln(1+CJ)表示，数据来自于国家统计局库。

由于选取的控制变量较多，为防止变量间存在高度相关性带来多重共线性偏误，故本书在实证回归前，先对所有变量采用 Spearman 相关分析进行相关性估计，结果如表 7-15 所示，除出口依存度（CY）与城镇化水平（UB）两者的相关性估计结果达到 0.4 以上，其他变量间的相关性较弱，均低于 0.4，因而在实证过程中将这两个变量交替加入回归模型中，以降低回归结果可能存在的多重共线性。

表 7-15　样本变量的相关性估计结果

系数	*NX*	*TS*	*NI*	*CJ*	*HR*	*UB*	*CY*
NX	1.0000						
TS	0.1199	1.0000					
NI	−0.0759	−0.1765	1.0000				
CJ	0.4027	0.0425	−0.1425	1.0000			
HR	0.3955	0.2366	−0.0306	−0.0058	1.0000		
UB	0.3396	0.1693	−0.2417	0.2575	0.2610	1.0000	
CY	0.5388	0.1644	−0.0632	0.3105	0.3555	0.4369	1.0000

（四）实证结果分析

依据计量模型(7.21)，对省级动态面板数据进行回归，平稳性检验结果显示部分变量的原始数据水平项是非平稳的，但一阶差分后均平稳。基于前文的相关性检验结果，实证中将相关性较高的变量交替加入模型中进行回归，表 7-16 至表 7-19 报告了不同区域的实证结果，可知：表 7-16 至表 7-19 中各方程二阶序列的相关性检验均拒绝了存在二阶相关的原假设，Sargan 检验结果和 Wald 检验结果也表明方程的估计结果是真实可靠的。

由表 7-16 至表 7-19 可以发现，滞后一期的能源效率变量系数均显著为正，说明前一期能源效率提升对当期能源效率水平的提升有正向促进作用，因此若能够采取相应的措施改善当期能源效率水平，将有利于下一期乃至未来长期能源效率水平的提升。

表 7-16　全国层面回归结果

系数	整体层面			劳动密集型			资本密集型		
	(1)	(2)	(3)	(4)	(5)	(6)	(7)	(8)	(9)
L. Y_{t-1}	0.8726*** (12.72)	0.8477*** (9.66)	0.8211*** (21.16)	0.8870*** (11.79)	0.8226*** (11.23)	0.8106*** (20.36)	0.8692*** (10.59)	0.8447*** (9.83)	0.8211*** (21.44)
TS	0.0128** (2.46)	0.0223*** (2.97)	0.0104*** (2.99)	0.0148** (2.51)	0.0200** (2.42)	0.0080** (2.23)	0.0177** (2.65)	0.0217*** (2.95)	0.0107*** (3.11)
HR	0.0068*** (3.46)	0.0054** (2.43)	0.0012 (1.37)	0.0074*** (3.66)	0.0045** (2.15)	0.0014* (1.66)	0.0067*** (3.37)	0.0053** (2.37)	0.0011 (1.28)
NI	0.0010** (2.35)	0.0020** (2.87)	0.0009*** (3.80)	0.0011** (2.55)	0.0024*** (3.36)	0.0009*** (3.74)	0.0011** (2.43)	0.0019*** (2.82)	0.0009*** (3.77)
CJ	−0.5304** (−2.39)	−0.7446*** (−2.77)	−0.0608 (−1.10)	−0.6038** (−2.44)	−0.5886** (−2.26)	−0.0334 (−0.47)	−0.7222*** (−2.59)	−0.7252*** (−2.74)	−0.0632 (−1.18)
UB		0.0641* (1.65)			0.0811** (2.15)			0.0621 (1.62)	
CY			0.0214*** (2.60)			0.0263*** (3.03)			0.0206** (2.51)
OBS	300	300	300	300	300	300	300	300	300
AR(2)	0.895	0.620	0.543	0.833	0.429	0.528	0.887	0.633	0.551
Sargan 检验	0.227	0.164	0.228	0.233	0.147	0.182	0.123	0.159	0.234
Wald	398.20 (0.000)	206.97 (0.000)	1802.56 (0.000)	365.38 (0.000)	266.11 (0.000)	1693.97 (0.000)	238.27 (0.000)	213.29 (0.000)	1906.38 (0.000)

注：表中 ***，**，* 分别表示在 1%、5%、10%的显著性水平上显著。

表 7-17　东部地区回归结果

系数	整体层面			劳动密集型			资本密集型		
	(1)	(2)	(3)	(4)	(5)	(6)	(7)	(8)	(9)
$L.Y_{t-1}$	0.9481*** (21.62)	0.7459*** (2.86)	1.183*** (6.83)	0.8350*** (7.17)	0.6504*** (3.04)	1.137*** (8.56)	0.9680*** (11.44)	0.8358*** (7.14)	1.1408*** (6.74)
TS	0.0071*** (2.66)	0.0083 (0.55)	0.0286*** (2.89)	0.0102* (1.75)	0.0037 (0.27)	0.0120*** (2.80)	0.0233*** (4.08)	0.0102*** (2.99)	0.0269*** (2.85)
HR	0.0019** (2.07)	0.0009 (0.46)	−0.0018 (−0.84)	0.0014* (1.76)	0.0002 (0.13)	0.0006 (0.44)	0.0023 (1.42)	0.0004 (0.45)	−0.0016 (−0.76)
NI	0.0007** (2.50)	0.0012*** (2.87)	0.0003 (0.66)	0.0014*** (3.12)	0.0008** (1.96)	0.0006 (1.41)	−0.0004 (−0.67)	0.0014*** (2.95)	0.0003 (0.75)
CJ	−0.0380 (−0.95)	−0.1240 (−0.51)	−0.3917** (−2.18)	−0.1287 (−0.99)	−0.0432 (−0.15)	−0.2263** (−1.96)	−0.3611*** (−2.88)	−0.0813*** (−2.62)	−0.3730** (−2.10)
UB		0.0463** (2.09)			0.0388* (1.85)			0.0729 (1.23)	
CY			0.0292 (0.88)			−0.0107 (−0.51)			0.0230 (2.72)
OBS	110	110	110	110	110	110	110	110	110
AR(2)	0.519	0.753	0.971	0.778	0.749	0.679	0.381	0.848	0.923
Sargan检验	0.287	0.540	0.953	0.510	0.560	0.861	0.340	0.267	0.979
Wald	1464.98 (0.000)	391.22 (0.000)	220.96 (0.000)	774.82 (0.000)	4211.78 (0.000)	101.60 (0.000)	1916.35 (0.000)	2243.93 (0.000)	234.10 (0.000)

注：表中 ***，**，* 分别表示在 1%、5%、10%的显著性水平上显著。

表 7-18　中部地区回归结果

系数	整体层面			劳动密集型			资本密集型		
	(1)	(2)	(3)	(4)	(5)	(6)	(7)	(8)	(9)
$L.Y_{t-1}$	0.7148*** (5.63)	0.2918** (2.09)	0.6359*** (5.37)	0.7257*** (5.86)	0.3778*** (2.78)	0.6610*** (5.43)	0.6179*** (5.18)	0.2713* (1.88)	0.6305*** (5.40)
TS	−0.0100 (−1.56)	−0.0418** (−2.24)	−0.0163** (−2.11)	−0.0103* (−1.63)	−0.0390** (−2.14)	−0.0156** (−2.07)	−0.0171** (−2.23)	−0.0420** (−2.31)	−0.0166** (−2.12)
HR	0.0199** (2.34)	0.0557*** (3.67)	0.0238** (2.54)	0.0197** (2.37)	0.0551*** (3.47)	0.0220** (2.47)	0.0234** (2.49)	0.0547*** (3.87)	0.0243** (2.55)
NI	0.0118** (2.34)	0.0371*** (3.61)	0.0144** (2.46)	0.0117** (2.37)	0.0368*** (3.43)	0.0133** (2.39)	0.0140** (2.39)	0.0365*** (3.81)	0.0148** (2.47)
CJ	−0.4289 (−1.52)	−0.8066** (−2.10)	−0.3419 (−1.18)	−0.4583 (−1.56)	−0.9303** (−2.29)	−0.3296 (−1.22)	−0.2575 (−1.20)	−0.7438** (−2.06)	−0.3479 (−1.18)
UB		0.1645*** (2.88)			0.1553*** (2.78)			0.1669*** (2.90)	
CY			−0.0445 (−0.56)			−0.0163 (−0.20)			−0.0520 (−0.66)
OBS	80	80	80	80	80	80	80	80	80

续表

系数	整体层面			劳动密集型			资本密集型		
	(1)	(2)	(3)	(4)	(5)	(6)	(7)	(8)	(9)
AR(2)	0.150	0.307	0.404	0.142	0.309	0.492	0.447	0.218	0.383
Sargan检验	0.323	0.972	0.212	0.318	0.966	0.190	0.460	0.971	0.222
Wald	178.82 (0.000)	97.98 (0.000)	402.29 (0.000)	172.02 (0.000)	341.30 (0.000)	343.70 (0.000)	402.5 (0.000)	90.72 (0.000)	440.38 (0.000)

注:表中 ***,**,* 分别表示在1%、5%、10%的显著性水平上显著。

表 7-19　西部地区回归结果

系数	整体层面			劳动密集型			资本密集型		
	(1)	(2)	(3)	(4)	(5)	(6)	(7)	(8)	(9)
$L.Y_{t-1}$	0.5253*** (3.15)	0.7458*** (4.91)	0.6036** (2.04)	0.5588*** (3.33)	0.7596*** (4.39)	0.6043** (2.07)	0.5173*** (3.08)	0.7378*** (4.62)	0.6008** (2.02)
TS	0.0132*** (2.66)	0.0041* (1.71)	0.0126*** (2.42)	0.0125** (2.36)	0.0017 (0.54)	0.0123** (2.39)	0.0132*** (2.62)	0.0032 (1.29)	0.0125** (2.36)
HR	0.0021* (1.66)	0.0078*** (2.93)	0.0038* (1.54)	0.0026** (2.08)	0.0071*** (2.89)	0.0041* (1.70)	0.0019 (1.52)	0.0079*** (2.51)	0.0037 (1.47)
NI	−0.0066*** (−3.39)	0.0003 (0.66)	−0.0054* (2.97)	−0.0063*** (−3.18)	−0.0001 (−0.20)	−0.0053* (−1.77)	−0.0066*** (−3.43)	0.0001 (0.16)	−0.0054* (−1.83)
CJ	0.2379*** (2.40)	0.1567 (1.20)	0.2105 (1.57)	0.2368*** (2.33)	0.2215 (1.60)	0.1971* (1.51)	0.2369*** (2.81)	0.1675 (1.28)	0.2101* (1.56)
UB		−0.0271*** (−3.11)			−0.0428*** (−6.02)			−0.0434*** (−5.49)	
CY			−0.0992 (−0.47)			−0.1097 (−0.55)			−0.0982 (−0.46)
OBS	110	110	110	110	110	110	110	110	110
AR(2)	0.591	0.877	0.475	0.493	0.990	0.409	0.595	0.985	0.472
Sargan检验	0.212	0.114	0.284	0.196	0.185	0.249	0.213	0.187	0.286
Wald	55.08 (0.000)	345.78 (0.000)	193.82 (0.000)	51.12 (0.000)	287.38 (0.000)	176.92 (0.000)	55.70 (0.000)	421.44 (0.000)	201.58 (0.000)

注:表中 ***,**,* 分别表示在1%、5%、10%的显著性水平上显著。

全国层面,制造业出口技术结构水平提升对能源效率的提升具有正向促进作用,制造业出口技术结构水平较高的东部和较低的西部地区对能源效率水平的估计系数也显著为正,而出口技术水平处于两者之间的中部地区,随着出口技术水平的提升,其对能源效率表现为负向作用。可能是因为经济发展水平较低但能源储备相对丰富的西部地区主要通过大规模投入能源来支撑经济增长,导致其能源投入较大而相对产出较小,此时随着制造业出口技术结构水平的提升,西部地区能够节约能源投入,且其因能源效率提高产生的新资源投入需求只是部分地“抵消”了所节约的资源，使得出口技术结构水平提升对能源效率提升的总体作用为正。中部地区制造业出口技术水平提升对能源效率作用为负，可能是因为：随着出口技术结构水平提升到一定程度，制造业出口技术结构水平提升为其出口带来的竞争效应推动其出口规模扩大，使得出口技术水平提升带来的资源节约被新产生的资源需求完全“抵消”，反而导致能源消耗的增加，进而不利于能源效率的提升。对于经济发展水平和出口技术结构水平处于前沿但资源相对贫瘠的东部地区而言，制造业出口技术结构水平的进一步提升，意味着制造业生产技术水平的整体提高，技术水平提升带来的竞争优势和能源生产及利用的技术优势被完全发挥出来，新技术带来的能源节约效应大于新增能源需求，最终将提升能源效率。根据回归结果可知，制造业出口技术结构水平与能源效率之间的关系也与前文描述性分析结果相一致，即制造业出口技术结构与能源效率之间存在 N 型关系。

此外，全国以及东西部地区资本密集型制造业出口技术结构提升对能源效率的促进作用大于劳动密集型。可能主要是因为劳动密集型产品的出口附加值往往低于资本密集型，在同样的能源投入下，资本密集型产品单位能源产出相对高于劳动密集型，能源效率相对资本密集型而言较低，资本密集型制造业出口技术结构提升带来的能源节约效应大于劳动密集型，而出口技术结构提升带来的竞争效应下产生的新能源需求也低于劳动密集型制造业，使得劳动密集型制造业出口技术结构提升对能源效率的作用力度小于资本密集型制造业。最终表现为资本密集型制造业出口技术结构水平提升对能源效率的促进作用大于劳动密集型。同时中部地区资本密集型出口技术结构水平提升对能源效率的负向作用大于劳动密集型，可能是因为中部地区的劳动密集型制造业的比较优势小于西部地区，资本密集型制造业的比较优势小于东部地区，进而在劳动密集型制造业出口技术结构水平提升带来的竞争效应下，其单位能源投入的增加少于资本密集型，资本密集型制造业出口技术结构水平提升引致型技术进步效应下，其单位能源消费的减少少于劳动密集型，最终表现为劳动密集型对能源效率的负向作用小于东部地区。

控制变量中，各地区人力资本水平回归结果显著为正，可能是因为人力资本水平的提升不仅有利于提高劳动力的质量，在单位产出不变的情况下减少劳动力投入，还有利于能源利用技术研发水平的进步，进而能够改善各地区能源利用效率及水平。

出口依存度仅在全国层面对能源效率的作用显著为正，而在中部和西部地区回归系数为负，东部地区有正有负，但系数都不显著。出现这种结果的原因可能在于：一方面，经济较发达地区对于进口产品在节能环保方面的要求相对于经济不发达地区更严格；另一方面，近年来各国为保护本国贸易，采取各种手段限制进口，其中绿色贸易壁垒屡见不鲜，东部地区多沿海，开放时间较长，相关方面的经验更丰富，因而其为在发达地区进口市场占有份额不得不持续改进能源利用技术，提高商品的国际竞争力，使得其出口产品在生产过程中的能源消耗低于国内同类产品，进而可能有利于能源效率的提升，而中西部地区相对开放时间不长且比较优势主要集中在资源密集型和劳动密集型产品上，因而其出口产品的附加值低于中东部地区，其出口数量的增加往往会导致能耗的增加和能源利用效率的下降。虽然分区域显示出口依存度对能源效率的作用并不显著，但全国层面的回归结果说明，我国目前出口依存度水平的提升在综合作用的影响下有利于能源效率的提高。

能源工业投资变量系数在全国及东中部地区显著为正，在西部地区则显著为负，可能是各地区能源投资结构存在较大差异使得不同区域能源投资增加对能源效率的作用方向存在差异。东中部地区能源工业投资的增加，一方面有利于企业提高能源生产技术，另一方面企业在清洁高效能源开发利用方面的投资也将增加，有利于能源效率提升，而西部地区能源资源储量相对更加丰富，特别是天然气和煤炭储量，能源工业投资增加将可能促进企业扩大传统能源生产规模，不利于能源效率的提升。

城镇化水平对能源效率的影响在各地区的表现也有所不同，其中在城镇化水平较低的西部地区，其系数显著为负，而在城镇化水平较高的东中部地区则表现为正向促进作用，且部分回归结果显著。可能是因为在经济发展水平较低时，城镇化水平也较低，随着城镇化水平的提高，一方面城镇人口密度的增加将会增加能源消费，另一方面为满足新增城镇人口的各项需求，必然会新增各项基础设施和各项生产生活工程，这在满足生产生活需求的同时，也将会极大提高能源消费，在这些因素的作用下，城镇化水平的提升必然不利于能源效率水平的提升，而当经济发展水平不断提升时，收入水平增加，消费能力增强，城镇化发展主要通过投资拉动、人力资本积累、技术创新和技术进步以及能源消费结构的改善等途径来影响能源消费（王蕾，魏后凯，2014），进而提高能源利用效率。

产业结构对能源效率的影响在全国以及东中部地区的作用方向非负且多数在至少10%的显著性水平上显著，而在西部地区则表现为正向显著作用。出现这种情况的原因可能在于：一方面，随着各地区第三产业的发展，部分工业企业向服务业转型，导致原有行业内企业数量相对减少，竞争减弱，行业内剩余企业将通过扩大产出的途径争夺市场，在这一过程中，企业可能会单纯依靠增加投入，比如增加能源投入的方式参与竞争，进而带来能源投入产出效率的降低；另一方面，可能是因为各地区在进行产业结构调整的过程中，产业结构的发育状况与自身经济结构状况尚不能完全匹配，各产业间在物质和价值上未能达到适合的比例关系，导致第三产业的发展不能满足现代工业企业的发展需求，这会降低工业生产效率，也会带来能源投入产出效率的降低。这两方面因素的共同作用抵消了第三产业发展带来的能源节约效应，使得第三产业的发展对能源效率表现出负向作用。对西部地区而言，经济尚不发达，工业基础薄弱，生产生活方式相对东中部地区较落后，且部分地区能源丰裕，使得第三产业的发展将极大地节约能源投入，产业结构调整对能源效率的约束只是部分抵消了能源投入的节约，最终表现为正向作用。

（五）稳健性检验

为确保回归结果是稳健可靠的，本书采用基于 VRS 假设条件下的产出最大化 DEA 模型对各地区能源效率重新进行测度，再次对前文方程进行回归，同时不再将回归结果中对能源效率影响较小的控制变量纳入回归方程中，仍然采用 GMM 法对前文结论进行稳健性检验，检验结果如表 7-20 所示。从表 7-20 中要以看出：滞后一期的能源效率水平对当期能源效率的提升表现出显著的促进作用；与此同时，出口技术结构对能源效率影响的回归结果与前文结果较为一致，也是在全国以及东西部地区显著为正，在中部地区保持为负但不再表现为在至少 10%的显著性水平上显著为负；其他变量，如人力资本、工业投资和产业结构等的回归结果，除显著性与前文有所差别外，作用方向与前文保持一致。因此前文回归结果较为稳健可靠。

表 7-20　稳健性检验结果

系数	全国			东部地区		
	总体	劳动偏向型	资本偏向型	总体	劳动偏向型	资本偏向型
L. Y_{t-1}	1.514*** (4.90)	1.352*** (5.37)	1.499*** (5.13)	1.185*** (15.92)	1.002*** (6.13)	1.084*** (5.23)
TS	0.0369** (2.18)	0.0276** (2.04)	0.0359** (2.21)	0.0109** (2.53)	0.0374** (2.27)	0.0409* (1.87)
HR	0.0070*** (3.04)	0.0077*** (3.10)	0.0066*** (3.00)	0.0045** (2.30)	0.0032* (1.66)	0.0042* (1.71)
NI	0.0021*** (2.57)	0.0022** (2.50)	0.0020*** (2.61)	0.0008 (1.18)	0.0006 (0.92)	−0.0029 (−1.23)
CJ	−1.308** (−2.45)	−1.020** (−2.40)	−1.273** (−2.48)	−0.1339*** (−2.93)	−0.9082*** (−2.60)	−.6541* (−1.78)

续表

系数	全国			东部地区		
	总体	劳动偏向型	资本偏向型	总体	劳动偏向型	资本偏向型
OBS	300	300	300	110	110	110
AR(2)	0.715	0.935	0.706	0.108	0.202	0.194
Sargan检验	0.294	0.593	0.262	0.131	0.267	0.561
Wald	75.87 (0.000)	81.35 (0.000)	84.99 (0.000)	1060.68 (0.000)	502.58 (0.000)	193.02 (0.000)
系数	中部地区			西部地区		
	总体	劳动偏向型	资本偏向型	总体	劳动偏向型	资本偏向型
$L.Y_{t-1}$	1.216*** (4.07)	1.242*** (4.18)	1.211*** (4.03)	1.095*** (8.96)	1.039*** (15.90)	1.180*** (5.24)
TS	−0.0065 (−0.51)	−0.0084 (0.66)	−0.0059 (0.46)	0.0529* (1.72)	0.0130** (2.01)	0.0716* (1.68)
HR	0.0091*** (3.98)	0.0091*** (4.73)	0.0090*** (3.80)	0.0083** (2.06)	0.0079*** (2.53)	0.0077* (1.82)
NI	0.0396* (1.71)	0.0422** (1.92)	0.0387* (1.65)	−0.0460* (−1.81)	−0.0072 (−1.53)	−0.0610** (−1.95)
CJ	−0.3187 (−1.41)	−0.3312 (−1.39)	−0.3132 (−1.41)	0.1272 (0.58)	0.1279* (1.83)	0.2017 (0.65)
OBS	80	80	80	99	99	99
AR(2)	0.103	0.108	0.104	0.256	0.440	0.285
Sargan检验	0.829	0.842	0.822	0.409	0.308	0.66
Wald	603.45 (0.000)	725.64 (0.000)	591.33 (0.000)	136.17 (0.000)	2390.15 (0.000)	102.17 (0.000)

注：表中 ***，**，* 分别表示在1%、5%、10%的显著性水平上显著。

第三节 制造业产品出口技术复杂度升级对资本回报率的影响

改革开放以来，中国经济特有的发展模式吸引了全世界研究者的目光，而这种特有模式最主要的表现形式是出口量的“爆炸型”增长和出口品质的“跨越式”发展(陈勇兵等，2012；刘慧等，2014)。一方面，中国在出口额上超越了美日德等发达国家，成为世界第一大出口国；另一方面，中国出口品逐渐由早期的以低技术含量、低附加值的初等品为主，转变为当前以资本和技术密集度相对较高的制成品为主，出口技术复杂度得到了质的飞跃（刘慧等，2014；黄先海等，2010）。如 Rodrik（2006）与 Schott（2008）的研究表明，中国制造业出口技术复杂度在短期内实现了大幅的提升，目前已与经济发展水平三倍于自身的经济体相似，呈现出显著的赶超态势（黄先海等，2010），本书的测度结果也表明，2002—2014 年间，中国制造业的出口技术复杂度上升了四倍多（见图 7-15）。

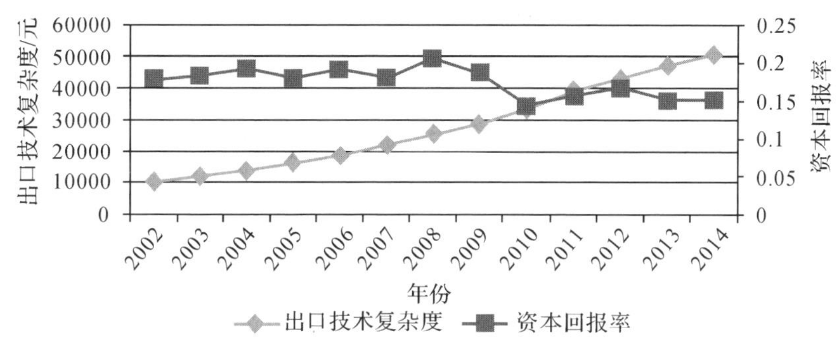

图 7-15　中国制造业出口技术复杂度与资本回报率关系

制造业出口技术复杂度的升级往往意味着生产技术水平的提升，张勋和徐建国（2016）与黄先海等（2010）的研究表明，生产技术水平的提升会推动制造业资本回报率的提升。为此，出口技术复杂度的深化可能会在一定程度上推动资本回报率的提升。然而令人遗憾的是，伴随着制造业出口技术复杂度升级，中国资本回报率并未呈现上升趋势，在 2008—2010 年和 2012—2014 年这两个时间段还呈现出显著的下降趋势（见图 7-15）。现实与理论研究结论的背离使得我们产生一个疑惑：出口技术复杂度升级到底是促进了还是抑制了中国制造业资本回报率的提升呢？快速提升制造业出口技术复杂度是我国实现发展方式转变和提升制造业增长质量的重要途径（陈晓华等，2011；戴翔，金碚，2014），而提升资本回报率是当前提升资本要素配置效率和优化投资结构的必由之路（黄先海等，2012；白重恩，张琼，2014）。为此，深入探讨上述问题的答案，对于出口技术复杂度和资本回报率背向发展的中国而言，具有较强的现实意义。此外，资本的持续深化是我国经济增长的一个重要源泉（张勋，徐建国，2016；陈晓华等，2011；黄先海等，2012），因而忽略资本深化因素研究中国资本回报率可能并不妥当，为此，笔者将资本深化也纳入了本书的研究范围。

一、已有文献简析

从理论研究脉络上看，出口技术复杂度和资本回报率成为学界关注的热点均源于其研究结论的争议性。Rodrik(2006)与Schott(2008)等研究发现中国出口技术复杂度的演进机制与克鲁格曼和霍斯曼的经典理论相悖(黄先海等,2010),这一具有争议性的结论促使学界对出口技术复杂度进行了“里昂惕夫之谜”式的大讨论。对资本回报率的大规模研究则源于世界银行2006年《中国经济季度报告》,该报告研究发现中国2005年全国工业企业税前资本回报率超过了15%(张勋,徐建国,2016),这一研究引起了广泛的争议和讨论。从现实应用角度看,出口技术复杂度和资本回报率变迁均会对经济增长方式和资源配置方式产生一定影响(张勋,徐建国,2016;白重恩,张琼,2014),为此,在优化经济增长方式成为国家重要战略的中国(洪银兴,2016),国内学界对二者的关系进行了大量“深耕”,以期为提升经济增长质量出谋划策。那么已有研究对二者的关系是如何阐述的呢?综合现有文献,可以发现其具有如下特征。

一是资本回报率的测度方法已经相对成熟和多样化,现有研究多关注资本回报率的影响因素。在《中国经济季度报告》(2006)公布初期,学界多关注于中国资本回报率的核算,如Bai等(2006)与卢峰(2007)基于异质性核算体系,开创性地构建了资本回报率的多种测度方法,并对中国的资本回报率进行了多层次的描述性分析;白重恩和张琼(2014),张勋和徐建国(2016)及贾润崧和张四灿(2014)则在修正已有测度方法的基础上,构建了更为科学的测度方法分析资本回报率。在测度方法相对完善后,学界开始关注资本回报率变迁的影响因素,资本深化被视为资本回报率变迁的关键影响因素,并且该影响因素的作用力显著为负(张勋,徐建国,2016;黄先海等,2012),即资本深化程度越高,资本回报率越低,上述结论也符合了要素边际收益递减规律。此外,学界还着重分析了政府(白重恩,张琼,2014)、技术进步(黄先海等,2012;黄先海等,2011)、所有制结构(Hsieh et al.,2015;邵挺,2010)和全要素生产率(白重恩,张琼,2014)等因素对资本回报率的影响。近期也有学者开始关注资本回报率变迁的经济效应,如郭步超和王博(2014)基于门槛效应视角分析了资本回报率对政府负债和经济增长之间关系的影响机制;陈虹和朱鹏珅(2015)分析了资本回报率对区域经济非均衡增长的影响机制,认为资本回报率的提升扩大了中国区域间的经济发展差异。

二是出口技术复杂度和资本回报率虽然为当前学界研究的热点,然而两个领域的研究缺乏交集,仅能从对技术进步与资本回报率之间关系的研究中推导出二者的作用机制。对出口技术复杂度的研究主要集中于测度方法构建(如Rodrik,2006;Schott,2008)、中国出口技术复杂度异常的动因(如Rodrik,2006;黄先海等,2010)、出口技术复杂度演进机理(如陈晓华等,

2011；王永进等，2010）、出口技术复杂度赶超（如刘慧，2016；杨汝岱和姚洋，2008）和出口技术复杂度的经济效应（如 Jarreau & Poncet，2012；陈晓华和刘慧，2015）等领域，并无学者深入分析出口技术复杂度演进对资本回报率的作用机制。结合技术升级与资本回报率领域的研究成果，可以推定制造业出口技术复杂度升级对资本回报率可能具有两个方面的影响效应：一是促进效应，出口技术复杂度深化不仅意味着一国出口品生产工艺和技术的升级（Rodrik，2006；Schott，2008），还意味着一国出口品质量和国际竞争能力的提升，进而推动一国出口产品单位价格与收益上升，最终促进资本回报率提升（黄先海等，2012；黄先海等，2011；姚毓春等，2014）；二是抑制效应，R&D 投入、高技术引进和高端中间品引进是出口品生产工艺和技术改进的主要途径（Rodrik，2006；Schott，2008；陈晓华等，2011），为此，出口技术复杂度升级往往意味着企业投入成本的增加，一旦投入成本增加幅度高于价格增加幅度，资本的收益将受到“挤压”和“侵占”，最终抑制资本回报率的提升。

综上所知，已有研究虽为本书理解制造业出口技术复杂度升级对资本回报率的作用机制提供了深刻的见解，但目前并无学者对二者的作用关系进行经验分析，为此，学界无法获悉二者的实际作用机制。有鉴于此，本书在测度出 2002—2014 年中国省级区域制造业出口技术复杂度和资本回报率的基础上，运用省级面板数据计量方法，深入分析中国制造业出口技术复杂度对资本回报率的作用机制，并探索出口技术复杂度与资本回报率背向发展困境的解决路径。与已有文献相比，本书的突破点可能在于以下两个方面：一是首次细致刻画中国制造业出口技术复杂度升级对资本回报率的作用机制，并将中国外力依赖型出口技术复杂度升级特征纳入原因分析中，使得两个鲜有交集的研究领域实现有效衔接，为两个领域的理论与实证研究提供有中国特色的经验证据；二是首次从“宏观复合措施”和“组合拳”视角探索出口技术复杂度和资本回报率背向发展的破解路径，所得结论能为中国构建出口技术复杂度与资本回报率良性互动机制提供全新的思路和决策参考。

二、关键变量的测度与特征分析

（一）中国制造业出口技术复杂度的测度与分析

借鉴 Rodrik（2006）与陈晓华等（2011）的研究，本书采用基于人均 GDP 的方法测度中国省级区域制造业的出口技术复杂度，具体公式如下：

$$\mathrm{PRODY}_m = \sum_j \frac{x_{mj}/X_j}{\sum_j x_{mj}/X_j} Y_j \tag{7.26}$$

其中，$PRODY_m$ 为国家层面亚产业 m 的出口技术复杂度，x_{mj} 为 j 省 m 产业的出口额，Y_j 为 j 省人均 GDP，X_j 为 j 省出口总额。在核算出制造业亚产业层面（m）的出口技术复杂度后，进一步运用下式核算出各省的出口技术复杂度：

$$PROD_{jt}=\frac{x_{1jt}}{X_{jt}}PRODY_{1t}+\frac{x_{2jt}}{X_{jt}}PRODY_{2t}+\cdots+\frac{x_{njt}}{X_{jt}}PRODY_{nt}$$
$$=\sum_{i=1}^{n}\frac{x_{ijt}}{X_{jt}}PRODY_{it} \tag{7.27}$$

其中，$PROD_{jt}$ 是 j 省 t 年出口技术复杂度，x_{ijt} 为 j 省 i 产业 t 年出口额，X_{jt} 为 t 年 j 省总出口额。笔者采用《国际贸易研究及决策支持系统》数据库提供的各省 HS 编码出口数据进行测算，考虑到本书的研究对象为制造业，借鉴陈晓华等（2011）的处理方法，笔者剔除了资源密集型产品、艺术类产品、杂类产品和未归类产品等，最终进行测算的产业为 HS 码中的十二类产品①。

基于上述方法和数据，本书测度了中国 30 个省级区域的出口技术复杂度②。图 7-16 报告了 2002—2014 年东中西部区域制造业出口技术复杂度均值的变化趋势，可知：首先，东部地区出口技术复杂度均值明显大于中部地区，而中部地区出口技术复杂度均值明显大于西部地区，这一结论印证了 Rodrik（2006）与陈晓华等（2011）的观点，即经济越发达区域的出口技术复杂度越高；其次，东中西部地区制造业出口技术复杂度均呈现快速上升的趋势，均值从 2002 年的 10000 左右上升到了 2014 年的 50000 左右，2013 年间出口技术复杂度值增加了四倍，这在一定程度上表明，2002 年后，中国制造业出口技术复杂度继续保持 Rodrik（2006）定义的“跨越式”增长；最后，2008 年后增长趋势并未呈现明显的波动，这表明金融危机并未对中国制造业出口技术复杂度的深化产生明显冲击，即外需疲软并未改变中国制造业出口技术复杂度的演进轨迹，这一基于产品层面的测度结果与陈晓华和刘慧（2014）基于微观企业层面测试出的结果高度吻合，进一步证实了本书测度结果的准确性。图 7-17 报告了 2002—2014 年 30 个省份各自的制造业出口技术复杂度均值。出口技术复杂度均值最高的五个区域为天津、北京、广

---

① 分别为第六类（化学工业及其相关工业的产品）、第七类（塑料及其制品；橡胶及其制品）、第八类（革、毛皮及制品；箱包；肠线制品）、第九类（木及制品；木炭；软木；编织品）、第十类（木浆及造纸制品）、第十一类（纺织原料及纺织制品）、第十二类（鞋帽伞等；羽毛品；人造花；人发品）、第十三类（矿物材料制品；陶瓷品；玻璃及制品）、第十五类（贱金属及其制品）、第十六类（机电、音像设备及其零件、附件）、第十七类（车辆、航空器、船舶及运输设备）和第十八类（光学、医疗等仪器；钟表；乐器）。

② 由于在计算过程中，西藏地区的数据存在不全面等问题，笔者并未计算西藏的资本回报率。因西藏数据的缺失，后文资本回报率的测度和实证的分析中样本均未包含西藏。

东、上海和江苏，均为东部发达地区，均值最低的五个区域为云南、贵州、青海、宁夏和甘肃，均为西部欠发达地区，这进一步证实了经济越发达区域其出口技术复杂度越高观点的准确性，也印证了本书测度结果的科学性。

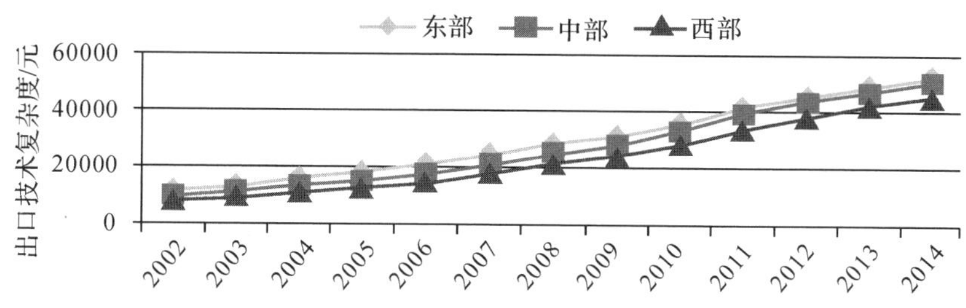

图 7-16　2002—2014 年东中西部制造业出口技术复杂度均值

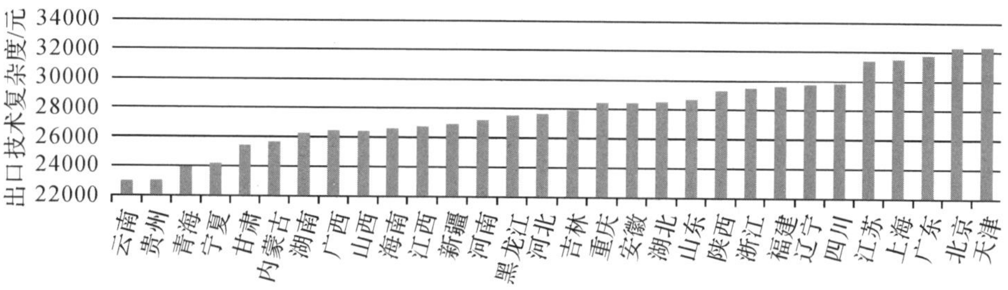

图 7-17　2002—2014 年中国省级区域制造业出口技术复杂度均值

（二）中国省级区域资本回报率的测度与分析

借鉴 Bai 等（2006）、黄先海等（2012）与黄先海等（2011）的研究，本书采用资本边际产出与资本价格之比来衡量资本回报率，具体计算公式如下：

$$i(t)=\frac{P_Y(t)MPK_j(t)}{P_{k_j}(t)} \tag{7.28}$$

其中，$i(t)$为资本回报率，$MPK_j(t)$为 j 类资本边际产出，$P_Y(t)$为产品价格，$P_{k_j}(t)$为 j 类资本价格。根据黄先海等（2012）的研究可知，总资本边际产出表示为总产出中的资本份额 $a(t)$，即

$$\sum_j P_Y(t)MPK_j(t)K_j(t)=a(t)P_Y(t)Y(t) \tag{7.29}$$

$K_j(t)$和 $Y(t)$分别为第 j 类资本的存量和总产出，根据黄先海等（2012）与黄先海等（2011）的研究，$a(t)$可以借助劳动报酬数据核算，即 $a(t)=1-\frac{W(t)}{P_Y(t)Y(t)}$，其中 $W(t)$为劳动报酬。进一步将资本折旧率和价格变化趋势纳入计算过程，则实际资本回报率计算公式演化为：

$$r(t)=\frac{a(t)P_Y(t)Y(t)}{P_K(t)K(t)}+\widehat{P}_K(t)-\widehat{P}_Y(t)-\delta(t) \tag{7.30}$$

其中，$r(t)$是资本品实际资本回报率，$P_K(t)$是资本品市场价格，$P_Y(t)$为对应的产出品价格，$\delta(t)$是资本折旧率，$\widehat{P}_K(t)$和$\widehat{P}_Y(t)$分别为资本价格的变化率和产出价格变化率。根据式(7.30)，计算资本回报率过程中需要获得以现价核计的产出、资本收入份额以及资本存量等数据。对于各省资本收入份额，本书借鉴白重恩和张琼(2014)的研究，采用"1－劳动者报酬/地区生产总值"表示；劳动者报酬数据来源于《中国统计年鉴》中以收入法核算的 GDP 结构数据；各省资本存量是在张军等(2004)估算的 2000 年的数据基础上，采用永续盘存法持续测算至最新年份得出的①；各省产出价格变化率借助前文资本存量和相应价格指数计算而得；资本品折旧率的取值与张军等(2004)的一致。由此，笔者计算出了 2002—2014 年中国 30 个省级区域的资本回报率。

图 7-18 报告了 2002—2014 年东中西部地区资本回报率的均值，可知：首先，2002—2014 年间东中西部的资本回报率不仅呈现出一定的下降趋势，还表现出一定的"收敛趋势"，三个区域的资本回报率在 2012 年后均呈现向 15%收敛的特征。其次，中部资本回报率最高，东部次之，西部资本回报率最低。这一现象出现的原因可能在于，东部是我国资本最丰裕的区域，边际递减效应使得东部资本回报率低于中部，但是东中部相对较优的资源配置体系又使得东中部地区的资本回报率高于资本相对匮乏的西部地区。最后，2002—2012 年间资本回报率呈现倒 U 形，倒 U 形的顶点是 2008 年，且 2009 年和 2010 年资本回报率呈现"断崖式"下降，这在一定程度上表明，金融危机引致的救市型投资加剧了边际递减效应对资本回报率的负向影响。图 7-19 报告了 2002—2014 年中国省级区域资本回报率的均值，可知资本回报率最高的五个省份为广东、山西、黑龙江、内蒙古和浙江，而资本回报率均值最低的五个区域为新疆、宁夏、青海、贵州和重庆。作为资本相对丰裕的广东省，其资本回报率均值为全国第一，这在一定程度上表明，其资本要素的配置效率远高于全国其他区域，进而有效抵消了边际收益递减规律的负向冲击。值得一提的是，按照边际收益递减规律，作为资本相对稀缺的省份，新疆、宁夏、青海和贵州的资本回报率应远高于其他省份，但其实际资本回报率却在全国排名靠后。这表明，上述区域亟待提高资本要素配置机制，以降低资本要素价格的扭曲程度，进而更有效地引导资本流向，最终提升资本效率和回报率。

---

① 张军等(2004)的测度结果中，2000 年重庆和四川的资本存量为合成值，笔者以 2000 年川渝两省市的 GDP 作为比重将合成值分别拆分给四川和重庆，2000 年后川渝的资本存量以永续盘存法计算而得。

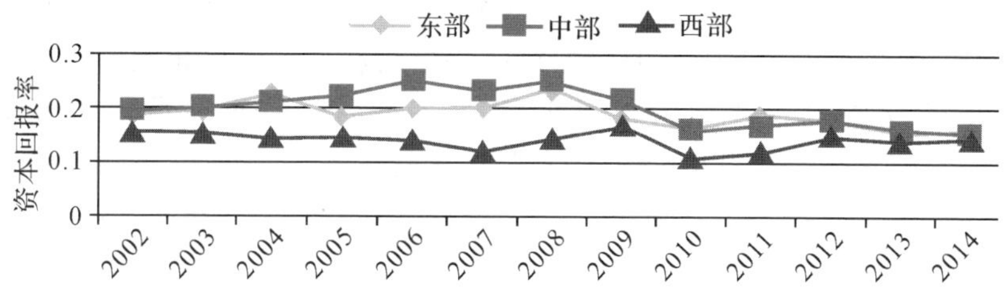

图 7-18　2002—2014 年东中西部资本回报率均值

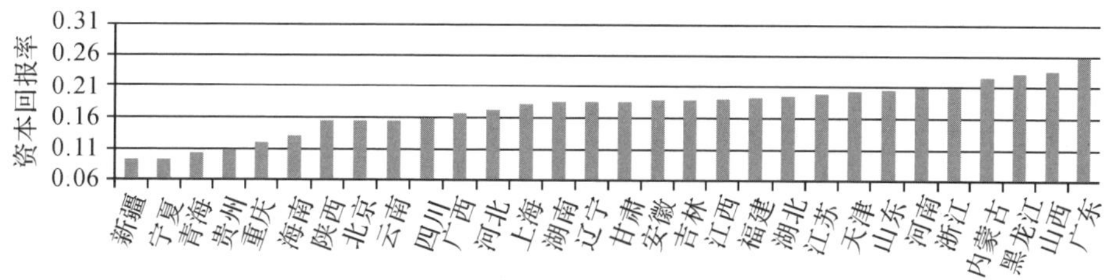

图 7-19　2002—2014 年中国省级区域资本回报率均值

(三)出口技术复杂度与资本回报率关系的初步判断

为避免估计结果出现无长期均衡关系的"伪回归",需确定出口技术复杂度与资本回报率间是否存在协整关系,笔者采用 Kao-ADF 检验进行分析。表 7-21 报告了全国、东部和中西部三个层面的检验结果,可知三个区域 Kao-ADF 的检验值均在 1%的显著性水平上证实了二者协整关系的存在性,即实证估计二者不会出现无长期均衡关系的"伪回归"。

表 7-21　出口技术复杂度与资本回报率长期均衡关系的检验结果①

检验样本	全国		东部		中西部	
Kao-ADF	*t* 统计值	概率	*t* 统计值	概率	*t* 统计值	概率
	−5.0591	0.0000	−4.8598	0.0000	−5.0540	0.0000

为了更直观地刻画制造业出口技术复杂度对资本回报率的作用机制,本部分从全国、东部和中西部三个层面给出了二者关系的散点图和拟合曲线。从图 7-20 中可以看出,全国、东部和中西部三个层面曲线的斜率均显著为负,这表明,中国制造业出口技术复杂度升级对资本回报率具有一定的抑制效应,而且这一抑制效应在东中西部地区具有一致性。这也在一定程度

① 其中东部地区为北京、河北、辽宁、天津、山东、江苏、上海、福建、浙江、广东和海南等 11 个省份,中西部为山西、吉林、黑龙江、安徽、江西、河南、湖北、湖南、四川、贵州、云南、广西、陕西、甘肃、青海、内蒙古、重庆、新疆和宁夏等共 19 个省区市。

上表明,伴随着中国制造业出口技术复杂度的攀升,其产品价格的增加幅度低于研发和技术引进等成本的增加幅度。当然这是无条件相关的方向性判断结果,后文将进一步加入控制变量,并用面板数据两阶段最小二乘法(2SLS)进行实证分析,以得到更为科学准确的结果。

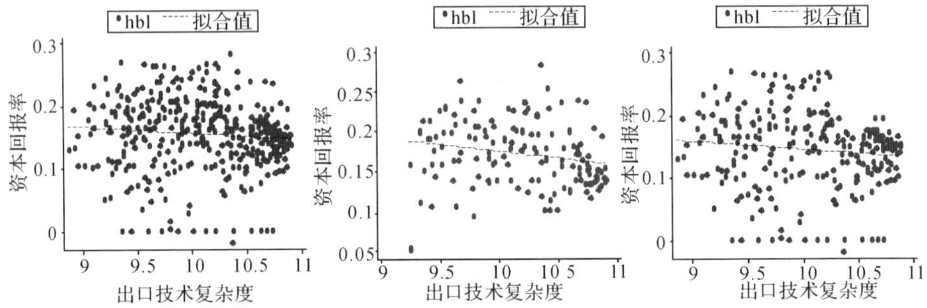

图 7-20 出口技术复杂度与资本回报率关系的散点分布

注:a 为全国整体,b 为东部地区,c 为中西部地区,hbl 为资本回报率。

三、计量结果分析

(一)计量模型的确定

本书的主要目的是揭示制造业出口技术复杂度(PROD)升级对资本回报率(hbl)的作用机制。为此,被解释变量为资本回报率,解释变量为制造业出口技术复杂度。考虑到出口技术复杂度和资本回报率间可能存在一定的内生性,我们采用 2SLS 估计法进行实证分析,并采用解释变量一期滞后项作为工具变量,同时采用 LM 检验、CD 检验和 Hansen J 检验来识别工具变量的有效性。考虑到资本深化与资本回报率的研究呈“绑定式”出现,笔者进一步将资本深化(ZBSH)变量纳入回归中,以在考察资本深化对资本回报率作用机制的基础上,对比资本深化与出口技术复杂度对资本回报率作用力的差异,并将资本深化与出口技术复杂度的交互项作为解释变量①,以考察二者的叠加效应对资本回报率的作用机制。为防止出口技术复杂度与资

① 将资本回报率和出口技术复杂度交互项纳入研究的原因可能体现于两个方面:一是在出口技术复杂度和资本深化持续提升的中国,考察二者的交互项能有效地刻画出口技术复杂度和资本深化对资本回报率的叠加效应,以为当前制定出口技术复杂度、资本深化和资本回报率协调发展方面的政策提供经验参考;二是资本深化是左右资本回报率的核心因素,该变量在研究资本回报率的主流文献中均有所考虑(张勋,徐建国,2016;黄先海等,2012;白重恩,张琼,2014;贾润崧,张四灿,2014;黄先海等,2011),二者呈“绑定式”出现,为此,将资本回报率及其与出口技术复杂度的交互项纳入不仅能响应主流文献的研究脉络,还能将已有研究延伸到二者的叠加效应领域,这在一定程度上拓展了主流文献的研究范围。

本回报率之间呈现非线性(U 形或倒 U 形)关系,实证中笔者还将出口技术复杂度的平方项纳入回归方程中。

为进一步提升估计结果的可靠性,笔者在回归中加入了既能刻画省级区域属性,又可能对资本回报率产生一定影响的变量作为控制变量,具体有:(1)第一产业产值占 GDP 的比重(STR),农业和非农业产值占 GDP 比重不仅是刻画不同区域要素生产率和经济发展水平特征的重要指标(白重恩,张琼,2014),也是影响区域资本回报率变迁的关键变量之一(白重恩,张琼,2014;姚毓春等,2014),实证中以 ln(1+第一产业总产出/GDP)表示;(2)城市化率(CITY),城市化不仅会促进人口集聚,还会促进资本集聚,并对资本流向和资本回报率产生一定的影响。实证中以 ln(1+城镇人口/总人口)表示;(3)老龄化(AGE),人口老龄化不仅会提升社会抚养成本,还会对消费率和储蓄率产生一定影响,甚至会在一定程度上影响资本流向和流量,最终影响资本回报率的高低。实证中以 ln(1+老年人口抚养比)表示;(4)国有经济占比(GY),国有企业资本回报率往往低于其他所有制企业,而国有企业在改革开放后的大量退出是造成中国资本回报率变迁的重要因素(陈虹,朱鹏珅,2015),实证中以 ln(1+国有经济固定资产投资/全社会固定资产投资)表示;(5)对外贸易依存度(INDE),国际贸易理论认为价格差异是贸易产生的主要诱因,国际贸易通过“要素价格均等化”机制影响一国的资本积累和资本回报率(张小蒂,王永齐,2011),实证中以 ln[1+(进口+出口)/GDP]来刻画国际贸易的上述特征。

(二)实证结果与分析

本部分从全国、东部和中西部三个层面就制造业出口技术复杂度对资本回报率的影响进行了实证分析,表 7-22 和表 7-23 分别报告了相应的结果,可知两表中 LM 检验、CD 检验和 Hansen J 检验结果均表明方程的工具变量是合理有效的。从估计系数上看,三个层面实证结果中出口技术复杂度的平方项均未通过 10%的显著性检验。为此,U 形(或倒 U 形)关系并不成立。三个层面出口技术复杂度的估计系数均为负,且通过了至少 5%的显著性检验,可见出口技术复杂度深化不仅不利于省级区域资本回报率的提升,反而起到了一定的抑制作用。三个层面实证结果中资本深化的估计结果显著为负,这一结论与黄先海等(2011,2012),张勋和徐建国(2016)的结论一致,既印证了资本要素边际收益递减规律在中国的存在,也证实了前文资本回报率测度结果的可靠性。资本深化和出口技术复杂度的交互项也显著为负,由此可以推定:资本深化和出口技术复杂度升级对资本回报率的负向作用具有叠加加剧效果,在出口技术复杂度越高的领域进行资本深化,其产生的边际负效应越大。

表 7-22　全国整体层面的实证结果①

系数	(1)	(2)	(3)	(4)
PROD	−0.188 (−0.831)	−0.0255*** (−4.379)		−0.395*** (−2.948)
$PROD^2$	0.00805 (0.723)			
ZBSH			−0.0196*** (−5.470)	−0.172*** (−3.737)
ZBSH * *PROD*				−0.0413*** (−3.228)
STR	−0.401*** (−6.876)	−0.391*** (−6.669)	−0.275*** (−5.154)	−0.176** (−2.407)
CITY	0.0390* (1.822)	0.0359* (1.713)	0.0298 (1.555)	0.00815 (0.319)
AGE	0.0264* (1.775)	0.0253* (1.722)	0.00787 (0.542)	−0.00577 (−0.374)
GY	−0.143*** (−3.790)	−0.145*** (−3.832)	−0.0833** (−2.188)	−0.0627 (−1.591)
INDE	0.0803*** (5.316)	0.0791*** (5.264)	0.0851*** (6.335)	0.0780*** (4.794)
C	1.316 (1.153)	0.500*** (6.561)	0.308*** (6.894)	−1.410*** (−2.986)
F 检验	0.0000	0.0000	0.0000	0.0000
LM 检验	103.25	171.02	126.118	53.281
CD 检验	7621.24	4.9e+04	4.7e+04	119.232
Hansen J 检验	0.000	0.000	0.000	0.000
OBS	360	360	360	360
CR^2	0.3058	0.3055	0.1801	0.0765

注：***，**，* 分别表示在 1%、5%、10%的水平上显著，以下同。

① 为提高实证结果的可靠性和稳健性，全书的 2SLS 回归均增加了 Robust 稳健性命令。

表 7-23 东部和中西部的实证结果

系数	东部地区				中西部地区			
	(1)	(2)	(3)	(4)	(1)	(2)	(3)	(4)
PROD	0.163 (0.475)	−0.0128* (−1.662)		−0.623** (−2.321)	−0.247 (−0.909)	−0.0277*** (−4.017)		−0.333** (−2.120)
$PROD^2$	−0.00861 (−0.517)				0.0109 (0.810)			
ZBSH			−0.0105* (−1.843)	−0.228** (−2.228)			−0.0200*** (−4.617)	−0.158*** (−3.100)
ZBSH * *PROD*				−0.0597** (−2.340)				−0.0360** (−2.425)
STR	−0.382*** (−8.090)	−0.390*** (−6.973)	−0.371*** (−7.009)	−0.326*** (−4.936)	−0.555*** (−4.602)	−0.548*** (−4.467)	−0.286** (−2.118)	−0.211 (−1.377)
CITY	−0.00495 (−0.279)	−0.00183 (−0.0854)	0.00348 (0.204)	−0.0414 (−1.490)	0.0947** (2.109)	0.0884** (2.010)	0.0932** (2.117)	0.0688 (1.426)
AGE	−0.0360** (−2.361)	−0.0355** (−2.216)	−0.0242 (−1.514)	−0.0545** (−2.109)	0.0647*** (3.068)	0.0632*** (3.032)	0.0335 (1.451)	0.00976 (0.376)
GY	−0.0633 (−1.099)	−0.0673 (−1.165)	−0.0669 (−1.230)	−0.000803 (−0.0125)	−0.109* (−1.781)	−0.111* (−1.840)	−0.0790 (−1.293)	−0.0613 (−1.013)

续表

系数	东部地区				中西部地区			
	(1)	(2)	(3)	(4)	(1)	(2)	(3)	(4)
INDE	0.119*** (7.424)	0.120*** (8.130)	0.120*** (7.502)	0.0976*** (4.834)	−0.0978 (−1.528)	−0.0963 (−1.484)	−0.102 (−1.437)	−0.127 (−1.592)
C	−0.400 (−0.227)	0.495*** (5.130)	0.371*** (8.352)	−1.969* (−1.898)	1.578 (1.164)	0.481*** (4.549)	0.257*** (3.348)	−1.245** (−2.421)
F 检验	0.0000	0.0000	0.0000	0.0000	0.0000	0.0000	0.0000	0.0000
LM 检验	52.18	130.78	52.98	12.18	79.087	114.58	87.922	62.25
CD 检验	2217.05	1.3e+04	8111.1	714.188	4943.633	3.3e+04	4.6e+04	141.483
Hansen J 检验	0.000	0.000	0.000	0.000	0.000	0.000	0.000	0.000
OBS	132	132	132	132	228	228	228	228
CR^2	0.428	0.426	0.4253	0.2935	0.3084	0.3078	0.1079	0.0354

值得一提的是，三个层面的实证结果中，出口技术复杂度和资本深化虽然都表现出显著的负效应，但前者的绝对值均大于后者。这在一定程度上表明，出口技术复杂度深化对资本回报率产生的负向冲击大于资本深化。导致中国制造业出口技术复杂度对资本回报率产生负效应的机制可能在于：虽然中国制造业在短期内实现了出口技术复杂度的快速升级（Rodrik，2006；Schott，2008），但实际升级机制具有显著的外力依赖型逆比较优势赶超特征（刘慧，2016），即核心技术、设备和中间品严重依赖于国外进口（见图7-21），且进口的核心技术、设备和中间品的技术水平往往高于中国的“比较优势水平零值曲线”（陈晓华等，2011）。这种以外力依赖和逆比较优势为特征的出口技术复杂度赶超，一方面使得中国制造业在进行出口技术复杂度升级时，需投入大量的成本购买国外核心技术、设备和中间品，从而在较大幅度上“侵占”出口企业的利润；另一方面使得中国出口品不断介入本无明显优势的高技术复杂度市场，进而面临比较优势水平较高且具有长期市场口碑的发达经济体跨国公司的正面竞争，使得介入高技术复杂度领域的中国企业不得不采用低价竞销的策略，以赢得国际市场的青睐。由此可见，外力依赖型赶超引致的成本上升和逆比较优势赶超引致的价格提升乏力的共同作用，不仅使得出口技术复杂度升级对资本回报率产生了负向抑制效应，还使得其抑制效应大于资本深化对资本回报率的负向边际递减效应。为此，扭转和优化当前出口技术复杂度外力依赖型逆比较优势赶超模式显得十分迫切。

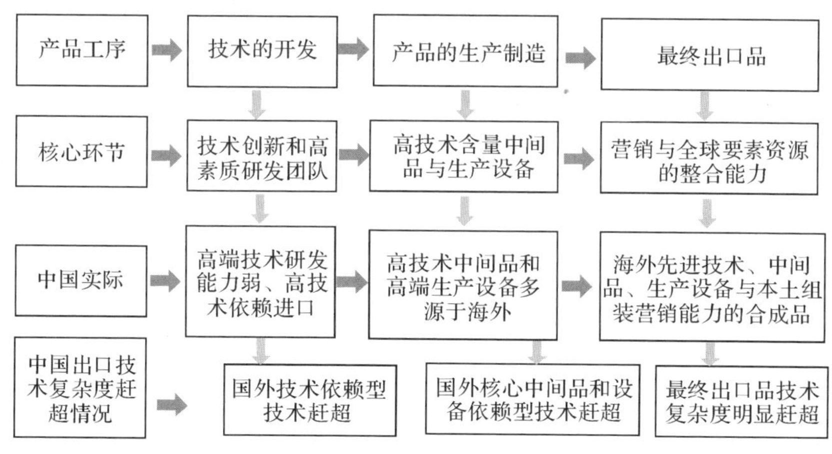

图 7-21　中国外力依赖型技术赶超示意

（二）稳健性检验

前文从三个区域层面揭示了制造业出口技术复杂度升级对区域资本回

报率的作用机制，也证实了出口技术复杂度对资本回报率非线性关系的不存在性、资本深化边际递减效应的存在性及资本回报率测度结果的科学性。为进一步确保前文实证结果的可靠性，笔者采用系统 GMM 估计法对三个层面的实证结果进行稳健性检验[①]，其中国家整体层面我们在剔除上海、北京和天津等“异常样本”的基础上，采用 2SLS 模型再度进行稳健性检验。表 7-24 报告了全国层面的稳健性检验结果，可知：一方面，两类稳健性检验结果中出口技术复杂度及其与资本深化交互项的实证结果在预期显著性和方向上与前文高度一致；另一方面，U 形（或倒 U 形）关系在剔除“异常样本”后的估计结果也不成立，而资本深化边际递减效应则在两类估计结果中均成立，为此前文的实证结果是稳健可靠的。东部和中西部地区的稳健性结果也印证了前文中西部地区实证结果的可靠性，为免赘述，此处略去东部和中西部层面的稳健性检验结果。

四、进一步分析：抑制效应的宏观破解路径

前文的实证结果表明，中国制造业出口技术复杂度升级对资本回报率具有显著的抑制效应。快速提升制造业出口技术复杂度是出口型制造业发展方式转变的核心内容，资本回报率的提升是优化资本配置效率、降低资本要素价格扭曲程度和转变制造业发展方式的重要途径，由此观之，促进发展方式转变的两个重要“抓手”在中国具有“背道而驰”的特征。那么如何破解这一抑制效应，以使得两个“抓手”同向协调发展呢？本部分基于宏观经济手段组合视角探讨负向效应的破解路径。

综合白重恩和张琼（2014）、张勋和徐建国（2016）、黄先海等（2012）与黄先海等（2011）关于资本回报率影响因素的研究以及 Rodrik（2006）、Schott（2008）和陈晓华等（2011）关于出口技术复杂度影响因素的研究，笔者选用了各省级区域的外商直接投资流入量（FDI）、人均消费（CONS）、出口额（EX）及人力资本（EDU）[②]作为“组合拳”变量与出口技术复杂度的交互项进行实证分析。

---

① 根据刘慧等（2014）与陈晓华和刘慧（2014）等的研究与论证，可知 GMM 估计法和 2SLS 估计法均能有效地处理内生性问题，可以用 GMM 估计法的估计结果对 2SLS 估计结果进行稳健性检验。考虑到系统 GMM 同时考虑差分状态和水平状态，其估计结果比差分 GMM 估计结果更为科学。为此，本书采用系统 GMM 估计法进行稳健性检验。

② 实证中 FDI、出口和人均消费均采用自然对数值表示，以降低异方差给回归结果带来的不良冲击，人力资本以各省就业人员中受过高等教育人员（大专及以上）的占比表示，具体为 ln(1＋就业人员中受过高等教育人员占比)。

表 7-24　全国层面稳健性检验结果

系数	剔除上海、北京和天津				系统 GMM 估计			
	(1)	(2)	(3)	(4)	系数	(1)	(2)	(3)
PROD	−0.188 (−0.821)	−0.0268*** (−4.347)		−0.453*** (−3.034)	*L. hbl*	0.0927 (0.455)	0.227 (1.513)	−0.0189 (−0.199)
$PROD^2$	0.00797 (0.707)				*PROD*	−0.0234** (−2.315)		−0.363** (−2.517)
ZBSH			−0.0201*** (−5.238)	−0.178*** (−3.670)	*ZB*		−0.0269** (−2.564)	−0.311*** (−6.885)
ZBSH * *PROD*				−0.0463*** (−3.273)	*ZB* * *PROD*			−0.00844* (−1.731)
STR	−0.453*** (−4.735)	−0.440*** (−4.580)	−0.201** (−2.104)	−0.0370 (−0.285)	*STR*	0.0404 (0.173)	0.268 (1.449)	−0.466* (−1.711)
CITY	0.0555** (2.225)	0.0527** (2.143)	0.0558** (2.354)	0.0311 (1.065)	*CITY*	0.0569** (2.553)	0.0194 (1.257)	−0.00695 (−0.231)
AGE	0.0397** (2.483)	0.0387** (2.436)	0.0171 (1.054)	0.00881 (0.523)	*AGE*	0.149*** (2.592)	0.0778** (2.427)	0.148*** (3.792)
GY	−0.121*** (−2.798)	−0.124*** (−2.865)	−0.0820* (−1.879)	−0.0706 (−1.552)	*GY*	−0.0375 (−0.379)	−0.143 (−1.099)	0.101 (0.757)

续表

系数	剔除上海、北京和天津				系统 *GMM* 估计			
	(1)	(2)	(3)	(4)	系数	(1)	(2)	(3)
INDE	0.0852*** (5.086)	0.0838*** (5.040)	0.0860*** (5.810)	0.0726*** (3.938)	*INDE*	−0.0358 (−0.587)	−0.0644 (−1.241)	0.0603 (0.933)
C	1.295 (1.122)	0.487*** (6.034)	0.257*** (4.860)	−1.577*** (−3.062)				
F 检验	0.0000	0.0000	0.0000	0.0000	Wald 值	700.04	1092.93	156.15
LM 检验	99.908	151.44	114.09	51.246	AR(1)	0.049	0.002	0.000
CD 检验	7047.66	4.5e+04	4.3e+04	105.519	AR(2)	0.207	0.172	0.580
Hansen J 检验	0.000	0.000	0.000	0.000	Sargan	0.000	0.000	0.000
OBS	336	336	336	336	OBS	360	360	360
CR^2	0.3229	0.3227	0.191	0.0846	—	—	—	—

表 7-25 给出了“单重”组合拳破解路径的基准检验结果和稳健性检验结果[①]，可知四个宏观变量的估计系数均显著为正。为此，外商直接投资、人均消费、出口额和人力资本都具有提升中国省级区域资本回报率的功能。但令人遗憾的是，四个变量与出口技术复杂度交互项的估计结果均显著为负，这表明，四个变量虽能提升省级区域资本回报率，但该变量与出口技术复杂度同步提升时，无法扭转出口技术复杂度对资本回报率的负向作用效应。值得一提的是，FDI 的估计系数显著为正，因而新介入中国市场的外资企业平均资本回报率高于国内已有企业平均资本回报率。为此，引进高资本回报率的外资企业也可以成为提升省级区域资本回报率的一个重要手段。系统 GMM 稳健性检验的结果（见表 7-25）在显著性和系数预期符号方面与 2SLS 高度一致。为此，四个变量的估计结果是稳健可靠的。

表 7-26 报告了“双重”组合拳（两个变量同时与出口技术复杂度相乘构成交互项）的实证结果，双重组合拳的交互项有不显著为负的情况。为此，我们可以推定：“双重”组合拳能缓解，甚至扭转出口技术复杂度对资本回报率的负向效应。这一现象出现的原因可能在于：一方面，“双重”组合拳对抑制效应起缓解作用的“正向抓手”明显多于“单重”组合拳；另一方面，“双重”组合拳中的两个正效应指标会产生协同叠加效应，当协同叠加效应为正时，“双重”组合拳的缓解功能会产生一加一大于二的效果。再深入分析表 7-26 中的实证结果，我们还可以得到如下结论。

一是人力资本、国内消费与出口技术复杂度同时提升对资本回报率的作用力显著为负，而人力资本、外商直接投资与出口技术复杂度同步提升则能显著地促进资本回报率的提升。这表明当人力资本深化仅仅服务于国内消费时，其无助于缓解出口技术复杂度对资本回报率的抑制效应，当人力资本深化服务于国外技术流入时，则能有效地扭转抑制效应。为此，中国在大量引进国外高技术企业的同时，需不断提升自身的人力资本质量，以在提升技术复杂度赶超“内力”和自身比较优势水平的基础上，降低中国制造业逆比较优势赶超的幅度。

---

① 为降低控制变量（*STR*、*CITY*、*AGE*、*GY* 和 *INDE*）与宏观破解变量（*FDI*、*CONS*、*EX* 和 *FD*）间可能存在的相关性给估计结果带来的有偏影响，笔者在破解路径中减少了控制变量的个数。考虑到第一产业占 GDP 的比重在前文实证中的显著性效果优于其他控制变量，笔者仅保留了第一产业占 GDP 的比重作为此处的控制变量。

表 7-25　宏观"单重"组合拳破解路径的实证结果与稳健性检验

系数	基准(2SLS)				稳健性检验(系统 GMM)			
	(1)	(2)	(3)	(4)	(1)	(2)	(3)	(4)
PROD	−0.0634** (−2.054)	−0.0662* (−1.855)	−0.0577*** (−8.126)	−0.0837*** (−11.83)	−0.299** (−2.090)	−0.615*** (−4.048)	−0.349** (−2.170)	−0.100* (−1.645)
FDI	0.137*** (4.479)				0.335** (2.475)			
FDI * *PROD*	−0.0110*** (−3.665)				−0.0329** (−2.365)			
CONS		0.335*** (3.597)				0.436*** (2.645)		
CONS * *PROD*		−0.0218** (−2.449)				−0.0574*** (−3.588)		
EX			0.0198*** (11.91)				0.268** (2.556)	
EX * *PROD*			−0.0013** (−2.408)				−0.0249** (−2.422)	
EDU				0.0132** (2.334)				0.436** (2.386)
EDU * *PROD*				−0.00190*** (−11.52)				−0.0475* (−1.759)
STR	−0.242*** (−3.932)	−0.493*** (−7.686)	−0.338*** (−5.013)	−0.351*** (−5.160)	0.324 (1.259)	−1.177*** (−3.348)	0.391 (1.354)	−0.629** (−2.181)

续表

系数	基准(2SLS)				稳健性检验(系统 GMM)			
	(1)	(2)	(3)	(4)	(1)	(2)	(3)	(4)
M	−0.663** (−2.085)	−1.361* (−1.697)	0.508*** (7.304)	0.784*** (13.08)	−0.111 (−0.888)	0.320** (2.327)	−0.0959 (−0.704)	0.454*** (3.050)
CR^2	0.4681	0.3367	0.3595	0.3521	—	—	—	—
F/W 检验	0.0000	0.0000	0.0000	0.0000	76.27	88.30	75.66	99.92
LM/AR(1)	71.977	103.883	31.205	31.694	0.006	0.000	0.073	0.000
CD/AR(2)	3682.908	1585.452	284.341	272.650	0.114	0.936	0.202	0.471
Hansen J/S	0.000	0.000	0.000	0.000	0.000	0.000	0.000	0.000
OBS	360	360	360	360	360	360	360	360

注：在 2SLS 回归中 M 表示的是常数项，在系统 GMM 估计中为被解释变量的前一期变量，/符号前的为 2SLS 的相关检验，S 是 Sargan 检验。

表 7-26　宏观“双重”组合拳破解路径的实证结果

系数	(1)	(2)	(3)	(4)	(1)	(2)
PROD	−0.0305* (−1.662)	−0.724** (−2.170)	−0.603** (−2.114)	−0.175*** (−3.994)	−0.0756*** (−4.464)	0.0550* (1.718)
FDI	0.0382* (1.695)		0.151*** (4.097)		0.0405*** (10.27)	
FDI ∗ *PROD*	0.00254 (0.390)					

续表

系数	(1)	(2)	(3)	(4)	(1)	(2)
$CONS$		0.681* (1.802)	0.594* (1.874)	0.180*** (6.883)		
$CONS*PROD$		−0.00145*** (−3.046)	−0.00142*** (−3.440)			
EX	0.0258** (2.157)	0.148*** (3.351)				0.0854* (1.721)
$EX*PROD$						−0.00602** (−2.164)
EDU				0.0576** (2.216)	0.0235*** (2.749)	0.0480 (1.620)
$EDU*PROD$				−0.303 (−1.562)	−0.169** (−2.152)	
$FDI*EX*PROD$	−0.000243*** (−2.607)					
$CONS*EX*PROD$		0.0948** (2.124)				
$CONS*FDI*PROD$			0.0751** (2.106)			
$EDU*CONS*PROD$				−0.00322*** (−3.555)		
$EDU*FDI*PROD$					0.000733*** (4.592)	
$EDU*EX*PROD$						−0.000245 (−1.200)
STR	−0.170*** (−5.783)	−0.258*** (−5.857)	−0.185*** (−4.545)	−0.305*** (−4.713)	−0.114** (−2.256)	−0.201*** (−2.910)

续表

系数	(1)	(2)	(3)	(4)	(1)	(2)
C	−0.131 (−0.308)	4.799* (1.781)	4.608* (1.846)	0.447 (1.617)	0.565*** (3.432)	−0.738 (−1.005)
F 检验	0.0000	0.0000	0.0000	0.0000	0.0000	0.0000
LM 检验	60.569	27.406	32.175	22.059	31.333	57.657
CD 检验	714.59	40.458	45.209	1055.85	2677.933	417.62
Hansen J 检验	0.000	0.000	0.000	0.000	0.000	0.000
OBS	360	360	360	360	360	360
CR^2	0.4687	0.3905	0.4639	0.3240	0.462	0.3724

表 7-27　宏观“双重”组合拳破解路径的稳健性检验

系数	(1)	(2)	(3)	(4)	(1)	(2)
L.hbl	−0.0427 (−0.330)	−0.149 (−0.865)	0.332** (2.233)	0.395** (2.255)	0.500*** (3.085)	0.0873** (2.432)
PROD	−0.995*** (−4.155)	−0.725*** (−3.097)	−0.679*** (−4.193)	−0.322*** (−2.664)	−0.154** (−2.130)	−0.481* (−1.652)
FDI	1.115*** (4.353)				0.0599* (1.926)	
FDI * *PROD*	−0.298*** (−3.515)					
CONS		0.599** (2.221)	0.402** (2.189)	0.226** (2.183)	0.374 (0.978)	

续表

系数	(1)	(2)	(3)	(4)	(1)	(2)
CONS * *PROD*		−0.0913** (−2.482)	−0.0583*** (−3.433)			
EX	0.00315*** (3.725)	−0.0680 (−0.864)	0.0318*** (2.618)			0.0293** (2.496)
EX * *PROD*						−0.321* (−1.680)
EDU				1.434* (1.783)		−0.263 (−1.327)
EDU * *PROD*				−0.230* (−1.907)	−0.0440* (−1.816)	
FDI * *EX* * *PROD*	−0.158*** (−4.274)					
CONS * *EX* * *PROD*		0.979** (2.307)				
CONS * *FDI* * *PROD*			1.445*** (3.809)			
EDU * *CONS* * *PROD*				−0.00950* (−1.830)		
EDU * *FDI* * *PROD*					0.595* (1.830)	
EDU * *EX* * *PROD*						0.00115 (0.932)

续表

系数	(1)	(2)	(3)	(4)	(1)	(2)
STR	0.247 (0.969)	0.00110 (1.266)	−0.000208 (−0.866)	0.171 (0.394)	9.56*e*-05 (0.0846)	−0.742 (−1.429)
Wald 值	700.04	87.16	87.81	84.02	92.02	72.49
AR(1)	0.081	0.001	0.000	0.000	0.000	0.004
AR(2)	0.113	0.270	0.791	0.362	0.185	0.553
Sargan 检验	0.000	0.000	0.000	0.000	0.000	0.000
OBS	360	360	360	360	360	360

二是外商直接投资、出口和出口技术复杂度交互项的估计结果显著为负，而外商直接投资、消费和出口技术复杂度交互项的估计结果显著为正。这在一定程度上表明，以出口为导向的外商直接投资并不能缓解抑制效应，而以中国为销售市场的外商直接投资则能有效地起到扭转功能。这一现象出现的原因可能在于：出口导向型外商直接投资多从事加工组装型贸易，属于低利润率、低附加值和低效率环节，其产生的利润收益和要素收益偏低。为此，对资本回报率的提升作用相对有限。而以国内市场为销售市场时，一方面，其生产过程更容易对上下游的技术进步产生推动作用和技术外溢作用，从而提高上下游企业的盈利能力；另一方面，其投资所在的环节也不会局限于低附加值、低加成率的加工组装环节，进而对资本回报率产生更大的正向效应。

三是人力资本、出口和出口技术复杂度交互项的估计结果不显著，可见人力资本和出口同步扩大能减缓出口技术复杂度升级的负向作用效应。为此，继续发挥出口的“干中学”效应和人力资本弥补技术赶超内力不足的功能，可以为我国出口技术复杂度和资本回报率非同向运动提升提供一定的“减压空间”；另外，国内消费、出口与出口技术复杂度的交互项显著为正，由此可见，出口与国内消费同步发展能够有效扭转抑制效应。出现这一现象的原因可能在于：出口和国内消费占据了“三驾马车”中的“两驾”，这二者的提升能够有效地提升一国的经济水平和比较优势水平，进而降低其逆比较优势技术赶超的幅度，最终降低出口技术复杂度对资本回报率的负向作用效应。

为确保“双重”组合拳实证结果的稳健可靠，我们进一步采用系统 GMM 估计进行稳健性检验，表 7-27 报告了相应的稳健性检验结果。一方面，与前文两处稳健性检验相似的是，系统 GMM 稳健性检验结果并不存在统计学“瑕疵”[见 AR(1)检验、AR(2)检验和 Sargan 检验结果]，为此，系统 GMM 的估计结果是科学合理的；另一方面，各交互项估计系数的预期符号和显著性与前文保持一致，为此，我们可以推定前文的“双重”组合拳实证结论是稳健可靠的。

第四节　本章小结

本部分基于 Schott (2008)模型和 Rodrik(2006)模型，在测度出不同层面出口技术复杂度的基础上，系统分析出口技术复杂度升级对工资差距、能源效率和资本回报率等经济变量的作用机制，得到的结论主要有以下三点。

首先，从全国层面来看，资本以及劳动密集偏向型产业的出口技术复杂度升级均能显著地增加熟练劳动力的相对需求以及工资收入，从而使得制造业熟练与非熟练劳动力的相对工资差距有所扩大。从区域层面来看，东部地区的资本和劳动密集偏向型产业的出口技术复杂度升级对熟练与非熟练劳动力的相对工资差距的正向效应明显高于中西部地区，主要原因可能在于东部地区的资本密集偏向型产业的比重高于中西部地区以及东部地区的经济相对于中西部地区来说发展较快，而中西部地区影响较小的原因可能在于中西部地区工业的基础设施以及制度等方面相对比较滞后。由此可见全国层面的资本和劳动密集偏向型产业的出口技术复杂度升级对其相对工资差距的正向效应主要是由东部地区引起的。此外中国制造业吸引外商直接投资在全国以及区域层面都对熟练与非熟练劳动力的相对工资差距具有显著的正向效应。物质资本投入和产出均能显著地增加中国熟练劳动力的工资份额，这表明中国制造业的物质资本投入和熟练劳动力投入之间具有一定的互补性。

其次，制造业出口技术结构演进对能源效率具有显著影响，但在不同阶段对能源效率的作用方向并不同，两者之间存在N型关系。在出口技术结构水平较低的西部地区，在出口技术结构水平提升带来的出口竞争效应下，能源消费增加被技术进步效应下能源节约所抵消，对能源效率的影响主要表现为提升作用。中部地区出口技术结构与能源效率水平表现为反比例关系，主要是因为当出口技术结构水平进一步提升时，在出口技术结构的竞争效应下，能源消费增加完全抵消了技术进步下的能源节约，对能源效率提升表现为抑制作用。对处于出口技术水平前沿的东部地区而言，其出口技术结构水平提升到一定程度后，工业化和技术水平的发展、持续的产品革新、新工艺的采用，以及新兴部门的出现和发展大大缩减了生产过程，完全抵消了竞争效应下能源消费的增加，使得出口技术结构的总体影响主要表现为能源消费的节约，最终表现为能源效率的提升。因此，可将出口技术结构演进与能源效率改善相结合，通过制定合理的出口技术结构提升路径促进能源效率的提升。

最后，中国制造业出口技术复杂度深化会对资本回报率产生显著的抑制效应，这一抑制效应甚至超过了资本深化给资本回报率带来的负向影响，中国制造业外力依赖型技术赶超引致的“上游核心环节”高购买成本[①]和逆比较优势技术赶超引致的低销售价格是上述现象出现的主要诱因；外商直

① 外力依赖型技术赶超使得核心技术、设备和中间品高度依赖国际市场（陈晓华等，2011），国外跨国公司为狙击中国公司的崛起，往往以高价出售这些上游核心环节产品（杨汝岱等，2008），进而使得中国长期面临较高的购买成本。

接投资、消费、出口和人力资本虽能促进资本回报率的提升，但其“单力”无法扭转出口技术复杂度演进对资本回报率的负向作用机制，值得庆幸的是，人力资本与外资直接投资、人力资本与出口、消费与出口及消费与外商直接投资等因素对资本回报率的协同效应（“双重”组合拳）能够缓解甚至扭转出口技术复杂度对资本回报率的负向作用。

第八章　中国制造业出口内涵赶超的经济效应研究

前文的测度结果表明，近些年中国制造业出口产品质量呈现出一定的上升趋势，并且部分省份制造业拥有与经济水平高度发达国家相似的出口产品质量。为此，我国部分省份采取了制造业出口产品质量赶超的战略。那么这种以偏离自身“比较优势零值”为特征的制造业出口产品质量赶超行为会对中国经济产生什么样的影响呢？目前尚无学者就这一问题进行深入探讨。有鉴于此，本部分基于前文省级区域制造业出口产品质量的测度结果，在构建制造业出口产品质量赶超测度方法的基础上，运用门槛效应模型深入分析质量赶超的经济效应，以期为中国制造业出口产品质量升级模式优化提供一定的经验借鉴。

第一节　出口技术复杂度赶超的经济效应分析

一、出口技术复杂度赶超的能源效应分析

改革开放以来，无论是横向比较还是纵向比较，中国在经济与技术领域都取得了令人瞩目的成绩（杨高举，黄先海，2013），这也使得中国出口品的构成发生了“深刻的变化”，主要出口品从早期的低附加值、低技术含量初等品逐渐转变为资本和技术密集型电子和机电类产品（Schott，2008）。这也使得中国制造业出口技术复杂度迅速提升，如黄先海等（2010）、Rodrik（2006）等人发现，中国制造业出口技术复杂度已经远高于自身的经济水平，与经济发展水平较高的发达国家较为接近。杨汝岱和姚洋（2008）将这种以偏离自身比较优势（经济发展水平）形式出口高技术复杂度产品的行为定义为赶超（catch-up），其通过核算 112 个国家的赶超系数发现，发展较为成功的经济体（如阿根廷、韩国等）均执行了较为明显的技术复杂度赶超策略。

与出口技术复杂度赶超相伴随的另一个事实是：以中印为代表的赶超

型国家的能源效率不仅低于经济发展水平较高的发达国家，甚至还低于与自身经济发展水平相差不大的发展中国家，以2013年《全球能源工业效率研究》为例，中国（排名74）和印度（排名62）的能源效率不仅远低于法国、瑞典和挪威等发达国家，还低于巴西（排名21）、俄罗斯（排名27）和南非（排名59）等金砖国家，也低于哈萨克斯坦（排名51）和阿塞拜疆（排名42）等发展中国家。技术复杂度赶超实际上是一种偏离自身“比较优势零值”和“资源禀赋”的资本深化行为（杨汝岱，姚洋，2008；Weldemicael，2014），而这种“偏离行为”缺乏相应的人力资本配合，可能会以牺牲要素配置效率和使用效率为代价（魏楚，沈满洪，2008）。由此，我们自然就产生一个疑问：出口技术复杂度赶超是否会恶化一国的能源效率？

“加快转变经济发展方式”和促进“资源节约使用”是我国未来发展的重要战略，而实现技术复杂度赶超与提高能源使用效率是实现上述战略的关键所在，为此，理清出口技术复杂度赶超对能源效率的影响机制，对我国制定转变经济发展方式、应对碳减排约束和优化技术革新模式等方面的政策具有重要的参考价值。

（一）文献综述

由于出口技术复杂度赶超策略不仅能够有效地缩小本国与当前技术领导国（current technology leader）之间的技术差距（gap），还能促使本国经济发展的可持续性（sustained growth）得到加强（Weldemicael，2014），这使得出口技术复杂度赶超迅速成为近几年出口领域的研究热点。由于出口技术复杂度赶超的研究历史相对较短，已有的研究主要集中于以下三个方面。

一是出口技术复杂度赶超测度方法的构建。代表性方法有两种：一是以Blonigen & Ma（2007）等为代表的国别对比法，采用外国和本国出口品单位价值之差来衡量本国出口技术复杂度赶超。二是以杨汝岱和姚洋（2008）为代表的比较优势法，其首先借助RCA法测度出出口技术复杂度，然后采用将出口技术复杂度与人均GDP进行拟合的形式测度出口技术复杂度赶超。由于第二种方法有较强的理论支撑，后续研究（如陈晓华，刘慧，2012）多采用类似方法。但基于RCA法的测度过程存在一个缺陷：其出口技术复杂度的测度过程采用“人均GDP赋值法”，该方法的测度结果容易扩大发达经济体低技术企业的出口技术复杂度，降低发展中经济体高技术企业的出口技术复杂度（刘慧，陈晓华，2014）。

二是出口技术复杂度赶超的动力来源。学术界普遍认为以下三个因素是出口技术复杂度赶超的主要动力：(1)跨国公司的技术型投资，如Blonigen & Ma（2007）和Xu & Lu（2009）等研究后认为跨国公司投资引致型新技术介入是中国出口技术复杂度赶超的主要来源，Swenson & Chen（2014）认为跨国公司推动中国出口技术复杂度赶超主要通过"新产品"和竞争加剧型技术革新两个途径实现;(2)产业政策,如 Holcombe(2013)研究发现,20 世纪 80 年代以来,韩国的产品出口技术复杂度日益赶超其他国家,这主要得益于其国内广泛(wide-spread)采用的产业政策,Felipe 等(2013)和 Mathews(2002)基于对印度等国的研究也得到了类似的结论;(3)本国的禀赋,Felipe 等(2013)和 Holcombe(2013)认为一国在投入要素和自然资源方面的潜在能力(capabilities)是支撑一国出口技术复杂度赶超的最根本动力,如陈晓华和黄先海(2011)发现物质资本积累和人力资本是推动中国出口技术复杂度赶超的核心动力,Fang 等(2014)认为金融禀赋越好的国家,其执行出口技术复杂度赶超策略的能力越强,可能性越大。

三是出口技术复杂度赶超对经济增长的影响,如 Jarreau & Poncet(2012)研究认为出口技术复杂度升级和赶超是中国经济快速增长的主要秘诀之一;Boccardo(2007)对多国进行经验分析后指出,出口技术复杂度升级与赶超是发展中国家经济实现"蛙跳"型赶超的重要路径之一;Saurabh 等(2011)以服务业为对象进行研究后发现,出口技术复杂度升级与赶超能够显著促进一国的经济增长,而且这一促进效应具有日益加大的趋势;陈晓华,刘慧(2012)则得到了略微不同的结论,其基于中国省级区域层面的实证研究结果认为,出口技术复杂度赶超对经济增长的作用力取决于经济体的赶超力度与要素禀赋。

综上可知,学界已经对产业出口技术复杂度赶超领域进行了较为深入的研究,但令人遗憾的是,目前尚无学者对产业出口技术复杂度赶超的能源效率效应进行研究。虽然对于技术复杂度与能源效率之间的关系已有较为成熟的结论,如 Fisher(2006)研究发现:改革开放以来,中国能源效率的提升主要得益于资本节约型技术创新和技术复杂度的进步,魏楚、沈满洪(2008)和宣烨、周绍东(2011)等的研究结论也印证了上述观点。但是出口技术复杂度赶超是采用"逆比较优势"的方式重新配置资源,使得出口技术复杂度能够超越自身的"应有水平"。为此,赶超对能源效率的作用机制与"顺比较优势"型的出口技术复杂度升级对能源效率的作用机制可能并不相同。为此,对出口技术复杂度升级与能源效率之间关系的研究结论不一定适用于赶超领域。

结合已有文献和后文分析,本书的贡献主要有三个:一是本书从"逆比较优势"赶超的视角探讨出口技术复杂度对能源效率的作用机制,为技术升级与能源效率关系的研究提供了一个相对较新的视角;二是本书融合了 Schott(2008)和杨汝岱、姚洋(2008)的已有研究,构建了一个测度产业出口技术复杂度赶超的新方法,为该领域的研究提供了一个新的分析工具,并降低了传统方法给不同发展水平国家出口技术复杂度赶超识别结果带来的偏差;三是出口技术复杂度赶超对能源效率的影响不可避免地会受到国内各种因素的干扰,二者的关系不一定呈现为简单的线性关系,为此,本书采用跨国面板数据门槛效应模型,在多次自由抽样模拟(500 次和 1000 次)识别出口技术复杂度赶超与能源效率是否为线性关系的基础上,对二者的关系进行实证分析,所得计量结果更为可靠、准确。

(二)出口技术复杂度赶超的测度与分析:基于 150 个经济体的出口数据

1. 数据的来源与经济体的选择

由于美国是世界上主要的进口国之一,其进口的规模、种类及技术偏好能较好地反映一个经济体高技术含量产品的出口情况(黄先海等,2010),为此,美国的进口数据能够有效地反映一个经济体出口技术复杂度赶超的过程。本书采集了 1997—2011 年各经济体出口到美国的数据,其中 1997—2006 年的数据来自 Feenstra 整理并公布在 NBER 数据库中的历年美国进口数据,2007—2011 年的数据源于联合国统计数据库。笔者在测度出 1997—2011 年各经济体出口技术复杂度的基础上,选择出口技术复杂度均值排名前 150 的经济体作为研究对象①。

2. 测度方法的选择

根据杨汝岱和姚洋(2008)的研究可知,要测度出一个经济体的出口技术复杂度赶超系数,首先需测度出一个经济体的出口技术复杂度。考虑到基于人均 GDP 的出口技术复杂度测度方法可能会使测度结果产生偏差(刘慧,陈晓华,2014),笔者以基于相似度法的 Schott(2008)模型来测度 150 个

---

① 部分经济体如中国台湾地区,在 NBER 的数据库中有其出口数据,在联合国统计数据库中并无相应的出口数据。为此,虽然复杂度排名靠前,但为了保持测度结果的前后一致性,笔者并未将其纳入研究范围。最终选择的 150 个经济体为:阿富汗、阿尔巴尼亚、阿尔及利亚、安哥拉、阿根廷、亚美尼亚、澳大利亚、奥地利、阿塞拜疆、巴哈马、巴林、孟加拉、巴巴多斯、比利时、白俄罗斯、伯利兹、贝宁、百慕大、玻利维亚、波斯尼亚、巴西、保加利亚、布基纳法索、缅甸、中非、柬埔寨、喀麦隆、加拿大、乍得、智利、中国、哥伦比亚、刚果、哥斯达黎加、克罗地亚、塞浦路斯、捷克、丹麦、吉布提、多米尼加、厄瓜多尔、埃及、爱沙尼亚、埃塞俄比亚、斐济、芬兰、法国、加蓬、冈比亚、鲁吉亚、德国、加纳、直布罗陀、希腊、格林兰、危地马拉、几内亚、圭亚那、海地、洪都拉斯、中国香港、匈牙利、冰岛、印度、印度尼西亚、伊朗、爱尔兰、以色列、意大利、牙买加、日本、约旦、哈萨克斯坦、肯尼亚、基里巴斯、韩国、科威特、吉尔吉斯斯坦、老挝、拉脱维亚、黎巴嫩、利比里亚、立陶宛、中国澳门、马达加斯加、马拉维、马来西亚、马里、马耳他、毛里求斯、墨西哥、摩尔多瓦、蒙古、摩洛哥、尼泊尔、荷兰、新喀里多尼亚、新西兰、尼加拉瓜、尼日尔、尼日利亚、挪威、阿曼、巴基斯坦、巴拿马、巴布新几内亚、巴拉圭、秘鲁、菲律宾、波兰、葡萄牙、卡塔尔、罗马尼亚、俄罗斯、卢旺达、萨摩亚群岛、沙特阿拉伯、塞内加尔、塞舌尔、塞拉利昂、新加坡、斯洛伐克、斯洛文尼亚、索马里、南非、西班牙、斯里兰卡、苏里南、瑞典、瑞士、叙利亚、塔吉克斯坦、坦桑尼亚、泰国、多哥、特立尼达、突尼斯、土耳其、土库曼斯坦、乌干达、英国、乌克兰、阿联酋、乌拉圭、乌兹别克斯坦、委内瑞拉、越南、也门、赞比亚、津巴布韦。

经济体的出口技术复杂度。具体方法如下：

$$
\begin{aligned}
FZD_{tab} &= \left[\min\left(\frac{V_{t1a}}{V_a},\frac{V_{t1b}}{V_b}\right)+\min\left(\frac{V_{t2a}}{V_a},\frac{V_{t2b}}{V_b}\right)+\cdots+\min\left(\frac{V_{tna}}{V_a},\frac{V_{tnb}}{V_b}\right)\right]\times 100\% \\
&= \left[\sum_p \min\left(\frac{V_{tpa}}{V_a},\frac{V_{tpb}}{V_b}\right)\right]\times 100\% \qquad (8.1)
\end{aligned}
$$

其中，V_{t1a}代表 a 经济体 t 年第一种产品出口到美国的量，V_a 为 a 经济体出口到美国的总量，FZD 表示出口技术复杂度，下标 b 则表示参照国相应的变量。本书选择美国的出口作为参照，由此，我们可以测度出 150 个经济体的出口技术复杂度。图 8-1 从经济发展水平视角报告了 150 个经济体 1997—2011 年出口技术复杂度的分布趋势，可知 1997—2011 年间，发达经济体出口技术复杂度的变异系数呈现倒 U 形，即发达经济体之间的出口技术复杂度差异呈现出先上升后下降的趋势，而下降趋势在 2008 年金融危机爆发后显得尤为明显，可见，金融危机对发达经济体的出口技术复杂度差异具有一定的“收敛效应”。发展中经济体的变异系数则呈现出 U 形，即发展中经济体的出口技术复杂度差异呈现出先下降后上升的趋势，金融危机并未改变发展中经济体出口技术复杂度差异扩大的趋势，即发展中经济体之间的出口技术复杂度差异呈现出持续发散的特征。对比发达经济体与发展中经济体的变异系数，我们还可以发现，发展中经济体出口技术复杂度的内部差距大于发达经济体。这一现象出现的原因可能在于，发展中经济体中既有像中国和印度这样出口技术复杂度与发达国家较为类似的国家（Schott，2008），也有像津巴布韦和赞比亚等出口技术复杂度相对较低的国家。

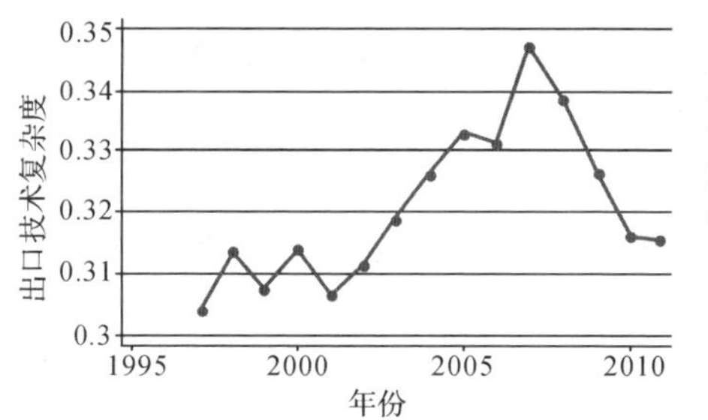

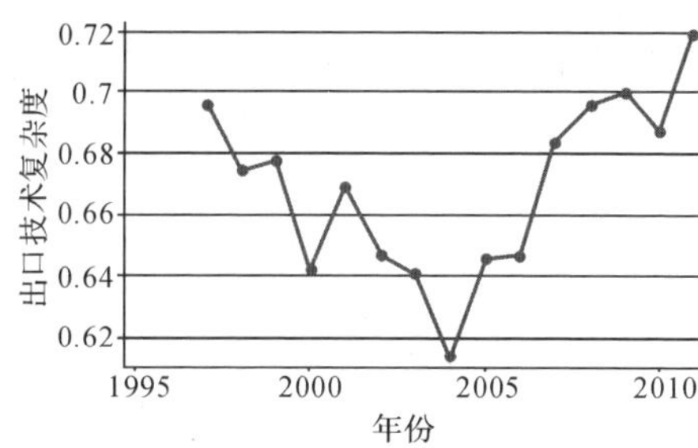

图 8-1　1997—2011 年各经济体出口技术复杂度的变异系数

注：左为发达经济体，右为发展中经济体

出口技术复杂度赶超策略的执行，往往要求经济体集中自身的优势资源（如劳动力、资本和能源等）生产出高于自身比较优势的高技术复杂度产品（杨汝岱，姚洋，2008；陈晓华，刘慧，2012），从而使得自身的出口技术复杂度高于经济发展水平。为此，我们借鉴杨汝岱和姚洋（2008）的研究，以各经济体的人均 GDP 作为衡量其是否存在出口技术复杂度赶超的核心变量。

具体方法如下：

$$GCI_{it}=(\ln FZD_{it})-(\ln FZD_{it})^{f} \quad (8.2)$$

其中，GCI_{it} 为 i 经济体 t 年的赶超系数，$(\ln FZD_{it})^{f}$ 为一经济体的“比较优势零值点”，即经济体人均 GDP 自然对数的出口技术复杂度拟合值，本书以年度界面数据来测度各经济体历年的出口技术复杂度拟合值。当 $GCI<0$ 时，该经济体未执行赶超策略，而是以低于比较优势的形式出口产品；当 $GCI=0$ 时，该经济体完全凭借自身比较优势来提升出口技术复杂度；当 $GCI>0$ 时，该经济体出口品超越了自身的比较优势，即存在赶超行为。

3. 测度结果与分析

基于前文的方法和数据，本书测度了 1997—2011 年 150 个经济体的出口技术复杂度赶超系数。表 8-1 报告了出口技术复杂度赶超系数均值排名前 7 的发展中经济体和发达经济体的赶超情况，可知：(1)出口技术复杂度并不是发展中经济体的“专有策略”，发达经济体的赶超力度并不逊于发展中经济体，中国、印度和巴西等发展中经济体存在赶超行为，英国、西班牙和韩国等发达经济体也存在一定的赶超行为。(2)本书测度结果中，发展中经济体出口技术复杂度赶超系数最高的是墨西哥，而不是中国。这一估计结果与 Rodrik(2006)的研究结论并不一致，笔者以为出现这一现象的原因在于，Rodrik(2006)采用的是各国出口到世界的数据，而本书采用的是各经济体出口到美国的数据，美国与墨西哥相邻，大量的美资企业在墨西哥进行投资再出口到美国。为此，采用出口到美国的数据能够更好地体现出墨西哥的赶超行为，而采用世界层面的数据，实际上稀释了美国高技术在墨西哥赶超行为中的作用，降低了其赶超的显著性(英国和加拿大被识别为赶超国也证实了这一点)。(3)对比不同经济体的赶超系数，均值前七的发达经济体的赶超系数均呈现波动式下降的趋势，墨西哥、中国、泰国、印尼、巴西和菲律宾的赶超系数也呈现波动式下降的趋势，这在一定程度上表明，各经济体的出口技术复杂度越来越向自身的比较优势收敛，只有印度的出口技术复杂度赶超系数呈现出日益扩大的趋势，从 1997 年的 0.75 一直上升到了 2011 年的 0.971，2010 年其赶超系数超越中国，成为赶超力度仅次于墨西哥的发展中经济体，可见，印度出口技术复杂度偏离自身比较优势的程度在日益加大。

表 8-1 1997—2011 年出口技术复杂度赶超系数均值前七的发达和发展中经济体

经济体	1997 年	1999 年	2001 年	2003 年	2005 年	2007 年	2008 年	2009 年	2010 年	2011 年
出口技术复杂度赶超系数前七的发展中经济体										
墨西哥	1.207	1.155	1.129	1.167	1.207	1.145	1.144	1.166	1.138	1.16
中国	1.077	1.118	1.113	1.087	1.062	1.01	1.008	0.967	0.952	0.942
泰国	0.952	1.001	1.05	1.04	1.008	0.991	0.974	0.969	0.915	0.914
印度尼西亚	0.901	1.07	1.051	0.963	0.927	0.826	0.802	0.808	0.763	0.632
巴西	0.797	0.858	1.031	1.071	1.013	0.939	0.817	0.825	0.774	0.708
菲律宾	0.874	0.858	0.895	0.903	0.935	0.873	0.858	0.853	0.855	0.794
印度	0.75	0.682	0.825	0.856	0.913	0.935	0.917	0.907	0.97	0.971
出口技术复杂度赶超系数前七的发达经济体										
英国	0.949	0.936	0.948	0.942	0.968	0.888	0.896	0.857	0.937	0.918
西班牙	0.899	0.892	0.877	0.875	0.801	0.924	0.934	0.875	0.866	0.855
韩国	0.875	0.886	0.887	0.829	0.848	0.866	0.826	0.817	0.808	0.8
意大利	0.894	0.825	0.88	0.84	0.869	0.835	0.861	0.806	0.853	0.864
葡萄牙	0.873	0.84	0.843	0.88	0.858	0.883	0.87	0.833	0.806	0.82
加拿大	0.858	0.827	0.911	0.885	0.849	0.793	0.757	0.821	0.777	0.743
匈牙利	0.913	0.791	0.749	0.817	0.795	0.754	0.745	0.8	0.825	0.788

注：限于篇幅，此处仅给出 14 个经济体的出口技术复杂度赶超系数，并未给出所有经济体的测度结果。

（三）模型的设定与描述性统计

由前文的观点可知，二者之间的关系不一定表现为简单的线性关系。在无法判断二者关系是否为线性的情况下，直接选择线性分析或非线性分析都可能导致估计结果存在偏误。考虑到 Hensen(1999)构建的门槛效应模型能够通过反复抽样回归的形式自动识别变量间关系的线性、非线性及门槛区间，本书采用 Hensen(1999)构建的门槛效应模型分析二者之间的关系。根据 Hensen(1999)的研究，我们设定以下多门槛效应模型：

$$\begin{aligned}\ln NX_{it} = & \mu_i + a_1 GCI_{it} I(g_{it} \leqslant \gamma_1) + a_2 GCI_{it} I(\gamma_1 < g_{it} \leqslant \gamma_2) + \cdots \\ & + a_m GCI_{it} I(\gamma_{m-1} < g_{it} \leqslant \gamma_m) + \cdots + a_M GCI_{it} I(\gamma_{M-1} < g_{it} \leqslant \gamma_M) \\ & + a_{M+1} GCI_{it} I(g_{it} > \gamma_M) + \theta X_{it} + \xi_{it} \end{aligned} \quad (8.3)$$

其中，GCI 为出口技术复杂度赶超系数，$I(*)$ 为门槛效应估计模型的示性函数，M 表示门槛效应模型的门槛总个数，当 $M=0$ 时，出口技术复杂度赶超与能源效率之间的关系为线性，否则为非线性，γ 为门槛值，ξ 为门槛效应估计中的随机干扰项。μ 反映各经济体的未观测特征，在实际回归中，该变量通过矩阵组内去均值的形式消除①(Hensen,1999)，为此，该变量不出现在最终估计结果中。

NX 为能源效率，本书借鉴能源价值效率论(energy value efficiency)的基本观点，采用世界银行公布的各经济体每单位石油所产生的 GDP 来表示能源效率。该方法的优点在于，其比其他能源效率的测度方法更适合于进行跨国研究，且该系数不受到各国汇率或者 PPP 的影响，更为重要的是该方法能更为有效地反映各国能源效率动态变迁过程(魏一鸣，廖华，2010)。

X 为能够反映各经济体基本特征的控制变量，基于能源效率变迁的特点和本书的研究目的，笔者引入以下控制变量：(1)经济发展水平(PGDP)，经济发展水平较高的经济体往往更有能力采用"昂贵"的、能源效率较高的技术，不仅如此，经济发展水平较高的经济体往往更关注能源消耗对维持或推进整个经济、环境与社会系统的可持续发展的贡献度(魏楚，沈满洪，2008；魏一鸣，廖华，2010)，从而使得高发展水平的国家可能具备更高的能源效率，本书用人均 GDP 的自然对数表示。(2)高等教育普及率(EDU)，高等教育是提高一国国民基本技能的主要途径之一，受过高等教育的人员往往更容易接受新技术，从而有利于能源效率改进型技术的推广，实证中用各经济体高等教育入学率的自然对数表示。(3)企业经营环境(SS)，企业经营环境对能源效率产生的影响可能有两个方面：一是改善效应，经营环境较好的经济体会对国外和国内高能源效率的企业产生较高吸引力，从而促使能源效率不断改进；二是恶化效应，根据"污染天堂"假说，外资有可能会将更多高能耗、高污染的企业转移到企业环境和经济水平相对较好的经济体中去，从而降低其能源效率。实证中用上市公司的市场资本总额占 GDP 百分比的自然对数来表示。(4)就业情况(JY)，就业是反映一国经济运行情况的一个重要指标之一，就业率较高时，单位能源能够匹配到更多的劳动力，进而提高能源的边际产出和效率，另外就业形势较好还意味着经济体的总需求旺盛，从而为一些低效率型企业提供了更多的开工机会。实证中用历年就业率百分比的自然对数表示，为了提高结果的可靠性，笔者还纳入了就业情况的平方项。

为了更直观地观测出口技术复杂度赶超对能源效率的影响，我们从 150 个经济体整体、发达经济体和发展中经济体三个层面分别画出了表示二者关系的拟合曲线和散点图(见图 8-2)。可知，整体而言出口技术复杂度赶超

---

① 具体的消除过程，请见 Hensen(1999)与陈晓华和刘慧(2012)的数理推导。

与能源效率之间呈现出“几乎线性”的关系，即出口技术复杂度赶超会促进能源效率的改善；发达经济体中二者的关系呈现出明显的倒U形，即赶超系数过低和过高均不利于能源效率的改善；发展中经济体中二者的关系虽然也呈现出倒U形，但“拐点”较为平缓。虽然图8-2的散点分布和拟合曲线仅仅为无条件相关，需进一步加入其他控制变量进行回归才能得到更为准确的估计结果，但图8-2至少表明，二者关系在发达经济体和发展中经济体中存在较大的差异，如果将二者置于同一个方程中进行回归，可能会产生“内部差异过大”引致型估计偏差，为此，笔者在后文分析中将发达经济体和发展中经济体分别进行回归。

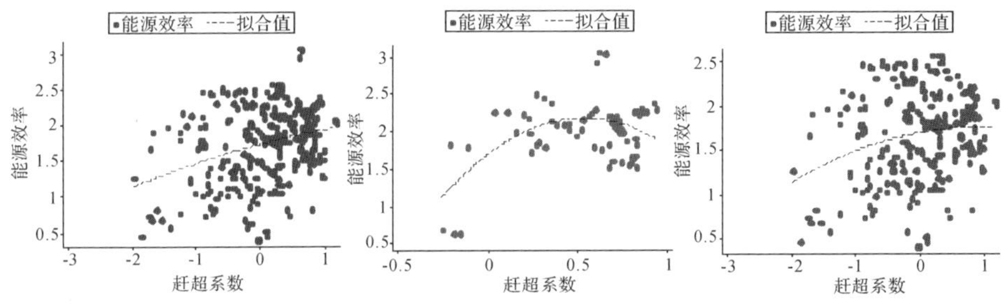

图8-2　赶超系数与能源效率关系的散点分布[①]

注：左图为世界整体，中图为发达经济体，右图为发展中经济体

技术复杂度升级对能源效率产生的影响被大量的研究所证实，上述研究也为出口技术复杂度赶超与能源效率之间的均衡关系提供了理论支撑。为了进一步确保二者长期均衡关系的存在性，以避免“无均衡关系”型伪回归现象的出现，笔者从统计学视角，进一步对二者进行协整检验，借鉴黄先海等(2010)的研究，本书采用Kao-ADF检验进行协整分析(见表8-2)。

表8-2　出口技术复杂度赶超与能源效率间长期均衡关系检验结果

经济体	L=1		L=2		L=3		L=4	
	t-stat	Prob	*t*-stat	Prob	*t*-stat	Prob	*t*-stat	Prob
发展中经济体	8.7425	0.000	4.7726	0.000	5.1042	0.000	−3.9209	0.000
发达经济体	−1.706*	0.043	−3.501	0.0002	−2.00	0.0227	−2.3792	0.0087

注：L表示滞后阶数，*t*-stat为*t*统计量，Prob为相应的概率。

① 考虑到将1997—2011年所有的三点置于同一个图中，会有大量的三点存在粘连，不利于观测，笔者给出的是2008—2011年的散点图。另由于不同层面数据的门槛数不一定相同，笔者在此处采用stata中的抛物线拟合命令qfit对散点图进行拟合，即图中拟合曲线为qfit拟合曲线。

表 8-2 报告了协整关系的检验结果，可知，在滞后 1—4 阶的情况下发展中经济体和发达经济体的 Kao-ADF 检验均在至少 5% 的显著性水平上显著，即二者之间存在长期的均衡关系，为此，二者不仅在理论上存在长期均衡关系，在统计学意义上，也具备了非常显著的长期均衡关系，即后文对二者进行面板数据门槛效应估计是可行的。

（四）计量结果与分析

根据前文分析结论，本部分借助面板数据门槛效应估计模型，从发展中经济体和发达经济体两个层面分别对出口技术复杂度赶超的能源效率效应进行实证分析。在进行实证分析前，需确定回归分析的门槛数，为此，笔者首先将能源效率、出口技术复杂度赶超和控制变量置于同一方程，通过多次抽样拟合的形式确定其门槛数（见表 8-3）。[①]

表 8-3　发展中经济体和发达经济体门槛效应类型的检验

检验对象		发展中经济体				发达经济体			
检验模型		F 值	临界值			F 值	临界值		
			10%	5%	1%		10%	5%	1%
整体	单一门槛	27.197*	25.686	49.714	137.744	60.890***	19.962	28.943	47.226
	双重门槛	18.818*	17.064	24.322	50.496	14.923***	3.666	5.201	9.662
	三重门槛	10.478	18.307	23.264	46.939	5.977**	3.736	5.903	9.977
1997—2004 年	单一门槛	87.782***	23.253	39.414	80.640	29.06***	3.922	5.934	11.535
	双重门槛	19.971**	18.730	26.153	41.812	4.185*	3.7986	5.391	10.25
	三重门槛	9.561	15.603	23.312	51.224	4.079	4.1687	5.5542	8.945
2001—2008 年	单一门槛	62.999***	18.393	25.784	49.033	17.40***	3.699	5.415	9.2205
	双重门槛	31.859**	19.345	28.863	51.891	7.022**	1.5579	3.0574	7.5791
	三重门槛	44.076***	9.1202	16.886	35.977	7.979***	3.2504	4.6239	7.6062
2004—2011 年	单一门槛	25.509*	22.104	63.121	120.472	6.9697*	6.4502	9.9691	16.3205
	双重门槛	19.683*	17.699	24.713	46.7121	4.261*	4.1369	6.1907	9.6958
	三重门槛	13.10	18.817	24.028	46.570	6.821*	4.8546	7.5097	13.8079

注：***、** 和 * 分别表示估计系数在 1%、5% 和 10% 的显著性水平上显著，发达经济体的临界值和概率均为自由抽样（bootstrap）模拟 1000 次得到的结论，发展中经济体则为抽样 500 次。

---

① 门槛效应实证中我们采用的命令为 xtptm，其中发达经济体的自由抽样模拟（bootstrap）次数为 1000 次，而发展中经济体因样本较多和部分国家指标残缺等原因，在 stata10.1 中不能实现 1000 次抽样。在多次尝试之后，笔者对发展中经济体采用抽样 500 次的方式进行回归，后文中的门槛值和实证估计结果的抽样次数与表 8-3 相同。

为了更为动态地刻画出口技术复杂度赶超对能源效率的影响，我们不仅分析了产业出口技术复杂度赶超与能源效率在1997—2011年的关系，还从1997—2004年、2001—2008年和2004—2011年三个时间段分别对二者的关系进行分析。表8-3报告了四个时间段的门槛识别结果。可知，1997—2011年发展中经济体的单一门槛和双重门槛均通过了10%的显著性检验，而三重门槛效应则未通过10%的显著性检验，可知二者的关系为双重门槛关系；发达经济体的单一门槛和双重门槛均通过了1%的显著性检验，而三重门槛则通过了5%的显著性检验，为此，实证中笔者用三重门槛效应来刻画1997—2011年二者在发达经济体中的关系。[①] 同理可知其他时间段二者在发展中经济体和发达经济体中的门槛数。

识别出门槛数后，需进一步识别出具体的门槛值，我们继续借助自由抽样模拟法，识别出了四个时间段二者关系的门槛值。表8-4报告了各阶段的门槛值和95%的置信区间，可知，1997—2011年间发展中经济体的门槛值分别为0.5756和0.8607，发达经济体的门槛值分别为0.1125、0.2604和0.8025。

表8-4 门槛值估计值及其置信区间

检验对象		发展中经济体		发达经济体	
		Estimate	95%置信区间	Estimate	95%置信区间
1997—2011年	门槛值1	0.5756	[0.5363,0.5791]	0.1125	[0.1045,0.1261]
	门槛值2	0.8607	[0.8547,0.8835]	0.2604	[0.2326,0.2963]
	门槛值3	—	—	0.8025	[0.7606,0.8988]
1997—2004年	门槛值1	0.2452	[0.2384,0.2545]	0.1125	[0.1025,0.1441]
	门槛值2	0.6185	[0.6132,0.6409]	0.3540	[0.2963,0.9111]
	门槛值3	—	—	—	—
2001—2008年	门槛值1	−0.0174	[−0.0263,0.0037]	0.5232	[0.4732,0.5295]
	门槛值2	0.1613	[0.1423,0.1804]	0.8004	[0.7879,0.8274]
	门槛值3	0.8662	[0.8549,0.8714]	0.8588	[0.8359.0.8610]
2004—2011年	门槛值1	0.5786	[0.5589,0.5791]	−0.1197	[−0.1076,−0.024]
	门槛值2	0.8597	[0.8447,0.8820]	0.2326	[0.1978,0.2538]
	门槛值3	—	—	0.4862	[0.4829,0.4921]

① 此处采用三重门槛效应主要借鉴连玉君和程建(2006)，孙戈兵等(2012)关于门槛效应模型的特征的描述，具体见孙戈兵等(2012)一文第4部分与连玉君和程建(2006)一文第4部分的表述。

这表明，发展中经济体的门槛数虽然少于发达经济体，但最高门槛值明显高于发达经济体，可见，发展中经济体能接受的极限赶超门槛略微大于发达经济体，在1997—2004年、2001—2008年和2004—2011年这三个分段中也得到了相似的结论。

在识别出门槛数和门槛值后，我们可以对四个时间段的样本进行实证估计，表8-5报告了发展中经济体的估计结果。估计结果显示。首先，四个方程中的GCI1系数估计值要么不显著，要么显著为负，可见出口技术复杂度执行"低于比较优势水平升级"策略和"小幅赶超"策略均不能有效地改善一国的能源效率。这一现象出现的原因可能在于：一方面，"小幅赶超"意味着经济体能够接受能源效率更高的高技术复杂度生产工艺，但是经济体并未采纳，进而使得赶超给能源效率带来的正效应相对有限；另一方面，"低于比较优势水平升级"意味着经济体没有发挥出自身的比较优势，这容易导致能源和其他资源的错配和价格扭曲，使得此类升级模式不利于能源效率的改善。其次，适度赶超有利于发展中经济体能源效率的改进，四个方程中的GCI2的估计结果均显著为正，且通过了至少1%的显著性检验，这表明采用经济体能够承受的、适度偏离自身"比较优势零值曲线"的高复杂度技术能改进能源效率。最后，过高幅度的技术复杂度赶超不一定有利于发展中国家能源效率的提升，1997—2011年、2001—2008年和2004—2011年等三个时间段的估计结果中GCI3的系数均为负，其中2001—2008年的GCI3和GCI4估计结果均显著为负，这一现象出现的原因可能在于，过高的技术复杂度赶超幅度需要过多的资源去支撑这种"能力范围以外"的赶超行为，进而有可能"牺牲"部分资源的效率，从而对能源效率产生负效应。

表8-5　发展中经济体门槛效应估计结果

变量	1997—2011年	1997—2004年	2001—2008年	2004—2011年
EDU	0.0453** (2.3209)	0.1072*** (7.5049)	−0.0742 (−0.7795)	0.0016 (0.0902)
SS	−0.0465*** (−6.1283)	0.0127** (2.1978)	−0.0551*** (−7.0448)	−0.0588*** (−5.9528)
PGDP	0.1350*** (16.2176)	0.1603*** (12.9166)	0.1516*** (17.9874)	0.1227*** (12.8920)
JY	−1.3678*** (−3.0786)	−0.6649 (−0.9423)	−1.9412*** (−5.4033)	−1.3022*** (−3.0108)
JY^2	0.0352*** (3.1695)	0.0153*** (2.8645)	0.0507*** (5.6138)	0.0338*** (3.1239)

续表

变量	1997—2011 年	1997—2004 年	2001—2008 年	2004—2011 年
*GCI*1	0.0227 (0.9972)	−0.0253** (−2.4242)	0.0204 (1.2906)	0.0110 (0.8848)
*GCI*2	0.0765*** (5.6796)	0.1309*** (6.4164)	0.8787*** (6.7829)	0.0688*** (4.7709)
*GCI*3	−0.0036 (−0.1961)	0.0590*** (3.0943)	−2.7012*** (−6.9143)	−0.0050 (−0.2499)
*GCI*4	—	—	−0.1288*** (−6.6322)	—

注：其中 *GCI*1≤门槛值 1，门槛值 1<*GCI*2≤门槛值 2，门槛值 2<*GCI*3≤门槛值 3，*GCI*4>门槛值 3。表 8-6 同。

值得一提的是，1997—2004 年的回归结果中，GCI2 和 GCI3 的估计系数均显著为正，这表明 1997—2004 年间，发展中经济体出口技术复杂度的赶超系数只要超越 0.2452，加大赶超力度就能有效地促进能源效率的改进，并无正效应的“上限门槛”。笔者以为这一现象出现的原因可能在于，发展中经济体的早期技术复杂度较低，使得其所能承受的技术复杂度赶超幅度较大，而发展中经济体在 1997—2004 年的赶超幅度并未超越“上限门槛”，所以门槛效应模型在多次自由抽样检验中搜寻不到负向效应门槛，使得其在两个门槛中均表现为显著的正效应。另外 GCI3 的系数明显小于 GCI2，正向作用力的这种“收敛性”也在一定程度上印证了“上限门槛”的存在。

表 8-6 报告了发达经济体的门槛效应估计结果，赶超系数的估计结果与发展中经济体较为相似，即适度的赶超有利于能源效率的改进，过低赶超或过度赶超均不利于能源效率的改进。对比发达经济体和发展中经济体的估计结果和门槛值，我们可以发现，发展中经济体正向门槛区间和正向门槛极值均明显大于发达经济体，可见，发展中经济体可以执行比发达经济体更高幅度的赶超策略，以提高自身的能源效率。笔者以为导致发展中经济体在承受出口技术复杂度赶超极限方面的能力略高于发达经济体的原因在于，发达经济体的技术水平高于发展中经济体，其要达到与发展中经济体相同的赶超幅度，所需要付出的能源及其他资源的代价远高于发展中经济体，从而使得过度赶超给其能源效率带来的负效应会更为显著，进而降低了发达经济体在不使其能源效率恶化的条件下的出口技术复杂度极限赶超的承受能力。

表 8-6　发达经济体门槛效应估计结果

变量	1997—2011 年	1997—2004 年	2001—2008 年	2004—2011 年
EDU	0.0708** (2.0733)	0.1624*** (4.5056)	0.0382 (0.7541)	0.0313 (0.6633)
SS	0.0155 (1.3361)	−0.0235* (−1.9267)	0.0613*** (3.1382)	0.0954*** (3.9994)
PGDP	0.1736*** (9.8959)	0.0320** (2.3365)	0.1284*** (7.0240)	0.2083*** (5.8885)
JY	−4.9889*** (−5.7048)	−3.6047*** (−4.1312)	0.5632 (0.2691)	−2.6940*** (−2.5130)
JY^2	0.1243*** (5.7164)	0.0920*** (4.2382)	0.0098** (2.1917)	0.0655*** (2.4460)
*GCI*1	−0.4804*** (−6.8566)	−0.2815*** (−4.8336)	0.0415 (0.5935)	0.0794 (0.8152)
*GCI*2	0.3200*** (2.6977)	0.1510* (1.7445)	−0.0492 (−0.8366)	−0.1261 (−1.3821)
*GCI*3	−0.0852* (−1.6558)	0.0113 (0.2161)	0.0188** (2.3111)	0.0146*** (2.2037)
*GCI*4	−0.0407 (−0.8262)	—	−0.0525 (−0.9108)	−0.1299*** (−2.1573)

综合两类经济体赶超系数的估计结果可知,最近几年,中印等国出现“高出口技术复杂度”与“低能源效率”现象共存的主要原因在于出口技术复杂度赶超幅度已经跨越了其所能承受的正向效应“赶超极值”。以 2004—2011 年为例,发展中经济体的正向效应“赶超极值”为 0.8597,而中印在 2004—2011 年间的赶超系数最小值分别为 0.942 和 0.907,远高于门槛极值,使得赶超对能源效率表现为负效应。这在一定程度上表明,中国和印度的出口技术复杂度赶超行为是以牺牲能源配置效率为代价的。

对比表 8-5 和表 8-6 中控制变量的估计结果还能有如下发现。

一是高等教育普及对能源效率改进具有显著的边际递减特征。发达经济体和发展中经济体的实证结果均印证了这一研究结论:高等教育普及率的估计系数在发达经济体和发展中经济体 1997—2004 年的回归中均显著为正,而在 2001—2008 年和 2004—2011 年这两个时间段中,均不显著。边际递减效应的存在表明,不断提升高等教育普及率来提高一国能源效率的措施可能会面临实施瓶颈,为此,在高等教育普及率较高的国家,应该更注重高等教育的质量,而不是高等教育的数量,以提高高等教育对能源效率改善的作用力。

二是经济发展水平的提升会显著改善经济体的能源效率。经济发展水平变量在发达经济体和发展中经济体的估计结果中，均表现为显著的正效应(通过了至少5%的显著性检验)。所不同的是，发达经济体在三个分段中的系数呈现逐渐扩大的趋势，发展中经济体的三个估计结果呈现逐渐缩小的趋势，这在一定程度上表明：经济增长对发展中经济体能源效率改进的作用力不断降低，对发达经济体的作用力不断提升。这一现象背后的机理可能在于，能源效率提升型技术多原创于发达经济体，发展中经济体的能源效率提升型技术多从发达经济体引进，技术原创过程则需要较高的经济发展水平作为支撑(Hausmann et al.，2003)，而技术引进则不一定完全依赖于经济发展水平，这使得发达经济体的能源效率改进对经济增长的依赖程度日渐加深，而发展中经济体对经济增长的依据程度则日渐减弱。经济增长在发达经济体中对能源效率改进日益增强的作用力，在一定程度上抵消了部分发达经济体出口技术复杂度过度赶超给能源效率带来的负效应，这也为英国等发达经济体未出现高技术复杂度赶超与低能源效率共存现象提供了一定的解释。

三是企业经营环境对发展中经济体能源效率的作用力表现为先正后负，而对发达经济体的作用力则表现为先负后正。对于发展中经济体而言，先正后负现象出现的机制为：经营环境较为一般时，国外的企业进入相对较少，其经营环境的改善会培养出更多高能源效率的企业，从而改进该经济体的能源效率，当这种改进突破一定的门槛时，会对大量的外资产生一定的吸引力，外资会将一些“低能源效率”的产能转移到发展中经济体，从而降低其能源效率，这表明发展中经济体不仅是发达经济体转移污染的“天堂”，还是发达经济体转移“低能源效率”产能的“天堂”。而“低能源效率”产能转移至发展中经济体这一现象，在很大程度上导致了发展中经济体先负后正的V形机制的出现。

四是就业规模对能源效率均呈现出U形关系，就业率的平方项估计系数均显著为正，且通过了1%的显著性检验，但这些拐点的就业率均大于完全就业时的就业率，这表明就业规模的扩大不利于一国能源效率的改进，即就业规模扩大带来的“低效率”企业开工引致型能源效率负效应大于单位能源配置更多劳动力引致型能源效率改进型正效应。可见，一国经济处于周期性扩张状态时，其能源效率会有所降低。

为了进一步确保前文估计结果的稳健、可靠，笔者采用LLC检验、IPS检验、ADF-Fisher检验和PP-Fisher检验对门槛效应估计结果的残差进行平稳性检验。表8-7报告了两类经济体四个时间段门槛效应残差的平稳性检验结果，可知，所有估计结果的残差均通过了至少5%水平的显著性检验，即前文八个估计结果是稳健的，不存在“伪回归”。

表 8-7　面板数据门槛效应估计结果的残差平稳性检验

区域	时间段	LLC	IPS	ADF-Fisher	PP-Fisher	单位根
发展中经济体	1997—2011 年	−8.9533 (0.00)	−10.7103 (0.00)	113.023 (0.00)	139.746 (0.00)	否
	1997—2004 年	−36.866 (0.00)	−21.1744 (0.00)	187.090 (0.00)	257.709 (0.00)	否
	2001—2008 年	−27.771 (0.00)	−16.451 (0.00)	241.49 (0.00)	269.714 (0.00)	否
	2004—2011 年	−11.540 (0.00)	−2.866 (0.00)	101.59 (0.00)	144.55 (0.00)	否
发达经济体	1997—2011 年	−19.662 (0.00)	−10.9514 (0.00)	161.752 (0.00)	152.570 (0.00)	否
	1997—2004 年	−6.3099 (0.00)	−1.8420 (0.03)	68.743 (0.01)	73.12 (0.00)	否
	2001—2008 年	−10.666 (0.00)	−3.373 (0.00)	92.164 (0.00)	114.231 (0.00)	否
	2004—2011 年	−15.142 (0.00)	−4.493 (0.00)	104.84 (0.00)	169.522 (0.00)	否

二、出口技术复杂度赶超的中间品进口效应分析

大力发展先进制造业、改造提升传统产业和建设制造业强国既是当前中国实现经济结构转型升级的重要战略举措，也是中国经济朝着更高的质量和效率方向发展的关键所在，更是中国应对当前外需疲软、要素成本上升和传统制造业比较优势逐步消退等困境的重要途径，而缩小制造业与发达国家技术水平差距，甚至赶超发达国家是实现上述战略的必由之路。为此，大量制造业企业不遗余力地执行技术复杂度赶超战略，以使得自身在新一轮国际竞争浪潮中赢得先机。这不仅使中国制造业出口技术复杂度得以快速攀升，还使得中国制造业出口技术复杂度与发达国家的差距日渐缩小(Rodrik，2006；Schott，2008；陈晓华等，2011)，如中美制造业出口技术复杂度的相似性从 1997 年的 0.52 攀升到了 2011 年的 0.57(见图 8-3)，中国出口技术复杂度值已与部分欧洲发达国家(如丹麦、荷兰)相近。

制造业出口技术复杂度快速升级与赶超既促进了中国产品国际竞争力的攀升，也为中国经济增长注入了极大的活力，使得中国在 2010 年超越日本成为仅次于美国的世界第二大经济体。伴随着出口技术复杂度赶超步伐的加快，中国制造业对国外中间品的进口量不断上升，OECD 投入产出数据库的测度结果表明，1997—2011 年间，中国制造业的制造型中间品进口量从

1997 年的 39.6 亿美元增加到了 2011 年的 101.6 亿美元，增加了 156.6%，生产服务型中间品进口额从 1997 年的 8.93 亿美元增加到了 27.7 亿美元，增长了 210.2%(见图 8-4)。由此，我们自然就产生疑问：作为发展中国家的中国，其出口技术复杂度赶超与中间品生产能力是否为“鱼与熊掌”的关系？制造业出口技术复杂度赶超是否会加剧其异质性中间品的进口依赖，从而使得其经济发展方式转变受制于“外部力量”，甚至陷入“长期尾随型赶超陷阱”和“低端被蚕食，高端上不去”的窘境(张建忠，刘志彪，2011)？

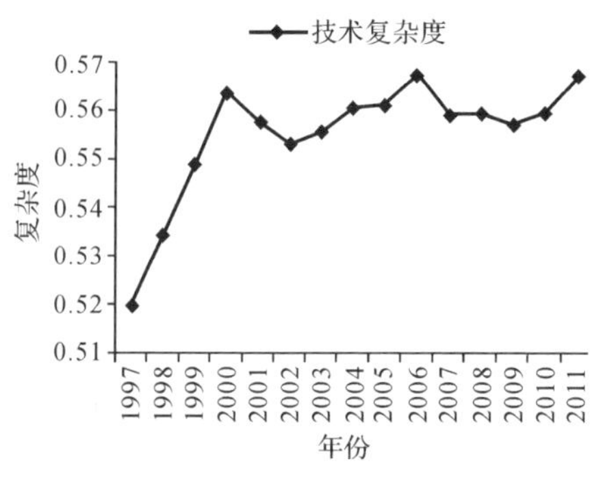

图 8-3　1997—2011 年中国制造业出口技术复杂度[①]

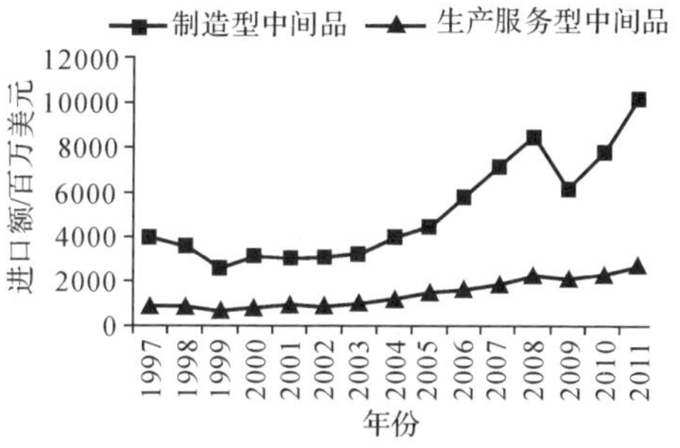

图 8-4　1997—2011 年中国制造业异质性中间品进口额[②]

制造业出口技术复杂度赶超是我国实现经济增长方式转变的重要途径之一，而降低制造业中间品进口依赖是我国供给侧改革“补短板”战略的核心内容。为此，对于同时执行技术赶超和“补短板”战略的中国而言，深入分析出口技术复杂度赶超对异质性中间品进口依赖的作用机制具有较强的现实意义，然而目前并无学者深入探析上述问题的答案。有鉴于此，本书在构建制造业出口技术复杂度赶超新型测度方法的基础上，首次分析出口技术复杂度赶超对发展中国家异质性中间品进口依赖的作用机理，以期在填补现有研究空白的基础上，为中国制定经济发展方式转变、技术赶超与“补短板”战略协调发展方面的政策提供有益的参考。

(一)文献综述与机理简析

实现制造业出口技术复杂度赶超与异质性中间品自给能力提升是实现经济发展方式快速转变的重要途径和支撑(杨高举，黄先海，2013)，二者均

① 图中出口技术复杂度数据基于 Schott(2008)的测度方法测算而得，具体见后文中的式(8.4)。

② 图中制造业中间品是指中国制造业从国外制造业进口的中间品，生产性服务业中间品是指中国制造业从国外生产性服务业进口的中间品。后文同。

有助于中国经济增长质量的快速提升。有鉴于此,已有学者对制造业出口技术复杂度赶超和中间品进口依赖分别进行了大量而深入的研究。综合梳理两个领域的已有研究,可以发现其具有如下特征。

一是逆比较优势赶超是解释近些年中印等后发国制造业出口技术复杂度快速提升的关键因素(Rodrik,2006;陈晓华等,2011;刘慧,2016),这使得制造业出口技术复杂度赶超迅速成为学界研究的热点。已有研究主要集中于三个方面:一是制造业出口技术复杂度赶超测度方法的构建,如杨汝岱和姚洋(2008)基于 Rodrik(2006)构建的技术复杂度测度方法和比较优势理论的基本原理,首次构建了制造业出口技术复杂度赶超的测度方法,刘慧(2016)结合 Schott(2008)的研究对杨汝岱和姚洋(2008)的测度方法进行了完善;二是制造业出口技术复杂度赶超形成机制的剖析,学界普遍认为加工贸易(Naughton,2007)、外商直接投资(Xu&Lu,2009;洪世勤,刘厚俊,2013)和物质资本积累(陈晓华等,2011;熊俊,于津平,2012)等因素是造成制造业出口技术复杂度快速深化的根本原因;三是制造业出口技术复杂度赶超的影响效应,如 Jarreau & Poncet(2012)、刘慧(2016)与杨汝岱和姚洋(2008)等从多个层面细致剖析了制造业出口技术复杂度赶超的经济和社会效应。

二是随着全球价值链分工模式的推进和贸易自由化研究的深入,中间品进口受到了广泛关注,并成为当前学界研究的重要领域(毛其淋,许家云,2016)。已有研究主要集中于中间品进口对产品出口质量(Amiti M & Khandelwa,2013)、企业生产率(Amiti & Konings,2007;张翊等,2015)、就业变动(毛其淋,许家云,2016)、企业创新能力(田巍,余淼杰,2014)和企业加成率(Fan et al., 2015)等因素的影响领域。综合梳理可以发现,已有研究成果中,制造型中间品进口的研究相对较多,生产服务型中间品进口的研究几乎为空白,并且制造型中间品进口对其他经济因素影响的文献较多,其他经济因素对中间品进口影响的研究相对较少,更无文献深入分析其他因素对生产服务型中间品进口的影响。

虽然制造业出口技术复杂度赶超和中间品进口都是当前学界研究的热点,但对二者的交叉研究并不多见,仅能从对二者的已有研究中推导出前者对后者的作用机理。作用机理具体可能表现为两个方面:一是加剧效应。引进国外先进技术和中间品是后发经济体实现制造业出口技术复杂度赶超与创新增长的一个重要渠道(肖利平,谢丹阳,2016;傅晓霞,吴利学,2013),因而部分经济体执行了以核心技术和中间品外力依赖为特征的技术复杂度赶超策略(张建忠,刘志彪,2011),最终加剧了本国对国外中间品的依赖程度(见图 8-5)。二是缓解效应。制造业出口技术复杂度赶超促使高端技术和中间品需求增大,低端技术和中间品需求降低(Rodrik,2006),进而倒逼国内低技术和低端中间品生产商转型升级，将更多的精力放在高技术和高端中间品的研发上（陈晓华，刘慧，2015），从而提升了国内制造业高端中间品和技术的生产能力，最终缓解了本国对国外中间品的依赖程度（见图 8-5）。

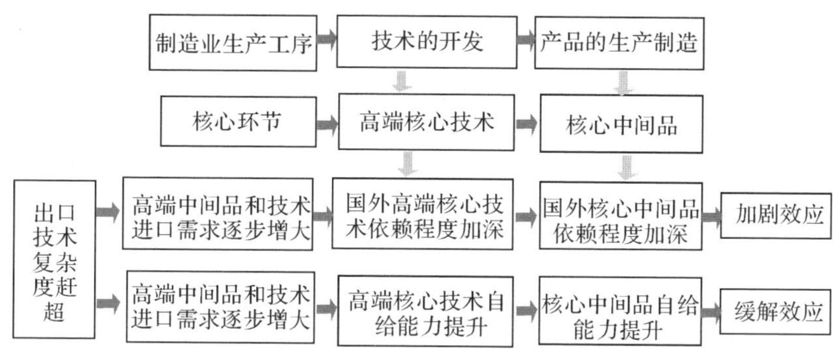

图 8-5　制造业出口技术复杂度赶超对中间品进口依赖的作用机理

已有研究虽为理解出口技术复杂度赶超对中间品进口依赖的作用机制提供了深刻的见解，但仍存在以下不足：一是对制造业出口技术复杂度赶超对中间品进口依赖的作用机理的研究尚属于推理层面，缺乏具体的经验研究，更无学者深入分析二者在发展中国家的作用机制；二是已有研究在分析中间品贸易时，多关注制造型中间品（如零部件）的进口依赖，忽视了生产服务型中间品的进口依赖；三是已有研究在测度制造业出口技术复杂度赶超时，将发达国家和发展中国家置于同一“比较优势零值曲线”中进行回归，如杨汝岱和姚洋（2008），刘慧（2016），忽略了发达国家和发展中国家的比较优势差异。为此，研究所得结论难免存在一定的偏差；四是空间型和契约型地理优势在中间品贸易中发挥着重要的作用，但鲜有学者将二者纳入中间品进口的研究中，所得结论难免存在一定的缺憾。为弥补上述不足，本书在修正杨汝岱和姚洋（2008）与刘慧（2016）的测度方法的基础上，以发展中国家“比较优势零值”来刻画发展中国家的出口技术复杂度赶超，以提高赶超测度结果的准确性，进而在纳入贸易地理优势异质性的基础上，从异质性中间品（制造型和生产服务型）进口依赖视角，首次揭示制造业出口技术复杂度赶超对发展中国家中间品进口依赖的作用机制。

（二）关键变量的测度、特征与描述性统计

经济发展水平越高的国家，其制造业出口技术复杂度往往越高，比较优势决定了经济体的出口技术复杂度水平（Rodrik，2006；Schott，2008）。为此，杨汝岱、姚洋（2008）和黄先海等（2010）认为可采用产品技术复杂度水平偏离其“比较优势零值”水平来判断经济体的赶超行为。延续这一思路，本书亦采用“比较优势零值”法来衡量发展中国家的技术复杂度赶超，与杨汝岱、姚洋（2008）的测度过程不同的是，本书对测度方法做出如下改进。

一是杨汝岱、姚洋（2008）采用基于RCA系数加权人均GDP法测度出口技术复杂度，该方法赋予高收入国家低技术产品过高的技术复杂度，而赋予低收入国家高技术产品过低的技术复杂度，进而扭曲了最终结果。因而本书摒弃了上述测度出口技术复杂度的方法，而采用基于相似度的方法测度经济体的出口复杂度，以规避RCA法给测度结果带来的有偏冲击，具体测度方法如下：

$$FZD_{tab}=\left[\min\left(\frac{V_{t1a}}{V_a},\frac{V_{t1b}}{V_b}\right)+\min\left(\frac{V_{t2a}}{V_a},\frac{V_{t2b}}{V_b}\right)+\cdots+\min\left(\frac{V_{tna}}{V_a},\frac{V_{tnb}}{V_b}\right)\right]$$
$$=\left[\sum_p\min\left(\frac{V_{tpa}}{V_a},\frac{V_{tpb}}{V_b}\right)\right] \tag{8.4}$$

其中，FZD 为出口技术复杂度，V_{t1a} 和 V_{t1b} 分别代表被测国（a）与参照国（b）第一类产品的出口量，参照国为高技术复杂度产品出口国，V_a 和 V_b 分别为两个国家的出口总额。这一测度方法的关键在于选择合适的参照国，借鉴Schott（2008）的研究，笔者以美国作为高技术参照国。

二是与杨汝岱、姚洋（2008）等采用出口技术复杂度赶超的绝对值来衡量（测度方法见式8.5）不同的是，本书采用相对值来表示出口技术复杂度赶超，以使得测度结果更能体现制造业出口技术复杂度赶超偏离“比较优势零值”的幅度，具体方法如式（8.6）所示：

$$GCIJ_{it}=FZD_{it}-FZD_{it}^{f}=FZD_{it}-(a+\beta\ln PGDP_{it}) \tag{8.5}$$

$$GCI_{it}=\frac{FZD_{it}-FZD_{it}^{f}}{FZD_{it}^{f}}=\frac{FZD_{it}-(a+\beta\ln PGDP_{it})}{a+\beta\ln PGDP_{it}} \tag{8.6}$$

其中，GCI 为赶超系数，GCI 大于零说明该经济体执行正向出口技术复杂度赶超，GCI 小于零说明该经济体执行负向出口技术复杂度赶超。刘慧（2016）与杨汝岱、姚洋（2008）将发达国家与发展中国家置于同一方程中核算“比较优势零值曲线”[式（8.5）中的 FZD_{it}^{f}]，该做法相当于将两条差异较大的“比较优势零值曲线”强扭成一条，所得结论难免存在偏颇。有鉴于此，本书以发展中国家作为一个整体刻画“比较优势零值曲线”，以消除以往测度方法的瑕疵，进而提高技术复杂度赶超测度结果的准确性。

在测度过程中，考虑到美国进口品的平均技术含量往往高于其他经济体，笔者以1997—2011年31个发展中国家出口到美国的数据测度出口技术复杂度赶超（具体经济体见表8-8），其中1997—2006年的数据源自NBER数据库，2007—2011年的数据源于联合国数据库。另外借鉴陈晓华等（2011）的研究，笔者剔除了非制造型出口产业，最终以HS编码中十二大制造业类产品作为分析。

表 8-8　发展中国家 1997—2011 年制造业出口技术复杂度赶超值

序号	国别	1997 年	1999 年	2001 年	2003 年	2005 年	2007 年	2009 年	2010 年	2011 年	国别均值
1	柬埔寨	−0.35	−0.557	−0.478	−0.515	−0.468	−0.562	−0.478	−0.432	−0.408	−0.482
2	沙特阿拉伯	−0.319	−0.28	−0.318	−0.352	−0.397	−0.439	−0.436	−0.417	−0.431	−0.374
3	智利	−0.344	−0.26	−0.207	−0.196	−0.241	−0.446	−0.557	−0.503	−0.547	−0.348
4	马耳他	−0.318	−0.251	−0.422	−0.448	−0.533	−0.193	−0.468	−0.374	−0.307	−0.348
5	俄罗斯	−0.697	−0.258	−0.123	−0.082	−0.27	−0.358	−0.365	−0.396	−0.431	−0.329
6	立陶宛	−0.224	−0.223	−0.325	−0.288	−0.329	−0.241	−0.324	−0.327	−0.4	−0.325
7	拉脱维亚	−0.587	−0.527	−0.258	−0.356	−0.301	−0.218	0.1189	0.0454	−0.031	−0.256
8	克罗地亚	−0.27	−0.126	0.0887	−0.101	−0.344	−0.328	−0.252	−0.084	−0.321	−0.212
9	南非	−0.321	−0.203	−0.027	−0.065	−0.169	−0.281	−0.25	−0.307	−0.306	−0.207
10	越南	−0.229	−0.141	−0.126	−0.463	−0.175	−0.127	−0.115	−0.164	−0.154	−0.204
11	土耳其	−0.387	−0.354	−0.16	−0.171	0.0007	0.0072	0.074	0.153	0.1124	−0.116
12	哥伦比亚	−0.07	−0.06	−0.068	−0.026	−0.032	−0.08	−0.252	−0.295	−0.415	−0.112
13	爱沙尼亚	0.0587	−0.259	−0.213	0.1126	−0.158	0.043	0.1728	−0.328	−0.206	−0.104
14	保加利亚	−0.363	−0.388	0.045	0.01	0.0736	0.1585	0.1341	0.0793	0.23	−0.058
15	突尼斯	−0.089	−0.144	0.0128	0.113	−0.073	−0.093	−0.019	0.1526	0.1263	−0.021
16	斯洛伐克	−0.058	0.0415	0.0772	−0.247	−0.048	−0.089	0.1141	0.0737	0.0918	−0.012
17	哥斯达黎加	−0.134	−0.018	−0.022	−0.03	0.1087	0.0421	−0.155	−0.014	−0.351	−0.01
18	阿根廷	0.0251	0.0568	0.0437	0.1077	0.0677	0.0419	−0.053	−0.037	−0.045	0.0372
19	马来西亚	0.0804	0.0768	0.1028	0.0538	0.0368	0.0388	0.0334	0.0339	0.0415	0.0595
20	罗马尼亚	0.1966	0.0977	0.2082	0.2205	0.1181	−0.02	0.1067	0.1384	0.1186	0.1049
21	印度	0.0185	0.0385	0.0834	0.1145	0.1653	0.1932	0.1768	0.2254	0.2299	0.1113
22	斯洛文尼亚	0.0701	0.1022	0.1891	0.036	0.1679	0.1524	0.096	0.1134	0.1403	0.1135
23	菲律宾	0.1525	0.1395	0.1614	0.169	0.1961	0.1658	0.1545	0.1616	0.1215	0.1602
24	匈牙利	0.2252	0.1451	0.1186	0.1842	0.18	0.1598	0.1881	0.2054	0.1846	0.1742
25	印度尼西亚	0.17	0.2646	0.2565	0.2112	0.1931	0.1363	0.1305	0.1051	0.0076	0.1814
26	巴西	0.1539	0.1797	0.2853	0.3069	0.2874	0.257	0.1899	0.1661	0.1243	0.2235
27	捷克	0.2631	0.2707	0.2514	0.2302	0.2107	0.1842	0.2218	0.2152	0.2236	0.2281
28	波兰	0.1785	0.224	0.2185	0.2369	0.254	0.2366	0.2114	0.2442	0.1902	0.2327
29	泰国	0.2317	0.2529	0.2797	0.2785	0.2652	0.2652	0.2539	0.2271	0.2285	0.2586
30	中国	0.2721	0.2989	0.3011	0.2917	0.2857	0.2677	0.2527	0.249	0.2492	0.2805
31	墨西哥	0.3784	0.3565	0.3501	0.3754	0.3983	0.3736	0.3794	0.3695	0.3828	0.3734
—	整体均值	−0.074	−0.051	−0.0105	−0.012	−0.017	−0.024	−0.023	−0.023	−0.05	—

基于式(8.4)和式(8.6)，笔者测度了31个发展中国家制造业出口技术复杂度赶超值，表8-8报告了相应的结果。首先，从国别均值排名上看，正向出口技术复杂度赶超幅度最大的三个国家是墨西哥、中国和泰国，墨西哥的正向赶超力度呈进一步加大的趋势，赶超值从1997年的0.3784提升到了2011年的0.3828；中国和泰国的赶超力度则呈现一定的收敛趋势，分别从1997年0.2721和0.2317降低到了2011年的0.2492和0.2285，负向出口技术复杂度赶超值最小的三个经济体是柬埔寨、沙特阿拉伯和智利，且制造业出口技术复杂度偏离比较优势零值的幅度呈进一步扩大的趋势。上述结果还表明，墨西哥制造业出口技术复杂度的提升步伐快于其经济发展水平，而柬埔寨、沙特阿拉伯和智利制造业出口技术复杂度的提升步伐慢于其经济发展水平。其次，1997—2011年各经济体技术复杂度赶超整体均值为负，国别均值为负的经济体有17个，这在一定程度上表明，多数发展中国家未执行技术复杂度赶超战略。最后，出口技术复杂度赶超行为与经济发展水平并无明显的相关关系，Rodrik(2006)和Schott(2008)推测经济发展水平越低的经济体，其提高制造业出口技术复杂度的"渴望"越高，因而其执行技术复杂度赶超战略的"动力"和力度越大，然而本书的测度表明，在发展中国家中，发展水平较低的柬埔寨和越南，其出口技术复杂度赶超系数为负，并未执行赶超战略，而发展水平相对较高的波兰、捷克和墨西哥，其出口技术复杂度赶超系数为正，具有显著的赶超特征。为此，该结论修正了Rodrik(2006)和Schott(2008)的推论。值得一提的是，资源型产业(石油和铜)对沙特阿拉伯和智利的经济发展发挥着重要的作用，很大程度上使得其经济发展水平(比较优势)明显高于制造业的综合比较优势，进而出现制造业出口技术复杂度赶超值为负且大幅低于比较优势零值的现象。为此，可以推定：资源丰裕型经济体制造业比非资源丰裕型经济体更容易出现负向技术复杂度赶超的现象，"资源诅咒"效应阻碍了经济体制造业出口技术复杂度赶超战略的执行。

为了进一步考察1997—2011年31个发展中国家出口技术复杂度赶超的分布情况，笔者对前文测度结果进行了核密度估计(见图8-6)，可知：一方面，历年赶超值核密度分布曲线具有两个显著的"峰值"，因而出口技术复杂度赶超值收敛于两个均衡点，即具有正向技术复杂度赶超特征的国家倾向于继续执行正向技术赶超战略，具有负向技术复杂度赶超特征的国家倾向于继续执行负向技术赶超战略。为此，打破负向技术复杂度赶超国原有技术赶超模式和路径，可以成为负向赶超国快速提升出口技术复杂度的重要手段。另一方面，正向赶超的"峰值"位于0.2附近，这表明多数正向赶超国执行了"小幅正向"出口技术复杂度赶超战略。此外，对比1997年和2011年的核密度曲线，可以发现 2011 年"左极点"和"右极点"的距离明显小于 1997 年，可见，发展中国家出口技术复杂度赶超的幅度区间呈缩小趋势。

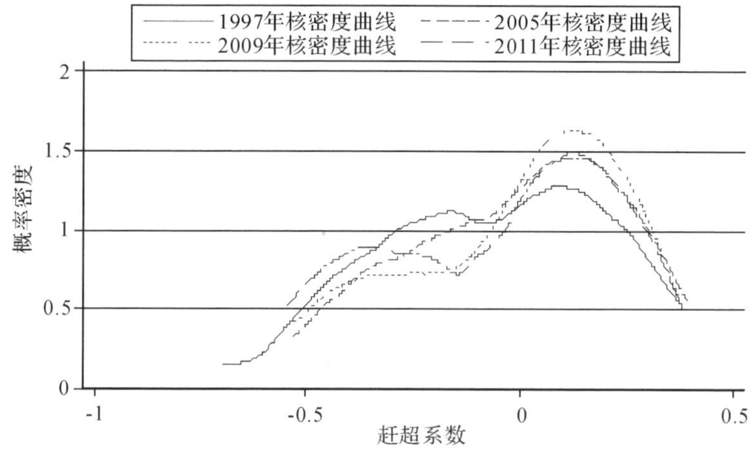

图 8-6　1997—2011 年技术复杂度赶超系数的核密度估计曲线

与以往直接运用中间品进口绝对额来衡量中间品进口依赖不同的是，本书根据 OECD 提供的投入产出表，以异质性中间品进口与制造业国内外中间品总消耗额之比表示中间品进口依赖。具体计算方法如下：

$$R_{ii} = \frac{\sum_{i=1,i=1}^{N} x_{ii}^{*}}{\sum_{i=1,i=1}^{N} x_{ii} + \sum_{i=1,i=1}^{N} x_{ii}^{*}}, R_{ij} = \frac{\sum_{i=1,j=1}^{N} x_{ij}^{*}}{\sum_{i=1,j=1}^{N} x_{ij} + \sum_{i=1,j=1}^{N} x_{ij}^{*}} \tag{8.7}$$

其中，i 和 j 分别代表制造业和生产性服务业①，x 和 x^* 表示国内和国外中间品，R_{ii} 和 R_{ij} 表示制造业 i 对制造型和生产服务型中间品的进口依赖。根据式(8.7)的测度结果，我们进一步整理出了制造业出口技术复杂度正负向赶超条件下发展中国家异质性中间品进口依赖的均值(见表 8-9)。首先，正负向赶超情况下发展中国家制造型和生产服务型中间品的进口依赖程度均有所加剧，其中正向赶超国制造型和生产服务型中间品进口占比分别提升了 25.31%和 19.57%，负向赶超国两类中间品进口占比则分别提升了 3.01%和 3.78%；其次，正向赶超国制造型和生产服务型中间品依赖程度均明显低

① 根据 OECD 投入产出表，制造业包含 C3 食品、饮料和烟草，C4 纺织品，C5 皮制品与鞋类，C6 木制品，C7 纸与印刷业，C8 石油与核燃料，C9 化工产品，C10 塑料产品，C11 其他非金属矿物产业，C12 金属与金属制品，C13 机械制品，C14 电器与光学设备，C15 交通设备制造和 C16 制造与回收业等；生产性服务业包含 C20 批发和中间商服务业，C21 零售服务业，C23 内陆运输服务业，C24 水运服务业，C25 空运服务业，C26 其他交通支持和辅助服务业，C27 邮电服务业和 C28 金融服务业等。

于负向赶超国，但这一差距正逐渐减小，制造型和生产型中间品进口占比的差额分别下降了60.50%和71.60%，这或许表明，对于执行出口技术复杂度赶超策略的国家而言，赶超引致的缓解效应发挥了主导作用，冲淡甚至消除了加剧效应带来的不良影响，但缓解作用的边际作用力呈现衰减趋势；最后，正负向赶超条件下，制造型中间品进口占比均值均大于生产服务型中间品进口占比均值。这表明，发展中国家对制造型中间品的进口依赖大于对生产服务型中间品的进口依赖。

表 8-9　正负向赶超与异质性中间品进口占比均值

年份	负向赶超		正向赶超		差额	
	制造型	生产服务型	制造型	生产服务型	制造型	生产服务型
1997年	0.39918	0.22526	0.29544	0.17529	0.10374	0.04997
1998年	0.40996	0.22248	0.31892	0.18368	0.09104	0.0388
1999年	0.40291	0.22832	0.31224	0.18449	0.09067	0.04383
2000年	0.41335	0.2437	0.33802	0.20417	0.07533	0.03953
2001年	0.41473	0.24131	0.33896	0.20477	0.07577	0.03654
2002年	0.40607	0.23437	0.34253	0.19947	0.06354	0.0349
2003年	0.41171	0.23878	0.34786	0.20512	0.06385	0.03366
2004年	0.42353	0.2453	0.3685	0.2209	0.05503	0.0244
2005年	0.41142	0.2439	0.3649	0.21892	0.04652	0.02498
2006年	0.43291	0.25408	0.3682	0.22242	0.06471	0.03166
2007年	0.43787	0.25069	0.37282	0.21175	0.06505	0.03894
2008年	0.44451	0.25318	0.36055	0.2098	0.08396	0.04338
2009年	0.39474	0.217	0.33102	0.19389	0.06372	0.02311
2010年	0.40962	0.21715	0.35991	0.20404	0.04971	0.01311
2011年	0.41119	0.23378	0.37021	0.20959	0.04098	0.01419
增幅(%)	3.01	3.78	25.31	19.57	−60.50	−71.60

注：差额是指正向技术复杂度赶超与负向技术赶超中同一类型中间品进口依赖之差。

(三)模型的设定与均衡关系的检验

1.模型的设定与变量的选择

本书主要目的是在纳入贸易地理优势的视野下，揭示制造业出口技术复杂度赶超对异质性中间品进口依赖的影响机制。为此，被解释变量为前文式(8.7)测度所得发展中国家制造型和生产服务型中间品进口依赖值(Y)，解释变量为出口技术复杂度赶超相对值(GCI)和贸易地理优势变量。为此，具体构建如下方程进行分析：

$$Y_{it}=a_0+a_1GCI_{it}+a_2DL_{it}+\beta_mX_{it}^m+\xi_{it} \tag{8.8}$$

其中，下标 i 和 t 分别表示经济体和年份，DL 为地理优势，新经济地理学研究表明贸易地理优势主要来自两个方面：一是空间型地理优势，如与大进口国相邻(NE)或具有沿海优势(SEA)；二是非空间型地理优势，如通过签订自由贸易协定等形式降低经济体间的贸易成本，使得成员间的贸易获得"契约型地理优势"。由此，笔者采用沿海、是否与大进口国毗邻①及当年是否为WTO 成员来衡量空间地理优势和"契约型地理优势"。回归前还需考虑以下几个问题：一是中间品进口依赖和出口技术复杂度赶超可能存在一定的内生性风险，简单地采用最小二乘法进行分析，可能得到有偏的估计结果；二是出口技术复杂度赶超是一种逆比较优势行为，需要得到多种经济因素的系统性支持，为此，技术复杂度赶超对其他因素的作用力难免呈现非线性，因而非线性检验具有一定的必要性。如果非线性关系存在，简单地加入赶超系数的平方项，容易混淆正向技术赶超值和负向技术赶超值。有鉴于此，本书在采用能有效处理内生性的两阶段最小二乘法(2SLS)判断异质性中间品依赖与出口技术复杂度赶超是否为线性关系的基础上，进一步加入其他变量进行实证分析，并以内生变量的一阶滞后项作为工具变量，以提高估计结果的可靠性。

为了更科学地揭示出口技术复杂度赶超对异质性中间品进口依赖的作用机理，本书进一步加入了以下控制变量：(1)经济效率(XL)，经济运行效率能有效地刻画一国对国内外要素的配置能力与技术水平，实证中以单位石油 GDP 产出的自然对数表示。(2)企业经营环境(SS)，经营环境越好的区域对高技术企业的吸引能力越强，从而影响区域中间品的生产能力，考虑到上市公司的数量及质量与企业经营环境密切相关(陈晓华，刘慧，2015)，笔者借鉴陈晓华和刘慧(2015)的做法，以各国上市公司总资本占 GDP 百分比的自然对数表示。(3)税赋(TAX)，以世界银行公布的各国总税收占 GDP 份额的自然对数表示。(4)高等教育(EDU)，以联合国教科文组织公布的各国高等教育入学率百分比的自然对数表示。(5)高技术产业出口(HEX)，发展中国家高技术产业的发展势必对中间品进口依赖产生影响，本书以世界

① 本书以 2012 年进口排名世界前五的国家为进口大国，分别为美国、中国、英国、德国和日本。与上述国家中的任何一个或多个交界的经济体为毗邻大进口国。

银行公布的各国高技术产业出口占制造业出口之比的自然对数表示。(6)经济发展水平(PGDP),宏观经济水平会影响经济体企业的研发决策和生产偏好(田巍,余淼杰,2014),进而影响其中间品的进口依赖,本书以人均GDP的自然对数表示。(7)金融危机(JR),金融危机对世界贸易产生了较为明显的冲击,我们将这一变量纳入实证分析,实证中以虚拟变量表示。

2.变量间长期均衡关系的检验

出口技术复杂度赶超对中间品进口依赖的作用机制虽能从已有研究中推导而得,但尚无对二者关系的经验研究,为避免无协整关系的伪回归结论出现,笔者对二者的长期均衡关系进行进一步检验。表8-10报告了31个发展中国家出口技术复杂度赶超与中间品进口依赖间长期均衡关系的检验结果。可知各统计变量均在至少1%的显著性水平上拒绝了二者无均衡关系的原假设,为此,后文中二者关系的实证结果不存在伪回归现象。

表8-10 制造业出口技术复杂度赶超与异质性中间品进口依赖均衡关系的检验

变量	技术复杂度赶超与制造型中间品				技术复杂度赶超与生产服务型中间品			
滞后期数	滞后一期		滞后二期		滞后一期		滞后二期	
检验类型	检验值	P值	检验值	P值	检验值	P值	检验值	P值
Gt	−3.300	0.000	−4.151	0.000	−3.463	0.000	−3.983	0.000
Ga	−20.418	0.000	−19.166	0.000	−18.048	0.000	−18.988	0.000
Pt	−13.934	0.006	−13.514	0.021	−14.497	0.000	−15.292	0.000
Pa	−15.007	0.000	−11.828	0.000	−15.299	0.000	−13.181	0.000

(四)实证结果与分析

1.线性与非线性关系的确定

在加入控制变量前,笔者先对二者的线性关系进行检验。考虑到加入平方项后负向赶超与正向赶超容易混淆,笔者在*GCI*大于零的情况下做线性和非线性回归,在*GCI*小于零的情况下做线性回归。表8-11报告了2SLS检验结果,在制造型中间品的估计结果中,方程(2)的*GCI*估计结果不显著,而方程(3)中*GCI*的水平项和平方项均通过了5%的显著性检验,这表明,出口技术复杂度赶超对发展中国家制造型中间品的作用机制呈现U形关系,过低和过高的赶超均会加剧制造型中间品进口依赖,仅有适度赶超能缓解制造型中间品进口依赖。该现象出现的原因可能在于:一是经济发展过程中需要大量的中间品,过低的赶超会使得经济体的比较优势无法有效发挥,进而导致中间品特别是高端中间品生产能力非常有限,使得中间产品的生产能力无法满足国内日益增长的中间品需求,呈现中间品生产能力与中间品需求“倒挂”的现象，从而加剧其对国外制造型中间品的依赖程度；二是执行过高幅度赶超战略的发展中国家，需偏离其比较优势零值较远的高端中间品作为支撑。虽然赶超能在一定程度上倒逼其国内中间品生产能力提升，但支撑起生产偏离比较优势零值较远型高端中间品的资源相对有限，基于有限资源生产出来的高端中间品，既无法与国外高端中间品媲美，也无法满足国内执行过高幅度赶超战略的需要。为此，执行过高幅度赶超战略的发展中国家不得不依赖大量进口高端中间品，最终加剧了对中间品的进口依赖。适度的赶超既能提升高端中间品的生产能力，又能确保高端中间品具有足够的竞争力，从而降低对国外中间品的进口依赖。

表 8-11　制造业出口技术复杂度赶超对异质性中间品进口依赖的线性关系检验

系数	制造型中间品			生产服务型中间品		
	(1)	(2)	(3)	(1)	(2)	(3)
GCI	−0.3236** (−2.39)	0.0005 (0.05)	−2.2699** (−2.27)	−0.282*** (−3.34)	−0.1151*** (−13.76)	−0.4863 (−0.80)
*GCI*2	—	—	5.288*** (2.07)	—	—	0.5552 (0.36)
C	0.4337*** (16.74)	0.3959*** (34.74)	0.5646*** (7.35)	0.2634*** (16.33)	0.1667*** (18.12)	0.2772*** (5.93)
CR^2	0.0018	0.1409	0.1649	0.0551	0.4768	0.0418
LM 检验	0.000	0.000	0.000	0.000	0.000	0.000
Sargan 检验	0.000	0.000	0.000	0.000	0.000	0.000
OBS	GCI>0	GCI<0	GCI>0	GCI>0	GCI<0	GCI>0

生产服务型中间品进口依赖的估计结果中，方程(1)和(2)的 GCI 估计系数均显著为负，而式(8.6)的 GCI 及其平方项均不显著，这表明：出口技术复杂度赶超与生产服务型中间品进口依赖之间呈现线性关系，且赶超能缓解生产服务型中间品进口依赖。由此观之，赶超对制造型中间品和生产服务型中间品的进口依赖的作用力存在较大差异。为此，以往简单地将生产服务型中间品和制造型中间品进行加总分析得出的结论不一定科学。上述差异出现的原因可能在于：生产服务型中间品的生产过程相对容易转移，当发展中国家赶超引致的生产服务型中间品进口剧增时，发达国家生产服务型企业倾向于投资发展中国家，以更为便利地为发展中国家赶超企业服务，并将市场业务拓展到发展中市场(如四大会计师事务所和外资银行进入中国市场)。而制造型中间品往往具备较高的技术水平，发达国家往往不愿意将高端中间品的生产过程转移至发展中国家，以避免高端技术的外溢，使其

能始终在国际竞争中保持技术优势。为此，赶超对制造型和生产服务型中间品进口依赖的影响存在较大差异的根本原因可能在于生产服务型中间品"投资替代进口"的可能性大于制造型中间品。

2. 两类异质性中间品进口依赖的估计结果

为了更为科学地揭示制造业出口技术复杂度赶超对异质性中间品进口依赖的作用机制，本部分在前文线性与非线性检验的基础上，依次加入其他变量进行实证分析。表 8-12 和表 8-13 分别报告了制造型中间品和生产服务型中间品进口依赖的估计结果。可知，首先，在依次加入不同变量的情况下，制造业出口技术复杂度赶超对制造型中间品进口依赖的作用机制依然为

表 8-12　制造型中间品进口依赖的估计结果

系数	(1)	(2)	(3)	(4)	(5)	(6)	(7)
GCI	−1.939** (−2.53)	−1.998** (−2.56)	−1.478** (−2.06)	−.9978* (−1.87)	−1.461** (−2.58)	−1.396* (−1.66)	−1.382** (−1.96)
GCI^2	5.123** (2.59)	5.282*** (2.63)	3.736** (2.04)	2.562* (1.88)	4.045*** (2.83)	3.523* (1.67)	3.349* (1.84)
NE	−0.0645*** (−3.48)	−0.0644*** (−3.48)	—	—	—	—	—
WTO	−0.1396*** (−6.82)	−0.1391*** (−6.79)	−0.1528*** (−8.48)	−0.0702*** (−4.84)	−0.1015*** (−4.96)	−0.0722*** (−2.69)	−0.062*** (−2.61)
SEA	−0.1506*** (−7.75)	−0.151*** (−7.76)	−0.1721*** (−9.99)	−0.0502*** (−2.76)	−0.1542*** (−8.86)	−0.1324*** (−5.95)	−0.1201*** (−6.49)
JR	—	0.0149 (0.72)	—	—	—	—	
XL	—	—	0.2231*** (7.82)	—	0.1667*** (4.77)	—	—
TAX	—	—	—	2.489*** (16.62)	—	—	—
EDU	—	—	—	—	−0.0728*** (3.73)	—	—
HEX	—	—	—	—	—	0.0104*** (2.71)	—
SS	—	—	—	—	—	−0.0417*** (−5.74)	−0.0419*** (−6.94)
PGDP	—	—	—	—	—	—	0.0224* (1.82)
C	0.7538*** (10.98)	0.7542*** (10.97)	0.3386*** (3.70)	1.4388*** (26.43)	0.1156 (1.28)	0.7924*** (6.48)	0.6601*** (3.95)

续表

系数	(1)	(2)	(3)	(4)	(5)	(6)	(7)
CR^2	0.3618	0.3609	0.5004	0.7231	0.5455	0.4648	0.5143
LM 检验	0.000	0.000	0.000	0.000	0.000	0.000	0.000
Sargan 检验	0.000	0.000	0.000	0.000	0.000	0.000	0.000
OBS	GCI>0	GCI>0	GCI>0	GCI>0	GCI>0	GCI>0	GCI>0
缓解区间	(0,0.378)	(0,0.378)	(0,0.396)	(0,0.389)	(0,0.361)	(0,0.396)	(0,0.412)
最优值	0.189	0.189	0.198	0.1945	0.1805	0.198	0.206

U形,而对生产服务型中间品进口的作用力依然为负(缓解效应),这表明上述机制并不随着控制条件的变化而变化,即具有较强的稳健性。表8-13还进一步给出了出口技术复杂度赶超缓解制造型中间品进口依赖的区间和最优值,对比表8-8中31个经济体制造业的出口技术复杂度赶超系数可知,墨西哥的赶超值已经超过了部分方程的缓解区间,而其他经济体的赶超值均处于缓解区间内,即其他经济体的正向出口技术复杂度赶超能缓解本国制造型中间品的进口依赖。赶超的最优值在0.19左右,从2011年的赶超系数测算结果来看,波兰、捷克和泰国距离最优值最近,中国的赶超值为0.2492,虽然与最优值具有一定的距离,但仍在缓解效应区间内。

表8-13 生产服务型中间品进口依赖的估计结果

系数	(1)	(2)	(3)	(4)	(5)	(6)	(7)
GCI	−0.1034*** (−15.54)	−0.1036*** (−15.59)	−0.0961*** (−14.76)	−0.1014*** (−13.13)	−0.0726*** (−9.17)	−0.0671*** (−4.90)	−0.0625*** (−4.57)
NE	−0.0415*** (3.99)	−0.0415*** (4.00)	—	—	—	—	—
WTO	−0.0212** (−2.14)	−0.0211** (−2.14)	−0.0227** (−2.16)	—	−0.0461*** (−3.77)	—	—
SEA	−0.1235*** (−11.00)	−0.1235*** (−11.02)	−0.1198*** (−10.43)	−0.1165*** (−9.58)	−0.1295*** (−11.05)	−0.1497*** (−15.22)	−0.1559*** (−15.65)
JR	—	−0.0147 (−1.30)	—	—	—	—	—
XL	—	—	0.0001 (0.01)	0.0147 (0.98)	0.0051 (0.35)	—	—
TAX	—	—	—	−0.0044 (−0.60)	—	—	—
EDU	—	—	—	—	−0.0601*** (−6.30)	—	—
HEX	—	—	—	—	—	0.0063** (2.41)	0.0121** (2.45)

续表

系数	(1)	(2)	(3)	(4)	(5)	(6)	(7)
SS	—	—	—	—	—	−0.0049* (−1.69)	−0.0086*** (−2.69)
PGDP	—	—	—	—	—	—	−0.0184*** (−2.71)
C	0.2994*** (23.50)	0.3025*** (23.37)	0.3129*** (12.95)	0.2824*** (9.36)	0.5448*** (13.07)	0.2954*** (7.45)	0.4398*** (6.67)
CR^2	0.4573	0.4594	0.4368	0.4247	0.5004	0.4592	0.4720
LM 检验	0.000	0.000	0.000	0.000	0.000	0.000	0.000
Sargan 检验	0.000	0.000	0.000	0.000	0.000	0.000	0.000
OBS	434	434	429	348	373	312	312

贸易地理优势变量的估计结果表明，空间型地理优势和契约型地理优势的估计结果均显著为负。可见，贸易地理优势能降低制造型和生产服务型中间品的进口依赖。出现这一现象的原因可能在于：一方面，拥有贸易地理优势的发展中国家进口中间品更具优势，进口的学习效应（learn by importing）和技术溢出效应使得上述国家在“模仿、改进、再创新和进口替代”的中间品生产能力赶超过程中赢得先机；另一方面，新经济地理学认为贸易地理优势对地区的产业集聚具有显著的促进作用（冼国明，文东伟，2006），产业集聚能为企业汇聚知识、资本、人才和专业设备方面的资源提供便利，进而提升企业进行技术创新和工艺变革活动的能力（赵永亮等，2014），最终提升发展中国家高端中间品的生产能力，并降低异质性中间品进口依赖。拥有贸易地理优势的地区往往对外资更具吸引力，外资的介入使得拥有上述优势的地区的高端中间品的生产能力得以提升，从而缓解中间品进口依赖。这也从计量经济学视角证实了中国政府大力推进与不同经济体签署自由贸易区协定、在国内设定自由贸易区和提出“一带一路”倡议等提升贸易便利性举措（契约型优势）的科学性和正确性。

制造型和生产服务型中间品的估计结果中，高技术产业出口占比的系数均显著为正，这表明，发展中国家高技术出口占比的增加将加剧其异质性中间品进口依赖。出现这一现象的原因可能在于：发展中国家具有鲜明的后发型特征，其在高技术产业领域的比较优势明显弱于发达国家，因而其生产高技术产业核心中间品的能力相对有限。为此，其往往采用“借助外力”的形式发展其高技术产业，最终加剧了其对核心中间品的外力依赖。由此我们可以推定，发展中国家发展偏离其比较优势较远的高技术产业是加剧其异质性中间品进口依赖的重要原因之一。高技术产品出口占比的增加会在一定程度上提升一国的经济效率，而经济效率在两类中间品进口依赖的估计结果中未表现出显著为负的特征，再次印证了高技术产业出口占比估计结果的科学性。

高等教育和企业经营环境的估计结果表明，高等教育水平提升和企业经营环境改善均能显著降低两类中间品的进口依赖程度。作为后发国的发展中国家，其高等教育水平和企业经营环境均具有较大的改进空间，为此，提高高等教育水平和改善其企业经营环境可以成为发展中国家缓解其中间品进口依赖的重要途径。结合高技术产业进口占比的估计结果，笔者以为，可以将高等教育和企业经营环境改善的突破重点放在高技术产业领域。一方面，以提升高等教育质量或规模为切入点，加大发展中国家高新技术产业人才的培养力度，进而有效缓解甚至扭转发展中国家高技术产业出口扩大加剧异质性中间品进口依赖的不利局面。值得一提的是中国的高等教育规模已经接近发达国家(刘慧等，2016)，为此，中国更应注重高等教育质量的提升。另一方面在制定优化企业经营环境的政策时，可适当向高技术产业倾斜，以更快的速度完善高技术企业经营环境，进而在更大程度上缓解发展中国家具有“逆比较优势赶超”特征的高技术产业对异质性中间品的进口依赖。

税率的估计结果要么显著为正，要么不显著。为此，税收的增加不仅不会缓解中间品进口依赖，还有可能加剧中间品进口依赖。这一结论还具备以下政策内涵：适当降低税收可以成为降低中间品进口依赖的重要手段。这一内涵的经济学动因可能有两点：一是降低税收会加大本国对外资企业的吸引力，提升发展中国家中间品的生产能力；二是税收的降低往往意味着现有企业获利水平的改善，进而提升企业研发投入的水平，最终提升现有企业高端中间品的生产能力。考虑到高技术产业出口规模扩大会加剧中间品进口依赖，减税措施可适当向高技术产业倾斜，以在最大化发挥适度减税缓解中间品进口依赖作用效应的基础上，降低高技术产业对发展中国家中间品进口依赖的压力。金融危机变量的估计结果并不显著，可见虽然金融危机引致的外需疲软会对进出口量产生不利冲击，但对中间品进口依赖的作用力相对有限。

3. 稳健性检验

为了确保前文估计结果的稳健和可靠，笔者进一步对前文的实证结果进行稳健性检验。考虑到出口技术复杂度赶超绝对值法[见式(8.5)]的测度结果，虽然在合理性和科学性方面略逊于相对值测度法[见式(8.6)]，但该测度方法不仅被学界广泛使用(刘慧，2016)，而且其在正负号与趋势上还与相对值测度方法较为相似。因而笔者以绝对值法测度结果替代相对值法测度结果进行稳健性检验。表 8-14 报告了相应的稳健性检验结果。可知稳健性检验结果中系数的显著性和预期符号与表 8-12 和表 8-13 的估计结果并无明显差异，由此我们可以推定前文的估计结果是可靠和稳健的。

表 8-14　稳健性检验估计结果

系数	制造型中间品				生产服务型中间品			
	(2)	(4)	(5)	(7)	(2)	(4)	(5)	(7)
GCIJ	−3.489*** (−4.68)	−2.127*** (−1.82)	−2.359*** (−3.63)	−2.879*** (−4.04)	−.04901*** (−7.20)	−0.3566** (−2.62)	−0.3019*** (−5.33)	−1.471*** (−3.38)
$GCIJ^2$	18.833*** (5.35)	6.973** (1.99)	13.24*** (4.27)	14.25*** (4.16)				
NE	−0.0678*** (−3.92)	−0.0784*** (−4.62)			−0.0404*** (−3.06)			
WTO	−0.1427*** (−7.71)	−0.1331*** (−7.27)	−0.0997*** (−5.06)	−0.0750*** (−3.58)	−0.0362*** (−3.09)	−0.0213* (−1.94)	−0.0734*** (−5.96)	
SEA	−0.1579*** (−8.67)	−0.1435*** (−8.20)	−0.1554*** (−9.30)	−0.1301*** (−7.43)	−0.1193*** (−9.05)	−0.1158*** (−8.44)	−0.1367*** (−11.04)	−0.1485*** (−14.97)
JR	0.0096 (0.50)				−0.0147 (−1.10)			
XL			0.140*** (4.12)			0.0256 (1.65)	0.0179 (1.19)	
TAX		0.0356*** (2.64)				−0.0059 (−0.99)		

续表

系数	制造型中间品				生产服务型中间品			
	(2)	(4)	(5)	(7)	(2)	(4)	(5)	(7)
EDU			−0.075*** (−4.08)				−0.1001*** (−11.73)	
HEX								0.0113** (2.20)
SS				−0.0405*** (−6.90)				−0.0087*** (−2.67)
PGDP				0.0165** (2.48)				−0.0188*** (−2.70)
C	0.7338*** (19.13)	0.6242*** (13.01)	0.1263 (1.60)	0.7109*** (5.36)	0.3276*** (21.63)	0.2948*** (10.05)	0.6973*** (17.77)	0.4482*** (6.70)
CR^2	0.4297	0.4654	0.5785	0.5426	0.2522	0.2054	0.4391	0.4570
LM 检验	0.000	0.000	0.000	0.000	0.000	0.000	0.000	0.000
Sargan 检验	0.000	0.000	0.000	0.000	0.000	0.000	0.000	0.000
OBS	GCI>0	GCI>0	GCI>0	GCI>0	434	348	373	312

注：笔者对表 8-11 至表 8-13 的估计结果均进行了稳健性检验，为免累赘，此处仅给出了表 8-14 所示的估计结果。

第二节　出口产品质量赶超的经济效应分析

（一）测度方法的构建与估计模型的设定

出口技术复杂度赶超领域的研究为本书测度出口产品质量提供了深刻的见解和科学的参考价值，杨汝岱和姚洋（2008）、陈晓华和刘慧（2012）与刘慧等（2014）的研究表明：执行赶超策略的区域（经济体），往往会采用一些高于自身比较优势的高端生产工艺或技术，使得自身产品的内涵（如产品质量和技术复杂度）高于自身应有的经济发展水平，从而使得自身产品质量与经济发展水平的拟合点位于"比较优势零值"曲线上方。[①] 为此，笔者在借鉴杨汝岱和姚洋（2008）、陈晓华和刘慧（2012）与刘慧等（2014）处理出口技术复杂度赶超的处理方法的基础上，采用省级区域产品质量与人均 GDP 的拟合曲线，来衡量该省级区域产品质量的赶超程度。具体方法如下：

$$GCI_{it}=Q_{it}-Q_{it}^{f} \tag{8.9}$$

其中，GCI_{it} 为省级区域 i 在 t 年份的产品质量赶超系数，Q_{it} 为省级区域 i 在 t 年份的产品质量，此处以第三章中基于需求函数残差法得出的省级层面出口产品质量测度结果为研究对象，具体计算方法和结果请见前文省级层面出口产品质量的测度结果。Q_{it}^{f} 为省级区域 i 的"比较优势零值点"，即省级区域人均 GDP 自然对数的产品质量拟合值，本书以年度截面数据来测度各省级区域历年的产品质量拟合值。当 $GCI<0$ 时，该省级区域未执行赶超策略，是以低于比较优势的形式生产产品；当 $GCI=0$ 时，该省级区域完全凭借自身比较优势来提升产品质量；当 $GCI>0$ 时，该省级区域产品超越了自身的比较优势，即存在赶超行为。

考虑到式（8.9）测度出的是出口产品质量赶超的绝对系数，绝对系数的大小并不能全面刻画其偏离自身比较优势的幅度，为此，笔者进一步对式（8.9）进行优化，采用出口产品质量赶超的相对系数更好地刻画出一国出口

① 根据陈晓华和刘慧（2012）的研究，所谓"比较优势零值"曲线，是指产品品质内涵与各经济体经济发展水平的拟合线。当一国散点位于"比较优势零值"曲线上时，该国的经济运行完全符合比较优势；当一国散点位于"比较优势零值"曲线上方时，该国的经济运行处于"逆比较优势"赶超状态；当一国散点位于比较优势曲线之下时，该国经济运行状态未充分发挥其比较优势。

产品质量赶超偏离其比较优势的幅度①。具体测度方法如下：

$$GCI_{it}=\frac{Q_{it}-Q_{it}^{f}}{Q_{it}^{f}}=\frac{Q_{it}-(a^{*}+\beta^{*}\ln PGDP_{it})}{(a^{*}+\beta^{*}\ln PGDP_{it})} \tag{8.10}$$

基于式(8.10)和前文中国省级层面出口产品质量的测度结果，笔者测算出了中国省级区域的制造业出口产品质量赶超系数。表 8-16 报告了 2002—2008 年中国各省级区域赶超系数的测度结果。可知：赶超系数最高的六个省份分别为江苏、广东、上海、辽宁、浙江和北京。赶超系数最低的六个省份为西藏、海南、青海、贵州、内蒙古和广西，制造业出口产品质量赶超系数最高的六个省市均位于东部发达地区，而赶超系数最低的省份多为西部省份。

表 8-16　2002—2008 年各省级区域制造业出口产品质量赶超系数

序号	省份	2002	2003	2004	2005	2006	2007	2008	均值	增幅	收敛
1	江苏	0.287	0.330	0.293	0.307	0.321	0.308	0.323	0.3100	0.036	否
2	广东	0.320	0.331	0.305	0.329	0.308	0.285	0.266	0.306	−0.055	是
3	上海	0.338	0.260	0.285	0.251	0.247	0.220	0.307	0.273	−0.031	是
4	辽宁	0.343	0.328	0.170	0.110	0.183	0.307	0.313	0.251	−0.031	是
5	浙江	0.193	0.200	0.200	0.214	0.210	0.228	0.242	0.212	0.049	否
6	北京	0.239	0.161	0.161	0.186	0.257	0.217	0.195	0.202	−0.044	是
7	天津	0.255	0.235	0.270	0.235	0.185	0.108	0.037	0.189	−0.218	是
8	福建	0.229	0.175	0.186	0.173	0.146	0.150	0.163	0.175	−0.066	是
9	山东	0.172	0.143	0.147	0.150	0.125	0.148	0.144	0.147	−0.028	是
10	重庆	0.169	0.152	0.083	0.097	0.148	0.138	0.171	0.137	0.002	否
11	吉林	0.021	0.117	0.122	0.321	0.137	−0.048	−0.092	0.082	−0.113	否
12	陕西	−0.126	0.024	−0.127	0.069	0.069	0.126	0.248	0.040	0.375	否
13	河北	−0.020	0.091	0.047	0.046	−0.046	−0.083	−0.086	−0.007	−0.066	否
14	湖北	−0.089	−0.034	−0.087	−0.082	0.032	0.110	0.064	−0.012	0.154	是
15	河南	−0.004	−0.010	−0.016	−0.006	0.010	−0.036	−0.038	−0.014	−0.033	否
16	湖南	−0.111	−0.116	0.120	−0.067	−0.082	−0.004	0.110	−0.021	0.221	是

① 相对于出口产品质量赶超系数绝对值而言，相对值法能更为准确地刻画经济体的赶超情况。假设有两个赶超绝对额同样为 0.5 的经济体 A 和 B，A 的出口产品质量与人均 GDP 的拟合值为 4，而 B 的为 2。在用绝对值的情况下，两国的赶超幅度是相同的，实际上 A 的赶超幅度达到 0.5 会比 B 更为容易；而采用相对值表示时，A 的赶超幅度为 0.125，B 则为 0.25，更恰当地刻画了两个经济体的真实赶超幅度。

续表

序号	省份	2002	2003	2004	2005	2006	2007	2008	均值	增幅	收敛
17	四川	0.209	−0.005	−0.068	−0.124	0.009	−0.123	−0.096	−0.028	−0.305	是
18	安徽	−0.016	−0.004	−0.123	−0.080	−0.035	0.055	0.005	−0.028	0.021	是
19	云南	−0.013	−0.038	−0.044	−0.079	−0.069	−0.102	−0.119	−0.066	−0.105	否
20	新疆	−0.053	−0.063	−0.121	−0.138	−0.129	−0.061	−0.060	−0.089	−0.007	否
21	宁夏	−0.042	−0.085	−0.072	−0.096	−0.101	−0.138	−0.114	−0.093	−0.071	否
22	山西	−0.140	−0.118	−0.037	−0.109	−0.139	−0.070	−0.050	−0.095	0.090	是
23	甘肃	−0.097	−0.090	−0.073	−0.073	−0.026	−0.153	−0.159	−0.096	−0.062	否
24	江西	−0.159	−0.173	−0.096	−0.166	−0.204	−0.114	0.043	−0.124	0.202	是
25	黑龙江	−0.095	−0.047	−0.152	−0.137	−0.156	−0.136	−0.152	−0.125	−0.057	否
26	广西	−0.138	−0.174	−0.162	−0.121	−0.148	−0.129	−0.092	−0.138	0.046	是
27	内蒙古	−0.155	−0.111	−0.125	−0.178	−0.186	−0.176	−0.145	−0.154	0.010	是
28	贵州	−0.214	−0.208	−0.190	−0.241	−0.250	−0.221	−0.200	−0.218	0.014	是
29	青海	−0.254	−0.276	−0.149	−0.219	−0.142	−0.350	−0.339	−0.247	−0.086	否
30	海南	−0.254	−0.330	−0.322	−0.135	−0.264	−0.299	−0.226	−0.261	0.028	是
31	西藏	−0.430	−0.497	−0.510	−0.550	−0.530	−0.514	−0.504	−0.505	−0.075	否

注:收敛情况即与“比较优势零值”的距离(赶超系数为 0),从 2008 年赶超系数的绝对值和 2002 年赶超系数的绝对值之差来判断。

上述结果表明,近些年东部发达地区制造业的出口产品质量位于“比较优势零值曲线”的上端,而西部欠发达地区制造业出口产品质量位于“比较优势零值曲线”的下端。就赶超力度上看,赶超力度最大的六个省份中,仅有江苏和浙江的赶超力度在加大,而北京、上海、辽宁和广东的赶超系数均有一定的下降。出现这一现象的原因可能在于:东部地区制造业出口产品质量增长遇到的国外竞争“阻力”较大(见第三章图 3-6 的基本分析结论),使得制造业出口产品质量增速小于经济增速,进而使得发达地区的赶超情况逐渐收敛于自身的比较优势。

从 2002—2008 年出口产品质量赶超系数的均值上看,有 12 个省级区域的赶超系数均值大于 0,其余 19 个省级区域的赶超系数均值小于 0,可见,虽然中国有大量的企业执行了赶超战略(杨汝岱,姚洋,2008;陈晓华,刘慧,2012),但从中国省级区域整体层面上看,仅有 1/3 左右省份的出口产品质量偏高于其“比较优势零值”,多数省份位于“比较优势零值曲线”之下。从赶超系数的收敛情况上看,有 17 个省级区域的赶超系数在向“比较优势零值”进一步接近,有 14 个省级区域的赶超系数与“比较优势零值”进一步偏离,这在一定程度上表明，中国制造业出口产品质量赶超情况虽有一定的收敛，但收敛趋势并不明显。

考虑到出口产品质量赶超系数对经济增长、能源效率、物质资本积累和FDI的作用力可能非线性，在无法判断二者关系是否为线性的情况下，直接选择线性分析或非线性分析都可能导致估计结果存在偏误。而Hansen(1999)构建的门槛效应模型能够通过反复抽样回归的形式自动识别变量间关系的线性、非线性及门槛区间（刘慧等，2014b；陈晓华，刘慧，2012），为此，本书采用Hansen(1999)构建的门槛效应模型分析制造业出口产品质量赶超的影响效应。Hansen(1999)的研究表明，门槛效应模型往往包含单重门槛效应、双重门槛效应和多重门槛效应等情况，单重门槛效应、双重门槛效应与多重门槛效应需通过门槛个数检验系数F值及其概率来确定。在理论推导上，笔者通过单重门槛效应模型推导得到双重和多重门槛效应估计模型。首先假定本书的回归方程为单重门槛效应模型，具体模型如下：

$$\ln Y_{it}=\mu_i+a_1 GCI_{it}(g_{it}\leqslant\gamma)+a_2 GCI_{it}(g_{it}>\gamma)+\theta x_{it}+\xi_{it} \qquad (8.11)$$

其中，Y_{it}代表被解释变量，本章实证中包含经济增长、能源效率、物质资本积累以及FDI等变量，$I(*)$是门槛效应估计方程的示性函数，γ表示门槛值，各省级区域的未观测特征用指标值μ_i刻画，x_{it}为本书所选取的控制变量。邵军和徐康宁(2008)认为门槛效应模型实际上是分组抽样回归法的一种拓展（陈晓华，刘慧，2012），为此，笔者将上式中门槛效应模型表示为分组抽样检验的形式，具体如下：

$$\ln Y_{it}=\begin{cases}\mu_i+a_1 GCI_{it}+\theta_i x_{it}+\xi & GCI_{it}\leqslant\gamma\\ \mu_i+a_2 GCI_{it}+\theta_i x_{it}+\xi & GCI_{it}>\gamma\end{cases} \qquad (8.12)$$

令$GCI_{it}(\gamma)=\begin{pmatrix}GCI_{it}I(g_{it}\leqslant\gamma)\\ GCI_{it}I(g_{it}>\gamma)\end{pmatrix}$，$a=(a_1',a_2')'$。则式(8.11)可以表示为：

$$\ln Y_{it}=\mu_i+a' GCI_{it}(\gamma)+\theta_i x_{it}+\xi_{it} \qquad (8.13)$$

借鉴Hansen(1999)、连玉君和程建(2006)与陈晓华和刘慧(2012)的研究，将式(8.13)中的解释变量和控制变量进行叠加，即令$M(\gamma)=\begin{pmatrix}GCI_{it}(\gamma)\\ x_{it}\end{pmatrix}$，$\beta=(a',\theta_i')'$。可得：

$$\ln Y_{it}=\mu_i+\beta' M_{it}(\gamma)+\xi_{it} \qquad (8.14)$$

由于式(8.14)包含省级区域未观测特征变量(μ_i)，因此纳入该变量的回归方程一般具有两个特征：一是处理过程相对复杂；二是用于替代未观测变量的变量，稍有不慎就会产生有偏影响。为此，笔者采用矩阵组内去均值的方式消除未观测特征变量，以提高估计结果的稳健性和可靠性。具体如下：

令 $\ln\overset{*}{Y}_{it} = \ln Y_{it} - \frac{1}{T}\sum_{1}^{T}\ln Y_{it}$ (8.15)

可得：$\ln\overset{*}{Y}_{it} = \beta'\overset{*}{M}_{it}(\gamma) + \overset{*}{\xi}_{it}$ (8.16)

其中 $\overset{*}{M}(\gamma) = M(\gamma) - \frac{1}{T}M(\gamma), \overset{*}{\xi}_{it} = \xi_{it} - \frac{1}{T}\xi_{it}$ (8.17)

令$\ln\overset{*}{Y}_{i} = [\ln\overset{*}{Y}_{i1}, \cdots, \ln\overset{*}{Y}_{iT}]', \overset{*}{M}_{i}(\gamma) = [\overset{*}{M}_{i1}(\gamma), \cdots, \overset{*}{M}_{iT}(\gamma)]', \overset{*}{\xi}_{i} = [\overset{*}{\xi}_{i1}, \cdots, \overset{*}{\xi}_{it}]'$；

再令$\ln\overset{*}{Y} = [\ln\overset{*}{Y}_{1}, \cdots, \ln\overset{*}{Y}_{T}]', \overset{*}{M}(*) = [\overset{*}{M}_{1}(\gamma), \cdots, \overset{*}{M}_{T}(\gamma)]', \overset{*}{\xi}_{i} = [\overset{*}{\xi}_{i1}, \cdots, \overset{*}{\xi}_{it}]'$代入式(8.16)可得：

$$\ln\overset{*}{Y} = \overset{*}{M}(\gamma)\beta + \overset{*}{\xi} \quad (8.18)$$

对于式(8.18)，可采用最小二乘法(OLS)求出其参数。

$$\hat{\beta}(\gamma) = (\overset{*}{M}(\gamma)'\overset{*}{M}(\gamma))^{-1}\overset{*}{M}(\gamma)'ln\overset{*}{Y} \quad (8.19)$$

$S = \hat{\xi}'^{*} \times \hat{\xi}^{*}$ 为残差之和，其中 $\hat{\xi}^{*} = \ln\overset{*}{Y} - \overset{*}{M}(*)\hat{\beta}(*)$，根据 OLS 的基本原理可知，借助多次自由抽样拟合和 S 值最小化相结合的形式，可以计算出门槛值，即 $\gamma = ar\min_{\gamma} S(\gamma)$，进而可以估算出解释变量和控制变量的估计系数。在单一门槛效应模型的基础上进一步运用前文的推导，可以获得双重门槛效应模型和多重门槛效应模型，多重门槛效应模型的实证方程可以表示为：

$$\begin{aligned}\ln Y_{it} = {} & \mu_i + a_1 GCI_{it}(g_{it} \leqslant \gamma_1) + a_2 GCI_{it}(\gamma_1 < g_{it} \leqslant \gamma_2) + \cdots \\ & + a_m GCI_{it}(\gamma_{m-1} < g_{it} \leqslant \gamma_m) + \cdots + a_M GCI_{it}(\gamma_{M-1} < g_{it} \leqslant \gamma_M) \\ & + a_{M+1} GCI_{it}(g_{it} > \gamma_M) + \theta x_{it} + \xi_{it}\end{aligned} \quad (8.20)$$

其中，M 表示门槛效应模型的门槛个数，若 $M=0$，则表示产品质量赶超的影响效应为线性关系，此时门槛效应模型的估计结果与线性估计模型的结果一致，若 $M \neq 0$，则表明被解释变量和赶超系数之间为非线性关系。另外，为了更为科学地解释出口产品质量赶超的经济效应，笔者在选择经济增长(PGDP)、能源效率(NX)、物质资本存量①(WZ)和 FDI 作为被解释变量的同时，还选择了劳动收入占比（Lshare）、企业数量（QY）、对外开放程度(OPEN)、人力资本(HR)等变量作为控制变量。其中劳动收入占比为工业部门劳动收入占比，计算指标为劳动报酬占工业 GDP 的比重；企业数量(QY)为历年各省级区域规模以上工业企业个数；对外开放程度(OPEN)用

① 物质资本采用第四章第二节中省级区域物质资本存量的测度结果进行实证分析。

省级区域对外贸易总额与GDP之比来衡量；人力资本(HR)为各省级区域大学生就业人口的数量(含大专)，人力资本水平是各省级区域创新能力的体现，一省只有拥有较高的人力资本水平才能充分吸收先进技术，并促进进一步的创新。值得一提的是，为提高估计结果的准确性，笔者在部分回归中进一步将FDI和物质资本纳入方程中作为控制变量。

(二)计量结果与分析

基于前文制造业出口产品质量赶超系数的测度结果，本部分借助前文所构建的面板数据门槛效应估计模型对出口产品质量赶超对经济增长、能源效率、物质资本积累及FDI的作用机制进行非线性检验。根据Hansen(1999)、刘慧等(2014)与陈晓华和刘慧(2012)对面板数据门槛效应模型的研究可知，在进行门槛效应估计前，需确定回归分析的门槛数。为确保估计所得门槛数准确可靠，笔者在实证过程中采用1000次自抽样检验(Bootstrap)的方式进行回归①，并将经济增长、能源效率、物质资本积累以及FDI置于四个方程中，以产品质量赶超作为解释变量，在多次抽样检验拟合确定门槛数时，笔者还进一步加入相关控制变量，以提高估计结果的可靠性。②

表8-17报告了四类效应的门槛识别结果。可知经济增长方程中单一门槛效应的估计结果通过了5%的显著性检验，双重门槛效应模型通过了10%的显著性检验，而三重门槛效应则未能通过10%的显著性检验，为此，该方程为非线性，且为双重门槛效应模型；能源效率门槛检验单一门槛模型通过了1%的显著性检验，双重门槛效应模型也通过了1%的显著性检验，三重门槛效应模型则通过了5%的显著性检验，为此，本书运用三重门槛效应模型进行检验③；物质资本方程中的单一门槛和双重门槛估计分别通过了1%和10%的显著性检验，而三重门槛效应模型则未能通过10%的显著性检验，为此，笔者采用双重门槛效应模型进行实证估计；FDI方程的单一门槛效应通过了5%的显著性检验，双重门槛效应通过了10%的显著性检验，而三重门槛效应则未通过10%的显著性检验，可知二者的关系为双重门槛关系。为

---

① 在实证中，我们采用的检验门槛效应的命令为xtptm。

② 考虑到FDI进入一个国家后会转变为该国的物质资本，从而增加该国的物质资本存量，即物质资本存量会包含FDI，因此笔者在进行面板数据门槛效应分析时，将这两个变量错开。

③ Hansen(1999)与陈晓华和刘慧(2012)的研究认为：就实证的角度而言，当A重门槛效应估计结果不显著时，则无需对A+1重门槛效应进行估计，为此，在三重门槛效应通过10%显著性水平的检验时，实际上应该进一步进行四重门槛效应模型的估计，此处采用三重门槛效应估计模型进行分析主要是借鉴连玉君和程建(2006)以及孙戈兵等(2012)关于门槛效应模型特征的描述和处理，具体见孙戈兵等(2012)一文第4部分与连玉君和程建(2006)一文第4部分的表述。

此,笔者用双重门槛效应来刻画产品质量赶超对 FDI 的影响。

表 8-17　门槛效应类型的检验结果

检验方程的被解释变量	检验模型	F 值	P 值	临界值		
				10%	5%	1%
经济增长	单一门槛	3.8967	(0.0440)	2.9396	3.8639	6.8514
	双重门槛	3.2174	(0.0890)	3.0003	4.0502	7.1357
	三重门槛	2.6343	(0.1050)	2.7157	3.8944	8.6851
能源效率	单一门槛	37.3801	(0.0000)	2.8840	3.9306	7.8595
	双重门槛	10.3838	(0.0010)	3.3036	5.1855	8.2696
	三重门槛	4.9727	(0.0550)	3.4177	5.1104	10.4118
物质资本	单一门槛	16.7188	(0.0000)	2.6561	3.7434	7.3851
	双重门槛	3.1397	(0.0920)	2.9342	4.5492	8.7389
	三重门槛	1.4113	(0.2680)	2.9748	4.0722	7.0936
FDI	单一门槛	5.6549	(0.0200)	2.7966	3.8509	6.7124
	双重门槛	3.4516	(0.0660)	2.6173	3.8418	6.2952
	三重门槛	2.4940	(0.1030)	2.5709	3.8515	7.4801

注:***、** 和 * 分别表示估计系数在 1%、5%和 10%的显著性水平上显著,临界值和概率均为自抽样(bootstrap)模拟 1000 次得到的结论。

在识别出门槛数后,需进一步识别出具体的门槛值。我们继续借助自抽样的方法,识别出了四个方程的门槛值。表 8-18 报告了各方程的门槛值和 95%的置信区间,可知经济增长方程的门槛值分别为 0.1503 和 0.3035,能源效率方程的门槛值分别为 0.0498、0.0899 和 0.1919,物质资本方程的门槛值分别为 0.1496 和 0.2103,FDI 方程的门槛值分别为 0.1842 和 0.2496。由此可以看出能源效率和 FDI 方程中门槛值的估计系数相对较小,为此,出口产品质量小幅赶超即可达到二者的门槛值,使出口产品质量赶超的影响效应发生“质”的变化,而经济增长和物质资本的第二个门槛值较大,二者的第二个门槛值均达到了 0.2103,这表明只有出口产品质量赶超幅度偏离自身比较优势 21.03%的水平时,出口产品质量赶超对经济增长和物质资本存量的作用力才会进入双重门槛效应的第三阶段作用区间。

表 8-18　门槛值估计值及其置信区间

检验对象		Estimate	95%置信区间
经济增长	门槛值 1	0.1503	[0.1435,0.2037]
	门槛值 2	0.3035	[0.2342,0.3037]
	门槛值 3		
能源效率	门槛值 1	0.0498	[0.0403,0.0542]
	门槛值 2	0.0899	[0.0492,0.0909]
	门槛值 3	0.1919	[0.1390,0.2789]
物质资本	门槛值 1	0.1496	[0.1127,0.1696]
	门槛值 2	0.2103	[0.1842,0.2537]
	门槛值 3		
FDI	门槛值 1	0.1842	[0.1442,0.2037]
	门槛值 2	0.2496	[0.2006,0.2696]
	门槛值 3		

在识别出门槛数和门槛值后，笔者进一步在自抽样 1000 次条件下就制造业出口产品质量赶超对经济增长、能源效率、物质资本存量和 FDI 的影响进行门槛效应检验，表 8-19 报告了相应的估计结果。

经济增长方程的估计结果显示，制造业出口产品质量赶超系数在第一、第二和第三门槛区间内的估计系数分别为 1.1943、0.9902 和－1.2658，这表明制造业出口产品质量赶超对经济增长的作用力呈现出倒 V 形关系，制造业出口产品质量过高幅度的赶超会对经济增长产生显著的负效应，当出口产品质量赶超系数大于 0.3035 时，出口产品质量赶超系数每增加 1 个百分点，经济增长率将降低 1.27 个百分点。出现这一现象的原因可能在于：赶超往往需集中经济体大量资源来生产偏离自身比较优势的高质量产品，在资源相对有限的条件下，这种集中会对其他产业的发展产生一定的“挤出”效应，当赶超幅度过大时，“挤出”效应产生的负效应会超过赶超给经济增长带来的正效应，进而不利于经济增长。第一和第二门槛区间的估计结果为正，这表明赶超幅度在合适的范围内，赶超引致型正效应大于“挤出效应”，进而有利于经济增长。可见，只有采取适当的赶超策略，才能有效地促进我国经济增长转变发展方式，过高幅度的质量赶超并不利于我国经济的持续稳健增长。结合表 8-16 中 2008 年各省制造业出口产品质量赶超系数可知，江苏、上海和辽宁的赶超系数已经步入了负效应区间，为此，江苏、上海和辽宁应适当降低制造业出口产品质量赶超的力度。

能源效率方程的估计结果显示，制造业出口产品质量赶超系数在第一、第二、第三和第四门槛区间内的估计系数分别为 1.1343、7.4361、－1.9589 和 0.5399，但是第四门槛区间的估计系数未能通过 10％的显著性检验，为此，出口产品质量赶超对能源效率的作用机制也呈现倒 U 形特征，即过高的赶超将不利于能源效率的改善。出现这一现象的原因可能在于，这种“能力范围以外”的超越行为需要过多的资源去支撑，进而有可能“牺牲”部分资源的效率，对能源效率产生负效应。值得一提的是，能源效率的第二个门槛值仅为 0.0899，中国很多省份的赶超力度都越过了第二个门槛值，这表明多数省份出口产品质量赶超是以牺牲能源效率为代价的。这也从实证视角解释了中国近些年出口品内涵和能源消耗同步增长的根本原因。

物质资本方程的估计结果显示，制造业出口产品质量赶超系数在第一、第二和第三门槛区间内的估计系数分别为－0.1944、0.7586 和 0.5530，第二、第三门槛区间的估计系数均通过了至少 5％的显著性检验，第一门槛区间则未通过 10％的显著性检验。这表明出口产品质量赶超物质资本积累的作用力并未呈现出倒 U 形特征。出现这一现象的原因可能在于，出口产品质量赶超行为往往需要更高的生产技术和生产工艺作为支撑，以使得各省能够更有能力生产出高质量产品，而技术和生产工艺支撑需要投入大量的资金，而且赶超幅度越大，所需资金越多，生产技术和工艺上的资金的投入最终往往会转变为物质资本，这使得高于比较优势零值的出口产品质量赶超对物质资本积累始终产生较为显著的正效应。值得一提的是，第一门槛区间内的出口产品质量赶超对物质资本积累的作用力并不显著。这表明，出口产品质量以低于比较优势零值和过低赶超幅度的形式演进，均无助于经济体的物质资本积累。

表 8-19　门槛效应模型的实证估计结果①

被解释变量	经济增长	能源效率	物质资本	*FDI*
FDI	0.0579*** (2.7298)	0.1557 (0.9905)	0.7832*** (6.2947)	
Lshare	－0.3235** (－2.3916)	0.2069 (0.3348)	0.4721 (1.2477)	－0.8463*** (－2.6594)
QY	0.0742** (2.5556)	－0.0662 (－0.4602)	－0.0140 (－0.1347)	0.0915 (0.7766)

① 由于本书采用自抽样 1000 次模拟得到实证结果，自抽样过程中变量间可能存在的多重共线性问题对实证结果产生的影响微乎其微，为此，此处略去了多重共线性检验。

续表

被解释变量	经济增长	能源效率	物质资本	*FDI*
HR	0.0283* (1.7083)	0.4669** (2.0810)	0.2661* (1.7554)	0.2502*** (2.7215)
OPEN	0.1495** (2.0693)	−0.5651* (−1.7447)	0.2928** (2.1038)	−0.1568 (−0.9788)
WZ	—	—	—	0.6412*** (13.8933)
*GCI*1	1.1943*** (9.1004)	1.1343** (2.2654)	−0.1944 (−0.6480)	0.0796 (0.2851)
*GCI*2	0.9902*** (8.6981)	7.4361*** (2.9287)	0.7586** (2.3377)	−1.0421 (−1.4660)
*GCI*3	−1.2658*** (−18.8274)	−1.9589** (−2.0236)	0.5530** (2.5697)	−0.2069 (−1.2237)
*GCI*4	—	0.5399 (1.3373)	—	—

FDI 方程的估计结果显示，制造业出口产品质量赶超系数在第一、第二和第三门槛区间内的估计系数分别为 0.0796、−1.0421 和−0.2069，但是令人遗憾的是三个门槛区间的估计系数均未能通过 10%的显著性检验，这表明制造业出口产品质量赶超对外商直接投资的影响并不显著。出现这一现象的原因可能在于，跨国公司的对外投资决策是一个系统性、综合性的决策过程，其不仅要考虑东道国高质量产品的生产能力，还要考虑东道国的生产成本、要素禀赋、市场需求和市场竞争激烈程度等因素，影响跨国公司对外投资决策的最核心因素为生产成本和市场需求，质量赶超引致型生产能力提升仅仅是外商直接投资考虑的一个方面，这在很大程度上使得出口产品质量赶超对 FDI 的作用不显著。

综合四个方程中控制变量的估计结果，我们还可以得到如下发现。

一是 FDI 对我国经济增长和物质资本积累表现出显著的正效应，而对能源效率的作用力并不显著。FDI 对经济增长和物质资本积累的正向效应已被学界广泛证实，而 FDI 对能源效率的影响则存在较大的争议，有 FDI 提高能源效率和 FDI 降低能源效率两种争论，提高论认为新介入外资企业的平均能源效率高于国内原有企业，而降低论则认为新介入外资企业的平均能源效率低于国内原有企业。本书的实证结果表明，进入中国的外资企业，其能源效率参差不齐，中国在一定程度上成为国外低能源效率企业的承接地。提高能源效率是我国实现经济发展方式转变的关键所在，为此，有必要进一步优化外商直接投资的准入门槛，进而逐步提高新进入外资的能源效率，使得 FDI 更好地发挥促进经济发展方式转变的功能。

二是劳动收入占比的提升不利于我国的经济增长和 FDI 流入量的增大。这表明当前中国正在实施的收入倍增计划，可能会对经济增长和外商 FDI 流入产生一定的负向冲击。出现这一现象的本质原因在于：劳动收入占比的提高往往会通过提高劳动力工资实现，这将在一定程度上提高企业使用劳动力的成本，这不仅使得外资企业转向国外更具劳动力成本优势的经济体，还会使得本国企业转向国际市场，进而不利于我国经济的增长。为此，在执行收入倍增计划的同时，还应重视其给经济带来的不利影响，具体可通过提高政府服务效率、促进产品质量升级和优化企业运营模式等方式逐步消化工资上涨给经济带来的不利冲击。

三是对外开放会促进中国经济增长和物质资本积累，对能源效率则表现出一定的反向作用，对 FDI 的作用并不显著。对外开放促进经济增长和物质资本积累符合经济学的一般常识。对 FDI 不显著的原因可能在于，进出口对 FDI 同时具备“替代”和“促进”功能，两种功能的相互抵消使得对外开放对 FDI 的作用力不敏感。其对能源效率的作用力为负表明：一方面，中国在全球价值链中从事了大量的高能耗环节，进而使得进出口降低了中国的能源效率，即中国在一定程度上成为国外跨国公司的“能耗天堂”，其将能耗较高的生产环节转移给了中国；另一方面，中国进出口贸易在能源效率方面具有较大的改进空间，可以成为未来提高能源效率的一个主攻方向。

表 8-20　出口产品质量赶超经济效应估计方程的残差检验

检验方法与被检验对象	LLC	IPS	ADF-Fisher	PP-Fisher	单位根
经济增长	−9.3278 (0.0000)	−4.35624 (0.0000)	45.2354 (0.0000)	66.1413 (0.0000)	否
能源效率	−47.9851 (0.0000)	−20.0838 (0.0000)	113.983 (0.0000)	115.374 (0.0000)	否
物质资本积累	−9.7328 (0.0000)	−3.6234 (0.0000)	42.7219 (0.0000)	61.7618 (0.0000)	否
FDI	−11.8271 (0.0000)	−3.7912 (0.0000)	38.9128 (0.0000)	42.7197 (0.0000)	否

为了确保前文门槛效应估计结果的稳健可靠，笔者借鉴陈晓华、刘慧(2012)的研究对表 8-19 中四个估计方程的残差进行了稳健性检验，表 8-20 报告了相应的检验结果。可知四个方程的残差水平项均在 1% 的显著性水平上拒绝了不平稳的原假设。为此，我们可以推定前文的估计结果是稳健可靠的。

第三节　本章小结

本部分在构建出口品内涵赶超测度方法的基础上，运用门槛效应模型深入分析出口品内涵赶超的经济效应。得到的结论主要有：

首先，出口技术复杂度赶超对能源效率的作用机制与技术复杂度升级对能源效率的作用机制并不相同。出口技术复杂度适度赶超能够有效地改进一国的能源效率，过度赶超和过低赶超均不利于一国能源效率的改进。实证结果表明：当出口技术复杂度赶超力度超越了经济体自身比较优势所能承受的“极限门槛”时，出口技术复杂度赶超将对能源效率产生负效应，为此，赶超力度过大的国家应适当降低赶超幅度。杨汝岱、姚洋（2008）的研究表明，经济体“逆比较优势”赶超行为最终将收敛于“比较优势零值”，为此，处于正向门槛区间的经济体应适当放缓向“比较优势零值”收敛的速度，以维持更为长期的能源效率改进效应。而对于赶超力度过低的经济体，则应适度加大赶超力度，以突破正效应的最低门槛值。可见，“通过加大技术复杂度提升力度实现能源效率改进”的策略不一定完全科学，盲目引进过高技术，不仅会造成比较优势扭曲，还会降低能源效率，提高一国碳减排的压力。只有控制提升的力度和幅度才能持续改进能源效率。

其次，制造业出口技术复杂度赶超对制造型中间品的作用力呈现U形特征，过高和过低的赶超均会加剧制造型中间品的进口依赖，只有适度的赶超才能缓解制造型中间品进口依赖，除墨西哥外所有的正向技术赶超国都在“适度区间”内，而出口技术复杂度赶超能有效地降低生产服务型中间品的进口依赖，上述实证结果打消了许多学者对中国出口技术复杂度赶超与降低中间品进口为“鱼和熊掌”的顾虑。发展中国家在高新技术产业领域比较优势的缺乏，使得高新技术产业出口占比的提升显著加剧了制造型和生产服务型中间品的进口依赖，发展中国家似乎陷入了“越发展高新技术产业越依赖中间品进口”的窘境，而提高高等教育水平、优化企业经营环境和适度减税可能成为走出上述窘境的重要途径。契约型贸易地理优势和空间型贸易地理优势均能有效地缓解异质性中间品的进口依赖，营造契约型地理优势可以成为中国提升中间品生产能力的重要方法。

最后，制造业出口产品质量的适度赶超不仅有利于中国经济增长，还有利于经济增长质量的改善（能源效率提升），而过度赶超则会对经济增长的速度和质量产生不利影响。门槛效应的检验结果显示：制造业出口产品质量赶超系数位于第三阶段门槛区间时，赶超幅度的加大会对经济增长和能源效率产生显著的负效应，而在第二阶段门槛区间时，赶超表现为显著的正效应。为此,中国企业在执行出口产品质量赶超战略的同时,还应全面审视自身的比较优势和生产能力,以免赶超幅度偏离自身比较优势过远的情况出现,进而使得赶超幅度始终处于提升经济增长速度和质量的正效应门槛区间内。

第九章 结论与启示

本章基于前文的研究过程和研究内容，归纳和概括本书的主要研究结论，进而提出相应的政策启示和建议，最后进一步指出未来研究的改进方向。

第一节 主要结论

本书以科学刻画制造业出口品内涵升级的机理与经济效应为研究目的，在借鉴和完善已有研究的基础上，一方面，首次以“同方法、同数据标准”测度出了跨国（169 个经济体）和中国省际（31 个省份）制造业出口产品质量，并在刻画出中国省级层面制造业出口产品质量国际地位的基础上，借助科学的计量方法从跨国和省际双维视角对制造业出口产品质量演进的机理和经济效应进行实证分析，并将国际贸易地理优势、人口老龄化和少年儿童抚养比等因素纳入对制造业产品质量演进机理的研究中，首次分析了出口产品质量赶超的经济效应；另一方面，在运用多种方法测度出制造业出口技术复杂度值的基础上，从跨国和省级区域双层面深入剖析了出口品国内附加值、生产性服务业融入制造业环节偏好和城市化等因素对制造业出口技术复杂度升级的作用机制，并在构建新型的刻画赶超的方法的基础上，深入剖析出口技术复杂度赶超的经济效应。得到的基本结论有以下几点。

第一，近几年，中国制造业出口产品质量及其国际地位均有一定的上升趋势，东部制造业出口产品质量明显高于中西部地区，呈现出“东如欧美、西如非洲”的二元结构特征。跨国和省级区域双层面的测度结果显示，近些年中国制造业出口产品质量的绝对值和排名均呈现明显的上升趋势，东部地区制造业出口产品质量与部分发达经济体的相似，如江苏和上海的制造业出口产品质量与法国和以色列等发达经济体相似，而西部地区部分省份的制造业出口产品质量与部分发展水平相对较低的发展中经济体相似，如西藏制造业的出口产品质量与非洲的马里相似，而基于单位价格加权法计算所得的出口产品质量甚至不如非洲，在200个经济体中垫底(169个跨国经济体加31个省份)。此外中国制造业出口产品质量具有显著的“质高价低”特征，即中国的制造业源源不断地给国外消费者提供一些“质量补贴”，这不仅使得中国制造业企业获利能力相对有限，还使得中国制造业出口产品质量改进的能力受限，不利于自身产业的做大做强。

第二，制造业产品质量升级的机制是一个多因素耦合的复杂系统，但整体而言，经济增长和人力资本积累是一国制造业出口产品质量升级的主要动力。笔者在对Verhoogen(2007)、Khandelwal(2010)和Anderson等(1992)的模型进行拓展后所得到的理论框架表明，在企业利润最大化条件下，制造业产品质量升级由七个系统性方程共同决定。实证结果也表明，不仅经济增长有助于出口产品质量升级，物质资本、人力资本、创新能力提升和外商直接投资等有助于经济增长的因素也同时有助于制造业出口产品质量升级，但整体而言经济增长和人力资本变量在制造业出口产品质量升级中发挥的作用明显优于其他变量。为此，当前中国经济增速放缓可能对制造业出口产品质量升级产生一定的消极影响。值得一提的是，工资上涨会对中西部地区制造出口产品质量升级产生显著的负效应，而对东部地区则表现出显著的正效应，可见东部制造业出口产品质量已经形成了良好的成本上升“消化机制”，而中西部地区则只能被动地承受成本上升给其出口产品质量带来的消极影响。此外发展中经济体和发达经济体制造业出口产品质量的演进机制存在一定的差异，中国东部和中西部地区制造业出口产品质量的演进机理也不尽相同。

第三，空间型贸易地理优势并不会对制造业出口产品质量升级产生正效应，而契约型贸易地理优势则能有效地促进一国制造业出口产品质量升级。导致空间地理优势对制造业出口产品质量升级无明显正效应，甚至出现负效应的根本原因在于“华盛顿苹果效应”。“空间型地理优势”为“先天决定”往往无法改变，而“契约型地理优势”则可以通过“后天努力”达到。“契约型贸易地理优势”的形成意味着一个经济体与其他特定经济体间贸易壁垒的降低，由此可见，通过本国与其他经济体签订类似“自由贸易协定”的契约型文件能有效地促进产品技术复杂度升级。即上述实证结果表明，中国当前推进“自贸区”建设，与其他国家和地区更“亲密”地进行贸易往来，不仅有助于制造业扭转外需疲软的现状，还有助于制造业出口产品质量的升级，可谓“一举两得”。

第四，人口老龄化会倒逼我国制造业出口产品质量升级，而少年儿童抚养比上升会对我国制造业出口产品质量升级产生一定的负向冲击。本书的实证结果表明，老年人口抚养比上升对制造业出口产品质量升级具有显著的正效应，而少年儿童抚养比上升则对制造业出口产品质量升级具有显著的负效应。发现这一现象的原因可能在于：老年人在技能积累和劳动熟练程度方面明显优于青年劳动力，老年人口的增加在某种程度上可以理解为高技能熟练劳动力总量的增大，进而使得老年抚养比上升表现出一定的倒逼效应；而少年儿童抚养比上升一定会推动非熟练劳动力供给量的增加，从而放缓劳动密集型企业向资本密集型企业转型的步伐，最终对制造业出口产品质量上升产生一定的消极影响。为此，从制造业出口产品质量升级和经济增长方式快速转变的视角而言，当前部分社会学家和民众所推崇的"生育政策全面开放"观点，不一定完全适合中国。

第五，制造业出口产品质量演进对一国(经济体)的出口、进口、经济增长、FDI 和技术创新效果(专利数)均具有显著的正向效应。但从时间趋势上来看，制造业出口产品质量升级对经济增长、进口和 FDI 的作用力呈现出一定的下降趋势，唯有对出口的影响力呈现出上升的趋势，而对专利数量的作用系数均在 0.001 以下，可见：一是提升出口产品质量能在很大程度上缓解我国当前的外力依赖型技术和质量赶超机制，从而逐步形成内生型技术和质量赶超模式；二是出口产品质量提升能够成为我国克服外需疲软的一个重要路径，并且这一路径的作用力呈现出日益加强的态势；三是技术创新多源于 R&D 投入和研发人员数量及素质的提升，出口产品质量升级虽能促进技术创新，但对技术创新的作用力甚微。需要指出的是，中国省级层面的实证结果还表明，制造业出口产品质量升级不利于劳动收入占比的提升，为此，快速提升制造业出口产品质量和实施收入倍增计划之间可能会存在一定的"冲突"关系，处理好二者的关系对中国未来经济发展方式和人民生活水平的共同优化具有重要的意义。

第六，中国执行制造业出口产品质量赶超的省份多为东部省份，只有执行适度的赶超策略才能促进中国经济增长"量"和"质"(能源效率)的同步递增，过度赶超则会对中国经济增长的"量"和"质"产生不利影响。出口产品质量赶超系数位于第三阶段门槛区间(过度)时，赶超幅度的加大会对经济增长和能源效率产生显著的负效应，而在第二阶段门槛区间(适度)时，赶超表现为显著的正效应，江苏省的赶超系数已经有步入负效应区间的迹象。为此，中国企业在执行出口产品质量赶超战略的同时，还应全面审视自身的比较优势和生产能力，以免赶超幅度偏离自身比较优势过远，进而使得赶超幅度始终处于提升经济增长数量和质量的正效应门槛区间内。此外，各省级区域在控制赶超力度的同时，还应关注制造业出口产品质量赶超系数向"比较优势零值"收敛的速度，尽量延缓正向赶超省份的收敛步伐，以最大化赶超给中国经济带来的正向效应。

第七，Stolper-Samuelson 定理在我国并不适用，中国企业可能存在“产品质量革新惰性”。根据 Stolper-Samuelson 定理的基本观点，劳动丰裕型国家的出口扩大往往会推动一国劳动收入占比的增加，而本书的实证结果显示，作为劳动丰裕型国家的中国，其出口扩大不仅无助于劳动收入占比的提升，而且对制造业出口产品质量升级的作用力也不显著。这表明，一方面，Stolper-Samuelson 定理所描述的现象并未在中国出现，这可能与中国出口资本密集度日益上升有关，陈晓华和范良聪（2011）的研究表明，资本密集型产品的出口往往是有悖于 Stolper-Samuelson 定理的；另一方面，赵伟等（2011）所描述的是，企业在获得出口利润后，“革新惰性”容易出现在产品质量领域。“出口产品质量革新惰性”不仅不利于中国制造业发展方式的快速转变，还可能使得中国出口产品质量的国际地位日趋下降，甚至陷入“产品质量低端锁定”的尴尬局面。

第八，大力提升出口品 DVAR 可能会对制造业出口技术结构升级产生不良冲击。为此，当前提升制造业出口品 DVAR 和优化出口技术结构的双重目标可能存在“潜在冲突”，而“潜在冲突”出现的关键诱因是国内中间品和零部件的技术含量偏低。这与我国当前供给侧改革战略中的补短板战略存在一定的偏离，为此应重新审视提升出口品 DVAR 和优化出口技术结构的战略措施，在优化和协调出口品 DVAR 和出口技术结构升级步伐的基础上，通过加大基础性技术科研投入、鼓励企业大力攻坚和跨国并购等手段提升中国高端中间品和零部件的生产能力和生产水平，以扭转关键中间品和零部件外部依赖型出口技术结构升级的现状，形成出口品 DVAR 提升和出口技术结构升级的良性互动机制，进而规避二者存在的“潜在冲突”。

第九，生产性服务业融入制造业生产环节时，兼备“量增”和“质升”两种功能，其对制造业出口技术复杂度升级具有显著的促进作用，但中国生产性服务资源的利用效率并不高。多数生产性服务业的“质升”功能具有一定的最优融合环节，最优融合环节多位于各国生产性服务业融入制造业上游度的“中值”区域，即生产性服务业融入制造业生产环节偏好位于该区域的经济体，其生产性服务业对制造业出口技术复杂度的促进作用最大，生产性服务业过于偏好上游或者下游，虽能促进制造业出口技术复杂度升级，但其促进效果明显小于偏好中游环节的生产性服务业。然而令人遗憾的是：中国生产性服务业融入制造业生产环节时，具有较为显著的上游环节偏好，中国多数生产性服务业的上游度不仅在所有样本国中属于最高，而且部分生产性服务业（如内陆运输服务业）的上游度甚至超出了正效应区间，为此，中国的生产性服务业存在资源利用效率较低的情况。

第十，城市化对不同要素密集型制造业出口技术复杂度的影响存在较大差异。对于资本密集型制造业而言，城市化水平与出口技术复杂度之间呈倒U形曲线关系，在城市化水平处于城市建设初期探索阶段时，通过提升地区基础设施建设、提供良好的运营市场和人力资源促进资本密集型出口技术复杂度的提升；但随着建设升级，城市化水平逐渐提高，外部经营成本增长迅速，人力资源、厂房设备、经营用地等方面均有庞大的开支，进而出现抑制资本密集型出口技术复杂度升级的现象。对于劳动密集型制造业而言，城市化水平与其之间存在负相关关系。劳动密集型企业对劳动力的依赖性较大，而劳动力成本随着城市化进程会有大幅增长，从而在城市化水平并不高的状态就挤占了企业的利润以及研发投入，从而不利于劳动密集型企业的出口技术复杂度升级。

第十一，资本以及劳动密集偏向型产业的出口技术复杂度升级均能显著地增加熟练劳动力的相对需求以及工资收入，从而使得制造业熟练与非熟练劳动力的相对工资差距有所扩大。从区域层面来看，东部地区的资本和劳动密集偏向型产业的出口技术复杂度升级对熟练与非熟练劳动力的相对工资差距的正向效应明显高于中西部地区，主要原因可能在于东部地区的资本密集偏向型产业的比重高于中西部地区，以及东部地区的经济相对于中西部地区来说发展较快。而中西部地区影响较小的原因可能在于中西部地区工业在基础设施以及制度等方面相对比较滞后。由此可见全国层面的资本和劳动密集偏向型产业的出口技术复杂度升级对其相对工资差距的正向效应主要是由东部地区引起的。

第十二，中国制造业出口技术复杂度深化会对资本回报率产生显著的抑制效应，这一抑制效应甚至超过了资本深化给资本回报率带来的负向影响。出现这一现象的原因可能在于，中国出口技术复杂度具有显著的外力依赖型逆比较优势赶超特征，即核心技术、设备和中间品均严重依赖于国外进口，且进口的核心技术、设备和中间品的技术水平往往处于中国的“比较优势水平零值曲线”(陈晓华等，2011)。这种以外力依赖和逆比较优势为特征的出口技术复杂度赶超，一方面使得中国制造业在进行出口技术复杂度升级时，需投入大量的资金购买国外核心技术、设备和中间品，从而在较大幅度上“侵占”出口企业的利润；另一方面，逆比较优势赶超使得中国出口品不断介入本无明显优势的高技术市场，进而面临比较优势水平较高且具有长期市场口碑的发达经济体跨国公司的正面竞争，因而介入高技术复杂度领域的中国企业不得不采用低价竞销的策略，以赢得国际市场的青睐。为此，扭转中国制造业外力依赖型技术赶超引致的“上游核心环节”高购买成本[①]和逆比较优势技术赶超引致的低销售价格成为当务之急。

第十三，出口技术复杂度赶超对能源效率的作用机制与技术复杂度升级对能源效率的作用机制并不相同。已有研究多表明，一国技术复杂度的升级能促进能源效率改进（魏楚、沈满洪，2007；宣烨、周绍东，2011）。然而我们发现出口技术复杂度赶超对能源效率的作用力表现为具有双重门槛和三重门槛特征的非线性，这种非线性特征使得出口技术复杂度赶超力度在不同门槛区间内对能源效率的作用力存在较大的差异。出口技术复杂度适度赶超能够改进一国的能源效率，过度赶超和过低赶超均不利于一国能源效率的改进。当出口技术复杂度赶超力度超越了经济体自身比较优势所能承受的“极限门槛”时，出口技术复杂度赶超将对能源效率产生负效应，为此，赶超力度过大的国家应适当降低赶超幅度。杨汝岱和姚洋（2008）的研究表明，经济体“逆比较优势”赶超行为最终将收敛于“比较优势零值”。为此，处于正向门槛区间的经济体应适当放缓向“比较优势零值”收敛的速度，以维持更为长期的能源效率改进效应。而对于赶超力度过低的经济体，则应适度加大赶超力度，以突破正效应的最低门槛值。可见，“通过加大技术复杂度提升力度实现能源效率改进”的策略不一定完全科学，盲目地引进过高技术，不仅会造成比较优势扭曲，还会降低能源效率，提高一国碳减排的压力，因此控制提升的力度和幅度才能持续改进能源效率。

第十四，发展中国家是否执行出口技术复杂度赶超战略与经济发展水平之间并无显著的相关关系，“资源诅咒”效应是发展中国家执行制造业出口技术复杂度赶超战略的重要“绊脚石”。这修正和深化了 Rodrik（2006）和 Schott（2008）等关于出口技术复杂度赶超与经济发展水平之间关系的推论。制造业出口技术复杂度赶超对制造型中间品的作用力呈现 U 形，过高和过低的赶超均会加剧制造型中间品进口依赖，只有适度的赶超才能缓解制造型中间品进口依赖，而出口技术复杂度赶超能降低生产服务型中间品进口依赖。上述实证结果打消了许多学者对中国出口技术复杂度赶超与降低中间品进口为“鱼和熊掌”的顾虑。

第二节　政策启示

加快中国制造业出口产品质量升级的步伐和优化出口产品质量升级的

---

① 外力依赖型技术赶超使得中国对核心技术、设备和中间品的获取高度依赖国际市场，国外跨国公司为阻击中国公司的崛起，往往以高价出售这些上游核心环节的产品，进而使得中国企业长期面临较高的购买成本。

经济效应，对于中国实现经济增长质量的提升、发展方式的优化和科学可持续发展，具有非常重要的现实意义。为此，基于前文研究过程和研究结论，本书以为可以从以下几个方面着手，以实现制造业出口产品质量的快速提升和出口产品质量升级经济效应的优化。

一是加大高质量产业（产品）的投资力度，加强高素质人才的培养和引进力度，提高 FDI 的流入质量，适当引导国内外资本流向中西部。经济增长和人力资本积累是我国制造业出口产品质量升级的主要动力，而经济增长的动力归根结底来源于资本的积累和人力资本的积累，为此加大高质量产品的投资力度和高质量人才的培养引进力度能有效地推动中国制造业出口产品质量升级。加大高质量产业投资力度可以通过政府引导的方式实现，而高素质人才积累则有赖于高等院校高素质人才培养质量的提升、企业技能型人才培养模式的优化和国际型高技术人才引进力度的加大。此外对于中西部省份而言，其国内外投资并不丰裕，为此，应适当加大中西部省份的投资力度和引资力度，并引导部分资金流向该区域。对于东部省份而言，其吸引外资的方式应逐渐由招商引资向招商选资、招商选“智和质”转变，使其 FDI 能更好地发挥推动制造业产品质量升级的效应。

二是进一步提升技术创新的软硬件环境，健全科学技术市场的运行机制，为制造业出口品内涵升级构建科技型“硬实力”。前文的实证结果表明，专利量的提升和技术市场交易额的提升均有助于制造业出口产品质量升级。人才和创新的环境是专利量提升的关键途径。为此，首先，应构建更多高质量的科技创新合作平台和科技创新孵化器，如以国内知名高校所在的大学城和大学科技园为依托，通过降低“进驻”费用、减少入驻手续、加强校企合作、为天使基金与创新团队合作营造“场地”等形式，为“小微”和“高尖端”创新并举提供更为优质的硬件设施，进而更有效地吸引海内外高素质创新人才和团队入驻。其次，构建更为合理的程序化的投资者与创新者间收入分配的谈判制度，降低基金与创新技术合作的“交易成本”，形成更合理的创新收益分配制度和奖励制度，提高创新者的收益和积极性。最后，应完善当前的技术市场交易制度，如优化技术市场的准入门槛，提升技术创新成果的评价体系，降低技术交易的“中介”费用和形成专业的技术交易人才队伍等。

三是优化中国产品的进出口模式，注重和鼓励质量递增型出口和出口品内涵提升型中间品进口。跨国层面的实证结果表明，进出口均能促进一国出口品内涵的升级，而我国省级区域层面的实证结果却显示，对外开放对制造业出口品内涵升级的影响力并不显著。这在很大程度上表明，中国当前的进出口模式有待进一步改善。笔者以为可以从两个方面进行完善：在出口方面，应该更鼓励和注重质量递增型出口，如为出口品内涵持续提升型企业提供一定的政策扶持和补贴，使得持续出口转化为出口品内涵持续升级的动力；在进口方面，应鼓励企业的出口导向型高质量中间品的进口，进而使得出口更好地发挥促进中国出口品内涵升级的功能。值得一提的是，过度依赖国外的高质量中间品，容易导致中国出口品内涵升级和赶超陷入长期尾随型赶超和外力依赖型赶超的陷阱，因而在鼓励企业进行出口导向型高质量中间品进口的同时，还应适当鼓励企业对高端中间品进行吸收、改造和优化，进而逐步形成高端中间品的生产能力，最终在一定程度上降低出口品内涵升级的外部依赖。

四是培育和优化中国制造业出口的国际市场势力，以适当提高产品的出口价格，进而改变“高质低价”的被动局面，以为中国制造业出口品内涵持续升级提供更多的利润型动力。对比基于需求函数残差法和单位价格加权法所得制造业出口品内涵的测度结果，可以发现，中国在跨国和省级层面制造业出口品内涵的单价法测度结果在国际排名上均低于需求函数残差法的测度结果，这表明中国在持续给国外提供“质量补贴”。而出现这一现象的根本原因为中国制造业企业国际市场势力的缺失。为此，一方面要逐步减少中国企业的低价经销行为，促使企业逐步形成差异化竞争模式，推动中国企业产品的国际市场势力（价格）逐步提升；另一方面要鼓励国内企业构建“生产联盟”，形成核心企业“市场代言”，逐步带动小而散的企业获得国际市场势力，逐渐提升盈利能力，进而使得企业更有能力进行质量革新。此外，逐步提升出口价格，不仅有助于改变中国产品在国际市场上“低质低价”的不良形象，还有利于中国制造业最终形成出口质量和利润率协同提升的良性互动机制。

五是构建更为完善的“东中西部产能对接平台”和“东中西部研发协作平台”，加快中西部出口品内涵的升级与赶超步伐。制造业出口品内涵“东部如欧美，西部如非洲”和“执行赶超策略的省份多为东部省份”的特征表明，大力提升中西部区域制造业出口品内涵的赶超力度能推动中国制造业出口品内涵整体性提升。为此，一方面，在深化东部“腾笼换鸟”政策和中西部“筑巢引凤”政策的基础上，要构筑更为完善的“东中西产能对接平台”，使东部需转移的产能在中西部能有效地找到匹配的目的地，而不是转移海外，可谓“肥水不流外人田”，这不仅会使得东部腾出更多的“空间”来发展更高技术、质量的产品，还会使得中西部出口品内涵因东部产能的介入而有所提升，最终实现东中西部地区制造业出口品内涵的“雁型提升”；另一方面，东部地区的技术研发能力明显强于中西部，简单的产能转移不一定能使得中西部企业完全捕获技术和质量赶超的能力，为此，可以通过东中西部共建

“协作研发中心”的方式，使东中西部企业同时参与到某些特定技术的开发中，促进东中西部企业的出口品内涵能够协调共进，改变“东如欧洲，西如非洲”的不利局面。值得一提的是部分东部省份已有步入出口品内涵赶超负效应区间的迹象，为此，还应适当降低东部部分省份出口品内涵的赶超力度。

六是进一步发挥自由贸易区和“一带一路”的带动功能，不断获得“契约型地理优势”，为出口品内涵升级和赶超不断注入“制度型推动力”。与生俱来的“空间型地理优势”不仅难以改变，部分“空间型地理优势”甚至会对出口品内涵产生负效应，而“契约型地理优势”则有利于一国制造业出口品内涵深化。为此，我国应从“契约型地理优势”方面“做文章”，以为出口品内涵升级赢得更多的环境型优势：一是在优化上海、福建、广东和浙江等地的自贸区的基础上，积极打造中西部地区与他国接壤边境地区的自贸区，为中西部地区企业出口品内涵升级构建“契约型地理优势”。二是深化“一带一路”经济区的合作，中国应充分发挥“一带一路”的引领作用，并积极参与合作机制的建设及合作规则的制定，使得“一带一路”沿线经济体能够形成更多的共同纲领，为中国及沿线国家间贸易提供更多的“契约型地理优势”，促进东中西部地区出口品内涵整体性提升。

七是培育企业家拼搏精神，提升企业家进行产品质量革新的主动性，逐步消除“质量革新惰性”。作为后发型大国，中国拥有数量巨大的企业家，但令人可惜的是，与日本、韩国企业家的拼搏精神相比，中国企业家的进取精神似乎略显不足，从而使得中国制造业出口品内涵升级表现出一定的“质量革新惰性”。笔者在对我国部分企业进行调研时也发现了这一问题：大量的企业家安逸于当前相对薄弱的利润。为此，应大力培养我国制造业企业家的拼搏精神，使更多的中国企业家拥有敢于创新的精神，并拥有“干必成”的决心，使得制造业出口品内涵升级拥有强大的内生型动力。

八是鼓励制造企业实施“弯道超车”战略，以传统产业的优势为对接跳板，蛙跳介入新兴产业，打造新兴产业出口产品内涵演进的“先发优势”。对于发达经济体已经取得出口品内涵“先发优势”的产业而言，虽然中国制造业也在特定领域或环节取得了一定的优势，但外国企业牢牢控制了这些产业的核心环节，如汽车的发动机、电脑与手机的处理器和装备制造业的高端机床，在这些行业的赶超犹如“直道行车”，中国企业难以在短期内实现出口品内涵的全面赶超。但是对于一些新兴产业如新能源汽车和新材料等行业，发达经济体也不具备明显的“先发优势”，为此，这些行业对于中国和其他发达国家而言属于“弯道”。中国可以借助自身在传统制造业领域所积攒的优势（如生产成本低、研发人员成本低）和中国特有的优势（如国内大市场),蛙跳进入新兴产业,在国内大市场优势的引导下,促使中国在新兴产业赢得出口品内涵升级的"先发优势"。值得一提的是,蛙跳进入新兴产业,不仅能够使得中国制造业在高端产业(产品)赢得"先机",促进出口品内涵升级,还能改变中国低质量产品产能过剩的被动局面,优化中国制造业的产能结构。

九是应积极鼓励生产性服务业对制造业生产环节的支持逐步从上游偏好向中游偏好转移,使其不断接近最优值,以提高生产性服务业支持制造业出口内涵深化发展的效率。对于中国而言,生产性服务业过于偏好上游环节,这使得中国有限的生产性服务业资源以"远离最优环节"的形式支持制造业出口技术复杂度升级,甚至在部分行业产生一定的负效应,造成了生产性服务业资源的浪费和粗放型使用,为此,积极推动生产性服务业向制造业中游转移是降低生产性服务资源粗放型浪费的重要手段。此外,还应在改进高技术和高技术含量中间品引入方式的基础上,以培养高素质人才为出发点,优化中国高等院校人才培养模式,进而为生产性服务业与制造业出口技术复杂度升级的良性互动机制的架构和优化奠定扎实基础,同时优化资本市场的运行机制,使得资本市场充分发挥制造业出口技术复杂度升级的"媒介"和"桥梁"功能。

十是对于资源密集型制造业企业较多的地区,应重点提高地区的城市化水平。实证结果表明,城市化能够有效促进出口技术复杂度升级,虽然在局部较发达城市出现了抑制作用,但是在全国范围内仍是以促进作用为主。为此,可适当加快中国的城市化步伐,为企业提供便利的基础设施条件和完善的要素市场,以提升大部分城市的资本密集型制造业出口技术复杂度。而对于较发达城市,应注重研发投入等从内部直接提升科技创新能力的手段,最终促进对外贸易发展方式转变及优化。对于劳动密集型制造业企业较多的地区,应注重从固定资本存量、研发投入等其他因素来提升出口技术复杂度。城市化建设不利于大部分依赖劳动力的企业的发展,但对于已经处于较高出口技术复杂度水平的城市,抑制作用会转为促进作用。为此,可以从其他多种方向(例如研发投入、外商直接投资、人力资源等)切入,试图发挥其带动作用,进而扭转城市化进程中的不利影响,最终实现城市化建设和出口技术复杂度升级的双赢。

十一是可适度加大中高技术制造业出口品内涵的赶超幅度。前文研究表明,通过进一步提升制造业出口技术复杂度赶超幅度的方式可以缓解中国异质性中间品的进口依赖,但不应盲目引进过高技术产业,也不应过度提升东部地区的赶超幅度,而应采用"小幅提升东部地区赶超幅度,大力提升中西部地区赶超幅度"与"适度发展高技术产业,大力实施中低技术产业技术革新和技术赶超战略”相结合的政策，以在消除过低技术赶超“洼地”的基础上，最大化发挥出口技术复杂度赶超的“补短板”功能。

第三节　进一步研究的方向

本书通过跨国和省级双维度的实证分析，揭示了制造业出口品内涵演进的机理和经济效应，得到了一些具有启发意义的研究结论和政策启示，在一定程度上深化了该领域的研究，并为该领域的理论与实证研究提供了一些新的经验证据，但本书的研究并不全面。随着数据样本的健全和研究方法的进一步完善，在今后的研究中可以从以下几个方面进行优化。

首先，在制造业出口产品质量演进机理的研究中，本书通过综合优化Verhoogen(2007)、Khandelwal(2010)和Anderson等(1992)的研究，虽然从理论视角证实了制造业出口产品质量演进的影响因素，也从实证视角证实了前文影响因素的正确性，但是本书所构建的理论模型由七个系统性方程构成，进行偏微分分析的难度较大，为此，很难从理论视角揭示各影响因素对出口产品质量的边际作用弹性，也很难进一步分析制造业出口产品质量升级对其他经济因素的边际作用效应。为此，在未来的研究中，可以尝试构建更为细致科学的揭示制造业出口产品质量演进机理的理论分析框架，使得均衡状态下的方程更为简单细致，进而从理论视角详细地揭示制造业出口产品质量演进的机理和经济效应，即形成演进机理与经济效应的统一理论分析框架，从而得到更为全面的理论分析结论。

其次，在省级层面制造业出口产品质量演进机理与经济效应的研究中，由于省级层面HS编码出口数据仅公布到2008年，为此，随着未来数据公布的进一步全面和细化，可以进一步完善这一方面的研究。此外由于跨国层面相关数据的不足，笔者并未进行跨国层面制造业出口产品质量升级的收入分配效应方面的研究，如能在未来进一步获得跨国层面的数据，并进行跨国和省级层面的对比，或许会得到更多有意义的结论。

最后，制造业出口产品质量升级是一系列因素的系统性作用所导致的，为此，其所产生的经济效应不仅仅局限在经济领域，其可能会对社会发展，甚至是国际政治也产生一定的影响，因而在未来的研究中，可进一步分析制造业出口产品质量升级对非经济因素的影响，以拓展制造业出口产品质量领域研究的广度。此外，出口产品质量和出口技术复杂度虽然是出口产品内涵最核心、最重要的维度，但出口产品内涵可能不仅仅有这两个维度。为此，未来的研究可以进一步从其他维度审视出口品内涵变迁的机理与经济效应。

参考文献

[1] Acemoglu D. Labor-and capital-augmenting technical change[R]. National Bureau of Economic Research, 2000.

[2] Amiti M, Freund C. An anatomy of China's export growth [C]. Global Implications of China's Trade, Investment and Growth Conference. IMF Research Department, 2007:15-35.

[3] Amiti M, Khandelwal A K. Import competition and quality upgrading[J]. Review of Economics and Statistics, 2013, 95(2): 476-490.

[4] Anderson S P, De Palma A, Thisse J F. Discrete choice theory of product differentiation[M]. Cambridge: MIT Press, 1992.

[5] Antràs P, Chor D, Fally T, et al. Measuring the upstreamness of production and trade flows[J]. American Economic Review, 2012, 102(3): 412-416.

[6] Arad R W, Hirsch S. Determination of trade flows and choice of trade partners: Reconciling the Heckscher-Ohlin and the Burenstam Linder Models of international trade[J]. Weltwirtschaftliches Archiv, 1981, 117(2): 276-297.

[7] Arellano M, Bover O. Female labour force participation in the 1980s: The case of Spain[J]. Working Papers, 1994, 19(2):171-194.

[8] Aristei D, Castellani D, Franco C. Firms' exporting and importing activities: is there a two-way relationship? [J]. Review of World Economics, 2013(149) : 55-84.

[9] Arpaia Alfonso, Pérez Esther, Pichelmann Karl. Understanding labour income share dynamics in Europe [J] . European Commission Economic Papers,2009(379):1-52.

[10] Assche V, Gangnes B. Electronics production upgrading: Is China exceptional? [J]. Applied Economics Letters,2010,17(5):477-482.

[11] Bai C E, Hsieh C T, Qian Y. The return to capital in China[J]. Brookings Papers on Economic Activity, 2006, 2006(2):61-88.

[12] Baldwin R, Harrigan J. Zeros, Quality, and Spau: Trade theory and trade evidence [J]. American Economic Journal: Microeconomics, 2011, 3(2): 60-88.

[13] Banker R, Charnes A, Cooper W. Some models for estimating technological and scale inefficiencies in data envelopment analysis[J]. Management Science, 1984, 30

(9):1078-1092.

[14] Bas M, Strauss-Kahn V. Input-trade liberalization, export prices and quality upgrading[J]. Journal of International Economics, 2015, 95(2): 250-262.

[15] Benhabib J, Spiegel M M. Human capital and technology diffusion[J]. Handbook of Economic Growth, 2005(1): 935-966.

[16] Berliant M, Peng S K, Wang P. Production externalities and urban configuration [J]. Journal of Economic Theory, 2002, 104(2):275-303.

[17] Bernard A B, Jensen J B, Redding S J, et al. Firms in international trade[J]. The Journal of Economic Perspectives, 2007,21(3): 105-130.

[18] Bernard A B, Jensen J B. Exporters, skill upgrading, and the wage gap[J]. Journal of International Economics, 1997, 42(1): 3-31.

[19] Berry S T. Estimating discrete-choice models of product differentiation[J]. The RAND Journal of Economics, 1994(12): 242-262.

[20] Besedeš T, Prusa T J. Ins, outs, and the duration of trade[J]. Canadian Journal of Economics/Revue Canadienne D'Economique, 2006, 39(1): 266-295.

[21] Blonigen B, Ma A. Please pass the catch-up :The relative performance of Chinese and foreign firms in Chinese exports [R]. National Bureau of Economic Research, 2007.

[22] Boccardo J, Chandra V, Li Y, et al. Why export sophistication matters for growth? [R]. Mimeo, 2007.

[23] Bohman H, Nilsson D. Market overlap and the direction of exports-a new approach of assessing the linder hypothesis[J]. CESIS—Electronic Working Paper Series No, 2007, 86.

[24] Brambilla I, Lederman D, Porto G. Exports, export destinations, and skills[J]. The American Economic Review, 2012,102(7): 3406-3438.

[25] Brooks E L. Why don't firms export more? Product quality and colombian plants [J]. Journal of Development Economics, 2006,80(1): 160-178.

[26] Cadot O, Carrère C, Strauss-Kahn V. Export diversification: What's behind the hump? [J]. Review of Economics and Statistics, 2011,93(2): 590-605.

[27] Carlino G A, Chatterjee S, Hunt R M. Urban density and the rate of invention [J]. Journal of Urban Economics, 2007, 61(3):389-419.

[28] Caselli F, Coleman W J. Cross-country technology diffusion: The case of computers [J]. American Economic Review, 2001, 91(2): 328-335.

[29] Chaney T. Distorted Gravity: The intensive and extensive margins of international trade[J]. American Economic Review, 2008, 98(4):1707-1721.

[30] Chaney T. Productivity Overshooting: The dynamic impact of trade opening with heterogeneous firms[J]. 2005.

[31] Charnes A, Cooper W W, Rhodes E. Measuring the efficiency of decision making

units [J]. European Journal of Operational Research, 1979, 2(6):429-444.

[32] Charnes A, Niehaus R J. Management science approaches to manpower planning and organization design[M]. Amsterdann. North-Holland Publishing Co, 1978.

[33] Chen H, Swenson D L. Multinational firms and new Chinese export transactions [R]. Mimeo, Reed College and University of California, Davis,2007.

[34] Chiang S C, Masson R T. Domestic industrial structure and export quality[J]. International Economic Review, 1988: 261-270.

[35] Crinò R, Epifani P. Productivity, quality and export behaviour[J]. The Economic Journal, 2012,122(565): 1206-1243.

[36] Cross C,Linehan,M . Barriers to advancing female careers in the high-tech sector: Empirical evidence from Ireland[J]. Women in Management Review, 2006,21(08): 28-39.

[37] Crozet M, Head K, Mayer T. Quality sorting and trade: Firm-level evidence for French wine[J]. The Review of Economic Studies, 2012,79(2): 609-644.

[38] Dall'erba S, Percoco M, Piras G. Service industry and cumulative growth in the regions of Europe[J]. Entrepreneurship and Regional Development, 2009, 21(4): 333-349.

[39] Dewatripont M, Bolton P. Contract theory[J]. Ulb Institutional Repository, 2005, 1(1):83-101.

[40] Dinopoulos E, Segerstrom P. A Schumpeterian model of protection and relative wages[J]. American Economic Review, 1999: 450-472.

[41] Diwan I. Labor shares and globalization[J]. World Bank Working Paper, 2000 (11):23-43.

[42] Eaton J, Kortum S, Kramarz F. An anatomy of international trade: Evidence from French firms[J]. Econometrica, 2011, 79(5): 1453-1498.

[43] Eaton J, Kortum S, Kramarz F. Dissecting trade: Firms, industries, and export destinations[R]. National Bureau of Economic Research, 2004.

[44] Ellingsen T. Price signals quality: The case of perfectly inelastic demand[J]. International Journal of Industrial Organization, 1997,16(1): 43-61.

[45] Ermias Weldemicael. Technology, trade costs and export sophistication[J]. The World Economy, 2014,37(1):14-41.

[46] Eswaran M, Kotwal A. The role of the service sector in the process of industrialization[J]. Journal of Development Economics, 2002, 68(2): 401-420.

[47] Falvey R E. Commercial policy and intra-industry trade[J]. Journal of International Economics, 2006, 11(4):495-511.

[48] Falvey R, Kim C D. Timing and sequencing issues in trade liberalisation[J]. The Economic Journal, 1992,102(413): 908-924.

[49] Falvey R. V. Product quality, intra industry trade and imperfect competition, V in

H. Kierzkowski, ed., protection and competition in international trade[J]. Protection and competition in international trade, 1987.

[50] Fan A J, Bian X Z. An empirical analysis of the relationship between international trade,FDI and income gap in China[J]. Economic Survey, 2011, 414(4):339-344.

[51] Fan H, Li Y A, Yeaple S R. Trade liberalization, quality, and export prices[J]. Review of Economics and Statistics, 2015,97(5): 1033-1051.

[52] Fang Y, Gu G, Li H. The impact of financial development on the upgrading of China's export technical sophistication[J]. International Economics and Economic Policy, 2015,12(2): 257-280.

[53] Farrell M J. The measurement of productivity efficiency[J]. Journal of the Royal Statistical Society, 1957, 120(3):377-391.

[54] Fay M, Opal C. Urbanization without Growth: A Not-So-Uncommon Phenomenon [J]. Policy Research Working Paper, 1999.

[55] Feenstra R C, Hanson G H. Global production sharing and rising inequality: A survey of trade and wages[M]// Handbook of International Trade. Oxford Blackwell Publishing Ltd, 2001:146-185.

[56] Feenstra R C, Romalis J. International prices and endogenous quality[J]. The Quarterly Journal of Economics, 2014, 129(2): 477-527.

[57] Felipe J, Kumar U, Abdon A. Exports, capabilities, and industrial policy in India [J]. Journal of Comparative Economics, 2013,41(3): 939-956.

[58] Fisher-Vanden K, Jefferson G H, Ma J, et al. Technology development and energy productivity in China[J]. Energy Economics, 2006, 28(5):690-705.

[59] Flam H, Helpman E. Vertical product differentiation and North-South Trade[J]. American Economic Review, 1987, 77(5), 810-822.

[60] Fontagné L, Gaulier G, Zignago S. Specialization across varieties and North-South competition[J]. Economic Policy, 2008,23(53): 52-91.

[61] Frankel J A, Romer D. Does trade cause growth? [J]. American Economic Review, 1999: 379-399.

[62] Friedman T L. The world is flat: A brief history of the twenty-first century. [J]. International Journal, 2006, 9(1):67-69.

[63] Funke M, Ruhwedel R. Product variety and economic growth: Empirical evidence for the OECD countries[J]. IMF Staff papers, 2001, 48(2): 225-242.

[64] Gao Y, Whalley J, Ren Y. Decomposing China's export growth into extensive margin, export quality and quantity effects[J]. China Economic Review, 2014,29: 19-26.

[65] Gervais A. Product quality and firm heterogeneity in international trade[J]. Canadian Journal of Economics, 2015,48(3): 1152-1174.

[66] Glass A J, Saggi K. Intellectual property rights and foreign direct investment[J].

Journal of International Economics, 2002,56(2): 387-410.

[67] Glass A J,Saggi K. X. WU,. Intellectual property rights and quality improvement [J] Journal of Development Economics, 2007,82(2): 393-415.

[68] Gorg H,David G. Much ado about nothing? —do domestic firms really benefit from foreign direct investment? [J]. World Bank Research Observer, 2004, 19 (2): 171-197.

[69] Greenfield H I. Manpower and the growth of producer services[M]. NY. Columbia University Press, 1966.

[70] Grossman G M, Helpman E. Quality ladders in the theory of growth[J]. The Review of Economic Studies, 1991,58(1): 43-61.

[71] Guerrieri P, Meliciani V. Technology and international competitiveness: The interdependence between manufacturing and producer services [J]. Structural Change and Economic Dynamics, 2005, 16(4): 489-502.

[72] Hallak J C, Schott P K. Estimating cross-country differences in product quality[J]. Quarterly Journal of Economics,2011,126(1):417-474.

[73] Hallak J C, Sivadasan J. Firms' exporting behavior under quality constraints[R]. National Bureau of Economic Research, 2009.

[74] Hallak J C. Product quality and the direction of trade[J]. Journal of International Economics, 2006,68(1): 238-265.

[75] Hansen B E. Threshold effects in non-dynamic panels: Estimation, testing, and inference[J]. Journal of Econometrics, 1999,93(2): 345-368.

[76] Hanson G H, Harrison A. Trade liberalization and wage inequality in Mexico[J]. Industrial & Labor Relations Review, 1999,52(2): 271-288.

[77] Harding T, Javorcik B. FDI and unit values of exports[R]. Mimeo, University of Oxford, 2007.

[78] Harding T, Smarzynska J B. A touch of sophistication: FDI and unit values of exports[J]. General Information, 2009, (12):36-49.

[79] Hausmann R, Hwang J, Rodrik D. What you export matters [J]. Journal of Economic Growth, 2007,12(1): 1-25.

[80] Hausmann R, Klinger B. The evolution of comparative advantage: the impact of the structure of the product space[R]. CID Working Paper, 2006.

[81] Hausmann R, Rodrik D. Economic development as self-discovery[J]. Journal of Development Economics, 2003, 72(2): 603-633.

[82] Helpman E, Melitz M J, Yeaple S R. Export versus FDI with heterogeneous firms [J]. American Economic Review, 2004, 94(1):300-317.

[83] Henn C, Papageorgiou C, Spatafora M N. Export quality in developing countries [M]. NY International Monetary Fund, 2013.

[84] Hertel T, Zhai F. Labor market distortions, rural-urban inequality and the opening

of China's economy [J]. Economic Modelling, 2006, 23(1):76-109.

[85] Holcombe R G. South Korea's economic future: Industrial policy, or economic democracy? [J]. Journal of Economic Behavior & Organization, 2013(88): 3-13.

[86] Hsieh C T, Song Z M. Grasp the large, let go of the small: The transformation of the state sector in China[R]. National Bureau of Economic Research, 2015.

[87] Hummels D, Ishii J, Yi K M. The nature and growth of vertical specialization in world trade[J]. Journal of International Economics, 2001, 54(1): 75-96.

[88] Hummels D, Klenow P J. The variety and quality of a nation's exports[J]. The American Economic Review, 2005,95(3): 704-723.

[89] Hummels D, Skiba A. Shipping the good apples out? An empirical confirmation of the Alchian - Allen conjecture[J]. Journal of Political Economy, 2004, 112(6): 1384-1402.

[90] Jarreau J, Poncet S. Export sophistication and economic growth: Evidence from China[J]. Journal of Development Economics, 2012,97(2): 281-292.

[91] Johnson R C. Trade and prices with heterogeneous firms [J]. Journal of International Economics, 2012,86(1): 43-56.

[92] Kanbur R. Growth, Inequality and poverty: Some hard questions[J]. Journal of International Affairs, 2005, 58(2):223-232.

[93] Kao C, Chiang M H. On the estimation and inference of a cointegrated regression in panel data[J]. Chihwa Kao, 2000, 15(1):109-141.

[94] Kao C. Spurious regression and residual-based tests for cointegration in panel data [J]. Journal of Econometrics, 1999,90(1): 1-44.

[95] Kee H L, Tang H. Domestic value added in Chinese exports: firm-level evidence [J]. Johns Hopkins University Mimeo,2013.

[96] Kevin M. Murphy a, Andrei Shleifer. Quality and trade [J]. Journal of Development Economics 1991, 53 (1997) 1-15

[97] Khandelwal A, Schott P K, Wei S J. Trade liberalization and embedded institutional reform: evidence from Chinese exporters[J]. The American Economic Review, 2013,103(6): 2169-2195.

[98] Khandelwal A. The long and short (of) quality ladders[J]. The Review of Economic Studies, 2010,77(4): 1450-1476.

[99] Klinger, Bailey, & Lederman, Daniel. Diversification, innovation, and imitation inside the Global Technological Frontier[C]. World Bank Policy Research Working Paper(3872), 2006:15-38.

[100] Koopman R, Wang Z. Tracing value-added and double counting in gross exports [J]. Social Science Electronic Publishing, 2013, 104(2):459-494.

[101] Krugman P. Urban concentration: The role of increasing returns and transport costs[J]. International Regional Science Review, 1996, 19(1-2):5-30.

[102] Kugler M, Verhoogen E. Plants and imported inputs: New facts and an interpretation[J]. The American Economic Review, 2009,99(2): 501-507.

[103] Kugler M, Verhoogen E. Prices, plant size, and product quality[J]. The Review of Economic Studies, 2012,79(1): 307-339.

[104] Lall S, Weiss J, Zhang J. The "sophistication" of exports: A new trade measure [J]. World Development, 2006,34(2): 222-237.

[105] Levin J, Tadelis S. Contracting for government services: theory and evidence from U.S. cities [J]. Journal of Industrial Economics, 2010, 58(3):507-541.

[106] Linder S B. An essay on trade and transformation[M]. Stockholm: Almqvist & Wiksell, 1961.

[107] Lu D. Rural-urban income disparity: Impact of growth, allocative effciency, and local growth welfare[J]. China Economic Review, 2002,13(4):419-429.

[108] Machin S, Van R J. Technology and changes in skill structure: Evidence from seven OECD countries[J]. Quarterly Journal of Econo mics, 1998, 113(4): 1215-1244.

[109] Manova K, Zhang Z. Export prices across firms and destinations[R]. National Bureau of Economic Research, 2009.

[110] Manova, K. Credit constraints, heterogenous firms, and international trade[J]. Eview of Economic Studies ,2013, 80(8):711-744.

[111] Markusen J R. Trade in producer services and in other specialized intermediate inputs[J]. American Economic Review, 1989, 79(1):85-95.

[112] Martin J A, Rios V O. Vertical specialization and intra-industiy trade: The role of factor endouments[J]. Weltwirtschaftliches Archiv, 2002,138(2):340-365.

[113] Martin J, Mejean I. Low-wage country competition and the quality content of high-wage country exports[J]. Journal of International Economics, 2014, 93(1): 140-152.

[114] Martin J. Markups, quality, and transport costs[J]. European Economic Review, 2012, 56(4): 777-791.

[115] Martinezvazquez J, Panudulkitti P, Timofeev A. Urbanization and the poverty level[J]. International Center for Public Policy Working Paper, 2014.

[116] Martin-Montaner J A, Ríos V O. Vertical specialization and intra-industry trade: The role of factor endowments[J]. Weltwirtschaftliches Archiv, 2002, 138(2): 340-365.

[117] Matej Bajgar, Beata Javorcik. Climbing the rungs of the quality ladder: FDI and domestic exporters in romania[R] OECD Working Paper, 2016.

[118] Mathews J A. Competitive advantages of the latecomer firm: A resource-based account of industrial catch-up strategies[J]. Asia Pacific Journal of Management, 2002,19(4): 467-488.

[119] Matsuyama K. Beyond icebergs: Towards a theory of biased globalization[J]. The Review of Economic Studies, 2007,74(1): 237-253.

[120] Melitz M J, Ottaviano G I P. Market size, trade, and productivity[J]. The Review of Economic Studies, 2008,75(1): 295-316.

[121] Melitz M J. The impact of trade on intra—industry reallocations and aggregate industry productivity[J]. Econometrica, 2003,71(6): 1695-1725.

[122] Michele D M, Federico T. The evolution of world export sophistication and the Italian trade anomaly[J]. Rivista di Politica Economica,2008,98(1):135-174.

[123] Micucci G, Di Giacinto V. The producer service sector in Italy: Long-term growth and its local determinants[J]. Spatial Economic Analysis, 2009, 4(4):391-425.

[124] Mishra S, Lundström S, Anand R. Service export sophistication and economic growth[J]. World Bank Policy Research Working Paper Series, 2011.

[125] Moraga-González J L, Viaene J M. Trade policy and quality leadership in transition economies[J]. European Economic Review, 2005, 49(2):359-385.

[126] Motta M, Thisse J F, Cabrales A. On the Persistence of Leadership or Leapfrogging in International Trade. International Economic Review, 1997,38(4): 809-824.

[127] Naughton B. The Chinese economy: Transitions and growth[M]. Cambridge MIT Press, 2007.

[128] Nelson R R, Phelps E S. Investment in humans, technological diffusion, and economic growth[J]. The American Economic Review, 1966,56(1/2): 69-75.

[129] Oladi R, Beladi H, Chau N. Multinational corporations and export quality[J]. Journal of Economic Behavior & Organization, 2008, 65(1): 147-155.

[130] Pedroni P. Critical values for cointegration tests in heterogeneous panels with multiple regressors[J]. Oxford Bulletin of Economics and Statistics, 1999,61(s1): 653-670.

[131] Piveteau P, Smagghue G. Estimating firm product quality using trade data[J]. Mimeo, 2015: 1-51.

[132] Poncet S, de Waldemar F S. Export upgrading and growth: the prerequisite of domestic embeddedness[J]. World Development, 2013,51(3): 104-118.

[133] Ramasamy B, Yeung M. The determinants of foreign direct investment in services [J]. World Economy, 2010, 33(4): 573-596.

[134] Rodrik D . One economics, many recipes: Globalization, institutions, and economic growth [M]. New Jersey Princeton University,2007:30-100.

[135] Rodrik D. What's so special about China's exports? [J]. China & World Economy, 2006,14(5): 1-19.

[136] Roodman,D. How to do xtabond2: An introduction to difference and system GMM in stata[J]. Center for Global Development Working Paper, 2006.

[137] Schott P K. Across-product versus within-product specialization in international trade[J]. The Quarterly Journal of Economics, 2004: 647-678.

[138] Schott P K. The relative sophistication of Chinese exports[J]. Economic Policy, 2008,23(53): 6-49.

[139] Schultz T W. Investment in human capital[J]. Economic Journal, 1961, 82(326):787.

[140] Shao J, Xu K, Qiu B. Analysis of Chinese manufacturing export duration[J]. China & World Economy, 2012, 20(4): 56-73.

[141] Shirley C, Winston C. Firm inventory behavior and the returns from highway infrastructure investments[J]. Journal of Urban Economics, 2004, 55(2): 398-415.

[142] Spulber D F. Innovation and international trade in technology[J]. Journal of Economic Theory, 2008,138(1): 1-20.

[143] Swenson D L, Chen H. Multinational exposure and the quality of new Chinese exports[J]. Oxford Bulletin of Economics and Statistics, 2014, 76(1): 41-66.

[144] Upward R, Wang Z, Zheng J. Weighing China's export basket: The domestic content and technology intensity of Chinese exports[J]. Journal of Comparative Economics, 2013, 41(2): 527-543.

[145] Verhoogen E A. Trade, quality upgrading and wage inequality in the Mexican manufacturing sector[J]. The Quarterly Journal of Economics, 2008,123(2):489-530.

[146] Wang X S. Justice of income distribution under market economy in China[J]. Journal of Sichuan University of Science & Engineering, 2007.

[147] Wang Z,Wei S J. What accounts for the rising sophistication of China's exports?[J]. China's Growing Role in World Trade,2010,38(2):63-104.

[148] Weiss M. Political culture and ethnicity: An anthropological study in southeast Asia edited by Tohgoda quezon city: New day publishers, 1999[J]. Journal of Southeast Asian Studies, 2001, 32(2):269-293.

[149] Weldemicael E. Technology, trade costs and export sophistication[J]. The World Economy, 2014,37(1): 14-41.

[150] Wheeler D. Trade and the environment: Theory and evidence[J]. Economic Development & Cultural Change, 2006, 54(2): 528-531.

[151] Xu B, Lu J. Foreign direct investment, processing trade, and the sophistication of China's exports[J]. China Economic Review, 2009, 20(3): 425-439.

[152] Xu B. The sophistication of exports: Is China special? [J]. China Economic Review, 2010, 21(3): 482-493.

[153] Zuleta H. Factor saving innovations and factor income shares[J]. Review of Economic Dynamics, 2008, 11(4): 836-851.

[154] 白重恩，张琼.中国的资本回报率及其影响因素分析[J].世界经济，2014(10):

3-30.
[155] 包群,张雅楠.金融发展、比较优势与我国高技术产品出口[J].国际金融研究,2010(11):87-96.
[156] CCER"中国经济观察"研究组,卢锋.我国资本回报率估测(1978—2006)——新一轮投资增长和经济景气微观基础[J].经济学(季刊),2007(3):723-758.
[157] 陈波翀,郝寿义,杨兴宪.中国城市化快速发展的动力机制[J].地理学报,2004(6):1068-1075.
[158] 陈虹,朱鹏珅.资本回报率对我国区域经济非均衡发展的影响[J].经济科学,2015(6):11-22.
[159] 陈建军,陈国亮,黄洁.新经济地理学视角下的生产性服务业集聚及其影响因素研究——来自中国222个城市的经验证据[J].管理世界,2009(4):83-95.
[160] 陈建军,陈菁菁.生产性服务业与制造业的协同定位研究——以浙江省69个城市和地区为例[J].中国工业经济,2011(6):141-150.
[161] 陈晓华,黄先海,刘慧.中国出口技术结构演进的机理与实证研究[J].管理世界,2011(3):44-57.
[162] 陈晓华,范良聪.要素密集度偏向型出口技术结构升级的收入分配效应:基于我国省级动态面板数据的GMM方法[J].国际贸易问题,2011(7):102-115.
[163] 陈晓华,黄先海.中国出口品技术含量变迁的动态研究[J].国际贸易问题,2010(4):3-12.
[164] 陈晓华,刘慧.成本上升、外需疲软与制造业技术复杂度演进——基于内外资和要素密集度异质性视角[J].科学学研究,2014(6):860-872.
[165] 陈晓华,刘慧.出口技术复杂度赶超对经济增长影响的实证分析——基于要素密集度异质性视角的非线性检验[J].科学学研究,2012(11):1650-1661.
[166] 陈晓华,刘慧.出口技术复杂度演进加剧了就业性别歧视?——基于跨国动态面板数据的系统GMM估计[J].科学学研究,2015b(4):549-560.
[167] 陈晓华,刘慧.外需疲软、生产技术革新与制造业劳动力价格扭曲[J].统计研究,2015a(10):47-55.
[168] 陈晓华,刘慧.产品持续出口能促进出口技术复杂度持续升级吗?——基于出口贸易地理优势异质性的视角[J].财经研究,2015c(1):74-86.
[169] 陈晓华,刘慧.国际分散化生产约束了我国出口技术结构升级?——基于省级动态面板数据GMM方法[J].科学学研究,2013(8):1178-1190.
[170] 陈晓华,刘慧.生产性服务业融入制造业环节偏好与制造业出口技术复杂度升级[R].国际贸易问题,2016(6):82-91.
[171] 陈晓华,刘慧.要素价格扭曲、外需疲软与中国制造业技术复杂度动态演进[J].财经研究,2014(7):119-131.
[172] 陈晓华,沈成燕.出口持续时间对出口产品质量的影响研究[J].国际贸易问题,2015(1):47-57.
[173] 陈勇兵,李伟,蒋灵多.中国出口产品的相对质量在提高吗?——来自欧盟HS-6

位数进口产品的证据[J]. 世界经济文汇,2012(4): 15-30.
[174] 陈勇兵,李燕,周世民. 中国企业出口持续时间及其决定因素[J]. 经济研究,2012(7):48-61.
[175] 戴翔,金碚. 产品内分工、制度质量与出口技术复杂度[J]. 经济研究, 2014(7): 4-17.
[176] 戴翔. 中国制成品出口技术含量升级的经济效应——基于升级面板数据的实证分析[J]. 经济学家, 2010(9):77-83.
[177] 范剑勇,王立军,沈林洁. 产业集聚与农村劳动力的跨区域流动[J]. 管理世界,2004(4):22-29,155.
[178] 方创琳,王德利. 中国城市化发展质量的综合测度与提升路径[J]. 地理研究,2011(11):1931-1946.
[179] 傅晓霞,吴利学. 技术差距、创新路径与经济赶超 [J]. 经济研究, 2013 (6): 19-32.
[180] 高传胜,刘志彪. 生产者服务与长三角制造业集聚和发展——理论、实证与潜力分析[J]. 上海经济研究,2005(8):35-42.
[181] 高觉民,李晓慧. 生产性服务业与制造业的互动机理:理论与实证[J]. 中国工业经济,2011(6):151-160.
[182] 顾国达,方园. 金融发展对出口品国内技术含量提升效应的研究——基于产业层面的分析[J]. 经济学家,2012(9):62-70.
[183] 关志雄. 从美国市场看中国制造的实力:以信息技术产品为中心[J]. 国际经济评论,2002(8):7-8.
[184] 郭步超,王博. 政府债务与经济增长: 基于资本回报率的门槛效应分析[J]. 世界经济, 2014 (9): 95-118.
[185] 韩会朝,徐康宁. 中国产品出口"质量门槛"假说及其检验[J]. 中国工业经济, 2014 (4): 58-70.
[186] 韩民春,樊琦. 国际原油价格波动与我国工业制成品出口的相关关系研究[J]. 数量经济技术经济研究,2007(2): 64-72.
[187] 洪世勤,刘厚俊. 中国制造业出口技术结构的测度及影响因素研究[J]. 数量经济技术经济研究,2015(3):77-93.
[188] 洪银兴. 论创新驱动经济发展战略[J]. 经济学家,2013(1): 5-11.
[189] 洪银兴. 准确认识供给侧结构性改革的目标和任务[J]. 中国工业经济,2016(6): 14-21.
[190] 黄玖立,冼国明. 金融发展、FDI 与中国地区的制造业出口[J]. 管理世界,2010(7): 8-17,187.
[191] 黄莉芳,黄良文,郭玮. 生产性服务业对制造业前向和后向技术溢出效应检验[J]. 产业经济研究,2011(3):29-37.
[192] 黄先海,蔡婉婷,宋华盛. 金融危机与出口质量变动: 口红效应还是倒逼提升[J]. 国际贸易问题,2015(10): 98-110.

[193] 黄先海，陈晓华，刘慧. 产业出口复杂度的测度及其动态演进机理分析——基于52个经济体1993—2006年金属制品出口的实证研究[J]. 管理世界，2010(3)：44-55.

[194] 黄先海，杨君，肖明月. 中国资本回报率变动的动因分析[J]. 经济理论与经济管理，2011 (11)：47-54.

[195] 黄先海，杨君，肖明月. 资本深化、技术进步与资本回报率[J]. 世界经济，2012 (9)：3-20.

[196] 黄先海，周俊子. 中国出口广化中的地理广化、产品广化及其结构优化[J]. 管理世界，2011(10)：20-31.

[197] 黄先海. 浙江发展战略性新兴产业的基本思路与对策建议[J]. 浙江社会科学，2010 (12)：14-16.

[198] 贾润崧，张四灿. 中国省际资本存量与资本回报率[J]. 统计研究，2014 (11)：35-42.

[199] 亢梅玲，和坤林. 出口产品质量测度与干中学效应研究[J]. 世界经济研究，2014 (7)：47-54.

[200] 寇宗来. 技术差距、后发陷阱和创新激励——一个纵向差异模型[J]. 经济学季刊，2009(2)：533-550.

[201] 李长亮. 基于区间多属性的中国城镇化水平评价[J]. 兰州商学院学报，2014，30 (6)：48-53.

[202] 李稻葵，刘霖林，王红领. GDP中劳动份额演变的U型规律[J]. 经济研究，2009，(11)：62-82.

[203] 李怀建，沈坤荣. 出口产品质量的影响因素分析——基于跨国面板数据的检验[J]. 产业经济研究，2015(6)：62-72.

[204] 李激扬. 中国省际能源效率的收敛性分析[J]. 统计与决策，2012(2)：106-108.

[205] 李坤望，冯冰. 对外贸易与劳动收入占比：基于省际工业面板数据的研究[J]. 国际贸易问题，2012(1)：26-37.

[206] 李坤望，蒋为，宋立刚. 中国出口产品品质变动之谜：基于市场进入的微观解释[J]. 中国社会科学，2014(3)：80-103.

[207] 李坤望，王有鑫. FDI促进了中国出口产品质量升级吗？——基于动态面板系统GMM方法的研究[J]. 世界经济研究，2013(5)：60-66.

[208] 李廉水，周勇. 技术进步能提高能源效率吗？——基于中国工业部门的实证检验[J]. 管理世界，2006(10)：82-89.

[209] 李强，魏巍，徐康宁. 技术进步和结构调整对能源消费回弹效应的估算[J]. 中国人口·资源与环境，2014，24(10)：64-67.

[210] 李小平，周记顺，卢现祥，等. 出口的“质”影响了出口的“量”吗？[J]. 经济研究，2015，50(8)：114-129.

[211] 李秀芳，施炳展. 补贴是否提升了企业出口产品质量？[J]. 中南财经政法大学学报，2013(4)：139-148.

[212] 李扬，张晓晶. “新常态”：经济发展的逻辑与前景[J]. 经济研究，2015 (5)：4-19.

[213] 连玉君,程建. 不同成长机会下资本结构与经营绩效之关系研究[J]. 当代经济科学, 2006(2): 97-103.

[214] 林毅夫,刘培林. 中国的经济发展战略与地区收入差距[J]. 经济研究,2003(3):19-25,89.

[215] 刘慧,陈晓华,吴应宇. 基于异质性视角的中国企业创新决策机制研究[J]. 中南财经政法大学学报,2013(3): 143-150.

[216] 刘慧,陈晓华,吴应宇. 金融支持上游度对高技术产品出口的影响研究[J]. 科学学研究, 2016(9): 1347-1359.

[217] 刘慧,陈晓华,吴应宇. 融资约束、出口与本土制造业出口技术复杂度升级——基于微观企业层面的机理与实证[J]. 山西财经大学学报,2014a(3):67-76.

[218] 刘慧,陈晓华,周禄松. 出口技术复杂度赶超对能源效率的影响研究——基于跨国面板数据门槛效应模型的非线性检验[J]. 国际贸易问题,2014b(8):25-35.

[219] 刘慧,叶宏伟,沈成燕. 经济增长、出口与出口技术复杂度——基于互动机制解析视角的协整检验[J]. 中南财经政法大学学报,2015(1):88-97.

[220] 刘慧. 出口,产品质量与劳动收入占比[J]. 重庆工商大学学报(社会科学版),2014(3) 36-44.

[221] 刘慧. 产品质量升级的出口效应分析——基于企业异质性视角[J]. 西安电子科技大学学报(社会科学版),2013a(3):14-22.

[222] 刘慧. 企业异质性、出口与劳动收入占比——基于要素密集度异质性视角的Stolper-Samuelson 定理检验[J]. 当代经济科学,2013b(3):54-62,126.

[223] 刘慧. 制造业出口技术复杂度赶超对弱势群体就业的影响分析[J]. 国际贸易问题,2016 (12): 16-27.

[224] 刘伟丽,陈勇. 中国制造业的产业质量阶梯研究[J]. 中国工业经济,2012(11): 58-70.

[225] 刘伟丽. 国际贸易中的产品质量问题研究[J]. 国际贸易问题,2011(5): 35-41.

[226] 刘遵义,陈锡康,杨翠红,等. 非竞争型投入占用产出模型及其应用——中美贸易顺差透视[J]. 中国社会科学,2007(5):91-103,206-207.

[227] 罗长远,张军. 经济发展中的劳动收入占比: 基于中国产业数据的实证研究[J]. 中国社会科学,2009(4): 65-79.

[228] 马兹晖. 中国地方财政收入与支出——面板数据因果性与协整研究[J]. 管理世界,2008(3): 40-48.

[229] 毛其淋,许家云. 中间品贸易自由化与制造业就业变动[J]. 经济研究,2016(1): 69-83.

[230] 潘士远. 贸易自由化、有偏的学习效应与发展中国家的工资差异[J]. 经济研究,2007(6):98-105,141.

[231] 裴青. 城市发展状况综合评价的指标与方法[J]. 地理学与国土研究,1988(2): 39-44.

[232] 钱学锋,陈勇兵. 国际分散化生产导致了集聚吗:基于中国省级动态面板数据

GMM 方法[J]. 世界经济，2009，32(12)：27-39.

[233] 钱学锋，熊平. 中国出口增长的二元边际及其因素决定[J]. 经济研究，2010(1)：65-79.

[234] 邱斌，唐保庆，刘修岩，等. 要素禀赋，制度红利与新型出口比较优势[J]. 经济研究，2014(8)：107-119.

[235] 邱斌，叶龙凤，孙少勤. 参与全球生产网络对我国制造业价值链提升影响的实证研究——基于出口复杂度的分析[J]. 中国工业经济，2012(1)：57-67.

[236] 邵军，徐康宁. 制度质量，外资进入与增长效应：一个跨国的经验研究[J]. 世界经济，2008(7)：3-14.

[237] 邵挺. 金融错配、所有制结构与资本回报率：来自 1999—2007 年我国工业企业的研究[J]. 金融研究，2010 (9)：47-63.

[238] 沈坤荣，余吉祥. 农村劳动力流动对中国城镇居民收入的影响[J]. 管理世界，2011(3)：58-65.

[239] 施炳展，李坤望. 中国制造业国际分工地位研究：基于产业内贸易形态的跨国比较[J]. 世界经济研究，2008(10)：3-8.

[240] 施炳展，邵文波. 中国企业出口产品质量测算及其决定因素——培育出口竞争新优势的微观视角[J]. 管理世界，2014(9)：90-106.

[241] 施炳展，王有鑫，李坤望. 中国出口产品品质测度及其决定因素[J]. 世界经济，2013(9)：69-93.

[242] 施炳展，曾祥菲. 中国企业进口产品质量测算与事实[J]. 世界经济，2015(3)：57-77.

[243] 施炳展. 中国企业出口产品质量异质性：测度与事实[J]. 经济学(季刊)，2013(1)：263-284.

[244] 施炳展. 中国出口增长的三元边际[J]. 经济学(季刊)，2010(4)：1311-1330.

[245] 史本叶，张永亮. 中国对外贸易成本分解与出口增长的二元边际[J]. 财经研究，2014(1)：73-82.

[246] 宋旭光，席玮. 中国能源生产率增长中的结构变动——基于 Shift-Share 方法的分析[J]. 财经问题研究，2010(10)：8-13.

[247] 苏理梅，彭冬冬，兰宜生. 贸易自由化是如何影响我国出口产品质量的？[J]. 财经研究 2016(4)：61-71.

[248] 苏庆义. 中国国际分工地位的再评估——基于出口技术复杂度与国内增加值双重视角的分析[J]. 财经研究，2016(6)：40-51.

[249] 孙戈兵，连玉君，胡培. 不同成长机会下多元化与公司绩效的门槛效应[J]. 预测，2012(7)：69-74.

[250] 孙林，卢鑫，钟钰. 中国出口产品质量与质量升级研究[J]. 国际贸易问题，2014(5)：13-22.

[251] 谭洪波. 生产者服务业与制造业的空间集聚：基于贸易成本的研究[J]. 世界经济，2015(3)：171-192.

[252] 汤二子,孙振. 异质性生产率、产品质量与中国出口企业的"生产率悖论"[J]. 世界经济研究,2012(11): 10-15.

[253] 唐海燕,张会清.产品内国际分工与发展中国家的价值链提升[J].经济研究,2009(9):81-93.

[254] 唐海燕,张会清.中国在新型国际分工体系中的地位:基于价值链视角的分析[J].国际贸易问题,2009(2):18-26.

[255] 田巍,余淼杰.中间品贸易自由化和企业研发 [J].世界经济,2014 (6):90-112.

[256] 汪建新. 贸易自由化、质量差距与地区出口产品质量升级[J]. 国际贸易问题,2014(10): 3-13.

[257] 王华,赖明勇,柒江艺. 国际技术转移、异质性与中国企业技术创新研究[J]. 管理世界,2010(12): 131-142.

[258] 王婧,方创琳. 中国城市群发育的新型驱动力研究[J]. 地理研究,2011(2):335-347.

[259] 王蕾,魏后凯. 中国城镇化对能源消费影响的实证研究[J]. 资源科学,2014(6):1235-1243.

[260] 王明益. 内外资技术差距与中国出口产品质量升级研究[J]. 经济评论,2013(6):59-69.

[261] 王明益. 中国出口产品质量提高了吗[J]. 统计研究,2014(5): 24-31.

[262] 王荣艳,齐俊妍.东亚生产者服务与商品的贸易模式研究:基于制造业生产分割框架的探析[J].世界经济,2009(2):23-36.

[263] 王涛生. 中国出口产品质量对出口竞争新优势的影响研究[J]. 经济学动态,2013(1): 80-87.

[264] 王小鲁,樊纲. 中国经济增长的可持续性: 跨世纪的回顾与展望[M].北京:经济科学出版社,2000.

[265] 王一鸣. 中国经济增长的中期趋势和经济转型[J]. 宏观经济研究,2013(11):3-13.

[266] 王永进, 盛丹. 要素积累、偏向型技术进步与劳动收入占比[J]. 世界经济文汇,2010(4): 72-90.

[267] 王永进, 施炳展. 上游垄断与中国企业产品质量升级[J]. 经济研究,2014(4):116-129.

[268] 王永进,盛丹,施炳展,等.基础设施如何提升了出口技术复杂度? [J].经济研究,2010(7):103-115.

[269] 王志华,陈圻.考虑技术进步与结构变动的产业能耗回弹效应分析[J].生态经济,2014(1):83-87,103.

[270] 王中华,代中强.国际垂直专业化与工资收入差距:一个文献综述[J].世界经济与政治论坛,2008(3):19-26.

[271] 魏楚,沈满洪.规模效率与配置效率:一个对中国能源低效的解释[J].世界经济,2009(4):84-96.

[272] 魏楚，沈满洪. 结构调整能否改善能源效率：基于中国省级数据的研究[J]. 世界经济，2008(11)：77-85.
[273] 魏楚，沈满洪. 能源效率及其影响因素：基于 DEA 的实证分析[J]. 管理世界，2007(8)：66-76.
[274] 魏楚. 中国能源效率问题研究[D]. 杭州：浙江大学，2009.
[275] 魏浩，李翀. 中国制造业劳动力成本上升的基本态势与应对策略[J]. 国际贸易，2014(3)：10-15.
[276] 魏浩，王聪. 附加值统计口径下中国制造业出口变化的测算[J]. 数量经济技术经济研究，2015(6)：105-119.
[277] 魏下海. 技术进步、人力资本与劳动力就业：解读中国就业弹性的变动趋势[J]. 探索与争鸣，2008(5)：53-55.
[278] 魏一鸣，廖华. 能源效率的七类测度指标及其测度方法[J]. 中国软科学，2010(1)：128-137.
[279] 文东伟. 中国制造业出口贸易的技术结构分布及其国际比较[J]. 世界经济研究，2012(10)：29-34.
[280] 文洋. 收入分配对我国出口贸易的影响——基于非参数核密度估计的需求结构重叠视角[J]. 世界经济研究，2011(10)：33-39.
[281] 巫强，刘志彪. 进口国质量管制条件下的出口国企业创新与产业升级[J]. 管理世界，2007(2)：53-60.
[282] 伍业君，王磊. 经济增长源泉的再探索：基于 154 个经济体复杂度的动态面板分析[J]. 国际贸易问题，2013(1)：31-46.
[283] 席强敏，陈曦，李国平. 中国城市生产性服务业模式选择研究——以工业效率提升为导向[J]. 中国工业经济，2015(2)：18-30.
[284] 冼国明，文东伟. FDI、地区专业化与产业集聚[J]. 管理世界，2006 (12)：18-31.
[285] 项本武. 中国对外直接投资的贸易效应研究——基于面板数据的协整分析[J]. 财贸经济，2009(4)：77-82.
[286] 肖利平，谢丹阳. 国外技术引进与本土创新增长：互补还是替代[J]. 中国工业经济，2016 (9)：75-92.
[287] 熊俊，于津平. 资本积累，贸易规模与出口商品技术含量[J]. 世界经济与政治论坛，2012 (4)：105-118.
[288] 许斌，路江涌. 解析我国出口商品的复杂程度[R]. 美国经济年会 Working Paper，2007.
[289] 宣烨，周绍东. 技术创新、回报效应与中国工业行业的能源效率[J]. 财贸经济，2011(1)：116-121.
[290] 杨高举，黄先海. 内部动力与后发国分工地位升级——来自中国高技术产业的证据[J]. 中国社会科学，2013(2)：25-45，204.
[291] 杨玲. 生产性服务进口贸易促进制造业服务化效应研究[J]. 数量经济技术经济研究，2015(5)：37-53.

[292] 杨荣海.当前货币国际化进程中的资本账户开放路径效应分析[J].国际金融研究，2014(4):50-61.

[293] 杨汝岱，李艳. 区位地理与企业出口产品价格差异研究[J]. 管理世界，2013(7):21-30.

[294] 杨汝岱，姚洋.有限赶超与经济增长[J].经济研究，2008(8):29-41，64.

[295] 姚洋，张晔.中国出口品国内技术含量升级的动态研究——来自全国及江苏省、广东省的证据[J].中国社会科学，2008(2):67-82，205-206.

[296] 姚毓春，袁礼，王林辉.中国工业部门要素收入分配格局 [J].中国工业经济，2014(8):44-56.

[297] 叶志强，陈习定，张顺明.金融发展能减少城乡收入差距吗？——来自中国的证据[J].金融研究，2011(2):42-56.

[298] 殷德生，唐海燕，黄腾飞.国际贸易、企业异质性与产品质量升级[J].经济研究，2011(S2):136-146.

[299] 殷德生，唐海燕. 技能型技术进步、南北贸易与工资不平衡[J]. 经济研究，2006(5): 106-114.

[300] 殷德生. 中国入世以来出口产品质量升级的决定因素与变动趋势[J]. 财贸经济，2011 (11): 31-38.

[301] 于津平，吴小康，熊俊. 双边实际汇率、出口规模与出口质量[J]. 世界经济研究，2014(10):32-42.

[302] 俞会新，刘杰.贸易自由化对就业和工资的影响[J].河北工业大学学报，2002，31(2):62-66.

[303] 喻美辞.进口贸易、R&D溢出与相对工资差距:基于我国制造业面板数据的实证分析[J].国际贸易问题，2010(7):81-88.

[304] 原毅军，耿殿贺，张乙明.技术关联下生产性服务业与制造业的研发博弈[J].中国工业经济，2007(11):80-87.

[305] 张建忠，刘志彪. 知识产权保护与“赶超陷阱”[J].中国工业经济，2011 (6):58-68.

[306] 张杰，翟福昕，周晓艳. 政府补贴、市场竞争与出口产品质量[J]. 数量经济技术经济研究，2015(4): 71-87.

[307] 张杰，陈志远，刘元春.中国出口国内附加值的测算与变化机制[J].经济研究，2013(10):124-137.

[308] 张杰，李勇，刘志彪.出口促进中国企业生产率提高吗？——来自中国本土制造业企业的经验证据:1999—2003[J].管理世界，2009(12):11-26.

[309] 张杰，刘志彪，张少军.制度扭曲与中国本土企业的出口扩张[J].世界经济，2008(10):3-11.

[310] 张杰，郑文平，翟福昕. 中国出口产品质量得到提升了么？[J]. 经济研究，2014(10): 46-59.

[311] 张军，吴桂英，张吉鹏.中国省际物质资本存量估算:1952—2000[J].经济研究，

2004(10)：35-44.

[312] 张莉，李捷瑜，徐现祥．国际贸易、偏向型技术进步与要素收入分配[J]．经济学(季刊)，2012(2).

[313] 张小蒂，王永齐．金融市场约束下贸易结构引致资本积累的有效性检验[J]浙江大学学报(社科版)，2011(6)：67-80.

[314] 张勋，徐建国．中国资本回报率的驱动因素[J]．经济学(季刊)，2016(3)：1081-1112.

[315] 张一博，祝树金．基于改进的嵌套 Logit 模型的中国工业出口质量测度研究[J]．世界经济与政治论坛，2014(2)：1-18.

[316] 张翊，陈雯，骆时雨．中间品进口对中国制造业全要素生产率的影响[J]．世界经济，2015(9)：107-129.

[317] 赵伟，赵金亮，韩媛媛．异质性、沉没成本与中国企业出口决定：来自中国微观企业的经验证据[J]．世界经济，2011(4)：62-79.

[318] 赵伟，郑雯雯．生产性服务业——贸易成本与制造业集聚：机理与实证[J]．经济学家，2011(2)：67-75.

[319] 赵永亮，杨子晖，苏启林．出口集聚企业“双重成长环境”下的学习能力与生产率之谜 [J]．管理世界，2014 (1)：40-57.

[320] 赵玉碧，汤茂林．改革开放以来江苏城市化水平区域差异变动及其影响因素[J]．人文地理，2013(3)：101-106.

[321] 中国经济增长与宏观稳定课题组，陈昌兵，张平，等．城市化、产业效率与经济增长[J]．经济研究，2009(10)：4-21.

[322] 钟建军，赵伟．出口最终产品质量影响因素分析：基于跨国（地区）面板数据的实证[J]．浙江学刊，2014(3)：21-34.

[323] 钟建军．工资与进口中间产品质量：异质性视角的机理分析与实证检验[D]．杭州：浙江大学，2014.

[324] 钟建军．进口中间品质量与中国制造业企业全要素生产率[J]．中南财经政法大学学报，2016(3)：67-79.

[325] 踪家峰，杨琦．要素扭曲影响中国的出口技术复杂度了吗？[J]．吉林大学社会科学学报，2013(2)：106-114.

索　　引

C

G

J

M

S

W

Z

后　　记

从醇厚朴实的泉城济南，到风景秀美的西子湖畔，再到厚重博雅的六朝古都，辗转三地，求学20余载，有幸领略了三个不同地域的历史文化内涵，自己的求学生涯也仿佛一幅画卷，徐徐展现于眼前。求学如同登山，一开始充满了新奇和兴奋，登到后来，同行的人越来越少，路也越来越陡峭，一路上少不了披荆斩棘的辛苦，也会收获登高望远的喜悦。本书的主体部分是刘慧的博士论文，后来融入了国家自然基金项目（编号：71603240，项目负责人：陈晓华；编号：71303219，项目负责人：刘慧）和教育部人文社科基金青年项目（16YJC790008）的部分研究成果。笔者从十年前开始从事出口品内涵领域的研究，在该领域积累了一定的前期研究，本书的核心内容和核心观点曾收录于《管理世界》《统计研究》《科学学研究》《财经研究》等期刊的20篇左右的文章中，多篇论文被人大复印资料全文转载。为此，此书是笔者多年心血的集成。看着成型的书稿和窗外深邃的夜色，不禁感慨万千，学术之路虽然艰辛，但一路走来再回首，却发现，这其实是一段难得的历练，也是一笔宝贵的人生财富，它使得自己学术素养、工作能力和学习能力都有了较大的提升。

十年的求学和科研之路，得到许多良师益友的帮助，特别感谢我的博士生导师、东南大学原校长助理、现中国药科大学总会计师吴应宇教授，吴老师学术严谨、要求严格，在学业和工作上都给予了非常重要的帮助与指导。特别感谢浙江大学经济学院院长黄先海教授和浙江金融职业学院院长郑亚莉教授，其良师益友般的指导，使得我在学术道路上不断前行。感谢浙江理工大学经管学院程华院长、吕品书记、胡剑锋教授、胡旭微教授、彭学兵教授、潘旭伟教授、胡丹婷教授、张海洋教授、邬关荣教授、郭晶教授、杨隽萍教授以及王世雄、黄新海、王业可、刘洪彬、高云、黄俊军、黄玉梅、张颖新、覃予、张艳彦、周俊杰、肖敏、冯圆和傅纯恒、黄海蓉、张正荣、杨君、成蓉、张吟白、文武、蒋墨冰、王丹、马欣在本书写作过程中提供的各种支持与帮助。感谢周禄松、沈成燕、陆直、王柳、李妮丹、何改、石子路、蒋丽、石家莉、彭榴静和杨莹莹等研究生在本书写作过程中所做的工作。

本书具体章节分工如下：

第一章：刘慧

第二章：刘慧（第一节）；沈成燕、陈晓华（第二节）；刘慧（第三节）

第三章：刘慧

第四章：刘慧

第五章：刘慧、郑亚莉、陈晓华（第一节）；李妮丹、陈晓华（第二节）；刘慧、陈晓华（第三节）

第六章：刘慧、陈晓华

第七章：周禄松（第一节）；沈成燕、陈晓华（第二节）；刘慧（第三节、第四节）

第八章：陈晓华、刘慧

第九章：刘慧

虽然本书根据研究的脉络和特征将前几年的研究进行了总结和梳理，也是对前十年辛苦付出的一个交代，但这不意味着研究的终结，更不能说明以前的研究已经十全十美，在后期的研究中仍有一些前期研究的瑕疵需逐步去弥补，因而本书的研究难免存在一些不足。热忱欢迎各位读者批评和指正。

刘　慧　陈晓华

2018 年 10 月于 杭州

图书在版编目(CIP)数据

中国制造业出口品内涵深化的机理研究：基于出口产品质量和出口技术复杂度的双重视角 / 刘慧，陈晓华著. —杭州：浙江大学出版社，2018.12
ISBN 978-7-308-18874-6

Ⅰ.①中… Ⅱ.①刘…②陈… Ⅲ.①制造工业—出口贸易—研究—中国 Ⅳ.①F426.4

中国版本图书馆 CIP 数据核字(2019)第 004440 号

中国制造业出口品内涵深化的机理研究
——基于出口产品质量和出口技术复杂度的双重视角
刘　慧　陈晓华　著

责任编辑　吴伟伟
文字编辑　严　莹
责任校对　杨利军　陈逸行
封面设计　周　灵
出版发行　浙江大学出版社
（杭州市天目山路 148 号　邮政编码 310007）
（网址：http://www.zjupress.com）
排　　版　杭州隆盛图文制作有限公司
印　　刷　杭州高腾印务有限公司
开　　本　710mm×1000mm　1/16
印　　张　23
字　　数　411 千
版 印 次　2018 年 12 月第 1 版　2018 年 12 月第 1 次印刷
书　　号　ISBN 978-7-308-18874-6
定　　价　68.00 元